金冲及文丛

二十世纪中国史纲
增订版（第二卷）

金冲及　著

生活·讀書·新知 三联书店

Copyright © 2021 by SDX Joint Publishing Company.
All Rights Reserved.
本作品版权由生活·读书·新知三联书店所有。
未经许可,不得翻印。

图书在版编目(CIP)数据

二十世纪中国史纲:四卷/金冲及著. —增订版. —北京:生活·读书·新知三联书店,2021.4 (2025.6重印)
(金冲及文丛)
ISBN 978-7-108-07118-7

Ⅰ.①二… Ⅱ.①金… Ⅲ.①中国历史-二十世纪 Ⅳ.①K26

中国版本图书馆CIP数据核字(2021)第044277号

目 录

第九章 "中华民族到了最危险的时候" 403
    震惊中外的九一八事变 403
    日本侵略者的步步进逼 411
    "攘外必先安内"和后两次"围剿" 417
    红军长征和遵义会议 423
    三十年代初的左翼文化 429
    华北事变和抗日救亡高潮的兴起 440
    第二次国共合作的形成 455

第十章 全民族抗战的爆发 478
    日本军国主义者的"对华一击论" 478
    卢沟桥事变 482
    南北战场上的作战 489
    挺进敌后和《论持久战》 504
    民族工业和高等学校的大迁移 512
    抗战初期的武汉 518

　　　　　　从徐州会战到武汉保卫战　528
第十一章　抗战进入相持阶段　540
　　　　　　进入相持阶段后的变化　540
　　　　　　正面战场和敌后战场　548
　　　　　　国共合作中的危机和《新民主主义论》的发表　567
　　　　　　日本侵略者控制下的沦陷区　582
　　　　　　国际局势的重大变动　587
　　　　　　国民党统治区危机的深化　595
　　　　　　抗日民主根据地的新气象　611
第十二章　胜利快要到来的时候　624
　　　　　　豫湘桂大溃退和后方人心的巨变　626
　　　　　　联合政府主张的提出　631
　　　　　　民族资本家政治态度的变化　636
　　　　　　美国扶蒋反共政策的形成　639
　　　　　　中共七大和国民党六大　643
　　　　　　日本无条件投降　648
第十三章　和平建国希望的破灭　653
　　　　　　重庆谈判和《双十协定》　655
　　　　　　民众不满的增长　662
　　　　　　马歇尔使华和政治协商会议　670
　　　　　　全面内战的爆发　678
第十四章　人心向背的较量　684
　　　　　　国民党军队的全面进攻　684
　　　　　　国民党军转入重点进攻的挫败　694
　　　　　　第二条战线的形成　703

　　　　　千里跃进大别山　　720
　　　　　农村土地制度的大变动　　727
　　　　　人民民主统一战线的巩固和扩大　　737
　　　　　历史的转折点　　744
第十五章　夺取民主革命的全国性胜利　　749
　　　　　国民党统治区财政经济的总崩溃　　752
　　　　　大决战的准备　　760
　　　　　三大战略决战　　765
　　　　　将革命进行到底　　789
　　　　　美国政府的尴尬处境　　795
　　　　　筹建新中国　　802

第九章 "中华民族到了最危险的时候"

中华民族在近代的遭遇真是多灾多难！在近代中国一切社会矛盾中，最主要的是帝国主义和中华民族的矛盾。九一八事变后，人们对这一点的感受越来越强烈。如果民族生存都无法保证，其他什么问题都谈不上。在外国侵略者中，日本帝国主义者对中华民族的生存构成了最严重的威胁。

前面说到，一九二七年日本田中义一内阁组成并召开东方会议后，对华已实行更积极的侵略扩张政策，并且以中国的东北和内蒙古地区作为重点。当张学良不顾日本的阻挠宣布易帜、服从中央政府后，日本便更加加紧策划武力夺取东北。东北上空，已是乌云密布，一场猛烈的暴风雨很快就要袭来了。

震惊中外的九一八事变

九一八事变，是在世界范围内经济大衰退的背景下发生的。

一九二九年十月从美国开始的经济危机突然到来，迅速席卷全球，根本改变了原有的世界经济格局，造成全球性的经济大混乱。"到一九三二年夏天，许多国家的工业产量只及一九二八年产量的一半,世界贸易减少了三分之一。"[1]在经济极度萧条的乱局下,人心动荡不安,富有侵略性的法西斯势力乘势在西方和东方迅速抬头。

这场经济危机给日本经济的打击是沉重的:物价暴跌,生产萎缩,失业增加,工资水平下降,贸易减少。"三十年代经济危机爆发后,随着各种社会矛盾的不断激化,抑郁已久的对政党政治的仇恨,对海外殖民的渴望,对亚洲盟主的向往,以及对社会现状的不满等各种右翼思潮一下子迸发出来,为激进法西斯势力的崛起提供了充分的气候和土壤。"[2]日本成为国际法西斯势力在东方的战争策源地。

日本军部势力和关东军下决心要制造事端,武装夺取中国东北。他们处心积虑已久,并且断定西方列强此刻自顾不暇,不会也没有力量对此进行强力干涉。"在当时一触即发的形势下,关东军的计划是,一旦有了情况,先发制人地进攻东北军,占领长春以南的南满铁路沿线地带,以打开战略上的不利局面,寻求出路。"[3]

一九三一年七、八月间,日本当局制造了万宝山事件,又利用中村大尉刺探中国军事情报而被当地驻军捕杀一事,在国内进行狂热的反华煽动。他们在沈阳近郊不断进行军事演习。沈阳县长在八月报告:"日军近来在附郭一带演习行军,几于无日无之。"[4]美国《纽约时报》驻华首席记者哈雷特·阿班在八月初到东北采访。他写道:"按照日俄战争的战后协议,日本可在铁路区最多驻兵

---

[1] [美]保罗·肯尼迪:《大国的兴衰》,求实出版社1988年8月版,第347页。
[2] 武寅:《从协调外交到自主外交》,中国社会科学出版社1995年12月版,第57页。
[3] [日]服部卓四郎:《大东亚战争全史》第1册,商务印书馆1984年12月版,第6页。
[4] 《九一八事变档案史料精编》,辽宁人民出版社1991年8月版,第212页。

一万五千人。但照我个人估计,从大连到长春、从沈阳到鸭绿江北岸的安东(今丹东),各处散布的日军总数,已有四万人左右。""日本军官个个激动不已,坦言要施以重击,将张学良的军队一举赶出满洲。"[1]空气中已到处可以闻到浓重的火药味。

九月十八日深夜十时二十分,关东军按照预定计划,在沈阳以北不远的柳条湖地区的铁路轨道下埋设炸药,炸毁一小段路轨,反诬是中国军队所为。日本河本大作在远东国际法庭供认:"于九月十八日夜,派虎石台(奉天以北八公里)守备中队破坏柳条沟(引者注:当为柳条湖。下同)的桥梁","结果,只破坏柳条沟的一座小桥,然而它却成为九一八的直接导火线,使事变发展扩大"。[2]正在沈阳的关东军高级参谋板垣征四郎立刻以它为借口,用代理关东军司令官的名义,命令日军进攻东北军驻地北大营和沈阳城。这种不宣而战是日本军国主义者从中日甲午战争以来的惯技。他们发动战争从来不需要任何借口,如果没有,也可以随意制造一个出来。第二天凌晨,他们占领了北大营和沈阳城。

日本政府紧接着从朝鲜等地调动军队大举增援,向东北各地推进,在四个月内强占中国一百万平方公里土地,相当于日本本土面积的三倍。"从资源上说,中国失去了十分之七的大豆产额,失去了三分之一的森林,失去了三分之一的铁产,失去了三分之一的煤产,失去了十分之四的铁路,失去了五分之二的输出贸易。"[3]东北人民更陷入水深火热的亡国惨痛之中。黑龙江省政府代理主席马占山率部在嫩江桥抵抗多日,终因孤立无援而失败,成为民众心目

---

[1] [美]哈雷特·阿班:《民国采访战》,广西师范大学出版社2008年7月版,第128页。
[2] 《河本大作笔供》,《九一八事变》,中华书局1988年8月版,第96页。
[3] 许涤新:《现代中国经济教程》,第20页。

中的抗日英雄。各族民众相继组织抗日义勇军，奋战在白山黑水之间。大批难民被迫背井离乡，像潮水般涌入关内流浪。"我的家在东北松花江上"，这首充满悲愤的《流亡三部曲》的歌声，唱遍祖国大地，催人泪下，打动了无数中华儿女的心。

面对如此严重的局势，南京政府怎么办？它却拿不出任何有效的对策。中原大战后期，张学良在一九三〇年九月十八日（恰好在九一八事变整整一年前）率东北军主力入关，支持南京政府，关外兵力空虚，他自己也长期留住北平，注意力转向关内，更给日本侵略者以可乘之机。九一八事变前不久，蒋介石在七月十二日致电张学良："现非对日作战之时，以平定内乱为第一。"[1]八月十六日又致电张学良称："无论日本军队此后如何在东北寻衅，我方应不予抵抗，力避冲突。吾兄万勿逞一时之愤，置国家民族于不顾。"[2]九一八事变发生后，他仍把希望主要寄托在国际联盟的出面干预上，在日记中写道："余主张日本占领东省事，先提国际联盟与非战公约国，以求公理之战胜。"[3]南京政府发表《告民众书》称："政府现时既以此次案件诉之于国联行政会，以待公理之解决，故已严格命令全国军队对日军避免冲突，对国民亦一致告诫，务必维持严肃镇静之态度。"[4]在国民党中央执行委员会政治会议上，蒋介石宣布对日外交方针三原则的第一条就是："解决东三省问题，不要脱离国际联合会的关系，我们要在国际力量保障之下，

---

[1] 郭廷以：《近代中国史纲》下册，第607页。
[2] 王芸生：《六十年来的中国与日本》第8卷，第236页。
[3] 蒋介石日记，1931年9月21日。
[4] 《新闻报》1931年9月24日，《"九·一八"—"一·二八"上海军民抗日运动史料》，上海社会科学院出版社1986年10月版，第3页。

使日本撤兵。"[1]

九一八事变的消息传来，如此大片国土不经抵抗而沦丧，使整个中国为之震动。东北人民的悲惨遭遇，使人们感同身受。著名职业教育家黄炎培在第二天的日记中写道："到史宅，史量才正和一群朋友打牌。我说：电报到了，日本兵在沈阳开火了，沈阳完全被占了，牌不好打了。一人说：中国又不是黄任之（引者注：黄炎培的字）独有的，你一个人起劲！我大怒，一拳猛击牌桌中心，哭叫：你们甘心做亡国奴吗？别人说：收场吧。"[2]全国民众群情沸腾，要求南京政府奋起抗日。他们对南京政府的不抵抗政策极为愤慨。在全国青年中拥有巨大影响的《生活周刊》，发表了原先在政治上还处于中间状态的主编邹韬奋所写《应彻底明了国难的真相》一文，满腔悲愤地指出：

> 今日日本在东北无端占我土地，焚我官署兵营，解我军械，逮捕我官吏，惨杀我无辜，凡此种种亡国奴所受之至惨极痛之悲剧，若我们无彻底觉悟与坚决奋斗的抗御，则为我们人人及身所必须遭遇，妻女任人奸淫掳掠，自身任人奴役蹂躏，子子孙孙陷入非人的地狱深渊，皆非意想而为可能之事实！[3]

接着，他在下一期又发表一篇《无可掩饰的极端无耻》，痛斥当局奉行的不抵抗主义。他写道：

---

[1]《国民政府处理九一八事变之重要文献》，（台北）中国国民党中央党史委员会1992年6月版，第201页。

[2]《黄炎培日记》第4卷，华文出版社2008年9月版，第25页。

[3]《生活周刊》第6卷第40期，1931年9月26日。

其实这种"不抵抗主义"就是"极端无耻主义",倘国民不加以深刻的观察和沉痛的驳击,则今后为国公仆负有守土之责者,贪生怕死,见敌即逃,不知人世间尚有羞耻事。[1]

银行家章乃器回忆他在九一八事变发生后的思想状况:"我们在不久以前,还正在欢呼北伐的胜利,以为祖国从此可以转弱为强,中华民族吐气扬眉为期不远,我们这样生活在租界的人也可以不再受外国人的轻视、侮辱了。孰知大好形势突然逆转,国家又濒于危亡,悲痛的心情真是难以言语形容的。"[2]

这些都反映出九一八事变在中国思想界,包括原来政治态度比较温和的人中间发生的巨大变化。

各地民众把悲愤化为行动,掀起了好几年没有出现的全国规模的爱国救亡热潮。抗议的矛头直指南京政府。走在抗议前列的是青年学生。他们纷纷发表通电,举行示威游行,要求南京政府停止内战,一致抗日。北平、上海、江苏等地学生到南京请愿。"沪宁铁路被上海来的学生堵塞了,津浦铁路也被那些成百上千向南京前进的学生们堵塞了。"[3]各地学生一万人包围南京政府。抑制不住愤怒的学生殴打了南京政府外交部长王正廷,迫使蒋介石当面回答学生的质问。上海各界反日援侨委员会召开各界代表大会,到会五千多人,要求南京政府立刻下陆海空军总动员令,驱逐日军出境,恢复失地,团结力量一致抗日,并将该会改名为抗日救国会。上海工人成立日商纱厂工人抗日救国会、日商码头工人抗日救国会等,码头

---

[1]《生活周刊》第6卷第41期,1931年10月3日。
[2] 章乃器:《我和救国会》,《救国会》,中国社会科学出版社1981年10月版,第430页。
[3]《顾维钧回忆录》第1分册,第423页。

工人拒绝为日本船只装卸货物，驳船四十余艘也全部罢运。

面对学生的爱国行动，蒋介石却认为："上海学生来请愿者络绎不绝，其必为反动派所主使，显有政治作用。""国民固有之勇气之决心早已丧失，徒凭一时之奋兴，不惟于国无益，而且徒速其亡，故无可恃也。"他在十二月九日日记中写道："昨日上午政治会议，一般书生对万恶、反动、盲从之学生仍主放任，不事制裁。呜呼，天下事皆误于书生之手也，可不悲乎。"第二天日记中又写道："晚会商镇压准备事。"[1]十二月十七日，上海、北平、济南、苏州、南京等地学生举行爱国大示威，竟遭到南京政府军警的武力袭击。据各大学抗日救国会联合会致国民党四届一中全会文称：

> 乃同学方抵中央报社附近，多数军警忽号声高鸣，或以木棍，或以刺刀，向同学冲锋肉搏，杀杀之声，不绝于耳。同学手无寸铁，即纷纷退避。乃该军警竟妄肆凶焰，大施毒手，对于无抵抗而正在退让之徒手青年同学不绝进攻，必欲置之死地而后已。刺刀、枪柄、木棍、石子交加之下，死伤同学转瞬即达百人，甚至有于刺伤击伤之后，推入水中，复以巨石投击者。呜呼！全国人民年输数万万军费以养军人，乃军人对日帝国主义者则极端退让，从不敢以一弹一矢相加遗，而对于我爱国青年，则极尽其凶毒惨杀之能事，昔时万恶军阀所不敢为者，我青白旗下之军警竟悍然为之！[2]

南京政府对民众的爱国行动采取如此凶残的手段来对付，不能

---

[1] 蒋介石日记，1931年9月28日、10月7日、12月9日及10日。
[2] 《"九·一八"—"一·二八"上海军民抗日运动史料》，第80—81页。

不激起人们更大的愤怒。

孙中山夫人宋庆龄,以大无畏的气概,十二月二十日在上海《申报》公开发表题为《国民党已不再是一个政治力量》的文章。她写道:

> 我们现在已经可以在南京看到这种统一的第一个果实。仅在三天以前,在帝国主义使节的命令之下,这个"统一政府"竟力图镇压爱国的学生运动。在不到十二个小时的时间内,兵士和流氓包围了学生,棒打枪刺,把他们像畜牲一样地赶出城去。学生多人死伤,据报另有大批失踪。
>
> 可以明白地看出,新的统一的政府是由日、法、英、美等帝国主义的代理人组成的,是服务于这群利害冲突的主子的,它将继续接受帝国主义者的命令,镇压中国民族求解放的任何一种形式的群众运动。[1]

鲁迅在一年后一篇杂文中悲愤地写道:

> 我们还记得,自前年冬天以来,学生是怎么闹的,有的要南来,有的要北上,南来北上,都不给开车。待到到得首都,顿首请愿,却不料"为反动派所利用",许多头都恰巧"碰"在刺刀和枪柄上,有的竟"自行失足落水"而死了。验尸之后,报告书上说道:"身上五色。"我实在不懂。[2]

郭廷以指出:"此为九一八后,学生抗日救国运动的第一阶段。

---

[1]《宋庆龄选集》上卷,人民出版社1992年10月版,第85页。
[2]《鲁迅全集》第5卷,第8页。

这时学生尚乏严密组织,在政府压制之下,渐归消沉。"[1]

日本侵略者的步步进逼

尽管南京政府对日本侵略者步步妥协退让,但扩大对华侵略以致企图独占中国是日本政府的既定国策,绝不会因南京政府的退让而有所改变。

一九三二年初,日本军队在上海地区制造了一·二八事变。这是日方为了转移欧美列强对他们侵占东北的注意力而发动的,日本海军在这次事变中扮演了重要角色。《纽约时报》记者阿班一月二十五日在黄浦江看到:"江面上泊满了军舰,数量之多是前所未有的,其中大多数是敦实庞大的日本驱逐舰,清一色漆成铁灰。""甲板上炮衣已卸去,炮口对准岸上。沿江的日本建筑都有日本海军陆战队把守。""危机已有黑云压城之势。"[2]

事变起因仍是日方预谋制造的。在日本驻华公使馆助理武官田中隆吉策划下,日方指使流氓殴击日本僧人,并宣称其中一人死亡,借此挑起事端。一月二十八日,日军以保护侨民为名,突然袭击上海的闸北地区。当时上海驻军是有着较强战斗力的十九路军,总指挥是蒋光鼐,军长是蔡廷锴。蔡在抗战胜利前后写成的自传中说,南京政府军政部长何应钦曾在二十四日告诫他:"现在国力未充,百般均无准备,日敌虽有压迫,政府均拟以外交途径解决。上海敌方无理要求,要十九(路)军撤退三十公里,政府本应拒绝,但为保存国力起见,不得已忍辱负重,拟令本军于最短期间撤防南

---

[1] 郭廷以:《近代中国史纲》下册,第640页。
[2] [美]哈雷特·阿班:《民国采访战》,第149页。

翔以西地区，重新布防。望兄遵照中央意旨，想兄也同意。"但当日军突然发动进攻时，蔡却示意闸北驻军团长："如日寇无故向我挑衅，我军为自卫计，应迎头痛击。"[1]战争于是爆发。十九路军的英勇抗日，给了长期积愤的民众极大的鼓舞，受到他们大力支持。

这以前不久，宁粤双方因九一八事变爆发而合流，南京政府改组，由林森任国民政府主席，孙科一度任行政院长。一·二八事变那天，汪精卫接任行政院长。蒋介石也从家乡奉化返回南京，随后担任军事委员会委员长。二月中旬，日军向上海大举增援，兵力达到三万人以上。十九路军难以支持，电请南京政府增援。何应钦声称"抗日剿赤两难兼顾"，[2]不肯增派兵员。全国舆论为之哗然。南京政府才决定派张治中率领第五军在二月十五日前往增援，并声言"一面抵抗，一面交涉"，基本方针依然是求和。战斗持续到三月初。经过英、美等国调停，中日双方在五月五日签订了《淞沪停战协定》。死于战争的军人和平民共三万五千人。

九一八和一·二八这两次事变，不过是开始。一切都紧锣密鼓地跟着展开。

日本侵占东北后，在一九三二年三月制造了一个"满洲国"，以清朝废帝溥仪为执政（一九三四年三月又把它改为"满洲帝国"，溥仪改称皇帝），公开表明把东北从中国领土中分割出去。他们以关东军司令官兼任日本驻伪满"特命全权大使"，伪满的总务厅长官和各部次长都由日本人担任，来掌握这个伪政权的实权。东北已成为日本直接控制下的殖民地。

南京政府期望甚殷的国际联盟派出以英国人李顿为首的调查

---

[1]《蔡廷锴自传》，黑龙江人民出版社1982年6月版，第275、277页。
[2]《何应钦致吴铁城电》，《历史档案》1984年第4期。

团，结果只说了一些空话，国联大会通过了接受李顿报告书的决议，声明不承认"满洲国"，可是并没有采取任何对日本的制裁措施，日本却强硬地宣布退出国联，气焰更高。

一九三三年一月初，日军攻占山海关。二月二十日，黄郛致蒋介石密电称："日本战意已决，从前周旋接洽以为缓兵之计者，现已无此余地。"[1]三月四日，日军以一支一百二十多人的小部队进占热河省会承德，热河省政府主席汤玉麟不战而逃。热河被宣布并入"满洲国"。日军已推进到长城一线。《大公报》载文写道："躬赴热河、激励汤玉麟抗战之宋代理行政院长（子文），竟于失热之后，在三月十五日发表谈话，声称早已预言热河不过有一星期至十日可守，益证政府对于热河，根本自甘放弃。迨至热河全失，察冀成为第一线。"[2]

中国驻热河的军队有八万多人，这次不战而失全省，再一次激起全国民众的极大愤怒。蒋介石乘此逼迫对此事负有直接责任的张学良辞职，他自己仍留在江西南昌指挥对中央苏区的"围剿"，由何应钦代理军事委员会北平分会委员长，黄郛任行政院驻平政务整理委员会委员长。

日军占领热河后，并没有就此停步，又挥师南下长城各口，威胁平津。中国军队在冷口、喜峰口、罗文峪、古北口等长城要隘进行抵抗。

把守喜峰口、罗文峪的第二十九军宋哲元部，原是冯玉祥西北军的旧部。他们枪械陈旧而杂乱，弹药补充困难，很多步枪没有刺刀，在武器装备上无法同日本侵略军相比。但他们依靠高昂的士气，利用西北军原有特长，把大刀发给士兵。三月十二日，先头部队的旅长赵登禹召集前线团长会议说：

---

[1] 黄郛日记，复印件，1933年2月20日。
[2]《胡政之文集》（上），第439、440页。

我军装备差，火力弱，有兵无枪，有枪缺弹，只是每人大刀一把，手榴弹六枚。现在我们仅仅与强敌对战两日夜，就被敌机炮轰炸损失两个团的精华，我全军共有十个团，照此下去，只能与敌对战十日。我决心绕攻喜峰口敌人后方，痛痛快快地与敌人拼个你死我活。叫他们知道我中华民族，还有坚决不（怕）死的勇敢部队。[1]

会后，团长董升堂在当天黄昏带轻装步兵出发，突然袭击日军骑兵宿营地。日军还在睡梦中，董团长挥舞大刀，掷手榴弹，日军死伤五百多人。这一次胜仗，大大挫伤了原来骄横不可一世的日军的气焰。"大刀队"的威名传遍全国，大大振奋了人心。

南京政府这时也抽调徐庭瑶部第十七军三个师北上增援，在三月上旬赶到古北口防守。这是蒋介石的嫡系部队，武器装备较好。有爱国心的将士们在这里顽强抵抗近四十天。接着，又在南天门阵地坚守到五月十四日。这是长城抗战中作战时间最长的战役。抽调这点兵力显然是不够的，但比起过去来多少是个进步。

经过激战，晋军商震部据守的冷口失陷，日军挺进滦河以东地区，宋哲元、徐庭瑶等部有后路被截断的危险，相继撤退。日军又攻陷密云、三河、香河、怀柔等地，日本十一架飞机在北平上空环绕飞行示威。黄郛的妻子沈亦云回忆道："形势如此，已准备撤退，弃平津矣。"[2] 蒋介石日记也写道："接何黄来电，惶惶如不可终日，

---

[1] 董升堂：《夜袭喜峰口敌后》，《从九一八到七七事变》，中国文史出版社1987年8月版，第453、454页。

[2] 沈亦云：《亦云回忆》下册，第477页。

甚欲放弃北平。"[1]北平的政府机关准备撤至保定，一部分甚至已到石家庄。平津危在旦夕，笼罩在一片恐慌中。

日本军国主义者尽管气势汹汹，其国力毕竟有限，对刚占领不久的东北地区的统治还没有站稳脚跟，对进一步控制整个华北还没有做好准备，对英美等国的反应多少尚存有顾忌，因而采取分阶段推进的做法。他们这时的实际意图仍在先牢牢控制长城以北，并为下一步侵入华北创造条件。对进一步扩大对华北的侵略，它还需要一些准备的时间。

但南京政府并不能看清这一点，而是在日军直逼北平的威吓下，已乱了方寸，一味寻求退让妥协的路子。黄郛、何应钦遇事都向蒋介石、汪精卫请示。重新担任行政院长的汪精卫在五月二十二日致电黄郛："弟以为除签字于承认伪国、割让四省之条约外，其他条件皆可答应，且弟决不听兄独任其难，弟必挺身负责。"蒋介石也在二十四日致电何应钦、黄绍竑、黄郛："事已至此，委曲求全，原非得已，中正自当负责。"[2]

同日方的谈判先由黄郛自己出面。他在二十二日日记中写道："电邀（日方）中山代尔、永津武官会于藤原武官私宅，彻夜谈判，心酸胆裂，勉拟定觉书四条（停战初步），散已次晨天明。"[3]

五月三十日，华北军分会总参议熊斌奉命同日本关东军参谋副长冈村宁次签订《塘沽协定》。熊斌同冈村宁次之间根本没有谈判可言。协定草案由日方提出后，冈村宁次便蛮横地说：中方对日方所提草案只能回答"诺"与"否"，不容修改一字。熊斌只是屈辱

---

[1] 蒋介石日记，1933年5月23日。
[2] 沈亦云：《亦云回忆》下册，第479、483页。
[3] 黄郛日记，复印件，1933年5月22日。

地履行签字手续而已。协定规定：中国军队在日本飞机和其他方法观察下，撤至延庆、昌平、顺义、通州一线，尔后不越该线前进；日军撤至长城一线；日军退出的地区，中国不驻兵，由警察机关维持治安，这种警察机关不可用刺激日本感情的武力团体。协定中确认长城一线是日军占领线，也就在事实上承认了日本对中国东北四省的占领；规定中国军队不得在冀东地区驻守，则使平津的门户向日军大开，处在无法设防的状态。

当北平危急、《塘沽协定》尚未签订之际，五月二十六日，冯玉祥在张家口通电就任民众抗日同盟军总司令。"抗日同盟军是由东北义勇军、热河抗日民军、察哈尔自卫军、抗日救国军以及冯玉祥的教导团（即汾阳军校）和二十九军留守部队这五部分力量联合组成的。还有一部分内蒙部队也参加了。"[1]方振武担任北路前敌总司令。吉鸿昌、佟麟阁、高树勋、阮玄武等为军长。中共党员柯庆施、宣侠父等在军中。抗日同盟军转战察哈尔东部，攻克失陷七十二天的多伦，日伪军先后伤亡千余人。但冯玉祥的再起，引起蒋介石极大疑忌。何应钦电令取消抗日同盟军名义，并由庞炳勋、关麟征、冯钦哉等部进军察哈尔。抗日同盟军被迫结束。

一九三四年，华北局势继续恶化。蒋介石在日记中写道："倭寇欲以河北陷作昔日之东北，并欲以一九三六年以前毁灭我政府，解决中国问题，是乃痴人说梦，但此时仍须以忍耐出之。"[2]

---

[1] 阮玄武:《回忆察哈尔民众抗日同盟军》,《冯玉祥与抗日同盟军》, 河北人民出版社 1985 年 5 月版, 第 16 页。

[2] 蒋介石日记, 1934 年 4 月 5 日。

"攘外必先安内"和后两次"围剿"

九一八事变和日本军国主义步步加紧对华侵略,使全国民众已无法忍耐了。痛感已到国亡无日的地步,强烈要求停止内战,一致抗日。蒋介石在日记中也曾多次对日本的侵略表示愤慨,但他对民众这种要求置之不顾,依然把对付和消灭共产党放在第一位,提出"攘外必先安内"的方针。九一八事变发生前一个多月,蒋介石在南昌督师"剿"共时手拟的宣言稿中称:

> 消灭赤匪,保全民族之元气。削平叛乱,完成国家之统一。盖攘外必先安内,革命即为救国。亦惟保全民族之元气,而后方能御侮,完成国家之统一,而后乃能攘外。[1]

九一八事变发生后,他又在南京政府新任外交部长顾维钧宣誓就职时讲话,继续强调:

> 攘外必先安内,统一方能御侮,未有国不能统一而能取胜于外者。故今日之对外,无论用军事方式解决,或用外交方式解决,皆非先求国内统一,不能为功。[2]

一九三二年六月,《淞沪停战协定》签订后不久,蒋介石调集五十万兵力向全国各苏区和红军发动第四次"围剿"。这次"围剿"

---

[1]《蒋中正总统档案·事略稿本》第11册,(台北)"国史馆"2004年10月版,第415页。
[2]《总统蒋公思想言论总集》卷10,(台北)中国国民党中央党史委员会1984年10月版,第482页。

分两个阶段：第一阶段是这年下半年，对中央苏区暂取守势，而以主力向鄂豫皖、湘鄂西两个苏区大举进攻，迫使这两个苏区的红军退出原有根据地，向西转移，创建川陕根据地和湘鄂川黔根据地；第二阶段从这年十二月三十日开始，由何应钦下达对红一方面军和中央苏区进行"围剿"的计划。其中，以蒋介石嫡系的十二个师组成中路军担任主攻任务，共十二万人，由陈诚任总指挥。一九三三年一月，蒋介石亲往南昌督师。他在当天日记中写道："余决先剿赤而后对日。此次来赣，即所以决定大政方针也。"[1]并准备采取分进合击的方针，企图一举歼灭红一方面军主力于黎川、建宁地区。

红一方面军的处境十分危险。他们在朱德、周恩来的指挥下，依然采取"诱敌深入"的方针，以一部分部队伪装主力，向黎川方向转移，吸引国民党军的第五十二、五十九师追去；红军主力四五万人在黄陂地区隐蔽集结，待机歼敌。二月二十七日，孤军深入的国民党军那两个师毫无戒备地进入红军主力伏击圈内。当地山势陡峭，路径险峻，又值重雾，拥有优势兵力的红军出其不意地突然发起猛攻，国民党军仓促应战。经过两天激战，两师几被全歼，两个师长被俘。蒋介石在三月六日给陈诚的"手谕"中写道："此次挫失，惨悽异常，实为有生以来唯一隐痛。"[2]国民党军在黄陂失利后力图反扑，陈诚的嫡系主力第十一师在险峻的山路上行进，一字拉开，前后难以呼应。红军又在草台冈设伏，于三月二十一日突然出击。双方在崇山峻岭间展开白刃相接的肉搏战，第十一师的优势火力无法充分发挥作用，连同第五十九师残部被基本全歼。这两

---

[1] 蒋介石日记，1933年1月29日。
[2] 《陈诚先生书信集——与蒋中正先生往来函电》（上），（台北）"国史馆"2007年12月版，第86页。

次战役,共歼敌近三个师,两万八千人,其中包括陈诚最精锐的主力部队,创造了红军大兵团伏击歼灭战的新经验。至此,陈诚再也支撑不住了,只得退却。他在四月八日给妻子的家书中说:"前日蒋先生来,当然他对于十一、五十二、五十九各师的损失是很痛心,集合此间的将领,讲了好几个钟头的话,并且以尤青(引者注:即罗卓英)指挥无方,革职留任。我只好自请严处。今天他来电加我骄矜自擅、不遵意图的罪名,罚我降一级,并记大过一次。"[1]红一方面军取得了第四次反"围剿"的重大胜利。

第四次反"围剿"战争正在胜利进行的时候,原在上海的以博古负总责的中共临时中央,因环境日益恶劣,在这年二、三月间迁来中央苏区。他们一到,立刻把中央苏区的党、政、军权全部抓到自己手里。为了推行"左"的"进攻路线",他们错误地批判根据实际情况、主张在边缘地区广泛开展游击战争的中共福建省委代理书记罗明,说他犯了"对革命悲观失望"的"逃跑退却路线",并且扩大到在苏区各地和许多部门开展所谓反罗明路线的斗争,实行"残酷斗争,无情打击",压制不同意见,使中央苏区的情况日见恶化。

这年五月,当长城抗战告急、《塘沽协定》行将签字的时候,蒋介石仍把华北危局置于次要地位,电令:"此时北上兵力,应即中止,先清匪患,以固根本为上",[2]而在江西庐山策划再发动规模更大的第五次"围剿",并设立军事委员会委员长南昌行营。

他总结过去历次失利的教训,对这次"围剿"强调要用"三分军事,七分政治":在政治上,发动了一场规模很大的"新生活运

---

[1]《陈诚先生书信集——家书》(上),第208页。
[2]《蒋中正总统档案·事略稿本》第20册,第6页。

动"，但大抵流于形式，没有收到多大实效（张发奎坦率地说："它只是一句口号，何尝实施过？党高层个个都贪图享受。"[1]），同时，厉行保甲制度和"连坐法"；在经济上，对苏区实行严密封锁；在军事上，"先完成大包围与断绝之势",[2]再采取"稳扎稳打"的战法，大量修筑碉堡、公路和机场，步步为营，逐步推进。他集中了一百万军队向各地红军进攻，其中以五十万人的雄厚兵力从这年九月二十五日起对中央苏区发动猛攻。这是南京政府向革命根据地发动的规模最大的一次"围剿"。

当时担任南京政府驻法公使的顾维钧在回忆录中写道："我得到这样一种印象，即政府首先解决江西共产党问题的决心，较全力遏制日军对华北不断入侵的决心为大。""这就是中央政府面临日本侵略者无休止的渗透而采取对日本姑息政策的真正目的。"[3]

博古和共产国际派来的德国人李德那时已直接把持了红军的军事指挥权。他们在对方重兵压境的严重不利情况下，却抛弃以往四次反"围剿"中行之有效的成功经验，提出"御敌于国门之外""不放弃根据地一寸土地""两个拳头打人"等愚蠢口号，分兵把守，企图用阵地战代替运动战和游击战，同装备优良的国民党军队拼消耗。博古主持召开的中共六届五中全会，鼓吹"粉碎五次'围剿'的决战在面前，苏维埃道路与殖民地道路之间谁战胜谁的问题正式尖锐的提了出来"。[4]在这种错误思想指导下，战局只会日益恶化。

国民党军向中央苏区大举进攻时，一件人们没有预料到的事情

---

[1] 张发奎：《蒋介石与我》，第223页。
[2] 蒋介石日记，1933年11月11日。
[3] 《顾维钧回忆录》第2分册，中华书局1985年2月版，第241页。
[4] 《中共中央文件选集》第10册，中共中央党校出版社1991年3月版，第48页。

发生了：曾在上海英勇抗击日本侵略的十九路军，虽奉南京政府之命，移师福建，参加对中央苏区的"围剿"，却厌恶内战，要求抗日。"蒋光鼐、蔡廷锴电中央，反对对日妥协，力主抗战到底。"[1]蒋光鼐对蔡廷锴说："我们要实行抗日，但要抗日，非革命不可。南京政府既不能领导我们抗日，中华民族解放无期，中华民族必沦为日本的殖民地，万劫不复。"[2]他们在中共提出愿在三个条件下同全国任何武装部队合作抗日宣言的推动下，派人秘密同红军联系。十一月二十日，李济深、陈铭枢和十九路军将领发动福建事变，公开宣布反蒋抗日。但博古等却认为"他的一切空喊与革命的词句，只不过是一部分以前国民党的领袖及政客们的一种欺骗民众的把戏"。[3]福建人民革命政府由于孤立无援，在优势敌人进攻和收买分化下，两个来月就失败了。中共中央这种"左"的政策，丧失了有利时机，更使自己陷于孤立。

  福建事变失败后，蒋介石完成了对中央苏区的四面包围。军队所到之处，立刻修筑碉堡，兴建公路，步步进逼。中央苏区的财政经济在长期被困的情况下日见枯竭，红军在同国民党优势兵力拼消耗中遭受重大伤亡。一九三四年四月二十七日，国民党军集中十个师的兵力会攻中央苏区的北部门户广昌。彭德怀再三说明广昌不能固守，必须充分估计到敌军在技术装备方面的优势。他说："在自己没有飞机大炮轰击的情况下，就算是比较坚固的野战工事，在今天敌军的装备下，是不起作用的。如果固守广昌，少则两天，多则三天，三军团一万二千人，将全部毁灭，广

---

[1] 郭廷以：《中华民国史事日志》第3册，（台北）"中研院"近代史研究所1984年6月版，第267页。
[2] 《蔡廷锴自传》，第311页。
[3] 《中共中央文件选集》第10册，第34页。

昌也就失守了。"但在前方指挥作战的博古和李德却坚持固守广昌。结果，红军建造的工事在敌机和大炮轮番轰击下被炸为平地。广昌保卫战中，红军伤亡达五千多人，约占参战总人数的五分之一，其中红三军团伤亡二千七百多，约占全军团总人数的四分之一。最后，不得不撤出广昌。彭德怀在战役结束后，气愤地责问李德："这次广昌战斗你们看到了吧！这种主观主义，是图上作业的战术家。中央苏区从一九二七年开创到现在快八年了，一、三军团活动到现在，也是六年了，可见创造根据地之不易。'崽卖爷田心不痛'，被送掉！"[1]

广昌失守后，红军仍节节抵抗，顶了四个多月。"九月上旬，各路国民党军加紧向中央苏区中心区发动进攻，苏区进一步缩小，苏区内的人力、物力已很匮乏，红军在苏区内打破敌人的进攻已没有可能。"[2]在这种情况下，经共产国际同意，博古、李德等决定放弃原有根据地，走上长征的道路。这次战略大转移，事前严格保密。红军开始大转移近半个月后，蒋介石在十月二十三日日记中还写道："匪果西窜乎？"到三十日才断定："匪向西窜。"[3]陈诚在回忆录中也写道："赣南共军突围行动，于十月中旬即已开始，可是我们于十月下旬才得到情报。共军封锁情报的工作十分成功，因此才有突围的成功。"[4]但蒋介石这时仍不很在意。据他的侍从室主任晏道刚回忆，蒋说："红军不论走哪一条路，久困之师经不起长途消耗，只要我们追堵及时，将士用命，政治配合得好，消灭共军的

---

[1]《彭德怀自述》，人民出版社1981年12月版，第189、191页。
[2]《中国工农红军第一方面军史》，解放军出版社1993年10月版，第492页。
[3] 蒋介石日记，1934年10月23、30日。
[4]《陈诚先生回忆录——国共战争》，第58页。

时机已到,大家要好好策划。"[1]

红军长征和遵义会议

红军长征,是世界历史上前所未有的壮举。但长征开始时,是被迫的,而且是在极端险恶的情势下进行的:经营多年的根据地丢失了;国民党的优势军队前堵后追。蒋介石在日记中写道:"不可差过剿匪成功之大好机会。"[2]红军的出路在哪里?前途在何方?许多人感到迷惘。社会上也有不少人认为中国共产党和红军离全军覆没已经不远了。

中央红军的战略转移从一九三四年十月十日起开始行动。十七日,全军在雩都渡河。国民党当局在中央苏区周围设了四道封锁线。朱德利用粤军陈济棠部同南京政府的矛盾,原已同他达成协议,红军比较顺利地突破了前三道封锁线。但十一月下旬到达湘江的第四道封锁线时,由于队伍携带大量物资器材,行动迟缓,在湘军何键部和桂军白崇禧部夹击下,伤亡惨重,还有不少人流散,从八万六千人锐减为三万多人。这种严酷事实,迫使红军中越来越多的人感到再也不能照原来的办法打下去了,必须下决心有一个根本的改变。

坚持"左"倾错误的中共中央负责人原来准备到湘西同红二、六军团会合,而蒋介石已调集重兵,布置好口袋,等候中央红军钻入。在这危急关头,毛泽东力主放弃去湘西的原定计划,改向国民

---

[1] 晏道刚:《蒋介石追堵长征红军的部署及其失败》,《中华文史资料文库》第3卷,中国文史出版社1996年4月版,第307页。

[2] 蒋介石日记,1934年11月9日。

党兵力薄弱的贵州前进。这个主张,得到周恩来等支持,改变了行动方向。一九三五年一月七日,红军占领贵州的第二大城遵义。一月十五日至十七日,在遵义召开政治局扩大会议,集中力量解决当时具有决定意义的军事上和组织上的问题。

这是一次具有历史意义的会议。会议尖锐地批评第五次反"围剿"战争中的单纯防御和长征中惊慌失措的逃跑主义,指出博古、李德要负主要责任。会议增选毛泽东为常委,指定张闻天起草《中共中央关于反对敌人五次"围剿"的总结决议》,常委中再进行适当的分工。会后不久,由张闻天代替博古负党的总责,成立由周恩来、毛泽东、王稼祥组成的三人小组负责全军的军事行动。中共中央同共产国际之间的秘密电台在长征战斗中毁坏,原有的联系中断。它的直接后果是中国共产党可以而且只能完全独立自主地根据面对的实际情况决定自己的行动和主张,它所产生的影响是深远的。

遵义会议结束了支配中共中央达四年之久的"左"倾教条主义错误,在事实上确立了毛泽东在中央的领导地位,使中国共产党重新焕发出蓬勃的生机和活力。它在千钧一发的危急关头挽救了中国共产党、红军和中国革命,成为中国共产党历史上一个生死攸关的转折点。

刘伯承在《回顾长征》中写道:"遵义会议以后,我军一反以前的情况,好像忽然获得了新的生命,迂回曲折,穿插于敌人之间,以为我向东却又向西,以为我渡江北上却又远途回击,处处主动,生龙活虎,左右敌人。我军一动,敌又须重摆阵势,因而我军得以从容休息,发动群众,扩大红军。待敌部署就绪,我们却又打到别处去了。弄得敌人扑朔迷离,处处挨打,疲于奔命。"[1]

---

[1] 刘伯承:《回顾长征》,人民出版社1985年12月版,第7页。

这时，国民党军队集中在贵州的总兵力已达四十万人，中央红军只有三万七千余人。蒋介石的打算，是集重兵围歼红军于山多路险、回旋余地不大的贵州地区。一月十九日，他在日记中写道："进剿方针先使其被围、限制其范围、勿使扩大为第一步办法，即一、封锁；二、包围；三、局部分区清剿；四、固守重要据点。"[1]他自己随后也亲到贵州省会贵阳督师。红军的处境确实十分险恶。但他们在遵义会议后机动灵活地变换作战方向，行动飘忽，四渡赤水河，使蒋介石无从捉摸他们的意图所在，而在四月二日，突然直逼蒋介石所在而兵力单薄的贵阳。这完全出乎蒋介石意料。他慌忙把滇军主力孙渡部从云南调出来协助捍卫贵阳并图围歼红军，这正是红军所期望的。他们立刻跳出贵州，快速地分三路大踏步西进云南，前锋佯攻昆明。留在云南的滇军急于集中力量防守昆明，滇北各地和金沙江南岸的防御力量顿时空虚，红军忽又转而向北，在五月初全军抢渡水流湍急的金沙江，摆脱了国民党军队的围追堵截，把他们抛在金沙江南，取得战略转移中具有决定意义的胜利。蒋介石在日记中哀叹："朱毛股匪全部渡过金沙江，而我军各部迟滞呆笨，被其玩弄欺诈，殊为用兵一生莫大之耻辱。"[2]

渡过金沙江后，面对着大凉山西部的彝族地区，红军执行了正确的民族政策，处处尊重彝族风俗习惯。红军先遣队司令员刘伯承，按照彝族的习俗，同沽基族首领小叶丹歃血为盟，结拜为兄弟，在他们帮助下顺利越过彝族地区。

前面是素称天险的大渡河。河的两岸石壁陡峭，水深流急。当年太平天国著名将领石达开就是在这里率数万军队陷入清军重围，

---

[1] 蒋介石日记，1935年1月19日，"本周反省录"。
[2] 蒋介石日记，1935年5月11日，"本周反省录"。

渡河不成而全军覆没。许多人关注着红军会不会重演石达开的悲剧。但是，红军不是石达开。他们以一部在安顺场由十七名勇士驾小船抢渡大渡河，占领渡口，接应部队渡江。大部队以急行军赶到泸定县的铁索桥边。这时桥上木板已被国民党拆去。红军突击队冒着对岸的密集火力，攀着高悬江上的铁链，冲上对岸，掩护大部队顺利渡过大渡河。

接着，红军又跨越夹金山。这是红军长征途中遇到的第一座大雪山，海拔四千多米，山势险峻，终年积雪，空气稀薄，气候变化无常，忽而狂风大作，忽而骤降冰雹，一上一下要走七十多里路。红军战士手拉着手，喘着气攀登，终于跨过了这座雪山，到山下同前来迎接的红四方面军先头部队李先念等会合。

红四方面军在张国焘、徐向前、陈昌浩率领下撤出鄂豫皖根据地后，创建了川陕苏区，兵力有很大扩展，连同地方部队达八万多人。这是一支勇猛善战的部队。他们强渡嘉陵江西进，同红一方面军会合。

两大主力红军会合后，红军的行动方向指向哪里？是就地发展，还是继续北上？这是关系红军命运的头等大事。六月二十六日，中共中央在两河口召开政治局扩大会议。周恩来在报告中提出要考虑三个条件：一是地域宽大，好机动；二是群众条件，人口较多；三是经济条件。他指出现在所在地区的地域虽大，却不利于建立根据地，陷在这里就没有前途，应该去"川陕甘"。[1]会议一致通过了这个方针。

张国焘看到红一方面军的军队人数比红四方面军少得多，他的

---

[1] 周恩来在中共中央政治局扩大会议上的报告记录，1935年6月26日。

政治野心便迅速膨胀,先在组织上提出种种要求,以后便在北上还是南下问题上同中共中央表现出明显分歧。两个方面军会合后,原按两河口会议确定的方针分两路北上。中共中央所在的右路军北上时,穿越大草地。这里荒无人烟,到处是一丛丛野草和一个个泥潭,天气变化莫测,时而狂风四起,大雨滂沱,时而漫天飞雪,冰雹骤降。稍一不慎,踩进泥潭,就很难拔出,甚至会被吞没。干部和战士经过长途跋涉,又缺少粮食和盐吃,体质都相当虚弱。拿三军团来说,走了六天六夜,才走出草地。但这一来,把尾追的国民党军队又甩掉了。当他们在等候左路军前来会合时,一个意外消息传来:张国焘借口河水陡涨和缺乏粮食,在左路军到达阿坝后便不愿北上。九月九日,他又密电陈昌浩,命令右路军南下,企图分裂并危害中央。张闻天、毛泽东、周恩来、博古得悉后立刻开会,为了贯彻北上方针,避免红军内部可能发生的冲突,决定连夜率红一、三军团和军委纵队迅速北上,脱离险境。右路军中的原第四方面军部队仍折回南下。

北上的红军改编为陕甘支队,只有七千多人,处境十分艰难。九月十七日,先锋部队迅猛地一举突破川甘边界极为狭窄的天险腊子口。这是一个关键时刻。如果不是这样迅速北上,等国民党军队把腊子口完全封锁起来,加筑碉堡,又有大山阻隔,北上红军要进入甘南就十分困难了。突破腊子口后,北上红军就进入甘南的开阔地带,随即挥师东向,从收集到的报纸上得知陕北有相当大的一片苏区和相当数量的红军,那就是徐海东、刘志丹、程子华率领的红十五军团。二十七日,中共中央政治局常委在榜罗镇开会,决定前往陕北。十月十九日,北上红军到达吴起镇,同陕北红军会师。行程两万五千里、纵横十一省的中央红军长征,以胜利结束了。

当时担任红一方面军第二师政治委员的萧华在《长征组歌》中写道:"雪皑皑,野茫茫,高原寒,炊断粮,红军都是钢铁汉,千锤百炼不怕难。雪山低头迎远客,草毯泥毡扎营盘。风雨侵衣骨更硬,野菜充饥志越坚。官兵一致同甘苦,革命理想高于天。"这段歌词,生动而真实地反映出高尚的理想信念和乐观主义精神对红军取得长征胜利所起的重要作用。

在"追剿"红军的过程中,南京政府的兵力乘此大举进入四川、贵州等地,权力及于西南三省,这是他们以前没有做到的。

中央红军到达陕北后,先后发动东征山西和西征陕甘宁边界地区的战役,实力得到扩大,又同南面担负"剿"共任务的张学良部东北军和杨虎城部第十七路军建立起良好的统一战线关系,迅速站住脚跟,并打开了新的局面。

红四方面军掉头南下后,张国焘曾另立"中央",但在作战中遭到重大损失,兵力折损过半,指战员越来越多人要求北上,同中央红军会合。原在湘鄂川黔革命根据地,由任弼时、贺龙等率领的红二、六军团,也经历千难万险,渡过金沙江,越过大雪山,在一九三六年七月二日同红四方面军会师,与红三十二军一起合编为红二方面军。经过朱德、任弼时、贺龙等力争,并得到红四方面军许多指战员支持,红二、四方面军终于共同北上,在十月间先后同红一方面军会合。这样,红军三大主力都胜利地完成了长征。但渡过黄河后进入河西走廊的西路军,由于敌我力量悬殊和地理条件不利,英勇奋战后失败了。

大革命失败后,中国共产党走过一条异常艰难而曲折的路。大革命和第五次反"围剿"的两次严重的挫折,都曾使中国革命浪潮一下从高涨跌入低谷,使中国共产党濒临覆灭的危险。一些不坚定分子在如此剧变面前张皇失措，以为革命前途已没有什么可指望的了。

但是，有志气的中国共产党人正是在这种极端险恶的环境中，一次又一次表现出惊人的生命力。他们对革命的未来始终充满信心，有毅力咬紧牙关顶住困难，在生死关头力挽狂澜，自己纠正发生过的严重失误，勇敢地走自己的路，终于奇迹般冲破黑暗，打开局面。一九二七年和一九三四年的两次严重挫败，倒成为历史发展进程中两次大转折的契机。

三十年代初的左翼文化

毛泽东在《新民主主义论》中讲到一九二七年至一九三七年这段时期时写道：

> 这一时期，是一方面反革命的"围剿"，又一方面革命深入的时期。这时有两种反革命的"围剿"：军事"围剿"和文化"围剿"。也有两种革命深入：农村革命深入和文化革命深入。
>
> 其中最奇怪的，是共产党在国民党统治区域内的一切文化机关中处于毫无抵抗力的地位，为什么文化"围剿"也一败涂地了？这还不可以深长思之吗？而共产主义者的鲁迅，却正在这一"围剿"中成了中国文化革命的伟人。[1]

---

[1]《毛泽东选集》第2卷，第702页。

这是又一个战场。大革命失败后，一批从火线上退下来或从日本等归国的共产党员和革命知识分子，集中在上海等地，开展革命文化活动。他们翻译并出版了大批马克思、恩格斯、列宁的著作，对传播马克思主义起了重要作用。他们开展了中国社会性质论战和中国社会史论战。他们还组织了创造社、太阳社等文艺团体，推动左翼文艺活动的发展。三十年代初，这种革命文化活动更加蓬蓬勃勃地发展起来，开创出一个新的局面，在思想文化领域内逐步取得主导地位。

这里可以提出一个问题：中国共产党内的几次"左"倾错误使革命造成严重损失，特别是国民党统治区域的党组织几乎全部遭受破坏，但在文化战线上却仍作出巨大贡献，不断扩大它的影响，这是为什么？

胡绳主编的《中国共产党的七十年》认为，这有两方面的原因：

第一，九一八事变后民族危机空前深重，而蒋介石统治集团却顽固地推行"攘外必先安内"的卖国政策，加紧法西斯独裁统治。这是极端不得人心的，不能不激起人们越来越强烈的不满，并促使中间派乃至国民党统治集团内部发生分化。尽管中共临时中央当时犯了严重的"左"的错误，但许多要求进步的人仍能从事实中看到：中国共产党是坚决主张抗日、要求实现民主政治，并为劳苦大众谋利益的，从而一步步地向党靠拢。

第二，中共临时中央那套"左"的指导思想在实际生活中是无法行得通的。它虽在许多地方用强制的手段加以贯彻，但不少共产党员以至有些党的组织，为了坚持并发展革命斗争，在客观现实的教育下，往往自觉或不自觉地突破"左"的指导思想的某些束缚,在实际工作中逐步作出调整,采取了一些灵活而有效的做法。当中共临时中央迁往中央苏区和上海局屡遭破坏后,同中共失去联系的一些在上海的党组织(如中共中央文化工作委员会和后来成立的江苏省临时委员会等),在异常复杂的环境中独立地进行探索,工作中有不少新的创造,实际上突破了少数领导的主观主义错误指导。[1]

在左翼文化运动发展中,一九三〇年三月二日在上海成立的左翼作家联盟(人们常把它简称为"左联")发挥了十分重要的作用。它的旗手是已成为共产主义者的鲁迅。在左联成立大会上,鲁迅作了一篇简短而十分深刻的讲话,成为国民党统治区左翼文化运动的重要指导思想。

他在讲话一开始便十分尖锐地提出问题:"我以为在现在,'左翼'作家是很容易成为'右翼'作家的。为什么呢?第一,倘若不和实际的社会斗争接触,单关在玻璃窗内做文章,研究问题,那是无论怎样的剧烈,'左',都是容易办到的;然而一碰到实际,便即刻要撞碎了。关在房子里,最容易高谈彻底的主义,然而也最容易'右倾'。""第二,倘不明白革命的实际情形,也容易变成'右翼'。革命是痛苦,其中也必然混有污秽和血,决不是如诗人所想象的那般有趣,那般完美;革命尤其是现实的事,需要各种卑贱的,麻烦的工作,决不如诗人所想象的那般浪漫;革命当然有破坏,然而更需要建设,破坏是痛快的,但建设却是麻烦的事。所以对于革命抱着浪漫谛克的幻想的人,一和革命接近,一到革命进行,便容易失

---

[1] 胡绳主编:《中国共产党的七十年》,中共党史出版社1991年8月版,第148—149页。

望。""还有,以为诗人或文学家高于一切人,他底工作比一切工作都高贵,也是不正确的观念。"这些话在今天读起来,依然那样地有教育意义。

对于今后应注意的问题,鲁迅在这篇讲话中谈了几点:"第一,对于旧社会和旧势力的斗争,必须坚决,持久不断,而且注重实力。旧社会的根柢原是非常坚固的,新运动非有更大的力不能动摇它什么。并且旧社会还有它使新势力妥协的好办法,但它自己是决不妥协的。""第二,我以为战线应该扩大。""第三,我们应当选出大群的新的战士。""最后,我以为联合战线是以共同目的为必要条件的……而我们战线不能统一,就证明我们的目的不能一致,或者只为了小团体,或者还其实只为了个人,如果目的都在工农大众,那当然战线也就统一了。"[1]

鲁迅这个时期的创作主要是杂文。从一九三〇年起,他一共写了八本杂文集。他把杂文看作匕首,看作投枪,称自己杂文的特点是"论时事不留面子,砭锢弊常取类型"。他的这些杂文,在社会上特别是青年中产生了广泛的、别人无法替代的作用,同鲁迅有过不少交往的唐弢评论道:

> 鲁迅曾经写过小说,在文学的各个部门建立了不朽的成绩,但当进步力量与反动统治短兵相接、斗争日益剧烈的时候,杂文却是他主要的武器。由于这种文学形式的便捷和犀利,感应敏锐地反映了迫切的形势,鲁迅的杂文是尖锐、泼辣、生动,具有独特的战斗的风格,在艺术创造上完善了时代的特征,勾

---

[1]《鲁迅全集》第4卷,人民文学出版社1957年7月版,第182—187页。

勒出中国近代社会色彩鲜明的面貌，成为出色的现实主义的史诗。[1]

左翼文化工作者十分重视同中间派合作，共同进行战斗。鲁迅、瞿秋白、茅盾、周扬等的一些文章，分别在留法归来不久的黎烈文主编的《申报》副刊《自由谈》、傅东华等主编的《文学》月刊上发表。茅盾的著名小说《子夜》，一九三三年二月由开明书店出版，三个月内重版四次，这在当时是少见的。不少进步作家还写出揭露社会黑暗、追求光明的优秀作品，如巴金的《家》、老舍的《骆驼祥子》、曹禺的《雷雨》和《日出》等。这些作品产生了广泛的社会影响，大大促进了中国新文学艺术的繁荣和发展。

还要特别提到左翼文化在电影工作中取得的巨大成绩。电影是具有广泛群众性的艺术样式。九一八事变前，"国内只有三家比较大的制片公司：明星影片公司、联华影片公司和天一影片公司。特别是明星影片公司，它有一段时间拍摄的或是充满着封建思想的影片，如《火烧红莲寺》等，或是鸳鸯蝴蝶派、才子佳人那一套"。[2]"一九三一年发生了九一八事变，特别是一九三二年一·二八淞沪战役之后，中国电影发生了一个显著的变化。日本帝国主义的侵略行径激起中国人民的极大义愤，人民大众的抗日热情空前高涨。这种形势极大的改变了人民的生活要求和审美趣味，反映到电影上，他们看厌了神圣武侠、鸳鸯蝴蝶、封建伦理、光怪陆离的影片，而迫切希望看到能够反映人民现实生活和愿望的影片。电影公司这时如果再拍过去那种荒诞离奇、情趣低劣的影片，就会受到广

---

[1] 唐弢：《鲁迅论集》，文学艺术出版社1991年2月版，第238页。
[2] 阳翰笙：《左翼电影运动的若干历史经验》，《电影艺术》1983年第11期。

大观众的厌恶，遭到赔本乃至倒闭的危险。"[1]当时《影戏生活》杂志就收到过六百多封读者来信，要求摄制抗日影片。"在一·二八抗战后，明星公司邀请了洪深、夏衍、钱杏邨（阿英）、郑伯奇等四人为编剧，联华公司的进步分子也开始被重视了，最后，终于天一、艺华、新华等公司，也不能不吸收进步作家和共产党员去编剧和导演了。""为什么这些资本家偏要求找进步人士和共产党员呢？很明白的一个理由，就是为了当时的广大的人民群众已经不满足于武侠片、侦探片、爱情片，而要求能够反映现实生活和现实政治的新的影片了。"[2]

在这样的背景下，一九三三年春中国共产党地下组织成立了夏衍负责的电影小组。他们团结了大批进步电影工作者，参加到明星、联华、艺华等影片公司去，后来又支持成立了电通影片公司。一九三三年，拍出夏衍根据茅盾小说改编的《春蚕》。一九三四年，拍出《桃李劫》《渔光曲》《大路》《神女》《新女性》等。以后，又拍出《风云儿女》《十字街头》《马路天使》等。影片中的主题歌《义勇军进行曲》《毕业歌》等经商办百代公司录成唱片，广泛流传，唱遍了全国各地，对鼓舞和凝聚人心起了重大作用。

中国初期的电影运动是跟戏剧分不开的。在辛亥革命前后，中国已产生了用对话来表演的戏剧形式，当时叫"新剧"，人们又称它为"文明戏"。一九二八年一次会议上，洪深建议改用"话剧"这个名称。当时比较活跃的话剧团体有田汉主持的南国社和夏衍、钱杏邨、郑伯奇等的艺术剧社。南国社举行的第一次公演在社会上相当轰动。"那时候的社会空气十分恶浊，紧压着青年们的身心。

---

[1]《夏衍电影文集》第2卷，中国电影出版社2000年10月版，第574页。
[2]《夏衍电影文集》第1卷，第803、804页。

因此这一次公演完全不同于戏剧协社那种以描绘中上层社会的家庭生活纠纷作为主要内容，而多少带有社会意义，关心社会问题的倾向了。"[1]一九三〇年八月，左翼剧团联盟成立（以后改组为左翼戏剧家联盟），团结进步戏剧工作者，先后组成五十多个剧团，在各地演出。纪念九一八事变两周年时，由应云卫主持演出反帝话剧《怒吼吧，中国！》，在观众中引起强烈反响。

在团结广大爱国者、发展进步力量方面一个十分成功的例子，是当时身份从不公开的共产党员胡愈之对《生活周刊》主编邹韬奋的帮助。曾任中国民主同盟主席的楚图南在回忆胡愈之的文章中写道："他所主编的《世界知识》创刊词中首先提出'中国是世界的中国'的口号。他和邹韬奋共同主持的《生活周刊》，他推动杜重远创办的《新生周刊》，以及以后在南洋由他主办的《风下》周刊等，都在当时的条件下，传播进步和民主的声音，影响深远，传为我国文化出版史上的佳话。当时我们很多人都知道，《生活周刊》原来是韬奋主办的一个指导职业教育的刊物，办得生动活泼，广为读者所欢迎。以后由愈之同志与韬奋共同主持，使周刊紧密联系社会的现实斗争，被看作是一个议论国家民族大事而又主持正义的舆论阵地，影响更大大增加了。大家公认《生活周刊》办出了新的特色，这个特色，与愈之同志所起的作用是分不开的。"[2]

在南京政府残酷的文化"围剿"下，一些共产党员和进步人士还利用种种合法阵地开展工作。一九二九年春天，另一个身份从不

---

[1] 赵铭彝：《左翼戏剧家联盟是怎样组成的》，《中国左翼戏剧家联盟史料集》，中国戏剧出版社1991年9月版，第44页。

[2] 楚图南：《与人照肝胆，见义轻风浪（代序）》，见胡愈之《我的回忆》，江苏人民出版社1990年7月版，第2页。

公开的共产党员陈翰笙"回国后，受中央研究院院长蔡元培聘请，到该院社会科学研究所任副所长（所长由蔡元培兼任），从事农村调查"。[1]一九三三年十二月，他又和中华农学会会长吴觉农等组织成立中国农村经济研究会。第二年十月，创办《中国农村》月刊，刊登大量调查报告，论证改革封建土地制度的必要性，对土地革命起了配合作用。

社会科学领域内，马克思主义那时正受到来自不同方面的攻击，包括国民党改组派汪精卫及陈公博等的《革命评论》、周佛海及陶希圣等的《新生命》、胡适等的《现代评论》、国家主义派曾琦等的《醒狮》、托洛茨基派的《动力》等。一些共产党和进步社会科学工作者，在艰难的条件下，对来自不同方面的种种攻击进行反击。李一氓回忆道："这就成为与农村游击战争相并行的一条理论战线。担任这场战斗的同志，他们一部分是受过马列主义理论教育的留苏学生，一部分是有马列主义倾向的留日学生，一部分是大革命失败后仍然留在党内的有一定理论基础的知识分子党员。"[2]他们于一九三〇年五月在上海成立了中国社会科学家联盟。这个联盟纲领的第一条就是：以马克思主义观点，分析中国及国际的政治经济，促进中国革命。它的第一任主席由不是共产党员的社会科学家邓初民担任。

社联成立后，专门设立编辑出版委员会，把翻译、撰写、出版新兴社会科学理论书籍作为它的重要任务。《反杜林论》、《费尔巴哈论》（即《费尔巴哈和德国古典哲学的终结》）、《工钱劳动与资本》

---

[1]《薛暮桥回忆录》，天津人民出版社1996年7月版，第34页。

[2] 李一氓：《序》，见徐素华《中国社会科学家联盟史》，中国卓越出版公司1990年4月版，第2页。

（即《雇佣劳动与资本》）、《经济批判导言》（即《政治经济学批判序言》），以至米丁的《新哲学大纲》等就是在这时译出问世的。他们致力于引导青年学习新兴社会科学，在许多学校和单位组织读书会、研究会。他们倡导社会科学"面向大众"，艾思奇的《大众哲学》（最初书名是《哲学讲话》），用通俗易懂的语言向大众介绍马克思主义哲学的基本原理，产生了十分广泛的影响。他们还参加中国社会性质、唯物辩证法诸问题的论战。

三十年代初这些左翼作家、社会科学工作者虽然也有过这样那样的缺点或不足，但他们在国民党统治区域人民中传播进步思想、促进抗日救亡运动的功绩是不可磨灭的。它锻炼出一支坚强的革命文化队伍，许多人后来成为中国思想理论界和文艺界的骨干力量。

倾向自由主义的知识分子所办刊物中，影响较大的是《独立评论》。它的主编是胡适，协助编务的有丁文江、蒋廷黻、傅斯年，主要成员是一批留学欧美的大学教授。这个刊物在九一八事变后不久创办。胡适回忆道："大火已烧起来了，国难已临头了。我们平时梦想的'学术救国'、'科学建国'、'文艺复兴'等等工作，眼看见都要被毁灭了。""《独立评论》是我们几个朋友在那个无可如何的局势里认为还可以为国家尽一点点力的一件工作。"[1] 刊物作者的观点不尽一致。大体说来，他们认识到日本的对华侵略是既定国策，一定要一步一步地实现的，要求人们有清醒的认识，但又认为中日国力悬殊，处处不如人，民众的力量是不足恃的，因此在很长时间内仍主张以忍让来求和平，期待日本自己的"反省"和国际的援助。胡适在一九三五年六月还写了一篇《沉默的忍受》，

---

[1] 胡适：《丁文江的传记》，安徽教育出版社1999年10月版，第142、143页。

说:"这十几天之中,全国人的悲愤,绝大沉静中的悲愤,是不消说的。""今日国家所以不能不忍辱,只是因为我们太不争气,太无力量。""能在这种空气里支持一种沉默,一种镇静,一种秩序,这是力量的开始。"[1]这种软弱的主张,自然不能为中国指明正确的出路,因而受到国人的不少批评。《独立评论》的许多作者对国民党当局的独裁和腐败持批评态度,有许多辛辣的讥讽和谴责,但总的来说仍抱着维护和支持的态度。日本人室伏高信在一九三六年七月对胡适说:"在日本都说是蒋介石独裁,可是,除了蒋氏政权而外,贵国将无统一之途:我们是这样想的。"胡适回答:"这点我完全同感。"[2]蒋廷黻走得更远。他在《独立评论》上发表文章说:"中国要有好政府必须自有一个政府始。许多人说政府不好不能统一;我说政权不统一,政府不能好。""我们应该积极的拥护中央。中央有错,我们应设法纠正;不能纠正的话,我们还是拥护中央,因为它是中央。"[3]以后,他更公然鼓吹专制是中国目前唯一的出路,以致在《独立评论》内部展开了争论。这也是《独立评论》派知识分子的一部分人(如翁文灏、蒋廷黻、何廉、周诒春等)在一九三五、一九三六年相继参加国民党政府的重要原因。

南京政府这时在思想领域内已拿不出什么像样的东西,只能再次搬出尊孔读经那一套来。蒋介石一九三三年三月在中央政治学校的演讲中说:"现在国家到了这样危急的情况,我们用什么方法可以把它挽救过来,完成我们的革命,使中华民族复兴起来呢?我很简单忠实的说,只有大家相信三民主义,而且要实行三民主义,就

---

[1] 胡适:《沉默的忍受》,《独立评论》第155号,1935年6月16日。
[2] (日)室伏高信:《胡适再见记》,《独立评论》第213号,1936年8月9日。
[3] 蒋廷黻:《知识阶级与政治》,《独立评论》第51号,1932年5月21日。

可挽救危亡。因此,我们要问:三民主义是怎样发生出来的?它的思想之渊源以及它的根本精神是在什么地方?简单的讲一句,它的思想渊源,就是继承中国从古以来——尧、舜、禹、汤、文、武、周公、孔子一脉相承所流传下来的道统,它的根本精神,就是要用中华民族固有的精神来领导革命,复兴民族。"他着重地说:"我们要常常去研究四书、五经,尤其是非读《大学》、《中庸》不可。"[1]

一九三四年五月,国民党中常委根据蒋介石、汪精卫、戴季陶等建议,通过决议,确定每年八月二十七日为孔子诞辰纪念日,在全国恢复祭孔。当年这一天,在孔子家乡曲阜举行规模空前的祀孔活动,南京、上海、北平、天津等地也进行祭孔活动,搞得十分热闹。难怪鲁迅在两天后写道:"今年的尊孔,是民国以来的第二次盛典,凡是可以施展出来的,几乎全都施展出来了。"[2]

热闹尽管热闹,但已不能打动人们的心。也是在这个月,著名文化界人士老舍、曹禺、叶圣陶、郑振铎、陈望道、郁达夫等联名发表《我们对于文化运动的意见》,一针见血地指出:"我们相信复古运动是不会有前途的。假如读经可以救国,那么,'戊戌维新'、'辛亥革命'全是多事了。假如'中学为体西学为用'的主张可以救国,那么,李鸿章和张之洞早已成了大功了。时势已推移到这个地步,而突然有这种反动现象发生,我们虽然明白其原因并不简单,但不能不对这种庸妄的呼号,指出问题的症结所在而促其反省。"[3]

在南京政府推行的"新生活运动"中,蒋介石一再强调:"我

---

[1]《总统蒋公思想言论总集》卷11,第9、12页。
[2]《鲁迅全集》第6卷,第86页。
[3]《晨报》1934年8月26日,转引自林甘泉主编《孔子与20世纪中国》,第205页。

们一切的思想行动、态度、习惯，无论在什么时候，统统要以'礼义廉耻'为准绳。"[1]为什么他要提倡这些？宋美龄一九三五年六月在美国论坛杂志上发表的《中国的新生活》中写道："新生活运动的概念，是蒋委员长在剿匪期中所悉心考虑而成的。他以为用武力收复匪区，尚不能视为完成使命，必须在那些饱经蹂躏的残破之区，继之以社会的经济的复兴工作才行，欲谋物质的繁荣，尤须先行发扬民族道德，建立一种互助合作的精神。""委员长观摩所及，觉得某种荒谬的主张，已将人民尊老敬长，崇奉法律秩序等等良好品德，完全消灭，而造成了混乱而没有秩序的生活习惯。新生活运动就以'礼'来纠正他们，教他们不论服装习惯，都得保持整洁和秩序。"[2]其他话都是陪衬，他讲的"礼"主要着眼点在于尽力维护旧的社会"秩序"。从根本上看，所谓"新生活运动"并不是认真探索如何对待中国传统文化的一种文化现象，不过是蒋介石配合军事反共活动的整个部署中的组成部分罢了，但它在社会生活中仍然没有收到什么效果。

华北事变和抗日救亡高潮的兴起

一九三五年，日本的对华政策出现一个重大转折，用日本历史学家信夫清三郎的话来说："侵占了满洲的日本，自一九三五年以后，在开展'华北工作'的名义下，开始显露出对中国内地的野

---

[1]《总统蒋公思想言论总集》卷11，第463页。
[2]《新生活运动史料》,《革命文献》第68辑，（台北）中国国民党党史委员会1975年12月版，第99、101页。

第九章 "中华民族到了最危险的时候"

心。"[1]他着重指出日本侵华政策在一九三五年以前和以后的不同，说明日本从这时起，开始大规模地越过长城南下，企图直接控制华北，进而独占中国。

日本军国主义者的侵华政策有它的一贯性，同时又呈现出若干阶段性。它的野心是无限的：不仅要独占中国，还要称霸东亚。但这个后起帝国的国力又是有限的，不可能一下子实现它的全部目标，所以，第一步先集中力量控制中国长城以北的东北和内蒙古东部。《塘沽协定》签订后，华北局势曾稍稍平静了一段短时间，这自然是暂时的。

当他们在东北和内蒙古东部稍稍站住了脚跟，立刻把下一步目标伸向华北。华北有着蕴藏丰富的煤矿，还盛产棉花和羊毛，都是令日本侵略者垂涎的资源。日本关东军驻北平特务机关长松室孝良在一份情报中写道："一九三一年九一八，发动满洲事变而占据之，一时帝国市场与原料，得稍缓和。然因尚有若干原料问题，短期中不能满意，尚须相当之岁月，经营与培养。现在，满洲市场已臻饱和，短期间亦难再行扩大，即不能与帝国生产之增进相调和。""故华北，诚为我帝国之最好新殖民地。"[2]

一九三五年五、六月间，华北局势又紧张起来。日军借口天津日租界内两名亲日报人被暗杀和原在热河的抗日义勇军孙永勤部退入关内这两件事，再次以武力进行威胁。五月二十九日，天津驻屯军参谋长酒井隆向何应钦提出罢免河北省政府主席于学忠、撤退国民党河北各级党部、把中央军撤出河北等无理要求。这实际上是要为

---

[1] [日] 信夫清三郎：《日本外交史》下册，第597页。
[2] 延安时事问题研究会编：《日本帝国主义在中国沦陷区》，上海人民出版社1958年7月版，第46页。

推行"华北自治运动"扫清道路。日方扬言:"日军为自卫上取断然之处置;或直接发生庚子事件,或九一八事件,亦不可知。"六月十一日,黄郛在日记中写道:"得敬之(引者注:即何应钦)电,知华北交涉已于本日正式答复一律接受,军队党部一律撤尽。今后之河北必将成为有实无名之非战区。哀哉。"[1]七月六日,由何应钦复信天津驻屯军司令官梅津美治郎,"承诺"实行酒井隆所提要求。这件事被日方称为《何梅协定》。一位美国历史学家评论说:"在日本的压力下,完整的华北,犹如海滨遭到波涛冲刷的沙土峭壁,不断塌陷。"[2]

六月二十三日,日本奉天特务机关长土肥原贤二又向察哈尔省政府代主席秦德纯提出无理要求。南京政府电示秦德纯:"在不妨害我国领土主权的范围内,可以酌情办理。"[3]二十七日,秦德纯和土肥原签订协定:热察边境改由保安队驻扎,军队撤退;察省国民党党务停止活动。

《何梅协定》和《秦土协定》达成后,南京政府以为已经满足日方的要求,中日关系可能得到一段时间的稳定,希望两国关系得到改善。日方在口头上也宣称:河北事件从此结束。其实,南京政府的不断退让,只能被对方视为软弱可欺,更加得寸进尺地进逼。

日本企图全部控制华北的决策,看来是在一九三五年秋天作出的。当时,有两个因素起着作用:第一,在伪满政权成立和热河沦陷后,又经过两三年,日方认为他们对中国东北四省的统治已大体巩固。第二,由于欧洲德、意两个法西斯势力的崛起和美国国内孤

---

[1] 黄郛日记,复印件,1935年6月11日。
[2] [美]巴巴拉·塔奇曼:《史迪威与美国在华经验》上册,商务印书馆1985年1月版,第199页。
[3] 《秦德纯回忆录》,(台北)传记文学出版社1981年5月版,第35页。

立主义的抬头,英、美在远东一意对日妥协。日本把它看作扩大对华侵略的大好时机。

日本陆军省在八月六日提出《关于对北支政策》,毫不隐讳地表明要直接控制华北,使华北"不受南京政权政令的支配,而成为自治色彩浓厚的亲日、满地带"。[1]

九月二十四日,新任中国驻屯军司令官多田骏,招待日本记者时散发一本《日本对华基础观念》的小册子,里面说:"现在之华北实为最容易最迅速得以实现为乐土,且以此为必要之地域,无待缕述。华北一隅当使之为日本人为中国民众明朗而可安住之和平乡,化为日华制品及其他物质可以安稳相互自由流通存在之市场。""华北问题解决之重要性质如此,帝国对外之发展,将依此而卜其成否。"[2]这是一件非同寻常的大事。它表明日本的在华扩张已进入一个新阶段,公开表明要把整个华北纳入它直接控制之下。

十月中旬,日本参谋本部第二部长冈村宁次等来到中国,先后在大连、天津、上海分别召开日本驻华的高级军官和外交官开会。会议内容秘而不宣,实际上是将东京已决定的方针传达给他们。种种迹象表明:日方将在中国采取大动作,它的重点就在华北。陶行知主编的《生活教育》上写道:"'华北'日本原早已就不算入中国的版图。华北的自治运动,也早即在日本的积极指导中,酝酿着进行着。不过这一运动,都是在日本大连会议、天津会议、上海会议……后,更以新近中国的货币改革为机运而愈益具体紧张的。"[3]

---

[1] 转引自《日本侵华七十年史》,第397页。
[2] 《中华民国重要史料初编——对日抗战时期》第六编傀儡政权(2),(台北)中国国民党党史委员会1981年9月版,第27页。
[3] 旷琴:《华北自治运动与民族危机》,《生活教育》第2卷第20期,1935年12月。

大家痛切地感到：日本侵略者的野心是没有止境的，既然侵占东北的下一步立刻就指向华北，那么，再下一步势必要吞并中国。亡国的惨祸已迫在眉睫。平日比较平和的黄炎培在十月十日的日记中悲愤地写下一首《重光歌》："吾和你抬头试望，东北何方？辽沈何乡？白山黑水，是谁的封疆？三千万同胞，强者何法抵抗？弱者更何忍而投降？""到如今，长城内外，是谁的国防？华北独立，华北自治，到处公开演讲，还公布着报章，得寸进寸，得尺进尺？充彼野心，何难席卷长江，囊括珠江？哀哉中华，其亡其亡！"[1]

十一月一日至六日，国民党举行四届六中全会（一直主张对日退让的汪精卫在会上被刺重伤）。这时，华北局势日趋紧张。八日，已兼任平津卫戍司令的宋哲元致函何应钦说："华北情形，不言我公均甚明瞭。我国虽弱，系自主国家，求平等，求自由；侵占我土地，干涉我内政，决不能认为友邦。此次大会谅决定办法，望对华北亦早指示方针。哲元能维持暂时，不能永久。"[2]

十一月中旬，更加令人震惊的消息传来：日本军方导演的所谓"华北自治运动"正式出台。关东军司令官南次郎派奉天特务机关长土肥原贤二到北平，向兼任平津卫戍司令的第二十九军军长宋哲元提出最后通牒式的警告：限他在十一月二十日前宣布"自治"，否则日本将武力攻占河北和山东。宋哲元等在十九日密电报告蒋介石："北方情势，已甚明显，似非少数日本军人自由之行动。日来应付极感困难，彼方要求，必须华北脱离中央，另成局面。迭经拒绝，相逼益紧。"[3] 战后远东国际军事法庭审讯时，证

---

[1]《黄炎培日记》第5卷，第88页。

[2]《何应钦将军九五纪事长编》（上），（台北）黎明文化事业公司1984年4月版，第445页。

[3]《中华民国重要史料初编——对日抗战时期》第六编傀儡政权（2），第81页。

人桑岛主计说:"土肥原在一九三五年十一月十八日扬言,如果华北不宣布自治,他准备派五个日本师团到河北,六个师团到山东。""在这以前,为了支持土肥原的行动,关东军司令南次郎在十一月十二日,对他的军队就发布动员命令,限十五日前作好从长城外向华北进军的准备,并且在十六日动员空军作好在二十日进驻平、津的准备。"[1]

作为恫吓华北当局的实力后盾,大批日本关东军在山海关和古北口附近集结,摆出一副准备进攻的姿态。华北上空,仿佛已重现九一八事变前夜那种浓烈的战争气氛。

日本报纸上对"华北自治运动"的大肆鼓吹,使中日间的政治空气显得更加紧张。美国学者柯博文(又译小科布尔)写道:"那时一切皆不明朗。中国、日本和西方等许多观察家均认为土肥原将会成功。日本媒体确实反映了这种看法。《日日》报道说:'几天之内,一个自治的华北政府将要诞生了。这件事将成为中国北部省份八千万人民的一个喜庆的消息。新政权致力于为所有生于斯的人民创建一片王道乐土。'《报知》称:'人们所熟知的巨大而富饶的领土"华北"很快就要脱离南京政权而完全自治了。自治的最后决定已在北平举行的华北政治和军事首脑们的会议上作出。河北、山东和察哈尔省已经加入了这场运动,而山西和绥远也将会预期跟从。'《报知》认为,这场运动将不仅在北方建立一方'王道乐土',而且还有助于在南方消灭国民党。'新政权的出现将被证明是对南京致命的打击,迄今为止,南京的存在相当大的程度上是依赖北方的财政来源。'因此,土肥原让许多人相信这个计划的成功为

---

[1]《法庭证据第3242和3317A号》,《华北事变资料选编》,河南人民出版社1983年9月版,第248页。

期不远了。"[1]

可是，宋哲元也好，山东的韩复榘也好，山西的阎锡山也好，都没有在日方的威胁下接受他们提出的"华北自治"的要求。尽管土肥原以极端强硬的姿态发出恫吓，事实上日本军方一时还没有做好大规模军事行动的准备。结果，十一月二十日这个万众瞩目的"最后期限"就在静悄悄中过去了。但局势并没有缓和下来，二十四日，土肥原又策动兼任冀东两个地区专员的殷汝耕在北平近郊的通县成立"冀东防共自治委员会"，公开宣称"脱离中央"。两天后，又改称"冀东防共自治政府"。冀东已完全处于日本的控制下，它的面积占河北省的四分之一，人口有六百多万。十二月间，南京政府决定设置以宋哲元为委员长的冀察政务委员会，成员中包括一些亲日人士。不少人认为，这将是所谓"冀东防共自治委员会"的扩大，华北国土的沦丧看来已是旦夕间的事情了。

当时每期发行二十万份、在全国影响最大的杂志《大众生活》（邹韬奋主编，而胡适主编的《独立评论》每期的发行数只是七千至一万三千份）上的一篇通讯写道：

> 这几个月来，当地报纸上常常瞧见"某军于某日起在××一带演习×天"的消息。于是在第二天便瞧见有整队的"友邦"的马兵、步兵、铁甲车、迫击炮，一连串的到华界来，又耀武扬威的向目的地进发。这一带居住的人们，慌张得连饭也吃不下去。……空中，每天总有几次"轧轧"的声音，仰起头就可以瞧清楚翅膀上的标志。它们故意飞得低低的环绕着全

---

[1]［美］柯博文：《走向"最后关头"——中国民族国家构建中的日本因素（1931—1937）》，社会科学文献出版社 2004 年 7 月版，第 282 页。

空。……于是许多人便担心着不知道还有几天安静饭可以吃？会不会明后天便有一个"亡国奴"的荣衔加到自己头上？……至于报纸上（自然以中国的为限）向例是不登这些消息的，好像这些事他们根本没有知道过。[1]

一个青年学生写给《大众生活》主编邹韬奋的信中说：

> 我从南方到了华北还不久，但这环境给我极大的苦楚。我有时烦闷得像胸口塞了一块重铅，有时悲愤得血管像要爆裂，但悲愤有什么用呢？所以结果还是闷得像胸口塞了一块重铅。……敌人更聪明了，竟不血刃的得了华北二省。他们得寸进尺的野心，固不足异，但我们政府的含垢忍辱，何一至于此？政府当局及学校当局屡次谆谆告诫，要学生安心读书，但是敌人的飞机尽在我们头上掠过，所谓野外演习的炮声震得教室的玻璃窗发抖，机关枪不断的响着在打靶。这一颗颗的子弹，好像每颗都打在我们心上一样的难过。先生，我们能念书吗？[2]

请今天的年轻人读一读吧，这是当年无数中国人，特别是青年学生的亲身感受和痛苦心情。这是谁都无法逃避的令人心碎的现实。

平津一带还是中国的领土，却到处可以看到荷枪实弹、气焰万丈的日本军人和骄横不法的日本浪人，到处可以看见从这里像潮水般涌向全国的日本走私货物和毒品，到处可以看到宣扬所谓"王道

---

[1] 沈沉:《动荡中的华北一隅》,《大众生活》第 1 卷第 3 期, 1935 年 11 月 23 日。
[2] 《大众信箱》(四),《大众生活》第 1 卷第 6 期, 1935 年 12 月。

乐土"之类的汉奸标语图画。事件层出不穷,地方一日数惊。"先生,我们能念书吗?"这是多么悲愤的提问!以《义勇军进行曲》为主题歌的影片《风云儿女》,正是在一九三五年拍成的。"中华民族到了最危险的时候……"这首歌迅速唱遍全国以至海外有华人居住的地方,它确实唱出了当时中国人的普遍心声。

这种悲愤的情绪郁积着、奔突着、增长着。整个中国就像一座喷薄欲发的火山,一旦受到触动,便会出现惊天动地的大爆发。离开民众这种普遍而强烈的情绪,抗日救亡运动高潮的兴起和以后许多历史事件的发生都是难以想象的。

在这场惊心动魄的华北危机中,首当其冲的自然是古都北平。

北平,在南京政府成立前的六百多年间几乎一直是中国的首都,在中国人心中享有其他城市难以比拟的特殊地位。这里发生的一切,比其他地方更容易牵动亿万中国人的心。在这种极端紧张的气氛中,北平教育界就华北局势发表了一个宣言,反对破坏国家的领土完整。日本宪兵队在十一月二十九日竟把北京大学校长蒋梦麟强行叫到日本兵营去接受"传讯",并企图把他劫持到日本控制的大连去。《大众生活》针对这件骇人听闻的事件发表评论说:"苟安偷生的人们,以为可以袖手旁观着苟安偷生下去吗?目前是整个民族生死安危的关头!是人人生死安危的关头!在受侵略的整个民族,莽莽大地终必没有一片干净土,终必没有一个可以避免奴隶命运的人。'置之死地而后生',死里求生,这最后的挣扎是在我们自己的掌握中。"[1]

更使人感到焦虑不安的是,南京政府和地方当局的对日外交都

---

[1]《蒋梦麟被邀请谈话》,《大众生活》第1卷第4期,1935年12月7日。

是秘密进行的，外人无从知晓。这更增强了人们的怀疑和猜测，感到坐卧不宁，不知道明天又会发生什么事。大家都在问：国难当头，我们应该怎么办！还能够沉默不语吗？愤怒是长时间积聚起来的。压抑得愈久，暴发力愈大。只要有人登高一呼，便能将处处潜藏的怒火迅速凝集成一股势不可当的巨流，开创一个新的局面。这自然不是任何人可以人为地"运动"起来的。

十一月十八日，北平大中学校抗日救国联合会成立。执行主席女一中学生郭明秋，秘书长清华大学学生姚克广（姚依林），都是共产党员。共产党员的人数虽少，由于顺应着迅速发展的时代潮流和民众要求，在学生群中又是能指明行动方向并且最有组织能力的，自然就担负起了登高一呼、统率全局的重任。十二月三日，被南京政府任命为行政院驻北平办事长官的何应钦到达北平。北平学联决定向他请愿，要求抗日救国，反对所谓"华北自治运动"。这就是一二·九大游行的由来。

游行确定在十二月九日举行，因为传说这一天是冀察政务委员会成立的日子，要搞所谓华北特殊化。那天，清华大学救国会发表告全国民众书，里面有一句传诵一时的名言："华北之大，已经安放不得一张平静的书桌了。"[1]游行准备工作正在紧张进行时，"当局事前闻讯，即派军警于九日清晨在各校门前戒备，以防学生冲出"。[2]在城外西郊的清华、燕京两所大学学生一千多人向城内出发。当局将西直门关闭，城内外交通断绝，但学生仍未散去。城内学生在新华门前集合。由于何应钦不肯接见，就把请愿改为示威。

---

[1]《清华大学救国会告全国民众书》，《一二九运动》，中共党史资料出版社1987年6月版，第143页。

[2]《一周间国内外大事述要》，《国闻周报》第12卷第49期，1935年12月16日。

游行队伍高呼"打倒日本帝国主义""反对华北自治""收复东北失地""立刻停止内战"等口号。有些人高呼口号时泪流满面。沿路不断有市民和各校学生参加，总数达到四五千人。游行队伍到王府井南口时，又遭受军警毒打和消防水龙的冲击，八名学生被捕。第二天，北平各校学生罢课。十一日起，天津、保定、太原、杭州、上海、武汉、成都、重庆、广州等大中城市先后爆发学生罢课和示威游行。许多地方的工厂也举行罢工。风暴迅速席卷全国。

十二月十六日，北平学生再次举行大规模示威游行。一九三六年一月初，平津学生组成"南下扩大宣传团"，利用寒假时间，到冀中农村扩大宣传。为了把抗日救亡运动坚持下去，他们回来后，在二月一日成立民族解放先锋队（简称"民先"），最初只在平、津两地建立，暑假后在全国各地迅速发展起来，到年底队员已达六千多人，其中包括许多品学兼优的学生中的活跃分子。

一二·九运动不仅使人们长期郁积在心头的愤懑一下子倾泻出来，同时也引起许多人深思这一切究竟是为什么，从平时的宁静生活或狭小圈子中猛然惊醒过来。大批原来在政治上处于中间状态的人，不再回到旧日的生活轨道上去了。当时的北京大学学生袁宝华回忆道："我们这些青年学生，过去没有参加过政治运动，像我这样的人在当时有点代表性，还不是党员，政治上也不是那么清醒，可是满腔抗日救国的热情，游行队伍一到，那就积极参加。我还在我们那个班上号召一番，叫大家都参加去。游行回来以后，人就好像变了，劲头也大了，胆子也壮了，看到一起参加游行的人感到非常亲切。"[1] 有这样思想经历的人，是相当普遍的。

---

[1] 袁宝华在北京大学一二·九时期在京部分老同学座谈会上的发言，《一二九运动回忆录》第1集，第150页。

一二·九运动不仅掀起了救亡运动的高潮,推动了抗日,并且给迎接抗战、给中国共产党准备了一大批干部,培养了一代人,它的影响十分深远。

紧随着一二·九运动的发展,上海和许多城市相继建立起各界救国联合会。这是事态的又一个重大发展。

上海的抗日救亡运动高潮是在北平学生运动的强烈推动下掀起的。它一起来,又表现出自己的鲜明特点。北平的救亡运动博得社会各阶层的广泛同情和支持,一部分教育界人士也积极参加,但主力仍是学生。上海抗日救亡运动的新高潮从一开始,社会面就广泛得多,包括文化界、妇女界、学生界、教育界、职业界等。

他们的一个重要优势,是掌握着许多在全国有巨大影响的文化阵地。一二·九运动前五个月,中共上海临时中央局遭到大破坏,但它的一部分组织和党员依然保留了下来,其中最重要的是领导着左联、社联、剧联、电影小组等的文委,共有党员一百多人。当时文委的领导成员夏衍回忆道:

> 我们不仅组织和领导了上万人的救亡歌咏运动,不仅依旧掌握着电影制作和影评的领导,而且还通过"社联"及其外围,建立了可靠的出版发行机构,"读书生活"、"新知"两家书店是"社联"盟员直接领导的,"生活书店"是通过邹韬奋、由黄炎培的职业教育会支持的,有了"公开合法"的书店,就可以有计划地出版书刊,从三五年到三六年,左派掌握的杂志就有十种以上。单讲邹韬奋主持的生活书店,就出了《世界知识》(胡愈之主编)、《文学》(茅盾、傅东华主编)、《妇女生活》(沈兹九主编)和《光明》(洪深、沙汀、沈起予主编),更不同于

从前的一点,是这些杂志不再是昙花一现,出两三期就被禁,也不像从前一样每期印两千册,而是长期出下去,而且每期可以行销上万份了。

看形势,三十年代初组织起来的左翼文化运动,已经冲破了原来左派的圈子,抗日救亡、反对内战、反对华北自治……等等口号,已经把成千上万的中小资产阶级和上层爱国人士吸引到我们的阵营中来了。[1]

北平的一二·九大游行后三天,九十七岁的马相伯领衔发表《上海文化界救国运动宣言》,沈钧儒、邹韬奋等二百八十多人在宣言上签名。宣言指出:"国难日亟,东北四省沦亡之后,华北五省又在朝不保夕的危机之下了!""因为华北事件的教训,我们应该进一步的觉悟!与其到了敌人刀口放在我们的项颈的时候,再下最大的决心,毋宁早日奋起,更有效地保存民族元气,争取民族解放。"[2]宣言虽然用的是"文化界"的名义,其实已大大超越这个范围,包括文化界、教育界、新闻出版界、银行界、法律界、职业界等方方面面的许多知名人士,反映出各界爱国人士正在抗日救亡这个目标下走向联合这个重要趋势。

在《大众生活》上,连续多期发表鼓吹必须建立"联合战线"的文章。正在狱中的爱国人士杜重远寄来的杂感中写道:"国势危殆到了这样急迫的地步,凡是能立在救国的共同目标上的人们,都应该结成'民族联合战线'来共同奋斗。"[3]

---

[1] 夏衍:《懒寻旧梦录》,生活·读书·新知三联书店1985年7月版,第284—285、289页。
[2] 《上海文化界救国运动宣言》,《大众生活》第1卷第6期,1935年12月21日。
[3] 杜重远:《青年的爱国义愤》,《大众生活》第1卷第8期,1936年1月4日。

体现这种"联合战线"要求的各界救国会,就是在这时相继成立的。它的重要领导人沙千里回忆这个过程时写道:

> 群众的抗日救亡运动在开始阶段,是处于一种自发状态的,斗争也是分散的。虽然在一定的时候为了进行斗争,也有一些串联,但没有固定的形式把大家联系起来。为了某一件事而进行的斗争结束之后,这种联系也就终止了。随着抗日救亡运动的发展,为了更有力的同日本帝国主义和国民党反动派进行斗争,大家感到需要一个固定的形式把群众的力量统一组织起来。这样,在中国共产党的影响、推动和领导之下,在千百万民众抗日救亡运动的高潮中,上海各方面的救国会先后建立,在此基础上成立了上海各界救国联合会,与此同时,全国各地各界群众也建立了各种救国组织。[1]

有了各界的救国会,自然要求进一步联合起来,建立统一的组织。一九三六年一月二十八日,上海各界救国联合会成立,六十多岁的清末进士、上海法学院教务长沈钧儒被推为主席。二月七日,黄炎培在日记中写道:"对日必出于一战。"[2]五月三十一日和六月一日,全国各界救国联合会成立大会举行,出席的有全国六十多个救亡团体的代表七十多人,通过《成立大会宣言》《抗日救国初步政治纲领》等文件,选举宋庆龄、何香凝、马相伯等四十多人为执行委员,沈钧儒等十四人为常务委员。救国会重要领导人、浙江实业银行副总经理章乃器回忆道:"人的情绪是活的。情绪本身的发

---

[1] 沙千里:《漫话救国会》,文史资料出版社1983年10月版,第6页。
[2] 《黄炎培日记》第5卷,第117页。

展要上升，群众情绪的反映也要促使领导情绪的上升。全国各界救国联合会大约是在一九三六年五月末成立的。那时候，我们的情绪已经有了飞跃的升腾。"[1]

救国会的重要特点是有着十分广泛的民众基础。它既在全国许多地区以至海外华侨中建立分支机构，又有社会各界的救国会，还有不少下属的救亡团体。它的成员，既有许多社会知名人士，也有大量一般民众。单拿上海职业界救国会来说，到一九三六年十月就有会员一千三百多人，并且同广大职工和店员有着密切联系。[2]各地的救国会组织，冲破南京政府的禁令，开展种种宣传和募捐活动，举行盛大集会，发表通电，出版刊物，使抗日救亡运动在全国范围内蓬勃开展起来，形成一个新的局面。

七月十五日，救国会领袖沈钧儒、章乃器、陶行知、邹韬奋联合发表《团结御侮的几个基本条件与最低要求》，提出："抗日救国是关系整个民族生死存亡的大问题，所以，只有集合一切人力、财力、智力、物力，实行全面总动员，才能得到最后的胜利。""在联合战线上的各党各派，尽可以有不同的主张，政府和民众，中央和地方，也尽可以有不同的意见，只要在抗日救国的一点上，求得共同一致，大家互相宽容而不互相倾轧、互相攻击，联合战线就建立起来了。"[3]这篇文章在《生活知识》半月刊上发表后，在社会上引起巨大反响。八月十日，毛泽东写公开信，在巴黎《救国时报》上发表，称赞这篇文章是代表全国大多数不愿意做亡国奴的人们的意见和要求。

---

[1]《章乃器文集》下卷，华夏出版社1997年3月版，第634页。
[2] 周天度、孙彩霞编：《救国会史料集》，中央编译出版社2006年7月版，第9页。
[3]《救国会》，第118、119页。

全国各界救国联合会的成立，团结了包括共产党人以外的社会各界爱国人士，把原来比较分散的爱国民众运动汇合成一股更为壮观的洪流，推动国内的抗日救亡运动新高潮持续地向纵深发展。它的历史功绩是值得我们永远怀念的。

第二次国共合作的形成

中华民族确实到了最危险的时候。当时国内最大的两个政治力量是国民党和共产党。单靠民众情绪的激昂是不够的，只有建立起以国共第二次合作为基础的抗日民族统一战线，一致对外，才有可能真正形成全面的抗日战争，把国家和民族从最危险的境地中拯救出来。

国共两党经过十年内战，可以说有着血海深仇，为什么又能够重新合作？一个民族的敌人深入国土这一事实，起着决定一切的作用。中华民族已处在生死关头，全国民众强烈要求团结抗日，决定了这种合作不仅有可能实现，而且有可能在比较长的一段时间内保持下去。没有这个大背景，事情为什么会这样发展便无法理解。

但要把这种可能性变成现实，谈何容易。同国共两党的第一次合作相比较，这时的情况比那时要复杂得多：第一，两党经历了长达十年的内战，这是一场生死的搏斗。蒋介石把共产党看作心腹大患，一定要把它赶尽杀绝，并且积累了长期的反共经验。共产党在一九二七年和一九三四年两次失败中，都曾被推到灭亡的边缘。十年里，共产党人流的血太多太多了，这种伤痕是很难忘却的。就是在实现合作后，国民党一面要抗日，一面仍会找机会限制、削弱以致力图消灭共产党；而共产党在接受过去惨痛教训的基础上，对自己的合作者不能不时刻保持着戒备。第二，它是在国共双方都有着自己的政权和军队的情况下合作的。国民党"有着全国性政权和强大军事力量，并且有十年一党专制的统治",[1]所以它很自大，合作是不平等的，尤其是一直把尽力限制以致消除共产党领导的军队和政权放在它心目中极其重要的地位；但共产党不仅已有了自己不断发展着的军队和政权，而且深知如果放弃了这些就无异于放弃了自己生存的保障。

在这种情况下，虽然有了两党合作的可能，但在许多人看来，国共两党要再一次合作仍几乎是难以想象的事情。要实现这种可能，必须经历一个艰难而曲折的过程；就是在合作后依然会充满着矛盾和斗争。现在我们就来看看这个过程是如何艰难而曲折地发展的！

中共中央最初把"抗日"和"反蒋"并提。九一八事变发生后的第三天，中国共产党发表《为日本帝国主义强暴占领东三省事件宣言》，提出"其显明的目的显然是掠夺中国，压迫中国工农革命，使中国完全变成它的殖民地，同时更积极更直接的实行进攻苏联"；同时又写道："过去济南惨案及万宝山惨案及一切惨案都被国民党政府无条件投降出卖了！我们还要梦想国民党政府会抵抗帝国主义进兵吗？！国民党军阀的统治根本就是帝国主义压迫屠杀中国民众的保镖，我们应该一致动员起来，打倒国民党，打破一切和平改良的欺骗。"[2]

华北事变发生时，中共中央和工农红军正处于长征的过程中，一直遭受处于优势地位的国民党军队的前堵后追，多次从千钧一发的险境中冲出来。它所面对的首先是自身的生存问题。如果不能生存，其他一切都无从谈起。它同外界的联系几乎全被切断，能够得

---

[1]《任弼时选集》，人民出版社1987年9月版，第180页。
[2]《中共中央文件选集》第7册，中共中央党校出版社1991年3月版，第396、399页。

到国内外的信息很少很少。在这种情况下，中共中央没有可能把建立以国共合作为基础的抗日民族统一战线立刻提到工作日程上来。

这时，世界的上空正出现一片令人忧虑和恐惧的乌云，那就是德、日、意法西斯势力以咄咄逼人的姿态迅速兴起，和平和人类安全受到巨大威胁。一九三五年七月十五日至八月二十日，共产国际第七次代表大会在莫斯科举行。针对当时法西斯势力在东西方日益猖獗的形势，大会提出建立反法西斯统一战线的方针。皮克在大会开幕词中讲到德、日、意三国正在制造的战争危险时，第一条就说："日本帝国主义早已开始了对世界的新的重新瓜分，占领了中国的一省又一省。"共产国际总书记季米特洛夫在大会报告中也讲道，中国共产党要"同中国一切决心真正救国救民的有组织的力量结成反对日本帝国主义及其走狗的广泛的反帝统一战线"。[1]八月一日，中共驻共产国际代表团根据共产国际七大的精神，用中国苏维埃政府、中国共产党中央的名义，发表《为抗日救国告全体同胞书》（通常称为"八一宣言"）。宣言响亮地喊出：

> 近年来，我国家、我民族，已处在千钧一发的生死关头。抗日则生，不抗日则死，抗日救国，已成为每个同胞的神圣天职。
> 只要国民党军队停止进攻苏区行动，只要任何部队实行对日抗战，不管过去和现在他们与红军之间有任何旧仇宿怨，不管他们与红军之间在对内问题上有任何分歧，红军不仅立刻对之停止敌对行为，而且愿意与之亲密携手共同救国。[2]

---

[1]《共产国际有关中国革命的文献资料》第2辑，中国社会科学出版社1982年6月版，第342、392页。

[2]《中共中央文件选集》第10册，第519、522页。

北上的中央红军同陕北红军会师后,张浩从莫斯科归来,带回了共产国际七大的精神。中共中央在十二月十七日至二十五日连续举行政治局会议(通常称为"瓦窑堡会议"),通过张闻天起草的《中央关于目前政治形势与党的任务决议》。二十七日,毛泽东根据瓦窑堡会议的精神,在党的活动分子会议上作《论反对日本帝国主义的策略》的报告。他在报告一开始就指出:目前形势的基本特点,就是日本帝国主义要变中国为它的殖民地,威胁到了全国人民的生存。"这种情形,就给中国一切阶级和一切政治派别提出了'怎么办'的问题。反抗呢?还是投降呢?或者游移于两者之间呢?"他指出:

> 我们说,时局的特点,是新的民族革命高潮的到来,中国处在新的全国大革命的前夜,这是现时革命形势的特点。这是事实,这是一方面的事实。现在我们又说,帝国主义还是一个严重的力量,革命力量的不平衡状态是一个严重的缺点,要打倒敌人必须准备作持久战,这是现时革命形势的又一个特点。这也是事实,这是又一方面的事实。这两种特点,这两种事实,都一齐跑来教训我们,要求我们适应情况,改变策略,改变我们调动队伍进行战斗的方式。目前的时局,要求我们勇敢地抛弃关门主义,采取广泛的统一战线,防止冒险主义。[1]

不过,中国共产党所要建立的抗日民族统一战线甚至上层统一战线,当时都没有把蒋介石包括在内,而把蒋介石称为"卖国贼头子"。这并不奇怪:且不说十年来国共之间生死搏斗留下的深重伤

---

[1]《毛泽东选集》第1卷,第143、153页。

痕难以在短期内消除；而且此前他们看到南京政府对日本侵略者一直是步步屈辱退让，看不出后者有奋起抗日的决心；蒋介石又正在继续调集重兵，要把中国共产党和工农红军一举消灭在陕北一隅。在这种情况下，如果就能提出"联蒋"的口号倒是很奇怪了。事情仍在曲折中前进。

到一九三六年，局势有了进一步的发展：二月二十六日，日本部分少壮军人在东京发动兵变，杀死一批重臣，蛮横不可一世的军部牢牢控制了政府，以暴力在日本内部造成一种不同意见更难声张的恐怖气氛，战争空气更加浓重；而与此同时，中华民族在全国范围内的抗日救亡热潮不可抑制地蓬勃高涨，群情日益激愤，要求停止内战，一致对外；驻在陕西关中地区的张学良部东北军和杨虎城部第十七路军同中国共产党成功地建立起秘密联系；由于日本侵略者已经直接威胁南京政府的生存，蒋介石的态度也在悄悄地发生变化，国民党五届二中全会更公开表明，他的对日政策有明显变化。

中国共产党看到了这种种变化。九月一日，中共中央发出《关于逼蒋抗日问题的指示》，明确提出："目前中国的主要敌人，是日帝，所以把日帝与蒋介石同等看待是错误的，'抗日反蒋'的口号也是不适当的。""在日帝继续进攻，全国民族革命运动继续发展的条件之下蒋军全部或其大部有参加抗日的可能。我们的总方针，应是逼蒋抗日。""在全国人民面前，我们应表现出我们是'停止内战一致抗日'的坚决主张者，是全国各党各派（蒋介石国民党也在内）抗日统一战线的组〈织〉者与领导者。"[1]从"抗日反蒋"到"逼蒋抗日"，以后又进一步提出"联蒋抗日"，是抗战前夜中国共产党战

---

[1]《中共中央文件选集》第11册，第89、90页。

略决策的重大转变,从而开始了中国共产党推进抗日民族统一战线的新阶段。

蒋介石和南京政府在华北事变后的对日政策有明显的变化。为什么会有这样的变化?

蒋介石和南京政府内许多军政人员也有程度不同的民族主义思想。而日本步步加紧对中国的侵略,既严重威胁中华民族的生存,也严重威胁蒋介石和南京政府的统治地位。这是他们最终走上抗日战争道路的内在原因。但他们在长时期内对日仍一直实行妥协退让的政策,总的说来,那有两个原因。

第一,他们看不到中国民众中蕴藏的巨大潜力,而且总是害怕民众力量起来会威胁他们的统治。这样,面对着经济实力和武器装备远为强大的日本军国主义者,自然怀着很大的恐惧感,觉得自己根本无力同它相抗衡,一直希望日本的侵略能够适可而止,并且在很大程度上期待国际社会能对日本实施约束,使局势不致进一步恶化。蒋介石在一九三四年七月对庐山军官训练团讲话时说:

> 依现在的情形来看,他只要发一个号令,真是只要三天之内,就完全可以把我们中国要害之区都占领下来,灭亡我们中国!
>
> 你自己毫无准备,而你的敌人早就埋伏在你四周了,只要你一动的时候,他马上起来包围你,你还不是自己送死吗!所以现在这时候,说是可以和日本正式开战,真是痴人说梦!太不知道自己了,太不知道敌人了![1]

---

[1] 蒋介石:《抵御外侮与复兴民族》,《中华民国重要史料初编——对日抗战时期》绪编(3),第112、113页。

第二,他们把消灭共产党看作比抵抗日本侵略更重要得多的事。当一九三三年长城抗战处于紧要关头、国内民众以至不少国民党将领强烈要求抗御日本侵略时,蒋介石却赶到南昌亲自指挥对中央苏区的"围剿",并且致电各将领训斥道:

> 外寇不足虑,内匪实为心腹之患,如不先清内匪,则决无以御外侮,亡明覆辙,殷鉴不远。今举国之人忘却心腹大患之内匪,而侈言抵御外侮,既觉其先后缓急之倒置,乃复闻我在赣直接负剿匪责任之各将领,亦多以内匪难剿,意在御侮,以博一时之虚荣,此种心猿意马、南辕北辙之心理,未有不归于灭亡。
>
> 如再有偷生怕死、侈言抗日、不知廉耻者,立斩无赦,希各懔遵。[1]

直到一九三五年上半年,蒋介石仍力图以对日方退让来换取局势的缓和。年初,他在日记中写道:"倭寇态度似可渐缓和,或有交还东北主权之可能。""目前对日外交只可处被动地位,若欲自动谋痛快解决,为不可能。"[2]这年五、六月间,华北局势又紧张起来,日方提出中央军全部撤出河北、禁止全国排日活动等无理要求,对蒋介石是很大的刺激。六月一日,他写道:"倭寇蛮横,非理可喻,未到最后关头,当忍耐之。"[3]八日,他在日记中又写道:"倭寇进

---

[1] 蒋介石:《告各将领先清内匪再言抗日电》,《中华民国重要史料初编——对日抗战时期》绪编(3),第35、36页。

[2] 蒋介石日记,1935年1月31日,"本月反省录";2月9日。

[3] 《总统蒋公大事长编初稿》卷3,(台北)中国国民党党史委员会1978年10月版,第198页。

逼益急而此心泰然，乃决心至最后时与之一战，非此不能图存，战则尚有一线之希望，但万一之转机与万分之忍耐则仍须慎重也。"讲了一些激烈的话，说明他的态度正在有所变化，但最后仍都落在"忍耐"二字。他在二十二日的日记中写道："与其抗战失败而失平津，不如自动撤退免倭藉口，以期保全平津而图挽救，此总退却之胜利也。"[1]

十分熟悉中国情况的史迪威，在一九三五年六月来中国就任美国驻华武官途中，写了一篇《中国未来的局势》。他认为没有任何迹象说明蒋介石愿意冒同日本公开决裂的风险。"他知道自己会吃败仗，而失败就意味着后方会爆发叛乱。因此他情愿坐视不动，控制住他能够控制的一切，指望外国的影响帮助他保住外国企业十分集中的上海。"[2]

但局势的发展却十分无情。华北事变的发展，日方并没有因南京政府一再退让而出现"转机"，相反，却得寸进尺，步步进逼。特别是日本导演的"华北自治运动"的出台，更把南京政府逼到几乎无路可退的地步。对蒋介石和南京政府说来，确已面对生死存亡问题。正是在这种情况下，南京政府不能不考虑大幅度调整它的对日政策。

一九三五年九月中，日本外相广田弘毅会见中国驻日大使蒋作宾时要求南京政府同意他提出的三个原则："第一，中国须绝对放弃以夷制夷政策；第二，中国对于'满洲国'事实的存在必须加以尊重；第三，中国北边一带地方之防止赤化，中日须共商有效办

---

[1] 蒋介石日记，1935年6月8日，"本周反省录"；22日，"本周反省录"。
[2] [美]巴巴拉·塔奇曼：《史迪威与美国在华经验》上册，第197页。

法。"[1]十月十三日,日方橘三郎找黄郛谈。黄郛日记写道:"密告我日政府一致之腹案:一、放弃以夷制夷(引者注:指中国不得借英美势力以牵制日本);二、承认满洲国(事实或法律);三、共同防俄。"[2]两次谈话的内容是一致的。风声越来越紧。这些要求远远超出蒋介石所能接受的限度,成为他考虑对日决策时的重要转折。蒋介石后来讲到"广田三原则"时写道:

> 当时的情势是很明白的,我们拒绝他的原则,就是战争;我们接受他的要求,就是灭亡。……中日战争既已无法避免,国民政府乃一面着手对苏交涉,一面亦着手中共问题的解决。[3]

在这种严重局势下,国民党在十一月间召开第五次全国代表大会。十一月十九日,也就是土肥原逼令宋哲元宣布"华北自治"最后期限的前一天,蒋介石在会上说了一句很有名的话:"和平未到完全绝望之时,决不放弃和平;牺牲未到最后关头,亦决不轻言牺牲。"[4]这是一句双关语:一方面是说,现在还没有到"放弃和平""轻言牺牲"之时;另一方面是说,一旦"最后关头"到来,那就只好"放弃和平""决心牺牲"了。这种微妙的变化,中国共产党注意到了。

尽管如此,由于原来长期坚持"攘外必先安内"的方针,到这

---

[1]《何应钦将军九五纪事长编》(上),第470页。
[2] 黄郛日记,复印件,1935年10月13日。
[3] 蒋中正:《苏俄在中国》,第59、62页。
[4]《总统蒋公思想言论总集》卷13,第523页。

时对抗日实际上并没有做多少准备。陈诚同月三日给妻子的信中写道："对日虽决定抵抗，但毫无准备也。"[1]

随着对日政策的调整，蒋介石对苏联和中国共产党的态度也悄悄地在发生变化。在他看来，"倭之所惧者俄也，此时外交应于俄特别注意也"。[2]这年年底，蒋派他的心腹陈立夫秘密赴苏联谈判，希望签订共同对日的军事同盟。陈立夫在回忆录中写道："民国二十四年圣诞节之前夕，蒋委员长就派我赴苏俄进行秘密交涉，我向来没办理过外交工作，初次尝试，深感惶恐。领袖授以机宜，并嘱我此行必须绝对保密，故均用化名的护照。"[3]陈立夫到了德国，但因消息泄露，引起苏方不满，只得回国。蒋介石又命回国述职的驻苏武官邓文仪到莫斯科找中共驻共产国际代表团负责人王明要求谈判。邓文仪的回忆录写道："十二月初旬，政府命我迅即回莫斯科去，有要事要我会同去办，不能延迟。"他回莫斯科后，"对莫斯科与中国有关的俄国高级将领、过去曾在中国担任顾问的人，及中国共产党在莫斯科的代表，曾有相当联系及恳谈"。[4]中共代表团表示，无论共产党还是国民党的中央都在国内，谈判以在国内进行为好。与此同时，蒋介石在国内也设法寻找中国共产党的关系。陈立夫把这个任务交给他的亲信、铁道部次长曾养甫。一九三五年十一月，曾养甫找来他的下属谌小岑，要他设法"打通共产党关系"。[5]谌小岑从两个途径作了试探：一是找到同北方地下党有联系的吕振

---

[1]《陈诚先生书信集——家书》（上），第353页。
[2] 蒋介石日记，1935年10月26日。
[3] 陈立夫：《成败之鉴》，（台北）正中书局1994年6月版，第196页。
[4] 邓文仪：《从军报国记》，（台北）正中书局1979年4月版，第265、272页。
[5] 谌小岑：《西安事变前一年国共两党关于联合抗日问题的一段接触》，《文史资料选辑》第71辑，第3页。

羽，一是找到上海地下党的张子华，并由曾养甫同他们会晤。但他们两人都不能代表中共中央进行谈判。因此，国民党当局仍希望能同中共中央直接取得联系。

最早将国民党要求谈判的信息直接送给中共中央的是宋庆龄。一九三六年一月，宋庆龄在上海找到以牧师身份活动的共产党员董健吾，要他到陕北送一封信给毛泽东、周恩来，还给他一张由孔祥熙签署委董为"西北经济专员"的委任状，这显然是得到南京政府同意的。二月二十七日，董健吾到达陕北的瓦窑堡，会见博古。三月四日，正东征山西的张闻天、毛泽东、彭德怀复电博古转董健吾，表示："弟等十分欢迎南京当局觉悟与明智的表示，为联合全国力量抗日救国，弟等愿与南京当局开始具体实际之谈判。"电报中向南京政府提出五点要求："一、停止一切内战，全国武装不分红白，一致抗日；二、组织国防政府与抗日联军；三、容许全国主力红军迅速集中河北，首先抵御日寇迈进；四、释放政治犯，容许人民政治自由；五、内政与经济上实行初步与必要的改革。"[1]第二天，董健吾带着这个密件离开瓦窑堡，回宋庆龄处复命。国共两党中断八年多的联系，在宋庆龄推动下接通了。当然，这种联系只是初步的。双方都在相互试探，彼此都还不清楚对方的底细。

一九三六年七月十日至十四日，国民党五届二中全会在南京召开。蒋介石在会议第一天讲话，将对日政策讲得比国民党五大时明白而强硬得多。他说：

中央对外交所抱的最低限度，就是保持领土主权的完整。

---

[1]洛甫、毛泽东、彭德怀致博古转周继吾（董健吾）的电报，1936年3月4日。

任何国家要来侵扰我们领土主权，我们绝对不能容忍，我们绝对不订立任何侵害我们领土主权的协定，并绝对不容忍任何侵害我们领土主权的事实。再明白些说，假如有人强迫我们欲订承认伪国等损害领土主权的时候，就是我们不能容忍的时候，就是我们最后牺牲的时候。这是一点。其次，从去年十一月全国代表大会以后，我们如遇有领土主权再被人侵害，如果用尽政治外交方法而仍不能排除这个侵害，就是要危害到我们国家民族之根本的生存，这就是为我们不能容忍的时候。到这时候，我们一定作最后之牺牲。所谓我们的最低限度，就是如此。[1]

在这前后，南京政府进行了一些全国抗战的准备工作。国民党五届二中全会决定组织国防会议，直属中央执行委员会，研究国防方针和有关重要问题。作战准备方面，最重要的是整编军队。一九三五年三月设立陆军整理处，以陈诚为处长，"首在统一编制，充实装备，实行精兵主义，减少大单位，充实小单位，预定于二十五年度（引者注：即一九三六年度）起，每年调整二十师，以六十个调整师为标准，作为国防军之基干"。[2] 从一九三五年冬开始，投入较多人力物力，构筑国防工事，特别是江南地区的国防工事。一九三六年，军政部重新拟定兵役法规，设立师团管区，掌管征兵事宜。交通建设是备战的重要内容。这个时期在铁路方面完成的重要项目有：修筑粤汉铁路的韶关至株洲段，使粤汉铁路全线通车；陇海铁路向西延伸到宝鸡；筑成连接沪杭铁路和粤汉铁路的浙

---

[1]《总统蒋公大事长编初稿》卷3，第304、305页。

[2] 何应钦：《日军侵华八年抗战史》，（台北）黎明文化事业公司1982年9月版，第17页。

赣铁路等。公路方面，整理旧路，修筑新路。一九三七年修筑公路十一万五千多公里，大多在黄河以南。一九三五年四月，在军事委员会下设立资源委员会，着重从事重工业建设的准备。"一九三六年前后，农业生产获得丰收，出现了抗日战争前历史上最好的生产水平。"[1] 教育事业和学术研究工作也有进展。这些为以后的全国抗战提供了有利条件，但由于起步迟，时间匆促，准备仍不充分。

日本侵略者为了控制内蒙古地区，侵占察哈尔北部六县后又在一九三六年六月一日建立傀儡政权"内蒙军政府"，以锡林郭勒盟副盟长德穆楚克栋鲁普（德王）为总裁；组织伪军，连以上都有日本顾问官实际指挥；由伪军侵入绥远东部，在百灵庙建立军事基地。当时，绥远省政府主席兼第三十五军军长是傅作义。傅部旅长董其武回忆道："傅作义将军实在忍无可忍。当他得知日蒙伪军将分三路进犯绥东后，一九三六年十一月八日晚便召开营以上军官秘密军事会议，商讨反击问题。我参加了此会。会上，傅将军坚定地对我们讲：'日寇占我察北，又犯我绥东、绥远，是我军将士的耻辱。爱国军人守土有责，我们一定要打！'并说：'岳武穆三十八岁壮烈殉国，我已过了三十八岁，为抗日死而无怨！'"[2] 十一月中旬，傅作义指挥绥军冒大风雪长途奔袭，夺取红格尔图战斗胜利，接着又取得震动中外的"百灵庙大捷"，"歼敌近万名，毙日本特务、顾问近百人"，伪军"王英的五个旅，反正了四个旅"。[3] 这是九一八事变以来中国军队的第一次胜利的攻势。消息传出，举国欢腾。各地报纸竞出号外，各方人士发起抗日援绥运动，海外侨胞也

---

[1] 朱荣等主编：《当代中国的农业》，当代中国出版社1992年7月版，第32页。
[2] 董其武：《傅作义先生生平概述》，《傅作义生平》，文史资料出版社1985年6月版，第5页。
[3] 董其武：《戎马春秋》，中国文史出版社1986年8月版，第105页。

踊跃捐献。毛泽东称赞绥远抗战是"全国抗战之先声"。南京政府外交部也发表声明称:任何外国在中国领土内采取非法活动,断不容许。

还需要讲到南京政府进行的币制改革。中国原来的币制极为混乱,银两、银元和纸币同时并用,白银的重量、成色、比价都没有一定标准。一九三一年约有十七亿枚银元在中国流通,相当于十二亿八千万盎司白银。三十年代以来,白银大量外流(其中,一九三四年十一月至一九三七年七月两年多内,中国售出的白银就达一亿九千万盎司以上,折合九千五百七十六万美元,[1]还有大量白银走私出口),更增加了这种混乱。在英国支持下,南京政府财政部放弃自由的银本位币制,在一九三五年十一月三日发布的《关于施行法币布告》中规定:"自本年十一月四日起,以中央、中国、交通三银行所发行之钞票为法币,所有完粮、纳税及一切公私款项之收付,概以法币为限,不得行使现金,违者全数没收,以防白银之偷漏。如有故存隐匿、意图偷漏者,应准照危害民国紧急治罪法处治。"[2]南京政府的美籍财政顾问杨格说:"一九三五年下半年,中国的经济局势很坏,银行实力薄弱,政府收入萎缩,财政赤字庞大,而且内战连年。日本不但在华北加紧侵略,还对西方援助中国抱极不友好的态度。在这种情况下实行币制改革,确是一步有胆量的果敢行动。"[3]这是金融领域内一项影响深远的改革,并且对准备抗日战争的财政支持发挥了重要作用。但它对日后恶性通货膨胀和

---

[1] [美]阿瑟·恩·杨格:《1927—1937年中国财政经济情况》,中国社会科学出版社1981年5月版,第534页。
[2] 《中华民国史档案资料汇编》第5辑第1编财政经济(4),江苏古籍出版社1994年6月版,第314页。
[3] [美]阿瑟·恩·杨格:《1927—1937年中国财政经济情况》,第266页。

官僚资本的形成发展也埋下了重要种子。

既然南京政府日益表明抗日的决心，同中共之间已开始秘密接触，为什么它在西安事变前夜还要调动那样多军队想来消灭共产党？为什么张学良向蒋哭谏也没有用，不得不逼出一个西安事变来？原因在于：事情的发展十分复杂，这条路并不那么平坦。蒋介石对共产党的疑忌实在太深了。在他看来，所谓"中共问题的解决"就是要共产党向国民党投降，由他们收编。他后来说过："我对于中共问题所持的方针，是中共武装必须解除，而后对他的党的问题才可作为政治问题，以政治方法来解决。"[1]这自然是办不到的。因此，如果能用武力来强行解决，在他看来仍不失是"上策"。蒋介石还想再试一试。但那时，他还有一个后顾之忧：宁粤虽已合流，在南方仍保存着一个以胡汉民为精神领袖的国民党西南执行部和西南政务委员会，处于半独立状态。一九三六年五月十二日，胡汉民突然因脑溢血逝世。六月二日"西南执行部、西南政务委员会电请中央党部、国民政府立即对日抗战"。四日，"两粤将领陈济棠、李宗仁、白崇禧通电响应本月二日西南执行部及政务委员会电，请中央准予出兵北上抗日"。[2]他们并且开始出动部队。蒋介石采取先粤后桂的做法，分化收买陈济棠的重要将领余汉谋和广东空军归附南京政府，陈济棠被迫下野。两广事件一解决，蒋介石腾出手来，又调集重兵，并逼迫张学良、杨虎城全军北上，准备对陕北革命根据地进行新的更大规模的"会剿"。

对民众的救亡运动，他们也采取压制政策，于十一月二十三日在上海悍然逮捕救国会领导人沈钧儒、邹韬奋、李公朴、章乃器、

---

[1] 蒋中正：《苏俄在中国》，第72页。
[2] 郭廷以：《中华民国史事日志》第3册，第591、592页。

史良、王造时、沙千里。这件事在国内引起很大震动。沈钧儒等被人们称为救国会"七君子"。局势仿佛又要再度恶化。

但形势比人强,中国走向团结抗日的总趋势已不可逆转。就在这时,西安事变发生了。

西安事变,是张学良、杨虎城两位爱国将领发动的。

张学良率领的东北军,除第五十三军万福麟部三个师留在华北外,移驻西北的有十四个师,奉命从事"剿共"。东北家乡的沦陷,使东北军官兵感到极大痛苦。他们强烈地要求打回老家去,解救家乡的父老兄弟,不愿流落在关内打内战。英国记者詹姆斯·贝特兰当时访问东北军后得到的印象是:"他们对于逼迫他们打自己的同胞的命令,日益不满,而打回老家的决心也日益加强,至少也得为自己所信仰的主义战斗到死。"一个四十多岁的团长对他说:"当我们全体都希望打日本的时候,我们为什么还要打红军呢?"[1]这种情绪对张学良和东北军高级将领也产生重大影响。

杨虎城是陕西地方实力派的首脑,当时担任第十七路军总指挥、西安绥靖公署主任。他是个有着爱国民主思想的人,早年就同一些共产党员相识。在他的左右,也有不少秘密的共产党员。

中共中央到达陕北后,先后派出不少人做张学良、杨虎城的工作。周恩来还秘密前去,同张学良会谈。双方在团结抗日上达成了共识。

西安事变前,张学良曾多次力劝蒋介石停止内战,一致抗日,都被拒绝。陈果夫在十二月二十日的日记中还写道:"蒋先生之主张:(一)战必胜日(引者注:意思是指只有"必胜日"时才可

---

[1] [英]詹姆斯·贝特兰:《中国的新生》,新华出版社1986年4月版,第219、220页。

第九章 "中华民族到了最危险的时候" 471

"战");(二)但糊里糊涂送却国命,非所愿为;(三)国策不能任意变更。"[1]蒋介石在调集重兵准备大举进攻陕北革命根据地时,又在十二月四日到陕西,逼迫张、杨率领全部军队北上"剿共"。蒋的高级将领陈诚、卫立煌、蒋鼎文、陈继承、朱绍良、陈调元等也先后到达西安,准备取张、杨的地位而代之。南京政府的战斗轰炸机一队队飞抵西安机场,已是一片"山雨欲来风满楼"的严峻气氛。七日,张学良再次去见蒋介石哭谏,主张停止内战,一致抗日。"这个紧张场面一直持续了三小时之久。最后蒋介石把桌子一拍,厉声说:'你现在就拿枪把我打死了,我的剿共政策也不能变!'张学良当晚回到西安,把杨虎城找了去,一见面就说:'失败了!'他们两人见'善说'不成,于是就密谋'硬干'。"[2]

十二月十二日凌晨,按照张、杨商定的计划,东北军一部赶往临潼华清池的蒋介石住处,扣押了蒋介石;十七路军控制了西安。张、杨并在当天向全国通电提出救国八项主张:"(一)改组南京政府,容纳各党各派,共同负责救国。(二)停止一切内战。(三)立即释放上海被捕之爱国领袖。(四)释放全国一切政治犯。(五)开放民众爱国运动。(六)保障人民集会结社一切政治自由。(七)确实遵行总理遗嘱。(八)立即召开救国会议。"[3]

中国共产党在事变前没有与闻这件事。张学良扣留蒋介石后,当天上午致电毛泽东、周恩来,希望听取他们的意见。毛、周当晚复电:"恩来拟来兄处,协商大计。"十六日,南京明令讨伐张学良,

---

[1]《陈果夫先生民国二十五年至四十年日记摘要》,胡有端:《新时代的领航者——陈果夫传》,(台北)近代中国出版社1991年6月版,第143页。

[2] 申伯纯:《西安事变纪实》,人民出版社1979年11月版,第105页。

[3]《西安事变档案史料选编》,档案出版社1986年11月版,第3、4页。

并以何应钦为"讨逆军"总司令。当时,陕北到西安的交通十分不便。十七日,周恩来到达西安同张学良会见,向他分析了西安事变可能有两种截然不同的前途:

> 如果能说服蒋介石停止内战,一致抗日,就会使中国免于被日寇灭亡,争取一个好的前途。如果宣布他的罪状,交付人民审判,最后把他杀掉,这样不仅不能停止内战,还会引起更大规模的内战;不仅不能抗日,而且还会给日本帝国主义造成进一步灭亡中国的便利条件,这就使中国的前途更坏。历史的责任,要求我们争取中国走向一个更好的前途。这样就要力争说服蒋介石,只要他答应停止内战、一致抗日的条件,就释放他回去。蒋介石还实际统治着中国的大部分地区,迫使他走上抗日的道路,还拥护他做全国抗日的领袖,有利于发动全面的抗日民族解放战争。[1]

十九日,由中华苏维埃中央政府和中共中央公开发表通电,要求由南京召开和平会议,西安、中共等各方参加,团结全国,反对一切内战,一致抗日。同天,毛泽东致电在南京同国民党谈判的潘汉年:"请向南京接洽和平解决西安事变之可能性,及其最低限度条件,避免亡国惨祸。"[2]可见,中共中央主张和平解决西安事变的方针这时已确定下来。

共产国际在十六日曾给中共中央发来一个电报,因为密码差错,无法译出。中共中央在十八日去电要求重发。所以毛泽东在

---

[1] 罗瑞卿、吕正操、王炳南:《西安事变与周恩来同志》,人民出版社1978年11月版,第46页。
[2] 毛泽东致潘汉年电,1936年12月19日。

十九日的政治局会议上说:"国际指示还未来。"二十日,共产国际来电到了,"主张用和平方法解决这一冲突"。中共中央当天把共产国际的电报全文电告在西安的周恩来。它同中共中央的决定是一致的。

周恩来在西安,和张、杨同蒋介石以及随后到西安的宋美龄、宋子文之间的谈判紧张地进行着。以往几十年中,国民党当局对蒋介石在西安谈判中所作的承诺一直秘而不宣。不久前海外公布的宋子文日记对谈判状况有比较翔实的记录。他在十二月二十日的日记中记下了蒋介石当晚同他的谈话:

> 委员长说,我必须要求周同意废除:(一)中国苏维埃政府;(二)取消红军名义;(三)阶级斗争;(四)愿意接受委员长之领导。去告知周,他无时无刻都(不)在思考重组国民党的必要性。如果需要,他会要求蒋夫人签订保证书,保证在三个月内召开国民大会。但在此之前,他必须要求国民党大会把权力交给人民。国民党重组后,他将:(一)同意国共联合——假如共产党愿意服从他,正如同他们服从总理;(二)抗日,容共,联俄;(三)同叫他愿意给汉卿(引者注:张学良)收编共产党的手令,而收编进来的伙伴都会配备良好的武器。

宋子文二十五日的日记又记载,周恩来会见蒋介石,要他保证:"(一)停止剿共;(二)容共抗日;(三)允许派遣代表前往南京向委员长解释。"

> 委员长回应说,共产党向北推进抵抗日本一直是他的希

望，果如周所言，共产党愿意停止一切共产主义宣传活动，并服从他的领导，他将像对待自己的子弟兵一样看待他们；虽然剿共之事常萦绕于心，但是大部分共产党领导人都是他以前的部下，如果他能以宽大胸怀对待广西，当然也能以宽容态度对待他们。他已经把纳编的共产党军队委托张学良。如果他们对他是忠诚的，他将像对待胡宗南的军队一样对待他们。委员长要周，休息够了，也针对相关问题详细研究讨论之后，亲自去南京。[1]

二十五日下午，张学良没有同周恩来商量，就亲自陪送蒋介石回南京。蒋介石在机场对张、杨说："今天以前发生内战，你们负责；今天以后发生内战，我负责。今后我绝不剿共。我有错，我承认；你们有错，你们亦须承认。"[2]他还把答应的条件重申了一遍。蒋介石一离开西安，态度就发生变化：背信弃义地扣留并审判张学良，调集中央军直逼西安，并对东北军和十七路军进行分化。但"剿共"的内战毕竟停止了下来，国共两党走向第二次合作。

这里还可以提出一个问题，既然在西安事变中，同蒋介石并没有形成什么书面协议，张学良到南京以后蒋介石背信弃义地把他扣起来，杨虎城后来还被杀害，那么，为什么他对共产党进行的内战，在看起来没有任何保证的情况下，还是停了下来，从而导致第二次国共合作的实现，导致全民族抗战的形成？

毛泽东在两天后召开的中共中央政治局会议上对西安事变的突出历史作用有一个精辟的说明。他说：

---

[1]《宋子文西安事变日记》，(台北)《近代中国》季刊，第157期，2004年6月30日。
[2]《周恩来选集》上卷，第73页。

西安事变成为国民党转变的关键。没有西安事变,转变时期也许会延长,因为一定要一种力量逼着他来转变。西安事变的力量使国民党结束了十年的错误政策,这是客观上包含了这一意义。就内战来说,十年的内战,什么来结束内战?就是西安事变。西安事变结束了内战,也就是抗战的开始。国共合作虽然说了很久,尚未实现。联俄问题,亦在动摇中。西安事变促进了国共合作,结束了他的动摇。西安事变,开始了这些任务的完成。

为什么西安事变能促成这一转变的实现?毛泽东在那次报告中继续说道:"西安事变这样的收获不是偶然的,因为国民党已开始动摇,酝酿了很久。他们内部矛盾发展到最高度。所以西安事变便解决了这个矛盾,这是酝酿成熟、时局转变的焦点。西安事变是划时代转变新阶段的开始。"[1]也就是说:在日本侵略者咄咄逼人地进攻和全国汹涌澎湃的抗日救亡热潮的压力下,蒋介石已着手准备抵抗日本侵略的战争。而对转变政策、团结国内各方面力量共同抗日,"国民党已开始动摇,酝酿了很久",但这个决心一时仍下不了,"一定要一种力量逼着他来转变"。继福建事变和两广事变之后,一向服从蒋介石的东北军和十七路军在西安事变中竟采取如此激烈的"兵谏"手段,不能不给蒋介石留下极深的印象,感到自己阵营内部的抗日要求也已很难压抑得住。不久后,他向一个熟悉的美国记者表示:"他认识到,若任由日本占领华北而不作抵抗,他将失去中国的民心,亦会失去手下大多数将领的支持。"[2]周恩来同蒋介石

---

[1] 毛泽东在中共中央政治局会议上的报告记录,1936年12月27日。
[2] [美]哈雷特·阿班:《民国采访战》,第205页。

直接接触，使他多少感受到中国共产党团结抗日的诚意。事实也使他看到中国共产党的力量不是在短时期内能够消灭的。这一切，便推动并促使他下了决心，"结束了他的动摇"。形势比人强。历史就是在这样充满矛盾的运动中前进的。

一九三七年二月国民党召开五届三中全会，蒋介石把"剿共或容共"列为"全会议题"之一。[1] 2月10日会议举行前夕，中共中央致电即将召开的国民党五届三中全会，提出著名的"五项要求"和"四点保证"。电文说：

> 西安事变和平解决，举国庆幸，从此和平统一团结御侮之方针得以实现，实为国家民族之福。当此日寇猖狂，中华民族之存亡，千钧一发之际，本党深望贵党三中全会，本此方针，将下列各项定为国策：（一）停止一切内战，集中国力，一致对外；（二）言论集会结社之自由，释放一切政治犯；（三）召集各党各派各界各军的代表会议，集中全国人材共同救国；（四）迅速完成对日抗战之一切准备工作；（五）改善人民的生活。
>
> 如贵党三中全会果能毅然决然确定此国策，则本党为表示团结御侮之诚意，愿给贵党三中全会以如下之保证：（一）在全国范围内停止推翻国民政府之武装暴动方针；（二）苏维埃政府改名为中华民国特区政府，红军改名为国民革命军，直接受南京政府与军事委员会之指导；（三）在特区政府区域内实施普选的彻底的民主制度；（四）停止没收地主土地之政策，

---

[1] 蒋介石日记，1937年1月31日。

坚决执行抗日民族统一战线之共同纲领。[1]

可以看出，这里的"四点保证"，正是对蒋介石十二月二十日向周恩来所提四点要求的回应。

三月二十六日，周恩来到杭州同蒋介石面谈。周先说明：中共是为了国家和民族的利益，谋求同蒋介石和国民党合作，但绝不能忍受"投降""改编"的诬蔑。他提出中国共产党的几点具体要求：第一，陕甘宁边区须成为整个行政区，不能分割；第二，红军改编后的人数须达四万余人；第三，三个师以上必须设总部；第四，副佐及政工人员不能派遣；第五，红军学校必须办完本期；第六，红军防地须增加。蒋介石表示：承认中共有民族意识、革命精神，是新生力量，几个月的和平运动影响很好；承认由于国共分家，致使十年来革命失败，造成军阀割据和帝国主义者占领中国的局面，要求各自检查过去的错误。他要中国共产党不必说同国民党合作，只是同他个人合作。对具体问题，他表示：这些都是小节，容易解决。周恩来在会谈后所写的一份报告中说："总观蒋的谈话意图，中心在领袖问题。""他认为这一问题如能解决，其他具体问题自可放松一些，否则必从各方面给我们困难，企图逼我就范。"[2]

西安事变和平解决后，尽管局势发展中还有跌宕起伏，但国内政治问题的中心一环——停止内战——已经实现，国共重新合作的大局已定，历史的潮流已不可逆转地向着实行团结抗日的阶段过渡了。

---

[1]《中共中央文件选集》第11册，第157—158页。
[2] 周恩来：《中共中央关于蒋介石谈判经过和我党对各方面策略方针向共产国际的报告》，1937年4月5日，手稿。

第十章　全民族抗战的爆发

一九三七年七月七日,是中国人永远不会忘记的日子。这一天,日本军国主义者发动了对中国的全面侵略战争,企图灭亡中国。这一天,中国人期待已久的全民族抗战终于爆发。它改变了中国,在中华民族解放斗争史上写下新的一页,成为中国复兴的重要枢纽。

抗日战争初期,中国在极端困难的条件下,几乎是孤军奋战,确实表现出"以我们的血肉,筑成我们新的长城"那种顽强不屈的气概,在东方开辟了世界上第一个大规模的反法西斯战场。

日本军国主义者的"对华一击论"

七七事变前夜,中国的上空早就乌云密布,充满"山雨欲来风满楼"的紧张气氛。它的发生不是偶然的:既有国际的大背景,又是日本军国主义者加紧对华侵略必然要跨出的一大步。

从国际范围来看,局势确实异常严峻。一九二九年至一九三三年席卷世界的经济危机,大大加快了德国、日本、意大利这三个最富有侵略性的法西斯势力的兴起。希特勒在一九三三年夺取德国政权后,狂热地煽动民族复仇情绪,实行极权统治,全力扩军备战。一九三六年三月,他派遣军队闪电般占领莱茵非军事区,公然破坏第一次世界大战后形成的凡尔赛体系,并且准备发动更大规模的侵略战争,称霸世界。墨索里尼控制下的意大利法西斯政权,扬言要重建"新罗马帝国",把地中海变为"意大利湖"。一九三六年五月,它吞并非洲的独立国家阿比西尼亚(现称埃塞俄比亚)。这年七月,德、意两国公然对西班牙进行武装干涉,支持叛军进攻民众选举的人民阵线政府。这些消息一个紧接着一个传来,大家都感到欧洲已处于浓重的战云笼罩下。

英国和法国在第一次世界大战中,受到很大削弱,战争的创伤还没有完全消除,国内社会矛盾十分尖锐,对德、意法西斯势力的勃兴不但不敢采取有力措施加以制止,而且怀着深深的恐惧心理,害怕得罪它们就会引发战争,一味实行"绥靖政策"。美国国内,孤立主义的思潮盛行,对这一切采取置身事外的态度。国际上对法西斯势力妥协退让的空气弥漫一时。

德、意法西斯势力的兴起,使日本军国主义者受到极大鼓舞。一九三六年十一月,日本同德国签订《关于反共产国际协定》,简称"防共协定"。第二年,意大利也参加这个协定。德、日、意三国法西斯势力,共同构成对人类和平与安全的最严重威胁。而英、法、美的软弱和姑息政策,更使日本军国主义者觉得有机可乘,更加放手地扩大对华侵略。

从日本国内来说,一九三六年二月二十六日少壮派军人发动的二二六政变是一件大事。《远东国际军事法庭判决书》中写道:"东京陆军叛乱的第二天,在中国厦门的日本领事馆发表了这次叛乱的目的是以军部内阁来代替分裂的内阁。他们说青年军官集团想一举而占领中国全土,并准备马上对苏战争,而使日本成为亚洲唯一的强国。"[1]

四月十七日，经陆相寺内寿一提议，日本广田弘毅内阁阁议，决定大幅度增加驻在华北的中国驻屯军。第二天，以"军令陆甲第六号"命令，将中国驻屯军兵力从一千七百七十一人增加到五千七百七十四人；士兵由一年轮换制改为永驻制；它的司令官官阶改为天皇钦命制。这当然是非同寻常的大动作。

五月一日，日本统帅部将山县有朋在明治时期制定的《帝国国防方针》进行第三次修改，并对大正时期制定的《帝国军队的用兵纲领》也作了修改。修改后的《国防方针》规定："一旦有事，制敌机先，迅速达到战争的目的"。《用兵纲领》规定："以中国为敌时，其作战要领如下：初期目标是，占领华北要地和上海附近，保护帝国权益和日本侨民。"[2]这里提出的初期目标是"占领华北要地和上海附近"，七七事变和八一三事变就是按此进行的。

九月十五日，日本新任驻华大使川越茂同南京政府外交部长张群举行第一次会谈。"日本当时即提出四项要求：1.允许日本在长江驻兵。2.修改教科书，删除排日思想。3.华北五省（河北、察哈尔、山东、山西、绥远）自治。4.中日经济合作。"[3]这显然是南京政府无法接受的，会谈无结果而散。可以清楚地看出，日本这时的侵华野心，比一九三五年华北事变时又进了一大步，而蒋介石的对日政策已在发生变化，南京政府同川越会谈时的强硬态度是过去没有的。在这种情况下，日本军国主义者更加迫不及待地要求发动对华全面战争。

---

[1]《远东国际军事法庭判决书》，五十年代出版社1953年10月版，第69页。
[2][日]服部卓四郎：《大东亚战争全史》第1册，第260、261页。
[3] 张群：《我与日本七十年》，（台北）中日关系研究会1980年6月版，第61页。

一切都在紧锣密鼓地进行着。

一九三七年初，一个新的动向出现了：所谓"对华一击论"在日本军部内部迅速抬头。六月九日，也就是七七事变前不到一个月，关东军参谋长东条英机致电陆军省、参谋本部，提出《关东军关于对苏、对华战略意见书》，认为从准备对苏作战的观点来观察当前中国形势，"我们相信：如果为我武力所允许，首先对南京政权加以一击，除去我方背后的威胁，此为最上策"。[1]他们狂妄地以为这种打算不难实现。邹韬奋指出："日帝国主义始终梦想其所谓'大陆政策'，固有他们的一贯的侵略政策，但是不战而取东北，小战而取华北，也无疑地增加了他们的气焰，增强了他们对于灭亡中国的幻想。"[2]他们对中国作了完全错误的估计，以为只要实行对中国"加以一击"并不需要花多少力气，就完全足以达到全面控制中国的目的。他们以后的整个行动部署正是以这种对中国极端错误的估计为出发点的。

日本军国主义者的决心已下，大规模侵略行动已准备就绪，战争事实上随时都可以爆发。至于借口，那是很容易制造的。七七事变时刚就任日本首相的近卫文麿后来写道：

> 余拜命组阁之时，陆军自"满洲事变"以来所为之诸种策动，已相继成熟，在中国大陆似有一触即发之势；当时中国问题，已至非武力解决不可之程度，余当然不知。故组阁后不足一月，卢沟桥事件爆发，竟至扩大为"中国事变"。[3]

---

[1] [日]秦郁彦：《日本战争史》，附录资料，转引自沈予《日本大陆政策史》，第512页。
[2] 韬奋：《社评三则》，《抗战三日刊》第1号，1937年8月19日。
[3] 《中华民国史事纪要（初稿）》，1937年7—12月，（台北）"国史馆"1987年版，第50页。

一切发展趋势都表明，中日两国之间的全面战争，已无法避免。

卢沟桥事变

七七事变前那些日子，平津一带早已一夕数惊。

日本的中国驻屯军司令部设在天津。一九三五年底，他们派一个大队（相当于营，但人数较多，约七百人），完全置中国主权于不顾，非法进驻北平南郊的丰台镇。这里是北宁（北平至辽宁）和平汉两条铁路的会合处，可以切断北平的对外交通，战略地位十分重要。它根本不在《辛丑条约》规定的十二处外国驻兵地点之内。随后，他们又在丰台陆续增兵，并设立军事指挥部。这年九月，他们经过不断挑衅（包括武装攻击）挤走了当地的中国驻军，占领整个丰台镇。一九三六年一月起，日军在平津近郊举行五次大规模军事演习。"其初演习不过每月或半月一次，后来渐渐增至三日或五日一次，初为虚弹射击，后竟实弹射击，初为昼间演习，后来竟实行夜间演习，且有数次演习竟要穿城而过。"[1]一九三七年六月二十五日起，丰台驻军在卢沟桥一带的演习更加频繁。二十九日，日军借夜间演习的名义，向卢沟桥市街进行实弹射击。当时任日本驻北平武官的今井武夫在回忆录中说："那时候，在东京政界的消息灵通人士之间，私下盛传着这样的谣言：'七夕的晚上，华北将重演柳条沟一样的事件。'"[2]其实，这不是"谣言"，而是他们预定

---

[1] 王冷斋：《卢沟桥事变回忆录》，《卢沟桥事变史料》上册，（台北）中国国民党中央党史委员会1986年12月版，第30页。

[2] [日]《今井武夫回忆录》，上海译文出版社1978年5月版，第16页。

的打算，事实很快就作出证明。

卢沟桥位于北平西南十五公里的永定河上。它和桥东的宛平县城正当北平南下的咽喉要道。丰台被占后，北平已陷入北、东、南三面被围，只剩下卢沟桥这条对外联系的唯一通道。七月七日晚，驻丰台的日军在卢沟桥附近进行夜间军事演习。演习中，日军借口有一名士兵"失踪"，要求进入宛平城搜查，遭到拒绝。二十分钟后，这个士兵已自行归队。但日军大队长一木清直仍下达命令，攻击宛平城。此时已是七月八日凌晨四时五十分。[1]驻守当地的第二十九军宋哲元部吉星文团奋起抵抗。战争全面爆发。

卢沟桥事变一爆发，中共中央在七月八日就发出《为日军进攻卢沟桥通电》，响亮地喊出："日本帝国主义武力侵占平津与华北的危险，已经放在每一个中国人的面前。全中国的同胞们！平津危急！华北危急！中华民族危急！只有全民族实行抗战，才是我们的出路！"同一天，毛泽东、朱德等七人致电正在庐山的蒋介石："红军将士，咸愿在委员长领导之下，为国效命，与敌周旋，以达保土卫国之目的。"[2]十五日，周恩来在庐山将《中共中央为公布国共合作宣言》交给蒋介石。

蒋介石在七月八日采取了以下行动：电令宋哲元，"宛平城应固守勿退，并须全体动员，以备事态扩大"；电令军委会办公厅主任徐永昌、参谋总长程潜，准备增援华北；下令孙连仲、庞炳勋等率部北援。[3]他在九日的日记中写道："早起处理华北战事，准备动员，不避战争。"十日写道："动员六师北运增援，如我不有积极

---

[1] 李云汉：《卢沟桥事变》，（台北）东大图书股份有限公司1987年9月版，第293页。
[2] 《中共中央文件选集》第11册，第274、278页。
[3] 李云汉：《卢沟桥事变》，第328、329页。

准备示以决心,则不能和平解决也。"十四日写道:"对卢案,英美已有合作调解趋势。"[1]这种立刻积极备战以应对日军挑衅的态度,和过去显有不同。但他仍力图把事变限制在地区性、局部性的范围内,不使事变扩大,期待能通过外交途径使冲突"和平解决"。

蒋介石的儿子蒋纬国在《抗日战争指导》一书中写道:"蒋委员长内心在当时并不想和日本开战,这是可以体认的。""因此在七七事变发生后,蒋委员长仍然希望日本政府约束军人,不使事态扩大。"[2]

事实上,这一条路是走不通的。战争一旦发动,日本当局不但没有任何缓和局势的表示,相反,却尽力扩大事变。十一日,日本内阁会议发表《关于派兵华北的声明》,决定调关东军和在朝鲜的军队大举增援在华北的中国驻屯军。他们还在国内进行狂热的战争煽动。局势正在迅速恶化。

卢沟桥事变消息传来,中国社会各界群情激愤,纷纷致电或致函二十九军军长宋哲元等,要求他们奋勇杀敌,坚持到底。各地报纸发表社论、文章和短评,揭露日本侵华野心,要求团结御侮。天津《大公报》在七月十日社评中,要求政府速决大计。"否则退让复退让,畸形复畸形,士气何堪再用,地方成何体制?"[3]

在局势日趋危急的情况下,七月十七日,蒋介石在庐山第二次谈话会上讲话。这是一个比较好的讲话。他在讲话中尽管还说到"在和平根本绝望之前一秒钟,我们还是希望和平的,希望用和平的外交方法求得卢事的解决",但他的重点已在"到了必不得已

---

[1] 蒋介石日记,1937年7月9、10、14日。
[2] 蒋纬国:《抗日战争指导》,(台北)远流出版公司1989年4月版,第426页。
[3] 《卢沟桥事变史料》下册,第6页。

时，我们不能不应战"。他说了一段很值得注意的话："我们的东四省失陷，已有了六年之久，继之以《塘沽协定》，现在冲突地点已到了北平门口的卢沟桥。如果卢沟桥可以受人压迫强占，那末我们百年故都、北方政治文化的中心和军事重镇的北平，就要变成沈阳第二！今日的北平，若果变成昔日的沈阳，今日的冀察，亦将成为昔日的东四省。北平若可变成沈阳，南京又何尝不可变成北平！"这清楚地表明，蒋介石已经深切地感到，卢沟桥事变已使中国，也使南京政府到了生死存亡的关头。这些话，他以前从来没有说过。

他在讲话中明确宣称："如果战端一开，那就是地无分南北，年无分老幼，无论何人，皆有守土抗战之责任，皆应抱定牺牲一切之决心。"[1]这句话成为传诵一时的名言，对蒋介石来说是一个很大的进步。中国国民党是当时中国最大的握有统治权的政党，南京政府有着二百万军队和得到国际承认的外交地位。没有它的参加，全民族的抗日战争难以形成。蒋介石这个讲话在国内受到普遍的欢迎。

这以后，局势发展得很快。日军向华北大举增兵，迅速扩大事态。七月二十九日和三十日，北平和天津相继沦陷。二十九军副军长佟麟阁和师长赵登禹壮烈牺牲。蒋介石在日记中写道："平津既陷，人民荼毒，至此虽欲不战亦不可得，否则国内必起分崩之祸。与其国内分崩，不如对倭抗战。"[2]蒋纬国写道："在天津、北平相继沦陷之后，政府再不抗战，民心士气就要涣散消沉，或者可能引

---

[1]《总统蒋公思想言论总集》卷14，第583、584、585页。
[2] 蒋介石日记，1937年8月31日，"本月反省录"。

起内乱。""所以才决心应战,实在有不得已的苦衷。"[1]接着,日本在向华北继续增派重兵的同时,又向中国最大的经济中心上海发起进攻,南北呼应,企图使中国屈服。

日本在上海的虹口和杨树浦早就驻有一支装备精良的海军陆战队。八月九日陆战队中队长大山勇夫中尉等驱车强行冲入上海虹桥的中国军用机场,不听制止,被守军击毙。日本海军军令部立刻命令大批军舰驶入黄浦江,在上海的兵力也骤增至一万二千多人。按照一·二八战役后签订的《淞沪停战协定》,上海及其邻近地区不得驻扎中国军队,只留携带轻武器的保安部队四个团维持地方秩序。为了防止日本军队发动突然进攻,南京政府命令京沪警备司令官张治中率部两个师在十二日进驻上海。据《张治中回忆录》说:"这个时候,上海外交团为避免在上海作战,建议南京政府,改上海为不设防城市——自由口岸。这一个建议文件,大概是十一日发出,十二日到达外交部的,南京政府不免犹豫了一下,故忽然命令我不得进攻。"但日军在十三日突然对中国军队发动猛烈攻击。第二天,张治中发表谈话说:"昨(十三日)下午四时,日方军舰突以重炮向我闸北轰击,彻夜炮声不绝,我居民损失奇重。同时复以步兵冲出界外,进攻我保安队防地,我方仍以镇静态度应付,从未还击一炮。现日方又大举以海陆空进攻,我为保卫国土,维护主权,决不能再予容忍。事至今日,和平确已完全绝望,牺牲已到最后关头,御侮救亡,义无返顾。"[2]十五日,日本组成由松井石根大将统率的上海派遣军,大举进攻。淞沪抗战从此开始。

战火燃烧到南京政府统治的心脏地区,使蒋介石看到中日之间

---

[1] 蒋纬国:《抗日战争指导》,第427页。
[2] 《张治中回忆录》上册,中国文史出版社1985年2月版,第122页。

的全面战争已无法避免，于是，原来国共两党谈判长期拖延不决的状况迅速得到改变。十八日，蒋介石同意发表红军改编为国民革命军第八路军，任命朱德、彭德怀为正副总指挥（在二十二日正式发表通告）。僵持已久的红军改编后的指挥和人事问题终于得到顺利解决。二十五日，中共中央发布红军改编命令，将西北红军改为八路军，下辖三个师（第一一五、一二〇、一二九师），分别由林彪、贺龙、刘伯承任师长，共四万五千人。九月十一日，国民政府军事委员会按照新的统一序列，将八路军改称第十八集团军，总指挥部改称总司令部，但人们仍习惯地把八路军的称呼沿用下来。九月二十二日，《中共中央为公布国共合作宣言》由国民党中央通讯社公布。第二天，蒋介石发表谈话称："此次中国共产党发表之宣言，即为民族意识胜过一切例证。""在存亡危急之秋，更不应计较过去之一切，而当使全国国民彻底更始，力图团结，以共保国家之生命与生存。"[1]这就在实际上承认中国共产党的合法地位。中国共产党在南方各省的游击队不久也改编为国民革命军新编第四军，叶挺、项英分任正副军长。国共第二次合作正式形成。

国内其他党派和团体如中华民族解放行动委员会（通常称为第三党，后改名为农工民主党）、国家社会党、中国青年党、中华职业教育社、乡村建设派等纷纷表示拥护团结抗日。被捕的救国会"七君子"已于七月三十一日获释出狱。国民党也放松党禁。南京政府的国防最高会议设立二十五人的国防参议会，聘请一些其他党派和团体的知名人士为参议员，作为共赴国难的咨议机构。南京政府原来难以直接指挥的地方部队，如桂军、川军、滇军等也远赴前线，

---

[1]《总统蒋公思想言论总集》卷38，第95页。

对日作战。各少数民族人民同仇敌忾地以不同方式参加抗日斗争。

日本军国主义者发动对华全面侵略，最致命的错误是大大低估了中国民众内部深深蕴藏着的那种无穷无尽的力量，特别是当中华民族处于生死关头时那种万众一心的民族凝聚力。日本侵略者眼中看到的只有武器而看不到人。他们只从两国军事力量的对比出发，以为只要给中国有力的"一击"，只需要几个月就可以使中国屈服。可是，他们的算盘完全打错了，结果大大出乎他们意料，深深地陷入中国全民族抗战的泥淖中无法自拔。

渴望了那么久的团结抗日局面的实现，使人们激动万分。中华民族的觉醒达到了前所未有的地步。从上海几个文学刊物因淞沪抗战爆发而改成联合出版的刊物《呐喊》《烽火》，可以读到许许多多表达这种强烈感情的文章。曾经主编《申报》副刊《自由谈》的黎烈文写道：

> 期待了六年了，这伟大的抗战现在毕竟展开在我们的眼前！看着飞机在天空翱翔，听着大炮在耳边轰响，我满身的血液都沸腾起来，我的喜悦使我快要发狂。
>
> 我相信中国文化界的优秀分子以前没有一个不是憎恶战争的，但在现在却没有一个不是讴歌抗战的，这原因决不是由于思想的改变，实在是敌人逼迫太甚，我们再不奋起抵抗，不单我们自己要陷入至悲极惨的奴隶的命运，连我们的子孙也要任人蹂躏，永远没有翻身的日子。[1]

---

[1] 黎烈文：《伟大的抗战》，《呐喊》创刊号，1937年8月25日。

大家也看到：在亡国灭种的严重威胁面前，个人的命运已经同整个国家民族的命运紧紧联结在一起，如果国家民族没有前途，就根本没有什么个人前途可言。著名作家巴金写道：

> 上海的炮声应该是一个信号。这一次全中国的人真的团结成一个整体了。我们把个人的一切全交出来维护这个"整体"的生存。这个"整体"是一定会生存的。"整体"的存在也就是我们个人的存在。我们为着争我们民族的生存虽至粉身碎骨，我们也不会灭亡，因为我们还活在我们民族的生命里。[1]

为什么那么多志士仁人不惜牺牲自己的一切，甚至献出自己最宝贵的生命，去为国家民族的命运前途而奋斗？它的原因就在这里。为什么中华民族能在抗日战争中顽强坚持下去，直到取得最后胜利？它的力量源泉也在这里。中华民族中蕴藏着巨大能量，在反抗外来侵略者的战争中，以令人吃惊的规模和气势，像火山般迸发出来了。

南北战场上的作战

平津沦陷和淞沪抗战爆发后，日本侵略者决心扩大战争。中日之间的战争，同时在南北两大战场激烈地展开。

在北线，日本军队占领北平、天津后，组建华北方面军，兵力增加到十七万多人，倚仗他们在装备、训练上的优势，沿津浦、平汉、

---

[1] 巴金：《一点感想》，《呐喊》创刊号，1937年8月25日。

平绥三条铁路作扇面式展开。平绥线上,日军受到汤恩伯指挥的第十三军在南口凭险抵抗半个月,随后进陷张家口和晋北重镇大同。津浦线上,日军占领沧州,向山东推进。平汉线上,他们先后攻占保定、石家庄,并以一部主力向晋东门户娘子关推进。双方的主战场很快转移到山西。

山西的战略地位十分重要。当时担任八路军政治部主任的任弼时,在第二年一月写道:"山西自雁门关以南,井陉、娘子关以西系高原多山地区,对保卫华北、支持华北战局,有极重大的意义。敌人要完成其军事上占领华北,非攻占山西不可。如山西高原全境保持我军手中,则随时可以居高临下,由太行山脉伸出平汉北段和平绥东段,威胁敌在华北之平津军事重地,使敌向平汉南进及向绥远的进攻感受困难,故山西为敌我必争之战略要地。"[1]

山西地方实力派首领是阎锡山。他从辛亥革命时起已统治山西二十多年,一向闭关自守,不许其他政治势力进入山西,几经沉浮,始终不倒。他历经风雨,老谋深算,精于权术,过去一直奉行亲日反共政策。华北事变后,日本侵略者步步进逼,对山西也构成严重威胁,使日阎之间的矛盾激化。红军东征山西时,蒋介石乘机派五个师入晋,事后仍不全撤,对阎又是一块心病。因此,他也开始同共产党拉关系。可以说:"阎锡山是在三个鸡蛋中间跳舞,哪一个也不能碰着。"[2]

一九三六年十月,共产党员薄一波等以个人身份,接受阎锡山的邀请,到太原协助他从事抗战的准备。他们去后,接办由阎刚建立的牺牲救国同盟会,把它办成中国共产党领导的抗日救亡群众组

---

[1]《任弼时选集》,第137页。
[2] 薄一波:《七十年奋斗与思考》上卷,中共党史出版社1996年3月版,第203页。

织。经过三个月，会员发展到六十万人，大多懂得救亡图存的必要，骨干中不少是共产党员。

卢沟桥事变爆发前夜，阎锡山已感觉这场战争难以避免。他在这年六月十二日对参谋训练团的演讲中说："晋绥所处的地位，适当国防冲要，非抱定守土抗战的决心，不足以救亡图存。"战争爆发后，他在八月十五日又说："我们处在这大难临头、千钧一发的时候，只有决心牺牲，才能保住我们的国家。"[1]由于山西兵力严重不足，在薄一波建议下，阎锡山同意组建新军，称为山西青年抗敌决死队，半年内发展到四个纵队（相当于旅）。它的成员大多是青年知识分子（主要是大、中学生），军事干部由阎派来军官充任，政治干部多数是共产党员。政治委员是部队的最高首长，有最后决定权。这支部队实际上成为共产党领导的革命军队。这时南京国民政府也派第十四集团军总司令卫立煌率部入晋，随后又同意八路军开赴山西前线抗日。

在南京政府发表红军改编为八路军的同一天，八月二十二日，中共中央在陕北洛川召开政治局扩大会议。这次会议开了四天，根据敌强我弱的形势，指出抗日战争必然是持久而艰苦的，必须做到全国人民总动员，实行全面抗战。会议本着这个精神，通过了《抗日救国十大纲领》。由于红军即将开赴前线，一个新的问题提到面前：红军在抗日战争中应该怎样作战？毛泽东在会上的军事报告中，根据日本侵略军作战的特点，指出红军的作战方针应该是："独立自主的山地游击战争（包括有利条件下消灭敌人兵团与在平原发展游击战争，但着重于山地）。"并说明：这种独立自主是在统

---

[1]《民国阎伯川先生锡山年谱长篇初稿》(5)，(台北)商务印书馆1988年9月版，第2015、2027页。

一战略下的"相对的独立自主"。[1]这和以往红军的作战方法不同，是在抗日战争这种特定条件下克敌制胜的正确方法。接着，八路军以第一一五师为先遣部队，在八月底东渡黄河，进入山西；其他两个师也陆续开抵山西。

国民党军队在华北前线，虽有不少部队进行了英勇的抵抗，但由于采取单纯防御的方针，在装备优良、训练有素的日军攻击下，都以失败告终，有些地方甚至出现"兵败如山倒"的局面。八路军到达前线时，阎锡山的部队在平型关至雁门关一线的内长城组织防御。八路军第一一五师冒雨在平型关东北的公路右侧山地设伏。九月二十五日，日军板垣师团的后续部队和辎重部队进入伏击圈时，八路军突然展开猛烈攻击，歼灭日军一千多人，击毁汽车一百多辆、马车二百多辆，缴获大量武器和军用物资。这是抗战开始以来中国军队取得的第一次大捷，打破了"皇军不可战胜"的神话。

平型关大捷在全国引起强烈反响。祝捷电报雪片似的飞向八路军总部。它对八路军取得民众信赖、顺利地在敌后发展游击战争，有着重大影响。当时担任八路军旅长的陈赓在九月二十六日日记中写道：

> 这是红军参战的第一次胜利，也是中日开战以来最大的第一次的胜利。这一胜利虽然是局部的，但在政治上的意义是无穷的：一，证明我党的主张正确；二，只有积极地采取运动战、游击战、山地战，配合阵地战，抄袭敌人，才能胜算；三，证明唯武器论的破产；四，单纯的防御只有丧失土地。

---

[1] 毛泽东在洛川会议上的报告，1937年8月22日。

十月一日，他在日记中又描述八路军向前线开拔途中的情景：

> 沿途群众对我们非常欢迎。特别是平型关战斗的胜利，使他们对我们的信仰更加提高。[1]

这以后，山西战局的重心向南移到忻口地区。忻口是从晋北通向太原的门户，也是守卫太原的最后一道防线。那里是丘陵地带，地势不算险要。但越过这里，太原就无险可守了。卫立煌担任第二战区前敌总指挥，率领中国军队八万人，在这里坚守阵地，顽强抗击，并多次发动反击，进行了近一个月的浴血奋战，毙伤日军两万多人。第九军军长郝梦龄在作战中英勇牺牲。为了配合正面战场的作战，八路军第一二〇师一度收复雁门关，伏击日军辎重队，切断从大同到忻口的交通；第一一五师主力夺回平型关，截断从张家口到忻口的交通线，前线日军只得靠空运来维持给养；第一二九师陈锡联团又在十月十九日乘黑夜突袭阳明堡机场，焚毁停在那里的全部日机二十四架。这些行动，使日军后方补给线陷于半停顿状态，对正面防守的国民党友军是有力的支援。卫立煌对周恩来说："八路军把敌人几条后路都截断了，给我们忻口正面作战的军队帮了大忙。"[2] 后来，因为日军从东面攻陷娘子关，沿正太铁路向太原逼近，忻口的后路有被包抄的危险，阎锡山才下令放弃忻口。六天后，太原也失守了。忻口会战是华北抗战中规模最大、战斗最激烈的一次战役，也是国共合作得很好的一次战役。

在南线，淞沪会战是中日两国之间，也是抗日战争全面爆发后

---

[1]《陈赓日记》，战士出版社1982年8月版，第17、19页。
[2] 赵荣声：《回忆卫立煌先生》，文史资料出版社1985年1月版，第35页。

规模空前的一场战役。

日军战前在上海地区的驻军主要是海军,其中有海军陆战队约六千二百人(此外,上海日侨中的在乡军人已完成编组训练的有三千六百人);有第一、第三舰队所属军舰十七艘,其中十二艘在十日驶入黄浦江,会同原停泊淞沪的日舰共三十多艘,还在吴淞口外泊有航空母舰一艘;空军有海军航空队各种飞机一百多架。"作战主力不是那些陆战队,而是江面军舰上的重炮。"[1]淞沪会战爆发后,日方在十五日组成上海派遣军,又调陆军两个师团为骨干,侵占上海市区以北的大片地区。他们原来以为用这点兵力来对付一直被他们藐视的中国军队已足够了,没有料到却受到中国军队的拼死抵抗。九月上旬以后,因战事陷入胶着状态,又不得不增援四个师团,其中有些师团是从华北战场抽调来的,可见日军作战的重心已从华北转到南线。到十一月上旬,日军又组成第十军,用三个师团兵力投入上海地区作战。日军在这个地区的兵力增加到三十万人。但如此短视的逐次增兵,暴露出他们的严重弱点。

中国军队方面,蒋介石的嫡系精锐部队除卫立煌、汤恩伯部在华北外,几乎全部投入了淞沪保卫战。桂军、粤军、川军、滇军、湘军、东北军等部战斗力较强的部队也先后投入,共七十多万人。当时军事委员会指挥的部队约为一百八十个师,参加上海抗战的达七十三个师。国民党方面编写的战史写道:"双方为争取本会战之胜利,均尽出精锐,倾力以赴。我军逐次使用步兵七十余师、炮兵五团、及有限之飞机,面对数倍优势火力之敌步兵三十余万人——(九个师团)、战车百余辆,山野炮三百余门,飞机二百余架,各型

---

[1]《战局一览》,《抗战三日刊》第1号,1937年8月19日。

舰艇数百艘——在正面二百余公里、纵深三百余公里之地域内,浴血苦战达四阅月。"[1]

国民党军队中有不少爱国将士,长时间来就怀着抗日报国之心。他们在日军大举侵略面前,同仇敌忾,奋勇争先,表现出顽强的战斗意志,以劣势装备和血肉之躯同优势装备的敌军拼搏,使日军陷入严重苦斗。许多地方经过反复争夺,甚至白刃格斗。这次战役中,中国军队伤亡达二十五万多人,毙伤日军四万多人。东北军的第六十七军(即原王以哲军)军长吴克仁在抢渡苏州河时壮烈牺牲。第八十八师一个营在团副谢晋元、营长杨瑞符指挥下,据守苏州河北岸的四行仓库,掩护全军撤退,孤军奋战,坚持到十月三十日,才在英国方面劝导下退入上海公共租界。这件事,对鼓舞人心起了巨大作用,被称为"八百壮士"。

这次战役主要在上海市区以北进行。那里地势平坦,海岸线平直,北临长江,无险可守。日本军舰在长江和黄浦江中以远射程重炮猛烈轰击,陆军拥有优势的坦克和大炮,还有绝对的空中优势,以飞机轰炸扫射。中国军队几十万人密集在狭小地区内,又没有坚固的防御工事,伤亡十分惨重。当时担任淞沪警备司令部参谋的刘劲持在回忆文章中说到桂军在上海作战时的一次遭遇:

> 日军炮多威力大,视界清楚,我炮一发射即刻被制压。似知道我反攻部署,预先将坦克及炮兵机枪等火力布置好。桂军官兵不知利害,挺直身体毫无掩蔽地向敌阵猛进,拿起步枪向坦克冲锋。敌人放桂军官兵进到阵地前,即用火力前后封锁,

---

[1]《抗日战史》第4册,(台北)"国防部史政编译局"1987年7月版,第29页。

猛烈射击。肉体挡不住子弹，又无藏身之地，桂军纷纷壮烈牺牲。后续部队急忙退却，敌人阵地则丝毫未被突破。这样，一日间桂军六个师即被击溃，损失重大，不能再战，当晚只好另派部队接防。[1]

　　白崇禧回忆道："敌人利用淞沪沿海之形势，发挥陆海空三军联合作战之威力，以装备之优良，训练之纯熟，发挥各兵种在战场上之战力，予我军创伤甚重。""因为制空权操于敌人，我方之陆海军之活动完全受了限制。空军更不敢白日活动，只能在夜间出袭。陆军若是白日行动，因无空军之掩护，常受敌机轰炸骚扰而前进困难。"[2]

　　为什么南京政府要在如此不利环境中长时间地同日军硬拼消耗？这不仅因为沪宁地区关系它的核心利益而不愿轻易放弃，还有一个重要考虑，就是认为上海是一个国际性的城市，那时九国公约会议即将召开，蒋介石仍希望多坚持几个星期，以便在国际上获得同情和支持。他总是对英美和国联的干预寄以过多的希望。十一月一日晚，蒋介石在南翔召开师长以上将领会议说："九国公约会议，将于十一月三日在比利时首都开会。这次会议，对国家命运关系甚大。我要求你们作更大的努力，在上海战场再支持一个时期，至少十天到两个星期，以便在国际上获得有力的同情和支援。"[3]当时担任淞沪战线中央军总司令的张发奎回忆："我提议我们从淞沪前

---

[1] 刘劲持：《淞沪警备司令部见闻》，《八一三淞沪抗战》，中国文史出版社1987年10月版，第50页。

[2] 《白崇禧先生访问纪录》上册，第143、144页。

[3] 《鹰犬将军——宋希濂自述》，中国文史出版社1986年7月版，第121页。

线转移十个师到苏嘉、吴福国防要塞工事。如是我们便能重新集结后撤的部队,以便确保有计划的撤退。""此时蒋夫人突然从上海来到,我还记得她穿着毛皮大衣。她宣称我们若能守住上海,我记得她说十多天中国将赢得国际同情,国际联盟将帮助我们抑阻日本侵略。""与会者只有少数人同意她的观点。蒋先生说,上海必须不惜任何代价坚守。"[1]在敌我实力悬殊和地形不利的情况下实行如此规模的消极防御作战,损耗太大,在军事指挥上是很不恰当的。淞沪抗战鼓舞了全国人民的抗日热情,还为工厂内迁等赢得了一定的时间,但这并不是南京政府的主要用意所在。而前线将士为保卫祖国的英勇作战,付出极大的牺牲,无疑是可歌可泣的。

蒋介石召开那次军事会议后,只有三天多,十一月五日清晨,日本第五军以两个师团的兵力在中国军队配置薄弱的杭州湾金山卫大举登陆(金山卫中国军队,因浦东兵力不足,大部分已移防浦东),势将从南向北切断淞沪地区中国军队的后路。上海战局急转直下。陈诚回忆道:当日军在金山卫登陆时,他建议迅速将中国军队撤出。"委员长为争取国际声誉,令再支持三日。至十一月八日再行撤退时,部队秩序已乱,命令无法下达。"[2]十一月十二日,上海沦陷。

中国军队在仓促撤退时极为混乱。蒋介石在日记中写道:"其间有接到命令时已至翌晨四时,不惟毫无撤退准备时间,而且已过其时。而其退却命令,总部毫无准备,甚至部队尚未开始撤退,而各路桥梁早已破坏,以至各部无法通过。"[3]许多部队失去控制,原

---

[1] 张发奎:《蒋介石与我》,第248页。
[2] 《陈诚先生回忆录——抗日战争》(上),(台北)"国史馆"2004年12月版,第58页。
[3] 蒋介石日记,1937年11月20日,"本周反省录"。

有序列无法维持，日本飞机跟踪轰炸，桥梁破坏，大军拥塞，不少重武器丢弃，形成溃退的局面。"原定计划，前方淞沪抗战，后方应在吴福线及锡澄线留置有力后续部队固守阵地，于前线退却时，拒止敌追击部队之前进，掩护我后续部队，但留置军队到达不久即调淞沪前线，钢筋水泥机枪巢的钥匙几经转手不知去向。到这个时候，退到国防工事线上的部队，在已筑的工事上打几枪就跑，花了多少人力财力的工事，竟丝毫不起作用。"[1]当时在上海作战的第七十八军军长宋希濂在回忆录中慨叹道："这次撤退十分混乱，以这样大的兵团，既不能进行有组织的逐次抵抗，以迟滞敌军的行动，又无鲜明的退却目标，造成各部队各自为政，拼命地向西奔窜。战场统率部，对许多部队都不明白其位置，遂使敌军如人无人之境。弄到这种地步，最主要的是蒋介石妄图依赖国际联盟和九国公约签字国，对日本施加压力，与日本进行和谈，以谋求结束战争。"[2]

日本把占领上海看作一个大胜利，气焰更高，野心进一步膨胀。十一月十七日，成立最高统帅部——大本营，直接受命于天皇。十二月一日，大本营决定编成华中方面军，以松井石根大将为司令官，并下令攻占南京。

下令攻占南京，说明日本最高决策层在中国问题上已下更大的决心，要全面支配中国、把整个中国变成它实际上的殖民地。这不是一般的军事决定，而且是一个重大的政治决定。

南京是国民政府的首都所在。但中国军队在淞沪战役中受到极大损失，还处在相当混乱的状态中；南京又缺乏坚固的防御设

---

[1] 史说：《八一三淞沪抗战记略》，《八一三淞沪抗战》，第99页。
[2] 《鹰犬将军——宋希濂自述》，第123页。

施,难以坚守。蒋介石连续召开三次会议讨论对策,最后决定迁都重庆。以唐生智为首都卫戍司令长官,率十一万多军队留守南京。十二月七日起,日军开始围攻南京。十三日,南京陷落。

日本侵略军占领南京后,立刻开始了惨绝人寰的南京大屠杀。他们手段的残暴狠毒是人类历史上罕见的,包括机枪扫射、乱刀砍杀、活埋、烧死、轮奸等,给中国人留下无法磨灭的痛苦回忆。东京国际军事法庭对甲级战犯的判决书中写道:"中国军队在南京陷落前就撤退了,因此所占领的是无抵抗的都市。接着发生的是日本陆军对无力的市民,长期间继续着最恐怖的暴行。日本军人进行了大批屠杀、杀害个人、强奸、劫掠及放火。尽管日本籍的证人否认曾大规模进行残虐行为,但是各种国籍的、无可置疑的、可以凭信的中立证人的相反的证言是压倒有力的。这种暗无天日的犯罪是从一九三七年十二月十三日占领南京市开始的,迄至一九三八年二月初还没有停止。"[1]中国南京审判战犯军事法庭在南京大屠杀主犯之一、日军第六师团师团长谷寿夫的死刑判决书中确认:在他的部队进驻南京的十天内,中国人"被害者总数达三十万人以上"。

日本侵略军南京大屠杀的罪证实在太多太多了。这里举两位一九四六年在南京国际军事法庭上作证的美国人宣誓后的证词。一位是金陵大学历史系贝茨教授。当律师询问他"日军控制南京城之后,他们对待平民百姓的行为如何"时,他回答:

> 我只能说我亲眼观察到在没有受到任何挑衅、没有丝毫缘由的情况下,日军接二连三地枪击老百姓;有一名中国人

---

[1]《远东国际军事法庭判决书》,第551页。

从我家里被抓走,遭杀害。在我隔壁邻居的屋子里,日本兵抓住并强奸他们的妻子时,两个男子焦急地站起来,于是他们被抓走,在我家附近的池塘边被枪杀,扔进池塘。日军进城后许多天,在我住所附近的街巷里,仍横陈着老百姓的尸体。这种肆意滥杀的现象遍布极广,没有人能够作出完整的描绘。

根据我们掌握确实的情况断定,共有一万二千男女儿童皆有的平民百姓在城墙内被杀。城里还有许多人被杀,但不为我们所知,这些人的数字我们无法查证。还有大批平民在城墙外被杀。这并不包括数以万计被屠杀的中国军人和曾经当过兵的人。"

当律师问到"日本兵对南京城里的妇女的行为如何"时,他回答:"那是整个事件中最粗野、最悲惨的部分。住得离我最近的三个邻居家里,妇女遭强奸,其中包括几名金陵大学教师的妻子。""占领南京一个月之后,国际委员会会长拉贝先生向德国当局汇报,他以及他的同仁相信发生的强奸案不下两万宗。""在金陵神学院,就在我的一位朋友的眼皮底下,一名中国妇女被十七个日本兵一个接一个地快速轮奸。我无意重复性虐待犯,及与反常行为相关、偶尔发生的强奸,但是我要提一提仅在金陵大学,九岁的小姑娘和七十六岁的老奶奶都遭强奸。"

当律师问到"日本兵对待南京城里老百姓私人财产的行为是怎样的"时,他回答:"从日军进城的那一刻起,日本兵不论何时何地,见什么拿什么。""日军占领最初的六七个星期,城里每栋房子都被那些四处游荡的成群日本兵闯入过许许多多次。在有些情况下，抢劫是有组织、有计划的，在军官的指挥下动用车队。""外国使馆也被破门而入，遭到抢劫，其中包括德国大使馆和大使的私人财产。"[1]

另一位证人是南京圣公会教堂的牧师麦琪。他在回答律师所问"日本兵用什么样的行为对待中国平民男子"时说：

> 难以置信地可怕。以各种方式立即开始屠杀，通常由个别士兵，或由三十名士兵一起外出，每个人似乎都操有生杀大权；接着进行有组织的大规模屠杀。不久，到处横陈着尸体。我在路上遇到过一列列被押着去枪毙的人群。这些人主要被步枪和机枪射杀。我还知道数百人被刺刀捅死。一位妇女告诉我，丈夫在她眼前被绑起来丢进池塘，她就在那儿，他们不准她去救，在她眼前淹死了。
>
> 一个苦力，回来向我们讲述其他人的命运。他们集合起来和大约一千多人一起被押往长江边上，从两个方向组成的机枪火力网扫射他们。子弹击中他之前千钧一发之际，他仆地而倒，没有伤着他。他周围的人的躯体压在他上面，他一直躺到天黑，在夜幕的掩护下，得以逃出来。[2]

够了，够了，而这还只是他们亲眼目睹的事实中很少的一部分。

日本一些右翼分子正在叫嚣否认这些用中国人的血写下的铁的

---

[1]《马内·S.贝茨的证词》，《南京大屠杀——英美人士的目击报道》，红旗出版社1999年9月版，第371—374页。

[2]《约翰·G.麦琪的证词》，《南京大屠杀——英美人士的目击报道》，第381、382页。

事实，甚至说南京大屠杀是虚构的。但有不少当年在南京亲身参与这场大屠杀的日本士兵，在晚年坦率地承认并悔恨自己犯过的罪行。日本大阪一位女教师松冈环，采访了一百零二个这样的士兵，出版了一本《南京战·寻找被封闭的记忆》。这是一本有三十多万字的书。他们叙述当年那些悲惨的事实实在太多了，这里只能举几个例子：

原第十六师团士兵德田一太郎说：

> 我们只抓男人，因为没有命令抓女人，只有命令把男人全部抓起来。只要是男人都带来检查。"以前是当兵的吧"，就这么随便地说着就抓起来了。太平门附近有大量的俘虏，一个个都是惊惶不安的样子。接着不管男女老少，三四千人一下子都抓了起来。在太平门外，门右的一角工兵打了桩，然后围起铁丝网，把那些支那人围在里面，底下埋着地雷。在白纸上写着"地雷"以提醒日本兵不要去踩。我们把抓来的人集中到那里，一拉导火线，"轰"地一下，地雷被引爆了。尸体堆成了山一样。据说是因为用步枪打来不及，所以敷设了地雷。接着，我们登上城墙，往下浇了汽油后，点上火就烧了。堆成山的尸体交错重叠在一起，非常不容易燃烧。上面的人大多死了，但下面还有大量活着的人。
>
> 第二天早上，分队长命令新兵"刺致命的一刀"，检查尸体，把还活着的人刺死。我也踩在软绵绵的尸体上查找还活着的人，发现了只说一句"这人还活着"，接着就有其他的士兵上来将他刺死。刺刀往喉咙口猛刺下去，血就像喷水一样喷射出来，人的脸色"刷"地一下子就白了。经常听到"啊呀"的

惨叫声。[1]

这个师团的另一个士兵町田立成讲了在下关的长江边集体屠杀中国民众的情景：

> 有五至八人乘的小船，也有三十人左右乘的船，船里还有女人和孩子，没有能力抵抗日本兵。前方二十至三十米处有逃跑的败兵，这边的日本兵都举起机枪、步枪瞄准他们"哒哒哒"地射击。小船、木筏上是穿着普通百姓衣服的中国人，畏缩着身子尽量多乘一些人顺江漂去。船被击翻了，那边的水域马上就被血染红了。也有的船上的中国人被击中后跳入江中，可以听到混杂在枪声中的"啊、啊"的临终惨叫声。水中流过一沉一浮的人们。我们机枪分队与三十三联队的其他中队一起连续猛射，谁也没有发出号令，只是说："喂，那个那个，射那个。"数量相当多的日本兵用机枪和步枪的子弹拼命射击。[2]

难道还有什么比回忆中国人曾经遭遇过的这些腥风血雨的悲惨情景更使人痛苦呢？这不是发生在什么穷乡僻壤，就发生在当时中国首都南京的市区和沿江一带。当国家处在外来的残暴侵略者的践踏下时，等待着中国人的只有这种苦难遭遇，不管你是谁，个人什么都谈不上了。七十多年前在中国国土上真实地发生过的这些令人发指的惨剧是永远不应该被淡忘的。

---

[1] [日] 松冈环编著：《南京战·寻找被封闭的记忆》，上海辞书出版社 2002 年 12 月版，第 134 页。
[2] 同上书，第 48—49 页。

挺进敌后和《论持久战》

上海和太原相继失陷后,中国的抗日战争面对一个新的局面。毛泽东在这年十一月十二日指出:"在华北,以国民党为主体的正规战争已经结束,以共产党为主体的游击战进入主要地位。在江浙,国民党的战线已被击破,日寇正向南京和长江流域进攻。"怎么办?他说:"我们主张全国人民总动员的完全的民族革命战争,或者叫作全面抗战。因为只有这种抗战,才是群众抗战,才能达到保卫祖国的目的。""不要人民群众参加的单纯政府的片面抗战,是一定要失败的。因为它不是完全的民族革命战争,因为它不是群众战争。"毛泽东指出当前形势中的一个重要特点是:"共产党和八路军的政治影响极大地极快地扩大,'民族救星'的声浪在全国传布着。共产党和八路军决心坚持华北的游击战争,用以捍卫全国,钳制日寇向中原和西北的进攻。"[1]

太原失守后,华北战场上出现一个奇特的现象:当国民党军队从前线大规模后撤的时候,八路军却朝着相反的方向,向敌军战线背后的沦陷区大步挺进。

到敌后去"坚持华北的游击战争"是完全有条件的:比起中国来,日本毕竟面积小得多,人口少得多。它的野心虽大,人力、兵力、财力、物力却不足。日军在华北的进攻,基本上是沿着几条铁路线推进的。当它在中国的辽阔土地上气势汹汹地前进时,实际上只能控制一些点和线,无力顾及广大的面,从而为开展敌后游击战争留下相当大的空间。那时,在国民党军队溃退后,许多地方的旧

---

[1]《毛泽东选集》第2卷,第387—389页。

政权陷于瘫痪或自行消失,野蛮的日本军队所到之处,杀人放火,奸淫掳掠,无所不为。山西宁武县,日军两次杀了三千多人,死的从七八十岁的老人到一两岁的孩子都有,延庆寺的五十多个和尚也大多被杀,城里到处堆满了尸体。原平县河南村一共九百多人,绝户的有四十来家。该村村民赵金城说:"我家一共十六口人,被日本人杀了十一口。"[1]饱受日本侵略军蹂躏、充满仇恨的沦陷区民众迫切要求有人领导他们奋起抵抗、保卫家园。战争期间,散落在各地民间的武器不少。只要有谁能登高一呼,坚决带领民众起来反抗日本侵略者,谁就能得到沦陷区民众特别是人数最多的农民的信赖和支持。八路军正是这样。他们到了敌后,就把自己的主要力量先放在群众工作上,在沦陷区民众中深深地扎下根,把他们组织和武装起来,带领他们到处发动游击战争,打击敌人,收复大片失地。

为了在敌后长期坚持游击战争,毛泽东提出一个重要问题:必须建立巩固的抗日民主根据地。他看得很深,说:"长期性加上残酷性,处于敌后的游击战争,没有根据地是不能支持的。""无后方作战,本来是敌后游击战争的特点,因为它是同国家和总后方脱离的。然而,没有根据地,游击战争是不能长期地生存和发展的,这种根据地也就是游击战争的后方。"[2]确实,如果游击战争只是单纯的军事行动,而同当地民众的经济政治要求相脱离,不能取得他们的全力支持,如果不能建立起可以动员和组织民众,并为游击战争提供可靠的人力物力财力支持的政权机构,如果没有相对稳定的后方,那么,要形成波澜壮阔并能持续发展的游击战争是不可能的。

在敌后建立起来的第一个抗日民主根据地,是以五台山为中心

---

[1]《山西抗战口述史》第1部,山西人民出版社2005年8月版,第45页。
[2]《毛泽东选集》第2卷,第418页。

的晋察冀根据地。那是由八路军第一一五师副师长兼政治委员聂荣臻率领该师一部分主力开辟的。

晋察冀根据地，处于山西、河北、察哈尔三省交界一带的边区，战略地位十分重要。但初创时期的局面非常困难。在这个广大区域内，除五台、盂县两个县政府（县长分别是共产党员、牺盟会员宋劭文和胡仁奎）外，没有什么行政机构，社会秩序极度混乱，市面萧条，人心惶恐不安。五台山区已开始飞雪，而战士还没有棉衣。隔绝在敌人后方，弹药匮缺，运输和物资更难筹措。而且在这样大的地区，八路军留下的兵力，只有一个独立团、一个骑兵营、几个连，还有一些干部，约三千人。

身处敌后，又是新到这个地区，最重要而迫切的任务自然是打击日本侵略者的武装斗争。没有这一条，就不可能取得民众的信任和支持，就无法在这里立住脚跟，更谈不上开始各方面的建设。那时，日军主力在攻占上海、太原后正大举向中国内地长驱直进，无暇后顾。八路军先后收复了涞源、蔚县、繁峙、广灵、灵丘、曲阳、完县、唐县以及阜平等地。但单靠原来那点兵力显然难以应付日益扩大的局面。八路军因此以很大力量来做发动、教育、组织和武装民众的工作。聂荣臻对干部们说："在晋察冀地区创建敌后抗日根据地，比我们在内战时期建立根据地有更为有利的条件。战争的性质变了，社会基础要比那时广泛得多。只要不是汉奸，谁也不愿做亡国奴，我们高高举起抗日这面大旗，人民群众就会踊跃地聚拢在这面大旗之下。当然喽，能不能获得群众的广泛支持，还取决于我们执行一套什么样的政策。"[1]民众对八路军是欢迎的，扩军工作进

---

[1]《聂荣臻回忆录》中，解放军出版社1984年8月版，第369、379页。

行得很顺利。救国会领导人李公朴在《华北敌后——晋察冀》一书中,讲到当地一个干部对他说的话:

> 在那个时候,谁也不知道动员新战士,要怎样去做。那时我们盂县,就拿着一面锣,在村子里一面敲一面喊:"当兵去哟,当兵打日本,当兵保家乡……"于是老乡们就三五成群地都来了。三五天的工夫就集合了四五百人。顶好的方式也不过是召开群众大会,在会场中进行鼓动,进行宣传。就是这样地搞,部队就成立起来了![1]

这只是开始,它从最初起就是在战斗过程中成长起来的。原来没有打过仗的农民,满怀国仇家恨,在八路军指战员带领下经过初步训练,奋起反抗外来侵略者,在战争中学习战争。在晋察冀军区领导下,八路军和地方民众武装一起粉碎了日军的八路围攻,站稳了脚跟。一些地方游击队也一步步补充起来,经过整军训练,逐渐形成正规部队。与此同时,当国民党军队从河北南撤时,共产党员吕正操率东北军一个团回师北上抗日,改编为"人民自卫军",迅速打开了冀中平原的抗日局面,成为晋察冀根据地的一部分。

为了统一全边区的领导,建立民主政权,巩固和发展根据地,一九三八年一月,晋察冀边区军政民代表大会在阜平召开,通过政治、军事、财政、文教、司法、民运等决议案,选举产生边区临时行政委员会(也就是边区政府)。边区一级的农、工、妇、青各界救国会也相继成立,拥有会员一百多万人。

---

[1]《李公朴文集》,云南人民出版社 1987 年 7 月版,第 559 页。

边区政权建立起来后,在党组织领导下,确定自己的基本任务是:动员人力物力财力,支援抗日武装斗争,扩大与巩固根据地。在最初阶段着重做了以下工作:建立抗日民族统一战线的社会新秩序,安定民心,发展生产;实行减租减息,合理负担;建立边区银行,发行"边币",开展金融斗争,沟通三省经济;大力整顿财政,实行救国公粮制度和征购土布办法,保证军需供给。晋察冀省委书记黄敬在一九三八年四月召开的边区第一次党代表大会上的报告中说:

> 几个月中,我们在这地区里普遍实现了减租减税减息的办法,减轻了一般民众的负担,改善了群众的生活,提高了群众的自觉性。以前很落后的群众,今天一般地都参加了各种群众团体中去,参加了抗日的工作。全边区的人民普遍取得了集会、结社、出版、言论的民主自由权利,工农分子也能参加到动员委员会等半政权机关里,提高了他们的政治地位,使群众的积极性和创造性得到了发扬的机会,增强了他们的斗争力量。[1]

在晋察冀抗日根据地建立后,八路军和各地民众起义部队又陆续建立起晋冀豫、晋西南、晋西北、大青山、山东等抗日根据地。它们的状况,和晋察冀根据地大体相同。

在南方,新四军成立时南京已经陷落。同八路军相比,新四军的活动区域大多是平原、丘陵地带和河湖港汊,部队又是由原来分

---

[1] 黄敬:《地方党五个月工作总结和今后工作方针》,《晋察冀抗日根据地》第1册(文献选编上),中共党史资料出版社1984年11月版,第124页。

散在十多处的人数不多的游击队经过集中和改编而成，进入这些地区的时间比较晚，敌后的政治情况更复杂，因此，遇到的困难比华北更多。但从一九三八年四月起，陈毅、粟裕等率领部队挺进苏南敌后，其他多支部队也向敌后相继展开，在不长时间内创建了苏南、皖南、皖中和豫东等抗日游击根据地。部队从最初集中改编时的一万多人，发展到两万五千多人。

在日本侵略军不断向中国内地推进的情况下，八路军、新四军向敌后挺进，发动并依靠群众，开展游击战争，创立抗日民主根据地，不仅有力地钳制着日本侵略军向正面战场的进攻，支援了友军的作战，而且在敌人后方开创出一片得到当地民众热烈支持的新天地。它的影响是十分深远的。

战争进行了大半年。饱受战争之苦的中国人有着强烈的爱国心，不愿做亡国奴，天天盼望着战争早日胜利，但呈现在人们面前的却是日本侵略军倚仗优势武力长驱直入、大片国土不断沦丧。中国究竟能不能取得胜利？怎样才能取得胜利？战争的过程将是怎样的？这些问题日夜盘旋在人们头脑中，使人感到焦虑，却没有找到明确的答案。有些人感到迷惘。"亡国论""速胜论"等错误观点在到处流传。

这场战争将是一场持久战，这一点毛泽东早已指出来了，国内一些军事家也已经看到。需要进一步回答的是：为什么这场战争一定是长期的艰苦的持久战？中国怎样在持久抗战中一步步地转弱为强，直到取得最后的胜利？

针对这些问题，毛泽东在一九三八年五月发表了《抗日游击战争的战略问题》，把游击战争提到战略的高度作了系统的论述；从五月二十六日至六月三日，又作了《论持久战》的长篇讲演，这是抗日战争期间毛泽东最重要的军事论著。它最吸引人们注意的，是那种宏远的战略眼光和冷静的分析头脑，在战争最初阶段就富有远见地指明了战争的整个趋势和发展过程。这在当时没有别人能够做到。

他在讲演一开始就指出："中国会亡吗？答复：不会亡，最后胜利是中国的。中国能够速胜吗？答复：不能速胜，抗日战争是持久战。"抗日战争为什么是持久战？最后胜利为什么是中国的？根据在什么地方？他回答道："中日战争不是任何别的战争，乃是半殖民地半封建的中国和帝国主义的日本之间在二十世纪三十年代进行的一个决死的战争。全部问题的根据就在这里。"接着，他从双方长处短处的特点和消长演变进行详细的分析，得出结论：

> 这样看来，日本的军力、经济力和政治组织力是强的，但其战争是退步的、野蛮的，人力、物力又不充足，国际形势又处于不利。中国反是，军力、经济力和政治组织力是比较地弱的，然而正处于进步的时代，其战争是进步的和正义的，又有大国这个条件足以坚持持久战，世界的多数国家是会要援助中国的。——这些，就是中日战争互相矛盾着的基本特点。
>
> 战争就是这些特点的比赛。这些特点在战争过程中将各依其本性发生变化，一切东西就都从这里发生出来。这些特点是事实上存在的，不是虚造骗人的；是战争的全部基本要素，不是残缺不全的片段；是贯彻于双方一切大小问题和一切作战阶段之中的，不是可有可无的。

既然中日战争是持久战，那么，战争的发展过程是怎样的？《论持久战》中指出，它将具体地表现于三个阶段中：第一阶段，是敌人之战略进攻、我之战略防御的时期；第二阶段，是敌之战略保守、我之准备反攻的时期，也可以称为战略的相持阶段；第三阶段，是我之战略反攻、敌之战略退却的时期。在这三个阶段中，毛泽东特别看重第二阶段，也就是即将到来而最为人们关心的战略相持阶段。他写道：

> 第一阶段之末尾，由于敌之兵力不足和我之坚强抵抗，敌人将不得不决定在一定限度上的战略进攻终点，到达此终点以后，即停止其战略进攻，转入保守占领地的阶段。此阶段内，敌之企图是保守占领地，以组织伪政府的欺骗办法据之为己有，而从中国人民身上尽量搜括东西，但是在他的面前又遇着顽强的游击战争。游击战争在第一阶段中乘着敌后空虚将有一个普遍的发展，建立许多根据地，基本上威胁到敌人占领地的保守，因此第二阶段仍将有广大的战争。此阶段中我之作战形式主要的是游击战，而以运动战辅之。
>
> 这个第二阶段是整个战争的过渡阶段，也将是最困难的时期，然而它是转变的枢纽。中国将变成独立国，还是沦为殖民地，不决定于第一阶段大城市之是否丧失，而决定于第二阶段全民族努力的程度。如能坚持抗战，坚持统一战线和坚持持久战，中国将在此阶段中获得转弱为强的力量。

为了实现持久战的战略总方针，毛泽东还提出这场战争的形态将是犬牙交错的；在第一和第二阶段中主动地、灵活地、有计划地执行防御中的进攻战，持久战中的速决战，内线作战中的外线作战；第三阶段中应是战略的反攻战。

《论持久战》还强调"兵民是胜利之本"。毛泽东指出：武器是战争的重要因素，但不是决定的因素，决定的因素是人不是物。"战争的伟力之最深厚的根源，存在于民众之中。""动员了全国的老百姓，就造成了陷敌于灭顶之灾的汪洋大海，造成了弥补武器等等缺陷的补救条件，造成了克服一切战争困难的前提。"[1]

毛泽东这些异常清晰而符合实际的判断，回答了人们最关心而一时又看不清楚的问题，使人们对战争的发展过程和前途有了一个明白的了解，大大提高了坚持抗战的信念。一个外国记者评论说："不管他们对于共产党的看法怎样，以及他们所代表的是谁，大部分的中国人现在都承认毛泽东正确地分析了国内和国际的因素，并且无误地描绘了未来的一般轮廓。"[2]

民族工业和高等学校的大迁移

北平、天津、上海、南京相继沦陷前后，有一件很值得重视的事，就是民族工业和高等学校向后方的大迁移。

旧中国的民族工业原来绝大部分集中在沿海沿江的通商口岸，上海更是首屈一指。战争爆发后，大批企业毁于炮火或被侵略者劫夺，如果不及时迁移，不仅中国人百年来积累起来的这笔巨大财富可能毁于一旦，而且会使大后方坚持抗战失去重要的经济支持。当时担任国民政府资源委员会副秘书长的钱昌照回忆道：

---

[1]《毛泽东选集》第2卷，第442、443、447、449、450、463、464、465、477、469、480页。
[2] 引自周恩来在中共中央政治局会议上的发言，1939年8月4日。

当时日寇压境，人民群情激愤，而国民党政府仍寄希望于国际联盟出面调停，没有作认真有效的准备。八一三事变突发，战火迫近都门，才不得不仓促应战。当年昌照供职于军事委员会的资源委员会，归蒋介石直接领导。我鉴于国难当头，曾上了一个条陈，要求批准两件事：一是资助拆迁上海主要民营工厂移至后方生产，以利继续抗战；另一是紧急拨款抢购积存青岛等沿海城市的战争物资如水泥、钢材、木材等，以供防御之需。以上两事均得到批准，随即组织有各部会参加的专门机构进行工作。我虽是该机构的主持人，具体业务委派林继庸等同志驻上海指挥。上海民营工厂的主要负责人胡厥文、颜耀秋、吴蕴初诸先生积极响应和配合，许多工人职员通力合作，冒着敌机狂轰滥炸，军警百般阻挠，排除万难，历经数月，将一百多家工厂的机器设备迁离战火，辗转到达武汉。[1]

胡厥文当时是上海机器同业公会的主任委员，又担任了上海工厂联合会迁移委员会的副主任委员（主任委员是上海机器厂的颜耀秋）。据他回忆："在上海工厂联合迁移委员会组织下，包括机器、造船、纺织、炼钢、电器、陶瓷、化工、印刷、饮食等行业的一百四十六家工厂（其中机器工厂六十六家，占内迁厂的百分之四十五），共一万四千六百余吨物资、两千五百余名技术人员和工人迁到抗日后方。这些人力和物力资源，成为抗战时期后方民族工

---

[1] 钱昌照：《给作者孙果达同志的一封信》，《民族工业大迁移》，中国文史出版社1991年7月版，第1页。

业的中坚力量。"[1]尽管在上海五千多家工厂中，内迁的只有一百几十家，无疑是不够的，但它仍起了重要的作用。除上海以外，其他沿海沿江城市也有许多工厂迁往内地。

这次迁移极为艰险。工厂的迁移携带着大量笨重的机器，运载工具主要是木船，上空有着日本飞机的追逐、轰炸和扫射，船上必须用树枝、茅草等东西伪装起来。沿途还不断受到种种骚扰和劫掠。这些爱国企业家、技术人员和工人，历尽千难万险，终于把工厂迁到内地。其中包括一些著名的大厂，如天利氮气厂、天原电化厂、天厨味精厂、大鑫钢铁厂、大中华橡胶厂、华生电器厂、南洋兄弟烟草公司、亚浦耳电灯泡厂、豫丰纱厂、章华毛纺厂、三北造船厂、上海机器厂、新民机器厂等。有些厂先迁到武汉，以后在卢作孚的民生轮船公司帮助下继续内迁。它们内迁后，不仅生产原有产品，满足当地居民和大批因战事由沿海地区迁入居民的需要，而且努力生产武器弹药和其他军需用品，支持抗战事业。内迁工厂的类别与地区分布，据香港《工商日报》一九三九年六月十日的记载：

> 统计目下已迁移至川、滇、湘等省之工厂，已有三百余家，此种工厂，约可分为九大类，即采矿、电机、无线电、化学、罐头、陶瓷、玻璃、印刷文具、五金、纺织、皮革等，其分布之比较，约为四川占百分之四十四，湖南占百分之三十九，广西占百分之六点九，陕西占百分之六点五，其他云南贵州各占百分之三点六，除军事工业品有相当产出外，其他各种日用品工业品，出产量均有增加，目下川、滇、湘、桂、赣、陕

---

[1]《胡厥文回忆录》，中国文史出版社1994年5月版，第52页。

各省地方人民所需用之日用品，皆由国内工厂之出产品供给，质的方面亦有相当改良，此实为抗战后国内工业改进之良好现象。[1]

这次民族工业的大迁移，不仅对国民经济由平时向战时转移、支持抗日战争发挥了重要作用，而且对改变中国工业布局的严重不合理状况产生了深远影响。

上海利用五金厂业主兼经理沈鸿，在汉口同八路军办事处取得联系后，把机器、物资和职工运到离延安七十里的安塞县，把该厂归了公，归入陕甘宁边区机器厂，对发展边区的机器工业作出了重大贡献。

在民族工业大规模迁移的同时，原来在北平、天津、上海、南京、广州、杭州等地的许多著名高等学府也大举迁入内地。

平津沦陷后，国民政府教育部采取紧急措施，命令平津两地方六所大学分别迁往长沙和西安。迁往长沙的是清华大学、北京大学、南开大学。它们组成长沙临时大学，在一九三七年十月正式开学，到校学生一千四百多人（包括借读生二百多人），到校教师一百五十多人。这年十二月，又奉教育部之命，迁往云南昆明。这次迁移分为两路：大部分师生经粤汉铁路到广州，取道香港到越南海防，再经滇越铁路到昆明；另一路有闻一多等十一位教师和二百多名学生，主要靠步行，经过两个多月到达昆明。到昆明后，学校更名为国立西南联合大学，教授阵营可称极一时之选。学校在极为

---

[1] 时事问题研究会编：《抗战中的中国经济》，中国现代史资料编辑委员会1957年5月翻印本，第126—127页。

艰苦的物质条件下,在研究工作和培育人才方面都作出了突出成绩。迁往西安的是北平大学、北平师范大学、北洋工学院。它们组成西安临时大学,以后改称国立西北联合大学。一九三八年七月,教育部又令西北联合大学的各个学院独立,分为西北医学院、西北农学院、西北师范学院、西北工学院和西北大学。它对全国的影响没有西南联大那么大。

随后,东南沿海地区等许多高等学校也陆续内迁。如中央大学、复旦、交大、上海医学院、国立音乐学院等迁往重庆;燕京、金陵、齐鲁、光华等大学迁往成都;武汉大学迁往四川乐山;同济大学迁往四川李庄;浙江大学迁往贵州遵义;湘雅医学院迁贵阳;唐山工学院迁贵州平越等。那时,全国的高等院校共一百零八所。"战时内迁的高校,主要分布在四川、云南、陕西、贵州四省。其中四川最多,仅重庆一地就集中了二十五所。""贵州原来连一所大学也没有,此时则云集了众多著名学府。"[1]这些内迁院校,在教学和研究方面都作出许多成绩,并且对推动西南、西北的经济文化建设发挥了重要作用。"此外,政府又在后方开办了不少中等学校。来自沦陷区的大专及中学学生,大都给以贷金,后改为公费。"[2]

其他社会阶层从战地和沦陷区向大后方迁徙的人数也很多。"属于这种状况的迁徙人口,至今没有完全的统计。但有着从一千数百万人直至五千万人的种种不同的估计。一般认为,约在二千万到三千万人之间。"[3]这是中华民族历史上一次人口大迁移。

中共中央在抗战开始后,提出要广泛争取知识分子参加抗日民

---

[1] 金以林:《近代中国大学研究》,中央文献出版社2000年2月版,第249页。
[2] 郭廷以:《近代中国史纲》下册,第675页。
[3] 刘大年、白介夫主编:《中国复兴枢纽》,北京出版社1997年6月版,第81页。

族解放战争。一九三八年,出现了全国各地的成千上万青年知识分子奔赴延安的热潮,其中包括不少平津的大学生。任弼时说过:"抗战后到延安的知识分子总共四万余人,就文化程度言,初中以上百分之七十一(其中高中以上百分之十九,高中百分之二十一,初中百分之三十一),初中以下约百分之三十。"[1]

陕甘宁边区在抗日战争前,没有一所高等学校。中共中央来到陕北后,设立了抗日军政大学,学员最初都是红军干部。随着大批知识分子来到延安,抗大接纳了很多数量的外来知识青年,抗战爆发后招收的第三期学员有两千多人,一九三八年四月招收的学员近五千人。很多人在这里经过学习后奔赴前线。

抗战初新设立并大量招收知识分子入学的,有陕北公学、鲁迅艺术学院等。"陕北公学,成立于一九三七年九月,是为满足当时全国广大青年渴求抗战的理论和方法,以便奔赴前线参加抗日救亡活动的愿望而设立的。""它当时名声很大,号召力很强。因此,蒋管区的广大青年,不断地来到陕公学习。""从陕公成立到一九三八年底,仅一年半的时间,就培养出六千余名干部。"[2]陕北公学校长成仿吾在学校成立半年后写道:"卢沟桥抗战开始以后,全国青年学生来的更多了,他们首先从华北方面大批涌进来,接着就从全国各地像无数点线一样,继续不断的进来了。为着适应这样的客观要求,边区党政当局及一些教育家创办了这个'陕北公学'。""我们的课程暂定以下三门:(甲)民族统一战线与民众运动;(乙)游击战争与军事常识;(丙)社会科学概论。""我们的教学法不是单

---

[1] 《胡乔木回忆毛泽东》,人民出版社1994年9月版,第279页。

[2] 李之钦:《抗日战争时期陕甘宁边区的教育》,《陕甘宁边区抗日民主根据地》(回忆录卷),中共党史资料出版社1990年10月版,第315页。

纯的灌注,而多采取讨论与集体研究的方式。""为着加强军事的训练,采取半军事的编制。""学生的管理,我们注重发扬青年们的自动性与创造性,但一经大家讨论通过的事情,是要完全执行的。""陕北公学是统一战线的学校,只要不是汉奸亲日派,经过规定的入学测验,没有严重的病,都能入校学习,因此也不分党派,更不分性别。"[1]鲁迅艺术学院,成立于一九三八年四月(后改称鲁迅艺术文学院),先后设立了文学、戏剧、音乐、美术等系,为部队和地方培养了许多文艺工作者,不少人后来成为新中国文学艺术工作中的骨干。在这以后,还陆续成立了中国女子大学、延安自然科学院、延安大学等院校。

留学法国归来的音乐家冼星海,从武汉来到延安,担任鲁艺音乐系主任。他看到作家光未然满怀激情只用五天写成的《黄河大合唱》歌词后,也只用六天完成了谱曲。一九三九年五月十一日,四部八乐章的大型声乐组歌《黄河大合唱》在延安首次公演,立刻引起轰动。它很快就走向全国,走向世界,在异常艰难的岁月里极大地振奋了全国的人心,一直传唱至今。

抗战初期的武汉

南京沦陷前,国民政府在十一月二十日发表宣言,移驻重庆。国民政府主席林森到重庆。蒋介石率军政机构迁移武汉。这以后十个月,军政重心实际上在武汉。从平、津、沪、宁、杭等沿海地区后撤的各界知名人士也大多集中在这里。

---

[1] 成仿吾:《半年来的陕北公学》,《文献》第1卷,1938年10月10日。

蒋介石在实际生活中感受到对日本侵略者已没有妥协的可能。他写道："如我与之妥协，无论至何程度，彼少壮侵略之宗旨必得寸进尺，漫无止境。一有机会，彼必不顾一切信义，继续侵略不止也。""即使解决东北问题，甚至承认彼以后，亦必继续侵华，毫无保障。"[1]因此，决心把抗战坚持下去。

从这时到武汉失陷前，国内的政治状况总的说是比较好的，出现了以前没有的新气象。毛泽东在《新民主主义论》中这样概括："这时全国各方面是欣欣向荣的，政治上有民主化的趋势，文化上有较普遍的动员。"[2]

国民政府在移驻重庆宣言中一开始就说："国民政府鉴于暴日无止境之侵略，爰决定抗战自卫，全国民众敌忾同仇，全体将士忠勇奋发"，接着指出日本侵略者的用心："分兵西进，逼我首都，察其用意，无非欲挟其暴力，要我为城下之盟"，最后表示："为适应战况，统筹全局，长期抗战起见，本日移驻重庆，此后将以最广大之规模，从事更持久之战斗"。邹韬奋读后，在《抗战三日刊》上发表时评说："迁都这件事的本身当然不是什么喜讯，但是迁都之后仍然继续抗战，不达到最后胜利不止，这却是在民族解放战争的过程中不屈服不妥协的表现，这是全国同胞所应闻风兴起、振作奋发的。"[3]

国民政府这个决定是值得肯定的。迁都，要有很大决心，只要作一点历史比较就看得很清楚。在近代历史上，中日两国之间曾经发生过两次大规模的战争。第一次是甲午战争。当时，康有为等发

---

[1] 蒋介石日记，1937年10月31日，"本月反省录"。
[2] 《毛泽东选集》第2卷，第703页。
[3] 韬奋：《读国府移都宣言》，《抗战三日刊》第29号，1937年11月23日。

动著名的"公车上书",向清政府提出三条建议,其中一条就是"迁都",但清政府没有那样做,结果当首都北京处在"兵临城下"的威胁下,便签订了丧权辱国的《马关条约》。第二次是相隔三四十年后的抗日战争。中国最初在战争中失利,日本侵略者希望同样能逼中国签订"城下之盟"。但当时的国民政府却将战时首都迁往大后方的重庆,表明了"长期抗战"的决心。

南京沦陷后,蒋介石在日记中写道:"此时对共党宜放宽,使之尽其所能也。"[1]十二月十八日,周恩来偕同王明、博古等从延安赶到武汉。二十日,周发表谈话说:"假使中国亡了,不仅国民党不能存在,就是共产党也不能存在。"[2]第二天,他们同蒋介石举行第一次会谈。周恩来提出成立两党关系委员会、决定共同纲领、扩大国防参议会等具体建议,使这次国共合作在政治上、组织上、制度上有一个全面的可靠的基础。"蒋当面答复:所谈极好,照此做去,前途定有好转,彼所想的亦不过如此。"[3]但事实上,蒋介石对改善国共关系只准备采取有限的、局部的措施,并不想实行周恩来建议的那些根本措施。

这些有限的、局部的措施主要是两件事:一是要周恩来担任军事委员会政治部副部长,一是邀请共产党人参加国民参政会。前一件事,经中共中央研究同意,周恩来出任政治部副部长(部长是陈诚)。政治部主管宣传工作的第三厅,由刚从日本归国的郭沫若任厅长。他们都在一九三八年三月二十八日第一次出席政治部部务汇

---

[1] 蒋介石日记,1937年12月21日。
[2] 实甫:《与周陈秦三位先生谈话记略》,《抗战三日刊》第32号,1937年12月29日。
[3] 王明、周恩来、博古、董必武、叶剑英致毛泽东、洛甫并中共中央书记处并转朱德、彭德怀、任弼时电,1938年2月10日。

报会。后一件事,中共方面确定参政员七人:毛泽东、王明、博古、吴玉章、林伯渠、董必武、邓颖超。除毛泽东请假外,其余人都参加了国民参政会第一次会议。

三月二十九日至四月一日,国民党在武汉召开临时全国代表大会。会议选举蒋介石为国民党总裁、汪精卫为副总裁,这是为了进一步确定蒋介石在国民党内最高领袖的地位。会议通过了大会宣言和《抗战建国纲领》。《纲领》一开始称:"欲求抗战必胜,建国必成,固有赖于本党同志之努力,尤须全国人民,戮力同心,共同担负。"它的具体纲领的主要内容是:"加紧军队之政治训练,使全国官兵明瞭抗战建国之意义,一致为国效命。""组织国民参政机关,团结全国力量,集中全国之思虑与识见,以利国策之决定与推行。""经济建立应以军事为中心,同时注意改善人民生活。本此目的,以实行计划经济,奖励海内外人民投资,扩大战时生产。""发动全国民众,组织农工商学各职业团体,改善而充实之,使有钱者出钱,有力者出力,为争取民族生存之抗战而动员。""本独立自主之精神,联合世界上同情于我之国家及民族,为世界之和平与正义共同奋斗。"[1]

国民党临时全国代表大会通过的这个纲领,总的说来是朝着抗战和进步的方向前进的,受到民众的欢迎。中共中央书记处对它持肯定的态度,致电王明、周恩来、博古、凯丰说:

> 今天全国政治总的方面是坚持抗战的最后胜利,国民党纲领的基本精神正是朝着这个方向的。在这个方向上说来,我党

---

[1]《中国国民党历次全国代表大会重要决议案汇编》(上),(台北)中国国民党中央党史委员会1978年9月版,第341—344页。

十大纲领（除此纲领外还没有其他整个纲领）同国民党纲领应说基本上是一致的。我们坚决赞助其实现，亦即为此。至于其中缺点与不足处，我们在赞助的基本方针下，给以充实与发展，其中错误，亦应在此方针下给以侧面的解释与适当的批评。

电报中也提醒："全国最大多数人民对于国民党纲领基本上是赞成的，但是他们担心的是国民党过去'决而不行'的习惯。一部分顽固分子则表示消极抵抗。"[1]后来的事实证明，这个提醒并不是多余的。

国民党全国临时代表大会还正式作出组织国民参政会的决定。在它的《对于政治报告之决议案》中写道："抗战期间，须集中全国之人力物力与财力，以应国家非常之需要。""俾在国民大会未克召集之时，有一国民参政机关，得以集中全国才智，共谋国是。"[2]会议还通过《组织非常时期国民参政会以统一国民意志增加抗战力量案》。四月七日，国民党五届四中全会通过《国民参政会组织条例》，规定设参政员一百五十人（不久又增加到二百人），国民政府的现任官吏不能担任参政员。根据《条例》产生的参政员中，国民党有八十八人，共产党七人，救国会、国家社会党、青年党各六人，中华民族解放行动委员会一人，中华职业教育社四人，乡村建设派一人，其余是无党派人士，包括华侨和少数民族的代表性人物。七月六日，国民参政会第一次会议在武汉召开。

国民参政会的设立，是一个进步。这么多来自社会各界、各党

---

[1]《中共中央文件选集》第11册，第508页。
[2]《中国国民党历次全国代表大会重要决议案汇编》（上），第334页。

派、各民族的代表人物相聚一堂，共商抗战建国的大事，在以前还不曾有过。这使人们产生新的希望，认为它是一个良好的开端。毛泽东等七参政员发表《我们对于国民参政会的意见》，说：

> 在目前抗战剧烈的环境中，国民参政会的召开，显然表示着我国政治生活向着民主制度的一个进步，显然表示着我国各党派、各民族、各阶层、各地域的团结统一的一个进展。虽然在其产生的方法上，在其职权的规定上，国民参政会还不是尽如人意的全权的人民代表机关，但是，并不因此而失掉国民参政会在今天的作用与意义——进一步团结全国各种力量为抗战救国而努力的作用，企图使全国政治生活走向真正民主化的初步开端的意义。[1]

邹韬奋也在《全民抗战》的创刊号上写文章说："中国是非常的时期，国民参政会是在这非常时期所产生的非常民意机关。""这次参政会的参政员虽不是民选，但就政府所发表的参政员的人选看来，一般地说，政府对于民意代表这一点确有着相当的注意。自国民参政会的召集和人选发表以来，一般舆论也以民意机关属望于国民参政会。""当然，国民参政会只是一个代表民意发言的机关，执行之权却在政府，所以国民参政会在实际上能得到怎样程度的效果，要看国民参政会和政府的共同努力达到怎样的程度。倘若'决而不行，行而不彻'，那末，这个会就是多余的！"[2]

---

[1]《中共中央文件选集》第11册，第528页。
[2] 邹韬奋：《我对于参政会的希望》，《国民参政会纪实》上卷，重庆出版社1985年8月版，第94、95页。

这些评论是公允的。它既充分肯定设立国民参政会的进步意义，对它抱有希望和期待；同时也含蓄地指出它的先天弱点：第一，参政员是由政府聘请，用当时流行的话说，是"请客"，成员中国民党方面的人又占着多数；第二，参政员只有听取报告权、询问权和建议权，没有决定权，甚至没有约束力，如果不被政府采纳，就只能成为空话。这决定了国民参政会以后的发展情况会越来越使人失望。

这时在全国范围内，民众的抗日热情十分高涨，在武汉更有着相当集中的表现。当时，国民党副总裁汪精卫公开鼓吹对日"和平"的谬论。远在南洋未能到会的华侨领袖、国民参政员陈嘉庚看到外国通信社有关报道，就发电询汪："路透社电传是否事实，和平绝不可能，盼复以慰侨众。"汪精卫复电大意是："凡两国战争终须和平，以我国积弱非和平即亡国"，并主张"和平为救亡图存上策"。[1] 陈嘉庚便从新加坡向国民参政会发来一个"电报提案"。"这个提案的内容只是这寥寥十一个大字：'官吏谈和平者以汉奸论罪！'这寥寥十一个字，却是几万字的提案所不及其分毫"，"这个'电报提案'一到，在会场上不到几秒钟，联署者已超出二十位"。[2]

一九三八年三月，中华全国文艺界抗敌协会成立，推选老舍、郭沫若、茅盾等四十五人为理事。它不设主席，由总务部主任老舍实际负责。在这前后，中华全国戏剧界抗敌协会、中华全国歌咏界抗敌协会、中华全国电影界抗敌协会、中华全国木刻界抗敌协会等团体纷纷成立。他们拿起文艺武器有力地鼓吹坚持团结抗战。各种

---

[1] 陈嘉庚：《南侨回忆录》，集美陈嘉庚研究会1993年10月翻印本，第95页。
[2] 邹韬奋：《抗战以来》，《韬奋全集》第10卷，上海人民出版社1995年10月版，第218页。

社会团体和民众团体十分活跃。宣传抗日救亡和进步思想的报纸刊物（包括中国共产党的《新华日报》和《群众》周刊）也如雨后春笋般在各地出版。

周恩来、郭沫若等到军事委员会政治部就职后所做的第一件事，是从四月七日至十二日，由政治部第三厅主办，在武汉举行轰轰烈烈的抗日扩大宣传周。宣传周的六天中，每天有一个主要节目，如歌咏日、美术日、戏剧日、电影日、漫画日等。它的第一天，恰好传来鲁南台儿庄大捷的消息，武汉三镇举行了万人空巷的火炬大游行。郭沫若描写道：

> 参加火炬游行的，通合武汉三镇，怕有四五十万人。特别是在武昌的黄鹤楼下，被人众拥挤得水泄不通，轮渡的乘客无法下船，火炬照红了长江两岸。唱歌声、爆竹声、高呼口号声，仿佛要把整个空间炸破。武汉三镇的确是复活了！谁能说人民是死了呢？谁能说铁血的镇压可以使人民永远窒息呢？那是有绝对弹性的气球，只要压力一松，它不仅立即恢复了原状，而且超过了原状。[1]

到纪念抗战一周年到来的时候，周恩来又领导政治部第三厅举行大规模的纪念活动。用周恩来的话说，就是要唤起每一个老百姓的抗战意识，进一步推动全民抗战。在这次活动中，影响最大的是"七七"献金。武汉民众对献金的反应十分热烈。短短五天内，参加献金的达五十万人以上，献金总额超过一百万元。当时担任政治

---

[1] 郭沫若：《洪波曲》，人民文学出版社1979年3月版，第56页。

部第三厅主任秘书的阳翰笙描述当时这种盛况：

> 七号这天早上，献金台周围已人山人海，挤得水泄不通。人们争先恐后地前来献金。献金中有纸币、有银元、有铜板、有银元宝；还有耳环、手镯、戒指、珠宝等金银首饰，后来发展到献银盾、银盘、奖杯，还有药品、衣服、食品等等。……我们在武汉三镇共设了六座献金台，每台八个工作人员，后来增加到二三十个工作人员还应付不了……又增设了十几个流动献金台……来献金的人中，有工厂的工人，有郊区的农民，有船员，还有人力车夫、店员、小贩，甚至还有乞丐。……乞丐教养所全体乞丐绝食一日，把节约下来的钱捐献。这些感人的事例真是成千上万！劳苦大众捐献的这一点一滴的血汗钱，这不是钱，是他们对敌人的仇恨，是对胜利的希望！……当时有人说："这次献金是中国兴亡的重大测验！测验的结果，中国不会亡！中国一定复兴！"献金运动的伟大成果又给了人们极大的鼓舞和信心。[1]

政治部第三厅还建立了十个抗敌演剧队、四个抗敌宣传队和一个儿童剧团，编写抗日剧本，谱写抗日歌曲，分赴各个战区前线演出劳军，鼓舞前线将士的抗日斗志。

旅居海外各地的华侨，纷纷成立抗日团体，进行抗日宣传，以多种形式捐款捐物，购买公债，帮助运输战略物资，支援中国的抗战事业。华侨人口最集中的东南亚地区，一九三八年十月在新加坡

---

[1] 阳翰笙：《风雨五十年》，人民文学出版社1986年10月版，第192、193、195页。

成立南洋各属华侨筹赈祖国难民总会（简称南侨总会），推举著名侨领陈嘉庚为主席。美国著名侨领司徒美堂发起建立纽约全体华侨抗日救国筹饷总会，并任会长。众多爱国华侨毅然回国，在战地从事救护或运输等工作。不少热血青年还回国参战。他们的事迹是可歌可泣的。

中国的抗日战争还得到许多国际友人的同情和支持。国际舆论谴责日本军国主义者对中国的侵略。一些国家的民众募捐支援中国抗战。加拿大著名外科医生诺尔曼·白求恩和印度大夫柯棣华等都在这时带领医疗队，来到武汉，再转往华北前线从事战地医疗工作。最先出面援助中国的外国政府是苏联。一九三七年八月二十日，《中苏互不侵犯条约》在南京签字（八月二十八日公布）。苏联政府给予中国贷款，以购买飞机、武器弹药和汽车等。苏联志愿航空人员来华的有几百人，在三次武汉空战中就击落日机三十三架。武汉成为国际上万众瞩目的地方。

在这样蓬勃向上的新气象中，也有一片令人忧虑的乌云正在悄悄升起。它的主要表现有两点：一是国民党当局总是害怕民众运动的兴起会危及它的统治。他们不但不敢放手地发动并组织民众，相反，当民众运动蓬勃高涨时，还在 些地区加以压制。青年学生上街募捐、演出救亡戏剧、下乡宣传等在许多地方遭到禁止。甚至强行解散爱国民众团体，如在八月十七日下令解散有着几万团员的青年救国团，并查封了它在武汉的总部。同时查封的还有中华民族解放先锋队和蚁社。《新华日报》为此发表社论，抗议国民党当局无理解散这些团体，但国民党当局置之不理。同样令人愤慨的是："当时有许多机关的人员，宪兵也好，警察也好，卫戍司令部的特务人员也好，党部的特务人员也好，军委会的特务人员也好，都可以随便到各书铺里去随便指那几本书是违禁的，随便拿着就走，没有收条可付，也没有理由可讲。"[1]二是国民党中的 CC 系和复兴社突然发动一场鼓吹"一个领袖、一个主义、一个党"的宣传。他们控制的《扫荡报》《武汉时报》和《血路》《抗战与文化》等报刊连篇累牍地发表这类文字。二月十日的《扫荡报》发表社论，把陕甘宁边区说成是西北的新的封建割据区域，指责红军虽改易旗帜却不服从中央，并说在国民党外存在其他党派影响了中国的政治统一，要求取消这三种势力。"一个领袖、一个主义、一个党"的宣传在武汉弄得满城风雨，一时成为街谈巷议的话题。这是一场试探性的攻势。鉴于时机还不成熟，在周恩来向蒋介石当面提出抗议时，蒋介石表示这不是他的意旨。国民党报刊上这类宣传内容减少了。但这些预兆表明：抗日阵营内部的矛盾正在上升。这在下一个阶段就会更明显地表现出来。

从徐州会战到武汉保卫战

日军攻陷南京后，日本最高统治层得意忘形，以为已取得决定性的胜利，强硬主张进一步抬头。他们认为应该继续扩大事态，强迫中国政府接受更苛刻的条件。如果这个目的不能达到，就抛开国民政府，通过自己扶植的傀儡政权来实行对中国的殖民统治。

一九三八年一月十一日，在日本天皇主持下召开御前会议，讨论和战问题。会议通过《处理中国事变的根本方针》，明确规定：

---

[1]《韬奋全集》第 10 卷，第 219 页。

如现中国中央政府此时重新考虑而悔悟过来,诚意求和,则根据附件(甲)所开日华和谈条件进行谈判。

如中国现中央政府不来求和,则今后帝国不以此政府为解决事变之对手,将扶助建立新的中国政权,与此政权签订调整两国邦交关系之协定,协助新生的中国的建设。对于中国现中央政府,帝国采取的政策是设法使其崩溃,或使它归并于新的中央政权。

五天后,日本近卫首相依据这个《根本方针》,公开发表声明:"帝国政府今后不以国民政府为对手,而期望真能与帝国合作的中国新政权的建立与发展,并将与此新政权调整两国邦交。"[1]

攻陷南京后一段时间内,日本侵略军继续扩大对中国的进攻:南线,在一九三七年十二月二十四日攻占浙江杭州;北线,在十二月二十七日攻占山东济南。但占领这两个城市的影响都有限:一是那里都没有很多中国军队,也没有坚固的防御工事;二是这些城市在战略上并不具有重要地位。于是,他们下一步的目标便转向江苏徐州。

徐州地处江苏、山东、河南、安徽四省的要冲,是中原和武汉的重要屏障,纵贯中国南北的津浦铁路和横贯东西的陇海铁路在这里会合,周围地势险要,在中国历史上一直是兵家必争之地。蒋纬国说:"徐州是一个交通中枢。在作战上,交通中枢是一个战略要点,只要取得战略要点,便可南可北,可东可西。"[2]日本侵略军这时把主力集中指向徐州,更有两个直接的原因:第一,可以打通津

---

[1]《日本帝国主义对外侵略史料选编》,上海人民出版社1975年3月版,第258、259页。
[2]《蒋纬国口述自传》,中国大百科全书出版社2008年1月版,第12页。

浦铁路，使北线和南线的日军连成一片；第二，第五战区司令长官李宗仁统率的中国军队二十多万人集结在这里，日军认为正是一举围歼中国军队的良机。

日方的具体作战部署，是分两路从南北夹击徐州。北路的主力是华北方面军所属板垣征四郎的第五师团和矶谷廉介的第十师团。板垣师团自青岛登陆后沿胶济铁路西进，到潍县后折而向南，进逼临沂。矶谷师团在攻占济南后，沿津浦铁路南下。这两个师团相互呼应，齐头猛进。李宗仁在回忆录中写道："板垣、矶谷两师团同为敌军中最顽强的部队，其中军官士卒受侵略主义毒素最深。发动'二二六'政变的日本少壮派，几乎全在这两个师团之内。今番竟协力并进，与自南京北犯的敌军相响应。大有豕突狼奔，一举围歼本战区野战军的气概。"[1]南路的主力是华中派遣军所属荻洲立兵率领的第十三师团，沿津浦铁路南段北犯，在一九三八年一月下旬攻占安徽蚌埠。因此，能不能阻止这几路日军的会合，关系十分重大。

李宗仁指挥下的中国军队，据二月三日的统计，共有十三个军，约二十八万八千人。这十三个军中，除第八十九军韩德勤部外，分别是桂军、西北军、川军、东北军、滇军，[2]有相当的战斗力。李宗仁对他们说："诸位和我都在中国内战中打了二十余年，回想起来，也太无意义。现在总算时机到了，幸而未死，今后如能死在救国的战争里，也是难得的机会。"[3]到三月中旬，中国军队陆续增加到二十八个军，约四十五万多人。增援的部队中包括从华北南下

---

[1]《李宗仁回忆录》，第470页。
[2]《抗日战史》第4册，第236、237页。
[3]《李宗仁回忆录》，第477页。

的蒋介石嫡系汤恩伯部的三个军。

在中国军队的顽强抵抗下，日军南北夹击、几路会师的计划并没有实现。南路沿津浦铁路北上的日军，受到李品仙、廖磊、于学忠等部的阻击，双方对峙于淮河两岸，难以迅速北上。北路东侧的板垣师团从三月十五日起猛攻临沂，中国守军庞炳勋部在得到张自忠部驰援后，共同坚守，给了日军沉重打击，到台儿庄战役结束后的四月十九日方才撤出临沂，使板垣、矶谷两师团原定的会师计划未能实现。只有北路西侧的津浦铁路北段，因拥有兵力四五万人的山东省政府主席韩复榘不战而弃济南、泰安、兖州等要地（韩不久被枪决），矶谷师团得以长驱南下，并在三月十四日进攻滕县。滕县守将是川军第二十二集团军师长王铭章（刚奉命兼代第四十一军军长）。担任滕县城防司令的该师团长张宣武回忆："整个集团军不过四万多人，武器窳败，装备陈旧。主要武器为四川土造的七九步枪、大刀、手榴弹和为数很少的四川土造轻重机枪、迫击炮。"在滕县的守军兵力只有三千人，援军又不能到达。王铭章下了决心，说："我们决定死守滕城。我和大家一道，城存与存，城亡与亡。"[1] 日军以三万兵力，大炮七十多门、战车四五十辆、飞机三十多架，向滕县发动猛攻，城墙几乎被夷为平地。守军顽强抵抗四天半，大部牺牲，王铭章壮烈殉国，滕县陷落。滕县战斗的重要意义，在于争取了时间，使孙连仲、汤恩伯等援军及时赶到前线，为下一阶段的作战胜利创造了有利条件。

矶谷师团攻陷滕县后，更加骄横不可一世，不但不等候蚌埠方面沿津浦铁路北进的日军实行南北夹击，甚至也不等候同东侧的板

---

[1] 张宣武：《台儿庄会战的前奏》，《徐州会战》，中国文史出版社1985年12月版，第62、68页。

垣师团会师，孤军长驱南下。它的先头部队濑谷支队（相当旅团）攻陷滕县后，沿津浦铁路临（城）枣（庄）支线直扑徐州东北山地的台儿庄。为什么他们不直接进攻徐州而要先去进攻台儿庄？当时正在台儿庄采访的《大公报》记者范长江在报道中说得很明白：

> 矶谷之所以必以主力击台儿庄，乃与板垣之击临沂，为同一之意义，即目的在于确实控制鲁南山地免除后背之忧，然后自鲁南山地纵兵徐海之间，迂回侧击徐州，以完成津浦贯通之任务。如板垣攻袭临沂之役，不为张、庞所击破，则板垣可直下台儿庄，而矶谷则仍循津浦正面以扑徐州。[1]

台儿庄是鲁南一个商业市镇。镇四周有一道围墙。墙内有十二条街，三千四百多户人家。因为地处山区，采石方便，房屋多用石头砌成。每座房屋有如一座堡垒，便于巷战。守军是原西北军孙连仲部的池峰城师。"这个师曾经在战争开始的时候与日军板垣师团在河北省房山县有过接触。在严冬的时候，在山西省山区的娘子关也交过战。该师原有的力量已损失百分之七十，现在主要的成分是新兵，这些不是职业军人，而是来自农村的农民，大城市工厂的工人，商店和货栈的小业主、店员。"[2]但师长池峰城曾任冯玉祥的卫队营营长，性格刚毅，富有作战经验；各级军官和士兵有着强烈的爱国感情，作战顽强。

三月二十四日起，日军开始猛烈炮轰台儿庄守军防御工事，接着以坦克为前导猛冲，第二天突入镇内。日本同盟社并宣传已经占

---

[1] 范长江：《台儿庄血战记》，《台儿庄大战亲历记》，山东人民出版社1988年1月版，第215页。
[2] 爱泼斯坦：《反攻》，《台儿庄大战亲历记》，第293页。

领台儿庄。但守军以血肉之躯逐屋坚守，进行极为激烈的巷战，许多地方的战斗反复拉锯。这时，孙连仲部的张金照、黄樵松两师已赶到，在台儿庄左右两翼向日军发动反攻，使日军不得不分兵对付，稍稍减轻了池峰城师正面防守的危急。四月三日是台儿庄大战最危险的日子。日军占领了台儿庄内五分之四的地方，池峰城的战斗兵员已不及四分之一。孙连仲在电话中对池峰城说："士兵打完了你就自己上前填进去。你填过了，我就来填进去。有谁敢退过运河者，杀无赦！"[1]而日军濑谷支队也伤亡惨重，锐气大丧。汤恩伯部第二十军团原来伏在日军侧后的抱犊崮东南山区，却迟迟没有出动。李宗仁在回忆录中写道："在此同时，我也严令汤恩伯军团迅速南下，夹击敌军，三令五申之后，汤军团仍在姑婆山区逡巡不进。最后，我训诫汤军团长说，如再不听军令，致误戎机，当照韩复榘的前例严办。汤军团才全师南下。"[2]四月六日晚，本已疲惫不堪的守军突然乘夜间以全力向日军反击，日军在台儿庄的弹药库中炮爆炸，汤恩伯部又自北向南向日军形成包围，原西北军孙桐萱部也进抵临城、枣庄一线，日军溃退。他们在最后几天使用了毒瓦斯攻击中国军队，仍不能挽救失败的命运。四月七日，台儿庄战役取得胜利。共歼灭日军一万一千九百九十四人，缴获坦克八辆，以及山炮、轻重机关枪、步枪等大量战利品。

　　台儿庄战役是抗日战争开始以来中国军队取得的最大胜利，大大鼓舞了全国人民。捷报传来，举国欢腾，武汉、广州等地都举行盛大的集会游行。台儿庄战役的胜利，主要是第五战区将士在极端困难条件下充满爱国热情地英勇作战的结果，还有一个原因是得到

---

[1] 刘凤翰：《孙连仲先生年谱长编》第4册，（台北）"国史馆"1993年7月版，第2299页。
[2]《李宗仁回忆录》，第479、481页。

鲁南爱国民众的有力支持。池峰城师的军医处长当时在一次座谈会上说：

> 这次打仗，我们伤亡很大，如果光靠部队所有的担架队，无论如何是没有办法把伤兵运下去的。我们千万不能忘记鲁南的老百姓，他们把救护前线伤兵当作自己的分内事，他们一村一村自动组织起来，冒着敌人的炮火，日夜奔走在战场上抬运伤兵，有时甚至要绕道几十里，辗转运送。这个事实证明，这次台儿庄胜利的取得，应当归功于鲁南民众有力的支援。[1]

台儿庄大捷后，蒋介石为了"扩大台儿庄的战果"，在不到一个月内增调援军近二十万人到达徐州地区。集中在这个地区的中国军队已达三十六个军，共六十多万人。日方也发现如此大量的中国军队集结在这里，就制定了《徐州附近地区指导要领案》，准备以华北方面军和华中派遣军的六个师团南北夹击，迂回合围徐州，捕捉并歼灭集中在这里的中国军队主力。中国几十万军队密集于徐州一带的平原地区，正有利于日方机械化部队和空军的打击。如果在这里同日军决战，必将重蹈淞沪抗战的覆辙。中国军队经过反复权衡，决定放弃徐州，迅速撤离。

六十多万军队要在日军已近合围的情况下撤出，谈何容易。李宗仁回忆道："五月中旬，我军其他各部乃陆续开始撤退。为避免敌机轰炸，多数部队都昼息夜行。敌军旋即南北会师，惟阵容不无混乱，且因地形不熟，不敢夜间外出堵截，故我军未脱离包围圈的

---

[1] 陆诒：《台儿庄前线》，《台儿庄大战亲历记》，第224页。

部队也能自敌人的间隙中安全通过。""敌人再也没有想到,他以狮子捕兔之力于五月十九日窜入徐州时,我军连影子也不见。数十万大军在人不知鬼不觉之中,全部溜出了他们的包围圈。"[1]黄炎培在五月二十三日日记中记载:"大军从蒙(城)永(城)间西撤,刘汝明骑兵断后,全部安全退出,仅骑兵牺牲百余人,重武器亦全携出。"[2]白崇禧也评论道:"五月下旬第五战区之各部队退结于皖西、豫南,撤退时秩序严整,远较淞沪战场之撤退为佳。"[3]

徐州失陷后,日军沿陇海铁路向西追击,在六月六日占领河南开封,矛头直指郑州。郑州一旦失陷,日军便可以沿平汉铁路南下,直扑武汉。蒋介石为了阻挡日军的前进,决定"以水代兵",在六月九日用炸药炸开郑州东北的花园口黄河大堤,再派炮兵向决口处连续发射六七十发炮弹,加上水流的冲刷,堤上决口迅速扩大,"沿贾鲁河、颍河、涡河之间的低洼地势向东南奔腾急泻,横冲直撞,水面宽度也由最初的几里、十几里迅速扩展至一百多里,泻入正阳关至怀远一段的淮河干流,进而横溢两岸各地,并经洪泽、宝应、高邮诸湖,由长江入海,从而形成本世纪以来最重大的一次黄患"。[4]洪水到达的地区,百姓事前毫不知晓,既无准备,临时又无法逃避。一丈多高的水头突然盖地而来,财物田庐顷刻化为一片汪洋,有的地方全乡、全村男女老幼葬身鱼腹,无一能够幸免。河南、安徽、江苏三省四十四县市的五万四千多平方公里化为泽国。据国民党政府内政部称:河南、江苏、安徽三省死亡数十万人,逃

---

[1]《李宗仁回忆录》,第488、490页。
[2]《黄炎培日记》第5卷,第302页。
[3]《白崇禧先生访问纪录》上册,第173页。
[4] 李文海等:《中国近代十大灾荒》,上海人民出版社1994年12月版,第243页。

离人数达三百九十一万一千三百五十四人。至于财产损失，更无法统计。尽管它迫使日军中止了对郑州的推进，但给民众带来的深重惨祸是难以用数字表达的。

花园口决堤后，携带大量重武器的日军主力已无法从洪水中通过，难以再按原定设想由郑州自北而南地向武汉推进。他们不得不重新调整部署，从华北方面军调第二军南移，并新建由冈村宁次率领的第十一军，组成华中派遣军，以畑俊六为司令官，总兵力共十四个师团，和海军协同，溯长江而上，进攻武汉。

为什么他们这时急于进攻武汉？因为他们认为只要攻占武汉，中国的斗志和战力都将消灭殆尽，可以早日结束对华战争。中日战争会坚持这样长的时间，是日本军国主义者原来没有想到的。这种长期作战，不是他们国力所能承受的。国际局势的急速动荡，也使他们急于能胜利结束这场战争。二月二十六日，日本大本营方面认为："确认以中国事变的爆发为重要转机，世界正进入新的动乱时期，中国事变必须于一九三八年大致结束。"四月一日，他们提出了进攻武汉、广州的计划：

> 统帅部虽然断定长期持久战不可避免，但以目前占据地区的现状，长期作战几不可能，从地域、人口、资源等问题看来，企图现地自给自足难以如愿。结果，只能消耗、减弱日本的战力。
>
> 目前应推行一次作战，以寻求解决事变的机会，如不成功，再开始转向长期战。
>
> 占据中国政治、经济、军事的要地，并以此为基础加强新

兴的亲日政权。徐州作战固不待言,且须断然进行武汉、广州作战。"[1]

中国政府的作战指导思想是:"武汉已为我抗战之政治经济及资源之中枢,故其得失关系至巨。惟武汉三镇之不易守,而武汉近郊尤以江北方面之无险可守尽人皆知,更以中隔大江,外杂湖沼,尤非可久战之地。""应战于武汉之远方,守武汉而不战于武汉是为上策。"[2]因此,把战线远设在长江沿线和大别山区,先后参战的部队有四十七个军共一百万人以上,以陈诚兼任武汉卫戍总司令。武汉保卫战期间,苏联同日本在张鼓峰发生军事冲突,给了日本关东军很大打击。苏联还给了国民政府一定的武器援助,苏联志愿航空队同中国空军合作,在武汉保卫战中也作出重要贡献。蒋介石在日记中写道:"苏俄较英法各国则实有惠于我,不可责人太薄。"[3]

沿长江西进的日军主力,在六月十三日攻陷安庆,二十六日攻陷马当,七月四日占领湖口,二十六日攻占九江;另一支从合肥南下,沿大别山南麓进入鄂东。武汉门户大开,已无险可守。但在这个过程中,中国军队节节抵抗,给了日军很大杀伤,并且赢得了很宝贵的时间。其中,大小战斗几百次,日军死伤四万多人,中国军队伤亡约四十万人。日本进攻武汉的指挥官冈村宁次在回忆录中对中国官兵的爱国精神表示敬佩。他写道:

---

[1]《日本军国主义侵华史料长编》(上)(《大本营陆军部》摘译),四川人民出版社1987年5月版,第423、424页。

[2]《抗日战争正面战场》(上),江苏古籍出版社1987年8月版,第648页。

[3] 蒋介石日记,1938年10月6日。

十月初,第二十七师团占领箬溪一带,检查缴获的敌军官兵致其亲友信件,其内容几乎全是有关我军情况以及他们誓死报国的决心,极少掺杂私事。同一时期,第一〇一师团检查反攻我阵地战死的敌军官兵遗体,发现死者的父母来信中,也都是鼓励他们为国家和民族奋勇献身的言词。[1]

十月二十五日至二十七日,日军先后占领汉口、武昌和汉阳。武汉三镇失陷。

就在武汉失陷前几天,十月十二日,日军在广东大亚湾登陆。蒋介石原来以为日军为了避免同英国发生冲突,不会进攻广州,并没有采取有力防御措施。二十一日,日军没有经过激烈的战斗,便占领了广州。

广州、武汉的相继失陷,对中国是重大损失。但中国并没有因此屈服,日本的侵华战争也没有如他们的愿望那样胜利结束。中日战争从此进入一个新的阶段。

抗战爆发以来的这一年多时间内,国民党和它的军队的表现是积极的,在抗击日本的军事行动上担当了主要部分,对民众运动也有一定程度的开放。毛泽东在《论联合政府》中说道:

从一九三七年七月七日卢沟桥事变到一九三八年十月武汉失守这一时期内,国民党政府的对日作战是比较努力的。在这个时期内,日本侵略者的大举进攻和全国人民民族义愤的高涨,使得国民党政府政策的重点还放在反对日本侵略者身上,

---

[1]《冈村宁次回忆录》,中华书局1981年12月版,第374页。

这样就比较顺利地形成了全国军民抗日战争的高潮，一时出现了生气蓬勃的新气象。[1]

中国共产党在抗战开始时只有几万党员和几万军队，但它是充满活力和向上发展的。它从一开始就高举团结抗日的大旗，能够在复杂的情况下向人们指明战争的趋势和前途，能够同广大民众建立起血肉相连的鱼水关系，深入敌后，以坚决抗日和关心民众疾苦的实际行动取得人们的信任，发展壮大起来，逐步成为抗日战争惊涛骇浪中的中流砥柱。

---

[1]《毛泽东选集》第3卷，第1037页。

第十一章　抗战进入相持阶段

一九三八年十月下旬广州、武汉相继失守以后，中国的抗日战争进入一个以战略相持为特点的新阶段。这是抗日战争中持续时间最长的阶段，局势曲折多变，情况异常复杂。国际局势发生剧烈变动。日本侵略者、国民党和共产党三者的力量对比和相互关系，在这个阶段内发生重大而深刻的变化。

这种变化，特别是各种政治力量在中国社会生活中地位作用的消长，给抗日战争带来许多和前一阶段不同的特点，而且对以后中国历史的发展产生了深远影响。

进入相持阶段后的变化

日本军国主义者在发动全面侵华战争时，由于自身国力有限，也由于对中国抗日战争的决心和潜力严重估计不足，原来的打算是通过"对华一击"，就可以"速战速决"。他们一直迷信倚仗现代武器装备和军事训练的优势就足以很快取胜，对战争的全盘设想和部署都是按照这种估计来安排的，充满了自信。

战争发展的进程完全出乎他们意料之外。

日本军队在武汉和广州战役中几乎倾注了全力。进攻武汉动用的兵力达十四个师团，进攻广州也用了三个师团。这是自卢沟桥事变以来一年多日方使用兵力最多的一次，而且这两次战役几乎集中在同一个时间内进行，反映出他们力图"速战速决"、歼灭中国军队主力以摆脱长期作战带来的严重困境的急迫心情，结果仍没有达到目的。从日军调动兵力的主要交通线来看，纵贯南北的平汉、粤汉铁路，横跨东西的陇海铁路和浙赣铁路，都没有打通，其他铁路线也不断受到游击队袭击。日军在中国战场上所能使用的兵力已近极限，对新占领的地区又要分兵据守，再也无法保持原有的进攻势头。短期内的扩军，使新兵比重增加，导致部队素质明显下降。

随着战争的延长，财力和物力的消耗也大大超过日本国力所能负担的程度。"至一九三八年三月，在短短八个月内，连续四次追加临时军费共七十四亿日元，相当于日本在甲午战争、日俄战争、第一次世界大战和侵占中国东北四次战费总和的一点六倍。在一年多的时间内，日本军费消耗一百余亿日元。一九三八年直接军费五十九点六亿，占国家总支出的百分之七十六点八。军费的急剧膨胀，给日本经济造成了严重困难。"从一九三八年起，日本在国内全面统制物资。"一九三八年七月，日本政府对一百三十余种产品禁止用钢铁制造，对多种原料、燃料实行配给制，迫使大批民用工业陷于停滞状态。"[1]以后，他们进行第二次军需动员，利用代用品，加收废品，降低产品规格，但仍难以满足需求。

在这样窘迫的情况下，日本军国主义者不得不陷入他们原来根本没有想到也十分不希望看到的相持阶段。

武汉、广州失陷后不久，十二月六日，日本陆军省和参谋本部制定《昭和十三年秋季以后对华处理办法》，规定："如无特别重大

---

[1] 刘大年、白介夫主编：《中国复兴枢纽》，第149页。

的必要时，不企图扩大占领地区，而将占领地区划分为以确保治安为主的治安地区与以消灭抗日势力为主的作战地区。"[1]根据这一方针，在第二年初，日本大本营深感各条战线"有在现地加以统一指挥之必要，迄同年九月十二日新设中国派遣军总司令部于南京成立，并派西尾寿造大将为司令官，板垣征四郎为参谋长"。[2]

日方自己编写的战史这样写道：

> 当时，陆军在国内仅有近卫师团，而在中国配置有二十四个师团（引者注：除集中进攻武汉和广州的兵力外，在中国其他战场，包括控制占领区的还有约七个师团），在满、朝配置有九个师团，完全丧失了继续采取攻势的机动能力。这样，对华作战未能歼灭中国军之主力即已达到攻击的极限，而以此态势进入长期持久战，同时又必须迅速促进对苏作战准备，如此对华持久作战的指导，在战略上极为困难。[3]

事情丝毫不爽地证实前引毛泽东在《论持久战》中所说："第一阶段的末尾，由于敌之兵力不足和我之坚强抵抗，敌人将不得不决定在一定限度上的战略进攻终点。到达此终点以后，即停止其战略进攻，转入保守占领地的阶段。"占领武汉和广州，便成了日军的"战略进攻终点"。

这种情况下，他们不得不调整整个对华方针，提出"准备长期

---

[1]《日本帝国主义对外侵略史料选编》，第285页。
[2] 蒋纬国：《历史见证人的实录——蒋中正先生传》第2册，（台北）青年日报社1997年10月版，第265页。
[3]《日本军国主义侵华资料长编》（上册）（《大本营陆军部》摘译），第461页。

战争",把重点转向巩固已有占领区,反复进行扫荡,希望把它变成一个比较稳定的后方,尽力搜刮这里的人力物力资源来支持战争的继续。这就是所谓"以战养战"。同时,进行政治诱降,把国民党内的投降派拉出来组织傀儡政权,想在沦陷区制造一种已把政权交还中国人的错觉,来巩固他们对占领区的统治。这就是所谓"以华制华"。

这是战争发展到新阶段时,日本对华战略政策的明显变化。

国民党政府的政治中心这时已移到重庆。随着局势的演变,国民党最高当局的不同集团出现了分化。

国民党副总裁汪精卫一向宣扬民族失败主义,认为以中国的军事和经济力量根本无法战胜日本,不如及早求和。随他出逃的周佛海后来在《简单的自白》中写道:

> 民国二十七年我任(国民党中央)宣传部副部长,当时汪精卫是国民党的副总裁,所以和他接近的机会多。当时抗战的情形恶劣,所以每次和他谈话,他就主张能和就和。我当时见国际对中国除了道义上的援助和精神上的同情以外,没有实际的援助,同时中国的国力,当时也赶不及日本,所以我自己对抗战也没有信心,因此听了汪的主张,似乎有理,所以常常来往。[1]

武汉失陷前夜,英法同德意签订《慕尼黑协定》,实行绥靖政策,牺牲捷克斯洛伐克,更使国民党内一部分人严重动摇。

---

[1]《审讯汪伪汉奸笔录》上册,江苏古籍出版社1992年7月版,第95—96页。

一九三八年十二月二十九日，汪精卫在跑到越南河内后发出所谓"艳电"，公开响应日本近卫首相《中日两国调整关系之基本政策》的声明，主张停止抗战，对日求和，彻底暴露了他卖国乞降的面目。这个电报激起强烈反响。全国范围内群情激愤，掀起了声势浩大的声讨投降活动的热潮。这说明在全国抗战爆发后，谁主张求和乞降，谁就会受到全国民众的唾弃。国民党中常委也在一九三九年一月一日召开临时会议，决议对汪精卫"永远开除其党籍，并撤除一切职务"。[1]

作为国民党总裁的蒋介石和汪精卫不同。他坚持抗战，继续留在抗日战争的阵营里，没有向日本投降，这是值得称赞的。他在南岳军事会议开幕时说：

> 日本占领了武汉并接着占领我们的岳州以后，照敌人的理想，他何尝不想一鼓挺进占领我们长沙和南昌，然而他进到岳州以后，就不能再攻进来，这就证明他的力量不够，气势已衰。[2]

但是，看到日本军事进攻的威胁比原来大为减轻，在蒋介石身上却又发生另一个重大变化。他对中国共产党的疑忌实在太深。共产党领导的抗日根据地和游击战争在敌后迅速发展起来，那里都是国民党军队已经放弃而被日本军队占领的地区，这对中华民族说来本来是增强抗日力量的好事，蒋介石却越来越忧心忡忡。他在一九三八年十二月三十一日的日记中回顾这一年时写道："共党乘

---

[1] 《汪精卫撤职经过》，《文献》卷4，1939年1月10日。
[2] 《中华民国重要史料初编——对日抗战时期》第二编（1），第130页。

机扩张势力,实为内在之殷忧。"几天后,他在一九三九年一月六日的日记中又写道:

> 目前急患不在敌寇,而在(一)共产党之到处企图发展;(二)沦陷区游击队之纷乱无系统;(三)各边区之土匪充斥;(四)兵役制度之纠纷。此四者关系国力消长、抗战成败甚大,应定切实对策,方足以消弭殷忧也。[1]

他还在日记中恨恨地自问:"本党为何不能与共党抗争,一切组织、宣传、训练皆比不上共党?""本党为何不能掌握青年?"[2]

从蒋介石日记里透露出来的这些内心变化中可以看出:当日本军事进攻压力明显减轻后,他关心的重点就从对日作战逐渐转向防共反共方面,而且越来越焦虑,虽然他这时还没有公开说出来。

中国共产党在大后方的主要领导机构是以周恩来为书记的中共中央南方局,设在重庆。"当时南方局管辖的范围包括湖南、湖北、广东、广西、江西、福建、云南、贵州、川东、川西及香港等十多个地区。"[3](皖南事变后,原中共中央东南局领导的工作也统归南方局领导。)南方局的办公地址最初设在重庆市区,一九三九年五月日本飞机两次对重庆轰炸后移到重庆近郊红岩村的大有农场场地。南方局是一个秘密机构,因此同第十八集团军(即八路军)重庆办事处设在一起,对外只用办事处的名义。但许多人都清楚:"红岩",就是中国共产党的大后方的心脏所在,是他们一心向往的

---

[1]《总统蒋公大事长编初稿》卷4(上),第285、291页。
[2] 蒋介石日记,1939年3月2日、3月3日。
[3] 廖似光:《关于南方局的一些情况》,《回忆南方局》(1),重庆出版社1983年8月版,第15页。

地方。

国民党在各地制造的反共摩擦活动，此时明显地增多起来。留在重庆的周恩来敏锐地看出这是一个危险的信号，在给延安的电报中说："目前事实如杀人、捕人、封报、攻击边区，甚至武装冲突，摩擦日益加甚，此必须迅速解决，以增互信。"[1]中国共产党仍然希望这些问题及时得到解决，增进国共两党之间的互信，共同抗日。

可是，局势却在继续恶化。就在周恩来发出这份电报的同一天，国民党五届五中全会在重庆开幕。蒋介石在开会词中，虽然说到现在是第二期抗战开始的时候，说到要抗战到底，不能半途而废，但他把"抗战到底"只解释为"恢复七七事变以前的原状"，也就是说不包括收复东北在内，更不用说台湾了。更严重的是，会上原则通过要限制异党活动（四月十四日由国民党中央秘书处秘密颁布《防制异党活动办法》的训令）。会议公开发表的《宣言》中说："本会议郑重声明，吾人绝不愿见领导革命之本党发生二种党籍之事，更不忍中国实行三民主义完成革命建国一贯之志业，因信仰不笃与意志不坚，致生顿挫。"会议通过的《关于党务报告之决议案》中写道："今后本党应着重革命理论之宣传与领导，而使违反主义之思想无从流布于社会，而于战区及敌人后方，尤应特别注意。"[2]这些话，矛头显然都是指向中国共产党的。原先早已在各地分散表现出来的反共活动，成了国民党五届五中全会的正式决策。

这是抗战期间蒋介石对待中国共产党政策发生重大变动的转折点。

中国共产党在武汉、广州失守前后，于一九三八年九月二十九

---

[1] 周恩来致中共中央书记处电，1939年1月21日。
[2] 《中国国民党历次代表大会及中央全会资料》下册，第547、554页。

日至十一月六日，召开扩大的六届六中全会。毛泽东在会上作了《论新阶段》的报告。报告指出："相持阶段是战争的枢纽。"他强调："敌据城市我据乡村，所以战争是长期的，但乡村能够最后战胜城市。""为了配合正面防御使主力军得到休息整理机会，为了生长力量准备战略反攻，必须用尽一切努力坚持保卫根据地的游击战争，在长期坚持中，把游击部队锻炼成为一支生力军，拖住敌人，协助正面。"他还谈了国共两党需要长期合作："由于抗日战争是长期的，整个抗日民族统一战线也能够且必须是长期的，其中主要的两个党——国民党与共产党的合作，也能够且必须是长期的，这是一切政策的出发点。"[1]这次全会，还批评并纠正了以王明为代表的在统一战线中独立自主问题、战争和战略问题上的右倾错误，以保证能沿着正确的方向继续前进。

随着国民党五中全会的召开和反共活动的增加，这种变化不能不引起中国共产党的忧虑。一九三九年一月二十四日，中共中央致电蒋介石暨国民党五届五中全会，充分肯定他们对近卫演说的驳斥和开除汪精卫党籍的决议，强调要他们停止反共摩擦，巩固国共两党长期合作的基础，以利于团结抗战。第二天，中共中央又致电蒋介石，坦率地指出：

> 两党合作过程中常有摩擦现象，最近尤甚。许多地方不仅原有的共产党员政治犯未曾释放，而且常有逮捕和杀害共产党员之事。陕甘宁边区问题，虽经先生一再承认，但政府机关延不解决，少数不明大义分子，遂借以作无谓之摩擦。

---

[1]《中共中央文件选集》第11册，第581、590、594、623页。

特别在冀鲁等地敌后游击区域中，各种排挤、污蔑八路军与共产党之行为，几乎每日皆有。此等情形，殊为严重。……必须停止此种现象，断不应任其发展，致陷民族国家于不利。[1]

尽管如此，这时蒋介石仍在继续对日抗战，严厉谴责汪精卫的投降活动。他的防共反共活动主要还是在内部酝酿和布置，而把已发生的种种反共活动推托为地方性、局部性的事件。因此，中国共产党处理这个问题需要谨慎而恰当，采取克制的态度，并继续进行观察。

正面战场和敌后战场

武汉、广州失陷后，中日之间的战争在继续进行着，包括正面战场和敌后战场。

怎样看待正面战场和敌后战场的关系？应该说，以国民党为主体的正面战场和以共产党为主体的敌后战场，是相互配合、互为支持的。如果没有其中的任何一方，日本侵略军都会腾出手来，全力压迫另一方，增加另一方的困难。这两个战场结合在一起，构成中华民族抗日战争的完整的壮丽画卷。

我们先来看正面战场。

日军的战略指导方针，这时有个变化。"日军大本营，在武汉会战前，判断攻略武汉后，控制中国心脏地带，击灭中国野战军主

---

[1]《中共中央文件选集》第12册，第18页。

力，并夺取广州封锁中国国际通路，可使中国战力趋于衰竭而至屈服。"这个目的没有达到。一九三八年冬，大本营又制定《战争指导方针》及《对中国事变处理方案》。它的主旨是：放弃速决战略，改取持久战略，"企图依局部有限攻势、战略轰炸及遮断中国国际补给线"，以打击中国抗战的意志，谋求结束战局。[1]

从武汉、广州沦陷到太平洋战争爆发这三年内，日军对正面战场发动进攻的重点，主要在中部的武汉周围、南部的桂南地区、北部的中条山地区。这些战役，大体上正是按照"局部有限攻势"和"遮断中国国际补给线"这两个目标来进行的。

先看中部的武汉周围。日军攻陷武汉后，指挥这次战役的冈村宁次在回忆录中说："我并不特别感到高兴。因为，这并不等于我军主力方面的战斗已经完成。"[2]冈村宁次确实无法特别高兴得起来：这时，日军的兵力已近用尽，他们进攻武汉时沿长江直进，置周围地区于不顾，而中国军队在武汉以外地区仍保持着不少兵力，如南昌、长沙、宜昌及豫南等，对日本侵略者控制武汉构成威胁。因此，日军在武汉外围先后发动了南昌战役、随枣战役、第一次长沙战役、枣宜战役、豫南战役、上高战役、第二次长沙战役等有限攻势。

其中，最重要的是两次长沙战役。长沙是湖南省会，位于湘江下游、洞庭湖南，扼粤汉、浙赣、湘桂铁路的要冲。湖南又是中国大后方的重要粮仓和兵源地，沿海内迁的工厂很多集中在这里，在军事上是西南的屏障。

---

[1]《国民革命军战役史第四部——抗日》第3册，（台北）"国防部史政编译局"1995年1月版，第5、6页。

[2]《冈村宁次回忆录》，第368页。

日军在一九三九年三月二十七日占领南昌后，由冈村宁次率领第十一军的十万多兵力向长沙发起进攻。中国军队的指挥官是第九战区代理司令长官薛岳，共有兵力二十四万人。据薛岳口述并审定的《薛岳将军与国民革命》一书称："当战斗开始前夕，白健生（副参谋总长）与陈辞修将军（政治部长）（引者注：即白崇禧、陈诚）到株洲，要薛长官将部队第一步撤退到醴陵、衡山、湘潭地区，放弃长沙以北之地。"薛岳考虑再三，"未能接受"，主张坚守长沙，并说："如今若不能固守长沙，则今后又如何能守重庆呢？"[1]这次战役，从一九三九年九月十七日开始，到十月八日，共二十二天，被称为第一次长沙战役。长沙以北，有新墙河、汨罗江、捞刀河三道防线。日军经过激战，虽渡过新墙河和汨罗江，但因中国军队顽强抵抗，沿途坚壁清野，道路又经破坏，日军坦克、炮车都不易通过，冈村宁次估计再战将对日军不利，被迫全线撤回原有阵地。这是一九三九年正面战场上规模最大的一次战役，第一次遏制住日军大兵团的进攻，暴露出日军的进攻力量已趋衰竭。这次战役对全国军民起了很大的鼓舞作用。军事委员会副委员长冯玉祥在十月十二日发表广播演说称："日军之力量逐渐削弱，并不能取攻势。日人最近欲利用欧洲战争之机会，以加强其对华军事侵略，其目的在及早结束战事，日人在前已声言进攻西安、宜昌、长沙、衡阳等地，但现时在湘北已遭遇空前之失败，可见欧洲局面无论如何变化，吾人若继续英勇挣扎，仍可获得最后胜利也。"[2]

第二次长沙战役发生在一九四一年九月。日军由第十一军司令

---

[1]《薛岳将军与国民革命》，(台北)"中研院"近代史研究所1988年12月版，第338、340页。
[2] 冯玉祥：《长沙外围胜利为中国历史创举》，《长沙会战纪实》，(台北)中国国民党中央党史委员会1976年12月影印，第186页。

官阿南惟几率领十二万兵力进攻长沙。鉴于第一次进攻用"长驱直入"而失利的教训，这次改用"中间突破""两翼迂回"的战术，先后突破中国军队的三道防线，在九月二十八日一度攻占长沙，并在第二天侵入株洲。但日军兵力也已衰竭。"这时中国军队从四面八方向长沙外围汇集。日军长途奔进，交通补给线又为我游击队所破坏，武器弹药补给困难，所谓'军无辎重则亡也'。日军遂于三十日由捞刀河和长沙撤退。"[1] 十月八日，中国军队越过新墙河，日军退回原阵地。

枣宜战役中，第三十三集团军总司令张自忠在渡过襄河截击日军时，遭到日军优势兵力围攻，于一九四〇年五月十六日壮烈殉国。随从在场的副官马孝堂叙述他在战地多处受伤后的情况："总司令命我快走开，还说：'我这样死得好，死得光荣，对国家、对民族、对长官，心里都平安……'这时总司令面已苍白，但还有些笑容，接着眼睛就闭上了。"[2] 张自忠是抗日战争期间牺牲的最高级将领。周恩来在纪念他的文章中写道："张上将是一方面的统帅，他的殉国，影响之大，决非他人可比。""张上将之殉国，不仅是为抗战树立了楷模，同时，也是为了发挥我国民族至大至刚的气节和精神。""这种生死不苟、大义凛然的民族气节，乃是抗日战争中所需要的宝贵精神。"[3]

在南线，日军攻占广州后的主要作战目标是要切断中国大后方的对外交通线，断绝中国从海外获得必要的物资补给，使中国陷入

---

[1]《湖南四大会战》，中国文史出版社1995年7月版，第107页。

[2]《马孝堂口述张自忠将军殉国经过》，《抗日名将张自忠》，中国文史出版社1987年4月版，第198页。

[3] 周恩来：《追念张荩忱上将》，《新华日报》1943年5月16日。

难以撑持的困境而屈服。一九三九年二月，日军侵占海南岛；六月，占领潮州、汕头一带；八月，又攻占深圳：这些都是为了严密封锁中国的沿海对外交通。那时中国西南地区只剩下广西、云南的对外陆路交通线还保持畅通。接着，日军又发动桂南战役，力图切断广西至越南的通道，威胁滇越铁路和滇缅公路。"特别是欧洲大战爆发后，日本陆海军首脑部更有人认为要抓住英美被欧战牵制而无力顾及远东的良机，攻占南宁，打断各国援华的念头，并乘机夺取进入法属印度支那北部的跳板。新上任的陆军作战部部长富永恭次甚至认为，攻占南宁'是中国事变的最后一战'。"[1]

十一月十五日起，日军在钦州湾多处登陆。二十四日，占领南宁。它的前锋攻占昆仑关。"南宁附近是一片不高的山峦，其起伏不甚巨大，殆近于平原。"但继续向前推进，就进入峰峦重叠绵延不绝的山岳地带。"敌人在取得南宁后，仍旧继续冒险往北犯，向山岳地带突进"。[2] 由于西南对外交通线关系重大，中国军队在十二月中旬调集十个军十四万兵力先后赶抵桂南战场。其中，最精锐的部队是抗战开始后新成立的第一个机械化部队——第五军，军长是杜聿明，承担起强攻昆仑关的任务。昆仑关是南宁以北四十公里处的重要据点，周围群山叠嶂，中多悬崖深谷，地势极为险要，易守难攻，日军以重兵扼守，但在如此险峻的地形下，他们的重兵器和机械化部队也难以充分施展威力。十二月十七日，第五军利用夜行军秘密进入攻击准备位置，突然动作，将日军第四师团的第十二旅团合围在昆仑关山区。双方互相以重炮轰击，随后展开白刃肉搏，血战达十五天。三十一日，第五军终于将昆仑关全部收复。

---

[1] 刘大年、白介夫主编：《中国复兴枢纽》，第 165 页。
[2] 于田：《桂南战事的现状》，《全民抗战》第 100 期，1939 年 12 月 9 日。

日军旅团长中村正雄少将在炮火轰击中被击毙。全旅团伤亡四千多人，被迫退却。第五军也有一万一千多人负伤，近五千六百人牺牲。这是中国军队第一次步、炮、战车协同配合，在攻坚战中取得胜利，产生了重大影响，虽然付出的代价也是巨大的。这以后，日军又采取攻势，再陷昆仑关。到一九四〇年九月，因法国已向德国投降，日军将原驻桂南的主力移调越南北部。中国军队收复了南宁和桂南地区。

在北线，日军主要的攻势是一九四一年五月发动的中条山战役。中条山位于黄河以北的晋南豫北交界处，构成中原地区的屏障。驻守在这里的有第一战区司令长官卫立煌统率的部队近十八万人，牵制着日军三个师团。日军采取中央突破和钳形攻势相结合的方式，分三路进攻。毛泽东五月十四日致电在前方负责指挥八路军的彭德怀："目前国民党非常恐慌，望我援助甚切。""我们的基本方针是团结对敌，是配合作战。"八路军在敌后对日军发动了进攻，同正面友军配合作战。经过二十多天战斗，中条山守军在遭受惨重损失（军长二人阵亡）后撤出这一地区。六月九日，毛泽东在致彭德怀电报中写道："此次中条失利之原因固多，而无民众组织以障蔽敌之耳目，明快我之耳目，实为主因，并非兵不精将不勇或指挥不善之咎也。"[1]

在这个时期内，日本飞机对大后方进行了惨无人道的狂轰滥炸，尤以重庆为重点。一九三九年五月三日，重庆市区被炸大火，精华付之一炬，死难四千四百多人，市民二十多万人紧急向乡间疏散，报纸一度停刊。这一年，各地被空袭两千六百多次，人民死者

---

[1]《毛泽东军事文集》第2卷，军事科学出版社、中央文献出版社1993年12月版，第641、646页。

两万八千多人，房屋被毁十三万八千多间。一九四〇年八月十九、二十日，重庆再次遭遇大规模轰炸，大火两日夜。重庆是一座山城，市民加紧开凿防空洞和隧道。一九四一年六月，发生不幸的大隧道窒息事件，死者两万人。八月，日本飞机又实施"疲劳轰炸"，连续七日不息，警报一响，人们就只能避到防空洞中，公私工作一时都陷于停顿。但军民抗战意志并没有动摇。

从前述事实中可以看到，在进入战略相持阶段后，尽管存在种种问题，国民党军队仍坚持在抗日阵营里，并且在一些战场上进行过顽强的抵抗，不少将领和士兵为了保卫国家而英勇作战，作出了巨大牺牲。但是，国民党当局在这个阶段的基本态度已是消极避战，把希望寄托在国际局势的变化上。而日本的兵力这时已明显不足，往往在发动一次攻势后不久便停止进攻，甚至撤回原有阵地。张发奎回忆道："蒋先生的政策是'头痛医头，脚痛医脚'。他常常把军级单位调派到危急地区，等原驻地发生危机再调兵回去。"[1]胡绳有一个中肯的评论："在正面战场上，只是在日本侵略军发动局部进攻时才发生比较激烈的战役，国民党军队的许多官兵进行了英勇的作战，但这种战役一般都以日本停止进攻而结束。"[2]

黄埔毕业生出身的将领，由于是蒋介石的嫡系，在军队中的职务上升得很快，但许多人的实际指挥经验和能力同他们的职务未必相称。"在黄埔系人员中，胡宗南控制的部队最多，他的部队驻扎在西北地区监视共产党，所以损失最轻微，而且得到最佳供应。"[3]出乎国民党当局意料之外，这种消极避战，看起来为了保存和发展

---

[1] 张发奎：《蒋介石与我》，第307页。

[2] 《胡绳文集（1979—1994）》，中国社会科学出版社1994年12月版，第321页。

[3] 张发奎：《蒋介石与我》，第299页。

实力，结果换来的却是自身战斗力的削弱和丧失。

在以中国共产党为主体的敌后战场上，战斗是异常艰苦的。

八路军进入山西后有个发展过程：最初是配合国民党友军作战，太原失守后便大步挺进敌后。中共中央发出一系列指示，指出：八路军在新的形势下，应该消除依赖国民党军队的思想，独立自主地放手发动群众，壮大自己的力量，在敌后广大乡村普遍建立起抗日游击根据地；并对八路军各部在山西敌后展开的基本格局作出通盘部署。这个部署是：第一一五师分成两部分，由聂荣臻率领一部分留在晋东北，继续以五台山为中心开辟晋察冀抗日根据地，该师主力开赴晋西南，创建以吕梁山为依托的晋西南抗日根据地；第一二〇师以管涔山脉为中心开辟晋西北抗日根据地；第一二九师从正太铁路南下，依托太行、太岳山脉，开辟晋冀豫抗日根据地。这些都是国民党军队已经退出的地区。四个区域不是局处一隅，几乎遍布山西全省，对日军占领的中心城市和交通线形成包围或侧面威胁的态势。

一九三八年二月，毛泽东会见美国合众社记者王公达时说："从这些区域看来，中国失去的不过是几条铁路及若干城市而已，其他并没有失掉。这一实例给全国以具体的证明：只要到处采用这种办法，敌人是无法灭亡中国的。这是将来举行反攻收复失地的有力基础之一。"[1]

日本侵略军最初对八路军的活动并不重视，不久就认识到这是一个严重教训。时任日本华北方面军第一课高级参谋的吉原矩大佐

---

[1]《毛泽东文集》第2卷，人民出版社1993年12月版，第101页。

(后升中将)懊丧地回顾说:"当时并未重视中共军,视其为在我占领地区内潜伏的国民政府残兵部队或与抗日杂牌军相差无几之军,确信不久将可扫荡歼灭而不重视。对共产党实施'政潜军游'之巧妙执着之活动、逐渐扩张提升其势力之实态,惜未能十分认识。"一九三九年,日本华北方面军召开情报主管会议。"先由方面军参谋长笠原辛雄中将报告,强调今后华北治安的癌即为中共党军,如何击溃此一立足于军、政、党、民的有机结合之上的抗战组织,实为现阶段治安肃清的根本。"[1]

进入战略相持阶段后,日本侵略者把重点转向巩固已有的占领区。当他们发现自己的后方受到越来越大威胁时,立刻掉过头来,将大量日军回师华北,对八路军建立的抗日民主根据地进行残酷的封锁、分割和扫荡,称为"强化治安"。他们对晋察冀根据地进行"八路围攻",对晋冀豫根据地进行"九路围攻",对其他根据地也发动类似的扫荡。侵入根据地后,见房便烧,见人便杀,推行"烧光、杀光、抢光"的"三光"政策。他们大搞所谓铁壁合围、反复扫荡,制造一个个"无人区"。一次"扫荡"的时间往往持续到三个月或四个月。由于这些根据地同后方几乎处在隔绝状态,它们遭遇的困难不难想见。

处在这样险恶的环境中,八路军为什么能扎下根来并不断发展壮大?如果没有坚定的信念和意志,如果不能通过不断打击日本侵略者而取得百姓的信任,特别是如果不能同当地民众建立起血肉相连、生死与共的联系,是根本没有可能的。这便是它能够在敌后抗战中取得巨大成功,而国民党领导下的军队却难以做到的奥秘

---

[1] [日]防卫厅战史室:《大战前之华北治安作战》,(台北)"国防部史政编译局"1988年6月译印,第221、352页。

所在。

八路军在华北敌后的活动最初集中在山地。后来中共中央和毛泽东又作出一项重大决策：从山地进入平原地区开展游击战争。

这样做很不容易。徐向前回忆道："大家脑子里有问号。因为从红军时代起，我们就是靠山起家、靠山吃饭的。在平原地区搞游击战争，干部缺乏经验，信心不足。"[1]但进一步开展敌后平原游击战争并建立根据地是必要的和可能的：一是备受日军蹂躏和屠杀的沦陷区（包括平原）民众，迫切期待着能领导他们保卫家园的抗日军队到来；二是山区地形条件虽然有利，但资源、人力毕竟有限，平原地形条件虽然不如山区，但地域广阔、人口稠密、资源丰富、交通发达，易于坚持；三是只要充分发动并依靠当地民众，没有山也可以创造出一座座"人山"来，冀中、冀南和山东已在这方面初步取得经验。一九三八年四月二十一日，毛泽东、张闻天、刘少奇给朱德、彭德怀等的电报提出：

> 根据抗战以来的经验，在目前全国坚持抗战与正在深入的群众工作两个条件之下，在河北、山东平原地区广大地发展抗日游击战争是可能的，而且坚持平原地区的游击战争也是可能的。[2]

根据这个决策，进入战略相持阶段后不久，八路军采取了一项具有重大意义的战略行动，即从一九三八年十二月起，八路军三大主力一举挺进河北、山东、河南，打开了平原游击战争的新局面：

---

[1] 徐向前：《历史的回顾》（下），解放军出版社1987年7月版，第606页。
[2] 《毛泽东军事文集》第2卷，第217页。

第一二〇师主力从晋西北进入冀中平原，和原在那里的吕正操等部会合，同前来"扫荡"的日军作战一百六十多次，加强了冀中抗日根据地；第一二九师主力从太行山区进入冀南，和原在那里的冀南军区部队会合，同日军作战一百多次；第一一五师主力一部挺进山东，和当地起义部队组成的山东纵队会合，一部进入冀鲁豫边区，和当地抗日武装会合，在那里站住了脚跟。三个月至半年后，由于战争形势的发展，第一二〇师和第一二九师主力分别撤回晋西北和太行地区，但冀中和冀南军区的部队仍在当地坚持，第一一五师主力继续留在山东。这项行动，接连粉碎了日军对平原游击区的多次"扫荡"，打破了他们由占领"点""线"扩大到"面"的战略意图，使平原抗日民主根据地得到巩固和扩大；帮助当地抗日武装大大提高了战斗力，加强了根据地建设；八路军主力本身也得到发展壮大，如第一二〇师在半年内由六千四百多人增加到两万一千多人。

从一九三九年五月起，日军把"扫荡"的重点从平原转向山区。八路军在各根据地依托山高路险、人烟稀少、交通极为不便的山区有利地形，依靠当地民众，开展游击战争，牵制和消灭大量日伪军。日军由于交通线经常被切断，不得不以更多兵力分散地固守它所占领的"点"和"线"。在晋察冀根据地，原来坐镇张家口、被称为"山地战专家"的日本"蒙疆驻屯军"司令兼独立混成第二旅团旅团长阿部规秀中将，从这年九月起，指挥对根据地的冬季大"扫荡"。十一月七日，阿部亲率日军一千五百多人来到河北省涞源县黄土岭以东地区时，被预先在该地设伏的晋察冀军区一分区司令员杨成武部用迫击炮击毙。杨成武在回忆录中写道：

阿部中将被击毙，日本朝野震动，陆军省发布了阿部规秀的阵亡公报。《朝日新闻》以通栏标题痛悼此人："名将之花凋谢在太行山上"，连登三天。这家报纸说："自从皇军成立以来，中将级将官的牺牲，是没有这样例子的。"党中央、八路军总部和全国各地的友军、抗日团体、著名人士纷纷拍来贺电，祝贺我们所取得的胜利。全国各地的报纸也纷纷报道黄土岭战斗经过，刊登各种祝捷诗文。……蒋介石还发来了电报。[1]

其他各根据地也在残酷的反"扫荡"战斗中相继取得胜利，使民众信心增强，纷纷参军，投身抗日武装斗争。八路军正是在同日本侵略者不停顿的战斗中迅速壮大，增强了战斗力，总兵力从出发时的三万四千人，发展到一九三八年底的十五万六千多人，再发展到一九三九年底的二十七万多人，成为华北敌后抗日游击战争的主体力量。山西新军发展到五十个团，主力部队七万多人。

"巩固华北，发展华中"，是武汉失陷前后召开的中共六届六中全会的一项重要决定。为什么此时在"巩固华北"的同时，要突出地提出"发展华中"的任务？那是因为随着日军发动武汉战役，华中地区大片国土相继沦陷，需要乘日军无暇回师的机会，在这个地区迅速发展敌后游击战争，打开一个新的局面。

一九三九年三月，周恩来到皖南新四军军部，在干部大会上指出："我们在江南地区确定发展的方向，有三个原则：（一）那个地方空虚，我们就向那个地方发展。（二）那个地方危险，我们就到那个地方去创造新的活动地区。（三）那个地方只有敌人伪军，友党友军较不注意没有去活动，我们就向那里发展。这样可以减少摩

---

[1]《杨成武回忆录》（上），解放军出版社1987年6月版，第543页。

擦，利于抗战。"[1]根据这些原则，新四军的战略方针是：向南巩固，向东作战，向北发展，重点是向东向北发展。

新四军苏南部队在陈毅、粟裕率领下，开辟以茅山为中心的抗日根据地，粉碎了日军的第一次围攻。长江以北，一九三九年五月成立以张云逸、徐海东任正副指挥的新四军江北指挥部，在安徽境内的津浦铁路两侧开辟皖东抗日根据地。彭雪枫率领的游击部队开辟了豫皖苏边抗日根据地。李先念率领的游击部队开辟了豫鄂边抗日根据地。十一月，又成立以陈毅、粟裕为正副指挥的新四军江南指挥部，并派出两个纵队渡江北上，为下一步开辟苏北创造了有利条件。

苏北东濒黄海，南临长江，北接山东，西有运河。境内地势平坦，盛产粮、棉、油、盐等重要物资，同上海、南京等地贸易往来活跃。人口近两千万，群众文化水平较高。日本侵略军大举西犯时，在苏北只留下少数兵力驻守重要城镇和交通要道，无力控制广大农村。伪军在人民中极为孤立。当地老百姓（包括一些开明地主）热情支持抗战部队。这里又是联结华北八路军和南方新四军的重要枢纽，战略地位极为重要，当时也便于新四军的发展。一九四〇年三月，毛泽东、王稼祥给朱德、刘少奇等的电报中提出"争取全部苏北"的任务和以八路军一部南下、陈毅部队北上的基本设想。

创建苏北抗日根据地并不容易。华中的情况和华北不同。刘少奇后来在总结华中工作时指出：

> 由于敌人的进攻，国民党最初对敌后的形势估计得过分严

---

[1]《周恩来选集》上卷，第105页。

重,他们惊惶失措,退却逃跑。那时敌后是空虚的。到了这时候,国民党逐渐了解敌后的具体情形,又看到我们在华北敌后的大发展,它对于敌后的观念有了改变,觉得敌后还是可以经营的。国民党最初是不愿到敌后去的,而指令我们到敌后去抗战,他们自己站在后方。然而在此时,他们就大胆、积极地向敌后伸展,恢复他们在敌后的统治,并严格限制与排挤我们。[1]

这年七月,陈毅、粟裕率新四军江南主力部队渡江北上,并将江南指挥部改为苏北指挥部,共辖九个团七千余人。这是一支有很强战斗力的老部队。全军东进黄桥,协同地方党组织发动群众,不断打击日伪军,建设抗日民主根据地。而徐州战役后被阻隔在江苏北部的国民党江苏省政府代主席韩德勤,却在九月间率部三万多人大举南下,向新四军发起猛烈进攻。新四军先是一再退让,终于在黄桥进行决战,取得胜利。南下增援的八路军第五纵队黄克诚部,也在十月十日直下盐城。两军胜利会师。八路军和新四军连成一片,开辟了华中最大的一块抗日根据地,使华中敌后形势根本改观。黄克诚在《自述》中写道:"黄桥决战的胜利和八路军南下与新四军会师,为确立我党我军在华中敌后抗战的领导地位奠定了基础,并对以后抗战形势的发展有重要影响。"[2]

一九三九年和一九四〇年这两年间,新四军在敌后共作战两千四百多次,歼灭日伪军五万多人,巩固并发展了抗日民主根据地。新四军从原来的两万五千人发展到十万人。

---

[1]《刘少奇选集》上卷,人民出版社1981年12月版,第276页。
[2]《黄克诚自述》,人民出版社1994年10月版,第170页。

在这前后，八路军从一九四〇年八月二十日至第二年一月二十四日在华北发动了震动全国的百团大战。这次战役原来叫"大破袭战役"，重点是破袭正太铁路，其次是破袭平汉铁路和同蒲铁路北段，还有白晋铁路（从白圭至晋城的铁路，后拆除）。原定兵力是二十二个团，后来参加的兵力达到一百零五个团，二十多万人，所以被称作"百团大战"。山西新军"有二十二个团参加了百团大战"。[1]

八路军为什么要发动这次战役？当时，日本军队将进攻重点转向华北，对敌后根据地不断进行"扫荡"。他们依靠几条交通线，不断扩张占领区，增加据点。抗日根据地日渐缩小，部队给养供应困难。日军又采用所谓"囚笼政策"来封锁和隔绝各抗日根据地之间的联系。刘伯承曾形象地譬喻这种"囚笼政策"说："铁路好比柱子，公路好比链子，据点好比锁子。"[2]这就更增加了各根据地的困难。大破袭战役前，华北抗日根据地一度只剩下两个县城，就是太行山的平顺和晋西北的偏关。"可是敌伪深入我根据地后，普遍筑碉堡，兵力分散，反而形成敌后的敌后。主要是交通线空虚，守备薄弱，这对我是一个有利的战机。"[3]

战役首先从破袭正太铁路发起。正太铁路横越太行山，连接平汉铁路和同蒲铁路，是日军在华北的重要交通运输线，并将晋察冀根据地和晋冀豫根据地分割开，一向有日军重兵把守。八路军突然发动猛烈攻击，使日军张皇失措，取得了较大战果。晋察冀军区部队一度攻占娘子关，并乘胜破坏娘子关的桥梁，又彻底破坏了

---

[1]《薄一波论新军》，中共党史出版社2008年1月版，第402页。
[2]《李达军事文集》，解放军出版社1993年12月版，第35页。
[3]《彭德怀自述》，第235页。

井陉煤矿的设施。第一二九师大规模破坏了正太铁路西段的铁道、桥梁和隧道。第一二〇师破袭了同蒲铁路北段和铁路两侧的主要公路。在地方游击队和民兵配合下，对华北其他铁路、公路也进行了广泛破袭。九月下旬起，日军在接连遭受八路军猛烈攻击后，调集重兵进行反扑。八路军转入反"扫荡"作战。

在百团大战中，八路军作战一千八百二十四次，毙伤日伪军两万五千多人，缴获大量武器，破坏铁路四百七十多公里、公路一千五百多公里、桥梁和隧道二百六十多处，使正太铁路中断一个月。一度恢复县城四五十个，最后得到巩固的县城有二十六个以上，还摧毁了日伪军的不少碉堡。八路军伤亡一万七千多人。

日方的《华北方面军作战记录》记载道："该战斗系于昭和十五年八月二十日夜，同时向我交通线及生产地区（主要为矿山）发动奇袭，尤其在山西省的攻势特别猛烈，袭击石太路及北部同蒲路的装备队，同时将铁路、桥梁及通信设施加以炸毁或破坏，彻底破坏井陉煤矿等设备。该奇袭完全出乎我军意料之外，因此损害甚大，为复旧颇费时日及巨额经费。"华北方面军参谋部编印的《对华北方面共产势力之观察》对八路军的作战这样评论："其上级干部多为经验丰富干练之士，其统率才能十分高超，尤其对分散于广阔地区之多数小部队巧妙的指挥运用，必须瞩目。""共产军之机动游击战法极为巧妙而执拗，已逐渐成为我治安之最大障碍。"[1]

这次战役鼓舞了全国人民抗战的信心，提高了共产党领导的抗日军队的声望，使国民党一些人制造的所谓八路军"游而不击"的说法不攻自破。只要不抱偏见，谁都看得清楚，如果八路军真是

---

[1]［日］防卫厅战史室：《大战前之华北治安作战》，第536、599页。

"游而不击",怎么能够在完全没有外来援助的情况下得到民众信任和支持而有如此巨大的发展,怎么可能在敌后那种艰难环境中给予日本侵略者如此沉重的打击,而国民党军队在敌后却无法做到这一点。第一战区司令长官卫立煌给朱德、彭德怀的电报说:"贵部发动百团大战,不惟予日寇以致命之打击,且予友军以精神上之鼓舞。"[1]蒋介石致电朱德、彭德怀:"贵部窥此良机,断然出击,予敌甚大打击,特电嘉奖。"[2]他在日记中也承认:"一、八路军截断山西各铁路之行动,对敌军精神与计划上必受一打击。二、八路军对抗战之态度表示积极。"[3]百团大战胜利的消息传到延安。毛泽东给在前方指挥的彭德怀发来电报说:"百团大战真是令人兴奋,像这样的战斗是否还可以组织一两次?"[4]

百团大战使日本侵略者大为震惊。他们没有料到八路军在华北发展得那么快,已能给他们如此沉重的打击,因此集中更多兵力进行残酷的"扫荡"。他们从华中抽调两个师团到华北,使华北日军兵力达到三十万人左右,伪军有十万多人。

开辟敌后抗日根据地是艰难的,而把它坚持下去并得到发展更加艰难。八路军和新四军能做到这一点的根本原因是:始终紧紧依靠当地民众,真正站在中国人口最大多数的农民一边,从他们的利益和要求出发,不断打击侵略者,并在抗日根据地进行广泛经济上和政治上的民主改革,又注意团结社会上一切可以团结的力量共同奋斗。

---

[1]《百团大战历史文献资料选编》,解放军出版社1991年7月版,第224页。
[2]《抗战时期国共合作纪实》上卷,重庆出版社1992年1月版,第971页。
[3] 蒋介石日记,1940年8月29日。
[4]《彭德怀自述》,第238页。

美国很有影响的《时代》和《生活》两杂志的驻华记者西奥多·怀特和安娜·雅各布有一段生动的描绘：

> 共产党的全部政治论题可以概括为下面的一段话：如果你遇见这样的农民——他的整个一生都被人欺凌、被人鞭笞、被人辱骂，而且他的父亲把祖祖辈辈传下来的痛苦感情都转移给了他。你真正把他作为一个人来对待，征求他的意见，让他投票选举地方政府，让他组织自己的警察和宪兵；给予他权力，让他决定自己应交纳多少赋税，让他自己决定是否减租减息。如果你做到了这一切，那么，这个农民就会变成一个具有奋斗目标的人。而且，为了保卫这个目标，他将同任何敌人——不管是日本人还是中国人——进行殊死拼搏。如果你再给这个农民提供一支军队和一个政权，帮助他耕种土地、收割庄稼，为他消灭曾经强奸他妻子、糟蹋他母亲的日本鬼子，那么，他就必然会忠于这支军队、这个政府以及控制军队和政府的政党；必然会拥护这个政党，按照这个党给他指引的方向进行思考，并在很多情况下成为这个政党的积极参加者。

他们又写道：

> 共产党开始教育农民自己管理自己。在漫长的中国历史上，农民从来没有管理自己的经验。现在，农民们成立了乡、县参议会，参议会都被赋予权力，能解决有关农民切身利益的问题，这些都是农民们自孩提时代起就一直面临的问题。农民们第一次进入政府机构，并且发现自己具有不容置疑的管理能

力和从未显露的才华。为了公众的利益，决定谁应多交赋税、谁应少交，这并不需要受过高深的教育。乡民们都知道谁收获了多少粮食，是从哪块田地上收获的，由他们自己来分配各人在战争中所应承担的义务是最适宜的了。组织乡村自卫队就更不需要具有大学学历的学者和官僚了。在具有远见的共产党的领导下，农民们被新的责任所激发出来的才干虽然还不完备，但却正得到巧妙的发展。[1]

这两位美国记者的观察是敏锐的。他们并没有用夸张的词句，却朴实地描写出一幅中华民族历史上从未有过的情景、一场在农村底层发生的深刻的社会关系大变动。中国共产党领导的抗日民主根据地为什么能够在敌后从小到大地发展起来？原因就在这里。

华北和华中地区以外，在华南，曾生等领导的东江抗日游击战争和冯白驹等领导的琼崖抗日游击战争也十分活跃，给了日本侵略军沉重打击。

在日本占领最久的东北地区，中国共产党领导的东北抗日联军，由杨靖宇、周保中、李兆麟、赵尚志（满族）、李红光（朝鲜族）等领导。七七事变前后，东北抗日联军总兵力曾达到三万多人，到处打击日本占领军。日本为了巩固它在东北的殖民统治，并准备对苏作战，在一九三八年下半年将关东军兵力增至七个师团，到一九三九年底更增至九个师团，对东北抗日联军进行军事"讨伐"和经济封锁，还实行"归村并屯"，切断抗日联军和民众的联系。抗联又长期无法同中共中央取得联系，只得独立奋战。由于敌我力

---

[1] [美]西奥多·怀特、安娜·雅各布：《风暴遍中国》，解放军出版社1985年12月版，第216、217、218页。

量悬殊，抗日联军活动地区日渐缩小，部队大部分被迫转移到深山密林，在白山黑水的林海雪原中，风餐露宿。他们经常断粮，只能以树皮和野果充饥，顽强地坚持常人难以想象的艰苦卓绝的战斗。杨靖宇牺牲后，日军残暴地剖开他的腹部，从胃里发现的只有树皮草根，没有一粒粮食。他们为祖国英勇献身的精神是可歌可泣的，将永载史册。

国共合作中的危机和《新民主主义论》的发表

正当八路军和新四军在敌后进行着艰苦卓绝的奋斗时，不幸的事情发生了：国民党当局开始加紧为亲者痛、仇者快的反共摩擦活动。

武汉失守前，日本侵略军大举向中国内地进攻，蒋介石对抗日的态度还是比较积极的。正面战场也需要八路军在敌后帮助拖住进攻的日军。所以，蒋介石那时不反对，还多次要求八路军深入敌后开展活动。可是，当正面日军压力减轻以后，特别是看到八路军在敌后迅速壮大、中国共产党的影响迅速增长，他的态度就发生了急剧变化。朱德对这种变化作过生动的说明，他说："开始时，蒋介石让共产党、八路军到敌后去是想借刀杀人，像把孙猴子放在太上老君的八卦炉里烧，看你活得成活不成。可是，他没有想到，共产党、八路军在敌后不但没有被消灭，反而迅速发展壮大起来，这下把他吓死了。武汉失守后，他认为这样下去，抗战胜利了，中国是共产党的；抗战失败了，中国是日本人的。"[1]从而加紧反共摩擦。

---

[1] 朱德在西北局干部会上的报告，1943年8月18日。

一九三八年十二月，蒋介石在陕西武功县召开军事会议。这次会议不再邀请八路军将领参加，这是他对共产党、八路军的方针发生变化的明显信号。他任命鹿钟麟为冀察战区总司令，无理地要求取消在华北敌后已经发展起来的抗日民众运动，取消已由当地民众选举产生、在工作中卓有成效的抗日民主政权，并且要八路军退出河北。一九三九年一月的国民党五届五中全会后，当日军向冀中、冀南进行残酷"扫荡"之际，鹿钟麟的部下却从背后袭击八路军，活埋八路军战士和地方工作人员，使这种摩擦活动大幅度升级。在后方，也多次袭击八路军和新四军的留守机关，捕杀工作人员，制造湖南平江惨案等多次严重事件。

国民党当局如此加紧反共活动，在中共中央看来，认为可能是他们准备对日投降的信号。一九三九年六月十日，毛泽东在延安高级干部会议上报告说："目前形势的特点在于：国民党投降的可能已经成为最大的危险，而其反共活动则是准备投降的步骤。"但他的态度仍是审慎的，又说："只要蒋领导抗战一天我们还是拥护的（当然以抗战为条件），不应对蒋有不尊重的表示。""积极帮助蒋与督促蒋向好一边走，仍然是我们的方针。"[1]

面对步步进逼而来的横逆，中国共产党不能不严正对待。否则，敌后抗战已经取得的成果将会丧失，抗战大局会遭到严重破坏。这年七月七日，中共中央在《抗战两周年纪念对时局宣言》中提出："坚持抗战，反对投降；坚持团结，反对分裂；坚持进步，反对倒退"三大政治主张。九月十六日，毛泽东同中央社、《扫荡报》、《新民报》三记者谈话中，又向国民党顽固派表明了"人不犯

---

[1]《中共中央文件选集》第12册，第82、113、114页。

我，我不犯人，人若犯人，我必犯人"的严正态度。

坚持"抗战""团结""进步"，反对"投降""分裂""倒退"，成为中国共产党在抗日战争中期的主要政治主张。它抓住时局中的三个关键问题，符合抗战和民众的利益和要求，深得人心，产生了重大影响。

在大后方，中国共产党同中间派政治力量的合作有了加强。这年四月二十一日，黄炎培日记中有一段记载："午，沈衡山（引者注：即沈钧儒）招餐都邮街俄国饭店，到者张君劢、左舜生、秦博古、邹韬奋、李幼椿（引者注：即李璜）共七人，述视察感想外，商合作问题。"[1]值得注意的，一是参加的人员既有救国会、青年党、国社党、职教社的领导人，又有中共中央南方局的负责人；二是招餐的目的在"商合作问题"。以后这类聚餐会多次举行，共同商议的问题也更多。这年九月，国民党参政会举行第一届第四次会议。中共方面参政员毛泽东等七人提出《我们对于过去参政会工作和目前时局的意见》，要求反对妥协投降，加强党派合作。中间派政团的参政员史良、张申府、章伯钧、张澜、黄炎培、李璜、陶行知等也先后发表谈话，主张加强团结，坚持抗战。陶行知在谈话中还说："在抗战处于困难的现阶段，精诚团结应成为一个更重要的课题。但有少数人还不懂这是国家民族存亡的关键。因此，抗战已两年多了，还有人喊着反共或排除异己。要知道反共是世界侵略者的口号，是敌寇惯喊的口号，同时是汪逆叛徒正在用的口号。"[2]

国民党内的顽固派却视中国共产党的克制态度为软弱可欺。到一九三九年快要结束的时候，国内的政治空气进一步恶化，蒋介

---

[1]《黄炎培日记》第6卷，第108页。
[2]《国民参政会纪实》上卷，第524页。

石越来越倾向于用军事手段来对付中国共产党。十一月一日,他在日记中写道:"中国共产党之跋扈与枭张,以后必甚。叛乱不远矣。"[1]他的最后一句话其实是说:他使用军事手段对付中国共产党的日期已"不远矣"。这个月的十二日至二十日,国民党召开五届六中全会,由过去的"政治限共为主、军事限共为辅",改变为"军事限共为主、政治限共为辅",并发布《防制异党活动办法》,规定:"任何假借共产党或八路军与新四军等名义擅自组织武装队伍者,当地驻军得随时派兵解散,不得有误。"会后调兵遣将,准备对中国共产党领导的抗日根据地发动军事进攻。

日益恶化的局势使中国共产党人十分焦急。事情越来越清楚:他们原来不希望看到的相当规模的武装冲突也许已难避免。国民党五届六中全会期间,毛泽东在中国共产党内的一次报告中说:"我们的团结是有条件的。""假如把你们头割掉了,还讲什么团结啦?""所以我们讲团结,在必要斗争的时候,我们还要斗争,有了斗争也就会有团结。"[2]

这年十二月间,第二战区司令长官阎锡山在山西突然向共产党领导下的山西新军(决死队)发动进攻,企图以旧军吞并新军。主要冲突地区在晋东南和晋西北。在朱德、彭德怀统一部署下,八路军有力地支持山西新军进行自卫抵抗。新军在事变中虽然受到一些损失,但旧军并没有达到他们原定的消灭新军的目的。"事变中,新军部队分别集中于晋西北、晋东南两个地区,加入一二〇师、一二九师战斗序列。"[3]这以后,新军事实上成为八路军的一部分。

---

[1] 蒋介石日记,1939年11月1日。
[2] 毛泽东在陕甘宁边区党代表大会上的政治报告,1939年11月14日。
[3] 《薄一波论新军》,第365页。

为了避免国共合作的破裂，根据中共中央的决定，在山西仍对阎锡山作了一些让步，把吕梁山的大部分地区让给他，八路军只控制一小部分地区和一条通道。这样，山西的矛盾暂时缓和下来。蒋介石在日记中写道："对共党此时应先严密防范，相机制裁。"[1]不久，河北的摩擦又进一步升级了。

当时，冀察战区政治部主任和河北省政府民政厅长由九十七军军长朱怀冰兼任；察哈尔省政府主席兼保安司令由石友三担任，也在河北境内活动。一九四〇年一月二十七日，蒋介石在日记中写道："倭寇之势已衰，抗拒之力有余。且后方共匪无几，其力全在战区。故抗倭剿共可以双管齐下。且共匪夹在敌我之间更易为力。此则抗战之初共匪调往前方之效。"[2]他再次下手了。二月十八日，朱怀冰部突然袭击冀南磁县八路军驻地，杀害八路军指战员一百多人；还打着"军令政令统一"的旗号，要八路军把河北已建立的根据地让给他。朱德后来叙述当时情况说："朱怀冰蛮横地问，究竟是让，还是打？我就对他说：我们建立根据地是为了抗日，为什么要让？你要晓得，我们改编为八路军以来，没有打过内战；但是，你要打，我们一点也不怕。"[3]三月四日，八路军在卫河以东抗击石友三部的进攻（不久后，石友三因通敌罪证确凿，被国民党当局处死）。接着，八路军又打垮了前来进攻的朱怀冰部。朱德、彭德怀在三月十三日致电八路军各将领，阐述反摩擦斗争的方针：

今天中国人民的主要敌人是日本帝国主义，主要的斗争方

---

[1] 蒋介石日记，1939年12月25日。
[2] 蒋介石日记，1940年1月27日，"上星期反省录"。
[3] 朱德在延安党校的讲演，1943年8月。

式是对日寇的武装斗争，这是丝毫不能放弃的。在抗日民族统一战线中也是用武装斗争方式，这是统一战线的不幸。但为着争取坚持抗战、团结、进步政治路线的胜利，这是必要的，这是要由上层资产阶级负责的。倘若没有今天反摩擦的局部武装斗争，就必然会分裂，而发展为全部的武装斗争，那是我们不希望的。[1]

反摩擦斗争对中国共产党说来，毕竟是迫不得已的自卫行动，因此，在给来犯者以一定惩罚后便适可而止。八路军在敌后战场上依然集中力量打击日本侵略军。这年三月十九日，日本华北方面军召开所属各兵团参谋长联席会议。方面军参谋副长平田正判少将就该年作战实施要领作了说明。他对"讨伐目标之重点"这样说："共产军对我占据地区之进出，活动实甚猖獗，此将成为今后治安肃清上最大关心之问题。""因此，次期讨伐肃清目标之重点，特别集中指向共产军，一心一意加以毁灭。"[2]可见日本侵略军在华北敌后已将八路军作为它的主要对手。

一九三九年、一九四〇年之交，毛泽东接连发表了《〈共产党人〉发刊词》《中国革命和中国共产党》《新民主主义论》等文章，第一次旗帜鲜明地提出新民主主义的完整理论，并对它作了系统说明。这在马克思主义中国化的历史进程中是一次飞跃。它不仅回答了当前时局中提出的种种问题，而且回答了中国现阶段民主革命和未来建设新中国的一系列根本问题。

---

[1] 朱、彭致左、黄、陈、王、刘、邓并报毛、王电，1940年3月13日。
[2] [日] 防卫厅战史室：《大战前之华北治安作战》，第446页。

为什么毛泽东要在这时写出这些文章？这是客观形势发展的需要决定的。

抗战爆发以后，中国共产党从原来遭受严密封锁的狭小根据地里走出来，公开走上全国政治生活的大舞台，受到人们的密切关注。他们渴望了解中国共产党对时局和中国未来前途的看法。中国共产党为了在抗日民族统一战线中坚持独立自主，也必须在全国人民面前旗帜鲜明地提出自己的政治主张，把人们吸引到自己高举的大旗下来。

国民党内的顽固派，当政治中心还在武汉时期就鼓吹"一个主义""一个政党"的主张。抗战进入相持阶段后，这种宣传变本加厉。一九三八年十二月，国家社会党的张君劢发表致毛泽东的公开信，主张取消边区，取消八路军、新四军，还写道："窃以为目前阶段中，先生等既努力于对外民族战争，不如将马克思主义暂搁一边"，"诚能如此，国中各派思想，同以救民族救国家为出发点，而其接近也自易易矣"。[1] 共产党的叛徒、号称国民党"理论家"的叶青鼓吹：三民主义可以满足中国现在和将来的一切要求。国民党外的一切党派，不止今天，就是将来也没有独立存在的理由。蒋介石也于一九三九年五月七日在中央训练团发表《三民主义之体系及其实行程序》的演讲，宣称："一切要由党来负责。所谓'以党治国'、'以党建国'，其意义即以党来管理一切，由党来负起责任。""要使抗战胜利之日，即为建国完成之时。"[2] 这就把"中国向何处去"的问题十分尖锐地提到人们面前。

中国共产党早就说过：孙中山在国民党一大所解释的三民主义

---

[1] 张君劢：《致毛泽东先生一封公开信》，《再生》第10期，1938年12月16日。
[2] 《总统蒋公思想言论总集》卷3，第146、147、155页。

和共产主义的最低纲领基本上相同,因此在现阶段中国共产党愿为其彻底实现而奋斗。这对抗日民族统一战线的形成有积极意义。同时,中国共产党又说明两者仍有区别。既有区别,一些人又正在叫嚷只要有一个三民主义就够了。这就迫使中国共产党人必须把自己的旗帜更加鲜明地打出来,系统阐明自己的理论和纲领,指出中华民族要建立一个什么样的新社会和新国家。

最早提出新民主主义这个命题,是在一九三九年十二月写成的《中国革命和中国共产党》中。毛泽东明确地指出:所谓新民主主义的革命,就是在无产阶级领导之下的人民大众的反帝反封建的革命。

那么,新民主主义的政治、经济、文化的具体内容是什么,它们的特点是什么,还有其他一些有关问题,需要进一步加以阐明。

一九四〇年一月,毛泽东在陕甘宁边区文化协会第一次代表大会上作了长篇演讲。这篇演讲在延安出版的《解放》杂志上发表时,把题目改定为《新民主主义论》。毛泽东自己说,他这篇讲话的"目的主要是为驳顽固派",[1]但它的意义远远超出这个范围。

毛泽东在讲演中开宗明义地提出:我们要建立一个新中国。无产阶级领导的中国革命,第一步是进行新民主主义的革命,第二步才是进行社会主义的革命,只有完成前一个革命,才有可能去完成后一个革命。这两个阶段必须相互衔接,不容横插一个资产阶级专政的阶段。

对新民主主义的政治,他指出:在中国,谁能领导人民推翻帝国主义和封建势力,谁就能取得人民的信仰。历史已经说明,中国

---

[1]《毛泽东书信选集》,人民出版社1983年12月版,第160页。

资产阶级是不能尽此责任的,这个责任就不得不落在无产阶级的肩上了。现在所要建立的新民主主义共和国,一方面和资产阶级共和国相区别,另一方面也和社会主义的共和国相区别。他这样概括:"国体——各革命阶级联合专政。政体——民主集中制。这就是新民主主义的政治,这就是新民主主义的共和国。"

对新民主主义的经济,他指出:大银行、大工业、大商业,归这个共和国的国家所有。这种国营经济是社会主义的性质,是整个国民经济的领导力量。但并不禁止"不能操纵国计民生"的资本主义生产的发展。要扫除农村中的封建关系,把土地变为农民的私产。但在"耕者有其田"的基础上所发展起来的各种合作经济,也具有社会主义的因素。

对新民主主义的文化,他指出:民族的科学的大众的文化,就是人民大众反帝反封建的文化,就是新民主主义的文化,就是中华民族的新文化。

他说,这三个方面相结合,就是我们要造成的新中国。

新民主主义和旧民主主义的根本区别在于无产阶级是否掌握了领导权。在中国这样复杂的环境中,无产阶级怎样才能实现领导权?毛泽东在《〈共产党人〉发刊词》中写道:"统一战线,武装斗争,党的建设,是中国共产党在中国革命中战胜敌人的三个法宝,三个主要的法宝。"这是他对中国共产党十八年来的斗争历程作出的重要总结。

新民主主义理论的提出,对中国共产党自身来说,是一个富有创造性的认识上的飞跃。从大革命时期起,中国共产党提出过"非资本主义道路"的设想,但它的具体含义并不清楚。中国共产党追求的目标是社会主义,而当前从事的却是民主革命,这两个阶段之间的关系，也不很清楚。如果把两者混淆不清，会犯超越阶段的错误；如果把两者截然分割开来，又会迷失方向，并在前进中走大的弯路。对中国共产党领导的民主革命所要建立的是怎样一种社会，更缺乏清晰一致的共识。新民主主义理论的提出，就把长期困扰人们的这个大问题第一次弄清楚了。

毛泽东早年说过："主义譬如一面旗子，旗子立起了，大家才有所指望，才知所趋赴。"[1]树起"新民主主义"这面旗子，是中国历史上的一件大事。它不仅抗日战争中后期在国内产生引人注目的广泛而重大的影响，而且对以后的中国革命和建设起了巨大的指导作用。

国民党的反共军事摩擦并没有因为在华北遭受惩罚而停止下来。一九四〇年下半年，毛泽东从对国内外局势的分析出发，一再向党内发出警告：要有足够的精神准备应付突然发生的事变，应付最危险最黑暗局面的到来。这种危险果然很快就出现了，那就是国民党当局在一九四一年一月制造的震惊中外的皖南事变。

蒋介石为什么会选择这个时候发动新的更大规模的反共高潮？这同剧烈变动着的国际形势有关。一九四〇年六月五日，德国对法国发动闪电式的全面进攻。五天后，意大利向英、法正式宣战，欧洲局势急转直下。同月二十二日，法国贝当政府向德国投降。英军从欧洲大陆退守本土，并遭遇德国空军的猛烈轰炸。九月间，德、意、日三国在柏林签订三国军事同盟条约，英、美间也签订协定，国际上两大集团的对峙和斗争更加剧烈，都想拉蒋介石加入他们的

---

[1]《毛泽东早期文稿》，第554页。

联盟。苏联也仍在继续援助国民党政府。这种局面使蒋介石得意忘形,大大壮了他的胆。周恩来看得很透彻。他在十一月一日从重庆致电中共中央说:"三国协定后,英积极拉蒋,蒋喜。现在日本拉蒋,蒋更喜。斯大林电蒋,蒋亦喜。此正是蒋大喜之时","蒋现在处于三个阵线争夺之中。他认为以一身暂时兼做戴高乐、贝当、基玛尔,最能左右逢源","时机是紧迫了。只有二十天,反共局部战争会开始"。[1]

和一年前那次反共高潮不同,蒋介石把这次反共军事行动的重点放在华中。为什么这样?在他看来,华中比华北更接近他原来的统治中心地区,而且八路军在华北早已站稳脚跟,国民党军队在那里兵力单薄,难以对付。而新四军在华中立足未稳,孤悬皖南的新四军军部更处在日军和国民党军队的重围之下,实力悬殊,没有多少回旋余地,较易下手。

十月十九日,国民党当局以参谋总长何应钦、副参谋总长白崇禧名义,借口"统一军令",致电朱德、彭德怀、叶挺,把他们制造反共摩擦的责任推到八路军和新四军头上,限令八路军、新四军在一个月内全部开赴黄河以北的指定地区,并从已有的五十万人缩编到十万人。这自然是八路军和新四军无法接受的,也是事实上做不到的。十一月九日,朱德、彭德怀、叶挺、项英复电何、白加以驳斥,但表示江南正规部队为"顾全大局,遵令北移",请"宽以限期"。这个电报态度平和而措词委婉,并且作出重大让步,博得许多中间派人士的同情。国民党当局却把这种让步视为软弱可欺。十二月九日,蒋介石亲自命令,限在十二月三十一日前,将黄河以

---

[1]《皖南事变(资料选辑)》,中共中央党校出版社1982年1月版,第74页。

南的八路军开往黄河以北，长江以南的新四军开到长江以北；而在第二年一月三十日前，将新四军全部开到黄河以北。国民党当局对发动皖南事变已有充分准备。这些命令，只是打起"统一军令"的旗号，为他们的下一步行动作舆论准备。第三天，蒋介石密令第三战区司令长官顾祝同："该战区对江南匪部，应按照前定计划，妥为部署，并准备如发现江北匪伪竟敢进攻兴化或至限期（本年十二月卅一日止）该军仍不遵命北渡，应立即将其解决，勿再宽容。"[1]他已经下决心对新四军动手了。

一九四一年一月三日，蒋介石"商议对中共新四军等策略"。四日，奉命北移的新四军军部和它的直属部队九千多人，离开军部原所在地皖南泾县的云岭，准备经苏南前往江北；六日，在行经泾县茂林地区时突然遭到已在此设伏的由第三战区第三十二集团军总司令上官云相（北伐时收编的孙传芳旧部）率领的重兵八万多人包围袭击。九日，蒋介石在日记中写道："江南新四军残部既已冲突，应积极肃清，中共以现势决不敢以此叛乱也。"[2]新四军部队奋战七昼夜，终因寡不敌众又处在极端不利的峡谷中，除两千多人突围到皖北、苏南外，大部牺牲或被俘。军长叶挺在同国民党军谈判时被扣。副军长项英在突围时被叛徒杀害。一月十六日，蒋介石在日记中写道："为新四军事研究颇切，然决心甚坚，对此事正应彻底解决，以立威信，而振纪纲，即使俄械与飞机停运亦所不惜也。"[3]十七日，他反诬新四军"叛变"，通令取消新四军番号，宣称要把叶挺交付军法审判。这就是震惊中外的皖南事变。

---

[1]《皖南事变资料选》，上海人民出版社1983年2月版，第113页。

[2] 蒋介石日记，1941年1月9日。

[3] 蒋介石日记，1941年1月16日。

在国民党当局制造如此骇人听闻的惨剧,并且磨刀霍霍准备进一步行动的情况下,中共中央军委在二十日宣布命令,由陈毅代理军长、刘少奇为政治委员,在苏北重建新四军军部,并且成立七个师。毛泽东在同天以中共中央军委发言人的名义发表谈话。他说:

> 中国共产党已非一九二七年那样容易受人欺骗和容易受人摧毁。中国共产党已是一个屹然独立的大政党了。……我们还是希望那班玩火的人,不要过于冲昏头脑。……我们是珍重合作的,但必须他们也珍重合作。老实说,我们的让步是有限度的,我们让步的阶段已经完结了。他们已经杀了第一刀,这个伤痕是很深重的。他们如果还为前途着想,他们就应该自己出来医治这个伤痕。[1]

当时,许多人以为一九二七年的四一二政变又将重演。但这场事变是在全民族抗战正在紧张地进行的时刻发生的。大敌当前,中国共产党几经斟酌,考虑过多种对策(包括进行军事反击),最后决定采取军事守势、政治攻势的方针,发动了强大有力的政治攻势。国民党当局一月十七日的通令一发表,周恩来就在《新华日报》上刊出两幅他的题词手迹:一幅是"为江南死国难者志哀";一幅是"千古奇冤,江南一叶,同室操戈,相煎何急"。[2]这饱含悲愤的二十五个字,轰动重庆山城,传遍全国,产生了强烈震撼人心的力量。罗隆基回忆说:"这件事震动了全国人民。当时在重庆的民主人士和在野党派的领袖,就奔走相告,认为在抗战时期两大党的武

---

[1]《毛泽东选集》第 2 卷,第 774—776 页。
[2]《新华日报》1941 年 1 月 18 日。

力冲突是国家极大不幸的事情。这将影响整个中华民族的命运。"[1]经周恩来审定的《新四军皖南部队惨被围歼真相》在重庆秘密散发。很多中间派人士又从事实中看到,这次是国民党把事情做到如此决绝的地步,因此破裂的责任完全在蒋介石方面,人们的同情越来越多地转到中国共产党方面来。二十四日,周恩来向中共中央报告:"江南惨变发生后,中间人士及中间派对国民党大失望,痛感自由民主与反内战而团结之必要。章伯钧、左舜生等拟发起成立民主联合会。"这就是中国民主政团同盟(后改名为中国民主同盟)成立的重要由来。毛泽东二月十四日致电周恩来,对时局作了这样的估计:

> 蒋从来没有如现在这样受内外责难之甚,我(引者注:指中国共产党)亦从来没有如现在这样获得如此广大的群众(国内外)。……目前形势是有了变化的,一月十七日以前,他是进攻的,我是防御的;十七日以后反过来了,他已处于防御地位,我之最大胜利在此。……只有军事攻势才会妨碍蒋之抗日,才是极错误政策。政治攻势反是,只会迫蒋抗日,不会妨蒋抗日,故军事守势、政治攻势是完全正确的,二者相反正是相成。只要此次高潮下降,剿共停顿,将来再发动高潮,再举行剿共,就困难了,故目前是时局转变关头。[2]

在国际上,也普遍反对蒋介石这样做。英、美害怕由此引起大规模内战,不利于他们以中国牵制日本的目的。英国驻华大使与周

---

[1] 罗隆基:《从参加旧政协到参加南京和谈的一些回忆》,《文史资料选辑》第20辑,中华书局1961年11月版,第201页。

[2] 《皖南事变(资料选辑)》,第207、208页。

恩来面谈后，劝告蒋介石停止国内冲突，处理问题不要操之过急，以免造成事变。英国政府也向蒋介石表示："内战只会加强日本的攻击。"[1]美国总统罗斯福的代表居里来华访问。他对蒋介石声明："美国在国共纠纷未获解决前，无法大量援助中国，中美间之经济财政等问题不可能有任何进展。"[2]蒋介石在二月一日的日记中写道："新四军问题，余波未平，美国因受共党蛊惑，援华政策几乎动摇。"[3]苏联驻华大使潘友新也向蒋介石当面提出质问。日军又乘此以十五万多兵力向豫南发动猛烈攻势。

蒋介石发动皖南事变，原以为时机有利，不会在国内外遭到大的反对，日本会感到高兴，至少会保持中立。局势的发展完全出乎他的意料之外。他对中国共产党态度的坚决，对国内舆论的强烈不满，对国际社会的反响，甚至对日本的动向，都估计错了。他既想大举反共，又要维持继续抗日的局面，事实上是行不通的，使他在国内外都陷入异常孤立和进退失据的被动境地。五月六日，他在第二届国民参政会第六次会议上说："决不忍再见所谓'剿共'的军事，更不忍以后再有此种'剿共'之不祥名词，留于中国历史之中。""以后亦决无'剿共'的军事，这是本人可负责声明而向贵会保证的。"[4]

在这以后，国共关系趋向一定程度的缓和。由于中国共产党进行了"有理、有利、有节"的斗争，全面分裂的危机得到避免。抗日民族统一战线内部的力量比重发生深刻变动，对此后的中国政治生活产生了深远影响。

---

[1][德]王安娜：《中国——我的第二故乡》，生活·读书·新知三联书店1980年5月版，第361页。
[2]《新中华报》1941年3月9日。
[3][日]古屋奎二：《蒋总统秘录》第12册，(台北)中央日报社1977年7月版，第137页。
[4]《总统蒋公思想言论总集》卷18，第76页。

日本侵略者控制下的沦陷区

抗日战争进入相持阶段后,战争长期化的局面已定。对人力、物力、财力都严重不足的日本侵略者说来,要维持长期作战,不能不加紧对中国沦陷区的政治控制和经济掠夺。毛泽东在一九三九年十月一日所写的《研究沦陷区》中指出:

> 中国沦陷区问题,是日本帝国主义的生死问题。
>
> 在目前阶段内,敌人侵略中国的方式,正面的军事进攻,大规模的战略进攻(某种程度的战役进攻不在内),如同大举进攻武汉那样的行动,其可能性已经不大了。敌人侵略的方式,基本上已经转到政治进攻与经济进攻两方面。所谓政治进攻,就是分裂中国的抗日统一战线,制造国共摩擦,引诱中国投降。所谓经济进攻,就是经营中国沦陷区,发展沦陷区的工商业,并用以破坏我国的抗战经济。
>
> 为达其经济进攻之目的,彼需要举行对我游击战争的"扫荡战争",需要建立统一的伪政权,需要消灭我沦陷区的人民的民族精神。
>
> 所以,沦陷区问题,成了抗战第二阶段——敌我相持阶段的极端严重的问题。[1]

日本侵略者也明白,在土地如此辽阔、人口如此众多、民众又有着强烈爱国情怀的中国沦陷区,要加强政治控制和经济掠夺,单

---

[1]《毛泽东文集》第2卷,第247页。

靠它自己有限的兵力来实行赤裸裸的直接军事统治是远远不够的，也难以持久，因为那只会激起中国民众更强烈的憎恨和反抗。因此，他们感到需要在这些地区建立起表面上似乎由中国人组成的伪政权，来巩固他们对中国沦陷区的统治。九一八事变后，他们已在东北地区建立了伪满洲国。抗日战争全面爆发后，他们又先后在北平成立以王克敏为首的伪中华民国临时政府，在南京成立以梁鸿志为首的伪中华民国维新政府。王克敏和梁鸿志都是早已失意的北洋军阀统治时期的皖系政客，在国内并没有多大政治影响。此外，还在内蒙古中部地区建立以德穆楚克栋鲁普（德王）为首的伪蒙疆联合自治政府。国民党副总裁汪精卫公开叛国投敌，日本如获至宝，以为他能将不少人以至一部分军队拉出来，决心扶植他来建立一个伪中华民国国民政府。

汪精卫在河内发表要求停止抗战、对日求和的"艳电"后，日本当局曾对他抱有很大希望。当时担任日本参谋本部中国课长的今井武夫在回忆录中写道："攻占南京这一事，曾作为解决事变的转机而寄予最大的期望，但却是无所作为。从那以后，或是进行徐州作战，或是攻下武汉，乃至进击广州，始终抓不住解决事变的头绪，只不过徒然扩大战局，一味增加兵力，使任何人都有泥足深陷的感觉，这才觉悟到单靠作战的手段无论如何也得不到解决事变的希望。这时出乎意外地汪兆铭跳了出来，他提出计划要在南京建立和平政府作为解决时局的方策。老实说，纵然没有像在地狱里遇见菩萨那样的信任心，也有在渡口遇着船时的安慰感。"[1]

一九三九年五月，汪精卫在日方安排下从河内转移到日军控制

---

[1]［日］《今井武夫回忆录》，第113、114页。

下的上海,接着就到东京会见日本首相平沼骐一郎、枢密院议长近卫文麿以及陆、海、外、财等大臣。七月九日,他在上海公开发表广播演说,反对抗日战争,说:"试问以一个刚刚图谋强盛的中国,来与已经强盛的日本为敌,战的结果会怎么样?这不是以国家及民族为儿戏吗?"接着,竟更加令人齿冷地说出这样的话来:

> 我的和平建议,是赞同日本近卫内阁声明的。我为什么赞同呢?我依然是向来一贯的观念,对于日本冤仇宜解不宜结。打了一年半的仗,日本的国力,中国的民族意识,都已充分表现出来。日本既然声明,对于中国没有侵略的野心,而且伸出手来,要求在共同目的之下亲密合作,中国为什么不也伸出手来,正如兄弟两个厮打了一场之后,抱头大哭,重归于好?这是何等又悲痛而又欢喜的事?[1]

一九四〇年三月三十日,作为日本傀儡的汪伪国民政府在南京成立。伪维新政府、伪临时政府同日宣布解散。十一月二十九日,汪精卫和日本"特命全权大使"阿部信行签订《中日关系基本条约》,另附具有同等效力的《附属议定书》等,出卖国家民族利益,规定日本得以控制和掠夺中国的各项资源的原则及具体事项,并承认伪满洲国。在汪伪政权下,还组织起"和平救国军"等伪军,以后发展到六十二万人,成为日本侵略中国时为虎作伥的重要工具。

汪精卫的叛国投敌,立刻遭到全国民众的痛斥和唾弃。"艳电"发表后,前方将领陈诚、薛岳、龙云等立刻通电要求制裁汪精卫,

---

[1] 汪精卫:《我对于中日关系之根本观念及前进目标》,《汪精卫国民政府的成立》,上海人民出版社1984年4月版,第178、179页。

拥护抗战到底，誓争最后胜利。曾长期追随汪精卫的第四战区代理司令长官张发奎等也愤然通电斥汪"丧心病狂，通敌卖国，以易其个人富贵迷梦，总其罪恶，百死不足以蔽辜"。何香凝发表《斥汪兆铭》的文章，斥汪"不特民族气味全无，连做人的良心都已丧尽"，同时也指出：汪精卫的叛国，使"阵线更加分明，这是好现象"。[1] 当汪精卫来到日军占领的上海时，上海《译报》发表题为《声讨汪精卫及其奸党》的文章，指出："汪奸卖国的罪恶现在已是铁案如山，全国民众只有一致起来声讨，用'打落水狗'的精神来给这条正要从水里爬起来的咬人的癞皮狗以致命打击。"留在上海租界内的上海市百货业同业公会等一百一十五个同业公会电呈国民政府等，宣称："汪精卫以身负党国重任之人，竟于抗战局势好转之时，谬倡足以亡国灭种之和议，虽三尺童子，亦知其妄。""全沪商民，对于抗战必胜、建国必成之既定国策，久具坚强不拔之信念，决不为彼邪说所诱惑。"[2] 日本侵略者和汪伪政权在中国沦陷区内竭力进行奴化教育，企图削弱中国民众的反抗意识，没有收到任何效果。

汪精卫完全打错了算盘，只落得身败名裂的下场。他所建立的伪政权根本不可能获得中国民众的信任，只能靠日军刺刀的支持才得以维持；也不可能发挥日本侵略者预期的欺骗民众的作用。相反，倒是如何香凝指出的那样，使"阵线更加分明"，使一些原来对抗战动摇的人不再敢轻易步他的后尘，以免落得同样的可耻下场。

经济掠夺，是资源短缺的日本军国主义者发动这场侵略战争的重要目标。

---

[1]《汪精卫撤职经过》，《文献》卷4，1939年1月10日。

[2]《汪精卫公然叛国》，《文献》卷8，1939年5月10日。

九一八事变后，中国东北地区工矿交通业完全处在日本"满铁"（全称"南满铁路株式会社"）和"满重"（全称"满洲重工业开发株式会社"）等的直接控制下，特别是重工业得到畸形发展，日本侵略者大量掠夺煤炭和钢铁资源，为其扩大侵略战争提供军需物资；在农村，成立"满洲拓殖会社"，从日本大规模移民前来，称为"开拓民"，共移入二十四万人，逐走原来居住的中国农民，侵占耕地面积达一亿六千万亩，占东北可耕地的三分之一以上；同时实行经济统制，低价收购，残酷掠夺农产品，勒令农民大量种植鸦片；还任意抓捕劳工，从事暗无天日的苦役，造成大量劳工惨死。东北成为日本独占的殖民地。

抗日战争全面爆发后，中国沿海沿江地区的工矿企业在日军的狂轰滥炸下，遭到严重破坏。随着战争的发展，为着"以战养战"，日方又先后成立"华北开发会社"和"华中振兴会社"，下面设许多分支机构，采取军管理、委任经营（将掠夺的华资企业交由日本会社经营）、中日合办、租赁、收买等方式，霸占绝大部分中国工厂、矿产和交通事业，大量掠夺中国物资。其中，主要采取的是军管理和委任经营这两种方式，最初主要是实行军管理，后来因为军队不善于经营工厂，更多地采用委任日本会社经营，不管哪种方式，大权都直接操在日人手中。就是所谓"中日合作"或由中国人经营，目的也都是从沦陷区掠夺物资，以达到"以战养战"。

在关内农村，由于大片地区已成为游击区和敌后抗日根据地，日本所能控制的主要是重要城市和交通要道附近地区。日本侵略者采取强占土地、设立苛捐杂税、通过统制贸易进行强制性低价统购、任意强迫农民服劳役等方式，对农业造成严重破坏。对游击区进行"扫荡"时，除抢粮抢棉外，更野蛮烧杀，制造"无人区"和"人圈"，造成无数惨绝人寰的悲剧。

在金融方面，日军和伪政权大量发行军用券和"中央储备银行""中国联合准备银行""蒙疆银行"等伪币，强制民众使用，收购军用物资，并套取外汇。这些军用券和伪币没有或很少有准备金，实际上是对民众的无偿剥夺。

在贸易方面，日本侵略者对大后方和敌后游击区，既实行严密的经济封锁，阻止可以支持抗战的物资流入；又走私其他商品，以换取它所缺乏的某些物资。

沦陷区人民的亡国奴遭遇是十分悲惨的。人们不仅在经济上遭受残酷的掠夺和榨取，挣扎在饥饿线上，连人身的自由和安全也完全没有保障，更没有尊严可言。日伪的宪兵、警察、特务可以随时闯入居民住宅抓人，可以任意在旅店、车站和各种公共场所对中国人进行搜查、逮捕和种种侮辱人格的行动。被送到宪兵队、警察局和特务机关的人，不需要经过任何合法的审讯，就施以惨无人道的酷刑、遭到杀害或"下落不明"。在许多工厂里驻有特务队、警备队、行动队等组织，对工人严密监视。关入集中营或劳工营的，更是受尽种种折磨，直到惨死。人们除了秘密参加反抗组织外，只能盼望哪一天才能"天亮"。

这是沦陷区人民的普遍心情。

国际局势的重大变动

一九四一年，国际局势发生了重大变动。这年六月，德国法西斯突然进攻苏联。苏联无力再支援中国，并撤回了派驻中国政府的军事顾问。同年十二月八日，日军偷袭美国在太平洋地区最重要的海军基地夏威夷珍珠港，太平洋战争爆发，中国和美、英等国分别向日本和德、意宣战。这样，世界反法西斯统一战线形成，大大改变了国际关系的原有格局。其中，太平洋战争的爆发，对中日战争局势发生了尤为巨大的影响。

本来，日本军国主义者在对华战争的同时，一直存在着"北进"和"南进"的争论："北进"，就是向苏联的西伯利亚进攻；"南进"，就是向美、英、荷势力控制的东南亚发动进攻。苏德战争初期苏联遭受巨大的挫败，日本又一向竭力鼓吹反苏反共，许多人认为它定将利用苏联陷于困境而发动"北进"。事实却不是这样，而实行了"南进"的决策，这是什么原因呢？

日本在对外扩张中，一直存在着称霸东亚的梦想。日本历史学家信夫清三郎写道："从一九三一年至一九四五年这十五年间的'十五年战争'，由'满洲事变'、'中国事变'和大东亚战争这三个阶段构成，侵略的对象从'满蒙'经'中国本部'并扩展到了东南亚。向'满蒙'的发展，乃是日俄战争以来的课题；向'中国本部'的发展，是辛亥革命以来的课题；向东南亚的发展，则是第一次世界大战以来的课题。日本陆军从第一次世界大战的教训中懂得了形成总体战体制的必要性，开始着手于形成总体战体制的构思。"[1]

日本是一个资源十分短缺的国家，这同它的扩张野心并不相称。东南亚对日本最有吸引力的，是它拥有大量为战争继续进行所迫切需要的战略物资，如石油、橡胶、锡等，很多是在中国和西伯利亚等地区难以获得的。"本来，日本的全部或部分石油、橡胶、特殊钢原料、铁矾土、皮革、棉花、羊毛、麻类、油脂等重要

---

[1]［日］信夫清三郎：《日本政治史》第4卷，上海译文出版社1988年10月版，第400页。

战略物资必须依靠从美英及其势力范围内进口。另外，堪称工业基础的工作母机，实际上也大部分不得不仰赖于美国。""荷属东印度的确是东亚的石油宝库，年产约八百万吨，大约相当于日本的二十倍。""取得南方资源以摆脱经济上对美、英的依赖，巩固自给自足的态势，便被看作是自存自卫上必不可少的要求。"[1] 无论从称霸东亚的野心来看，还是从对华战争能"以战养战"的需求来看，这样丰富的战略物资一直令他们垂涎三尺，只是不敢轻易动手。

欧洲战局急转直下的发展，使他们十分兴奋，感到面临着可以一举解决南方问题的千载难逢的好机会。一九四〇年那一年，德国军队以闪电式攻势占领荷兰、比利时，迫使法国投降，在英国本土的登陆似乎不久就会实现，世界局势仿佛将很快发生巨大变化。英、法、荷等一时都无力顾及东方。这给了日本军国主义者极大的刺激和兴奋，认为机不可失。六月下旬，日本陆军省和参谋本部兴致勃勃地制订《适应世界形势演变的时局处理纲要》，要求在对华作战的同时"解决南方问题"，并取得海军的同意。七月二十七日，日本大本营和政府联席会议正式通过这个《纲要》。八月一日，日本外相松冈洋右公开发表演说，提出建立"大东亚共荣圈"的口号。

根据这个方针，"南进"的行动开始起步了。日本对已经投降德国的法国维希政府进行威胁，并对法属印度支那总督府施加压力，使它承认日军进驻法属印度支那的北部。一九四〇年九月二十三日，日军正式进驻。二十七日，日德意三国同盟条约在柏林签署，形成军事同盟。接连而来的这两个大动作，暴露出日本对东南亚的巨大野心，使日美关系日益紧张起来。美国在七月底已禁止

---

[1]〔日〕服部卓四郎：《大东亚战争全史》第1册，第39、40、80页。

对日本输出航空机用汽油，九月间又禁止对日输出钢铁和废铁。这对靠从美国输入战争必需的石油和钢铁的日本来说，几乎是一个致命的打击。

一九四一年四月起，日、美两国在华盛顿开始外交谈判。

对于苏联的进攻，日方另有盘算。德、日间虽有军事同盟，德国向苏联发动进攻的详细状况在事先却没有向日本通报。苏联在远东的部队在苏德战争初期不利情况下仍留驻东方而未西调，日本关东军在东北边境的张鼓峰和诺门坎两次挑衅中曾吃过苏联红军的亏。所以，"陆军省和海军以及近卫首相等人认为现在石油准备得不充足，先有掌握南洋的必要，待德国将苏联削弱时再行开战"。[1]他们只举行了一场虚张声势的"关东军特别大演习"，却把"北进"打算搁置起来，后来随着战局发展日益对日本不利，"北进"的计划实际上就取消了。

由于日本决意"南进"，日美谈判注定不会有任何结果。"美国看清战争不可避免，便对日本采取了强硬态度。当七月二十六日（日本）明确进驻法属印度支那（南部）时，英美两国发表冻结国内的日本资产，荷兰也效仿了他们。八月一日，美国对日全面禁止石油输出。美国禁止输出石油，对日本战争体制给予了致命打击。日本国内的石油生产还不到需要量的十分之一，四分之三从美国输入，其余靠由荷属印度尼西亚输入，因此，断绝石油输入，就意味着迫使日本陷入除了消耗国内贮藏的石油之外别无他法的困境。当时贮藏的石油量九百万千升，即使不打仗也只够两年的消耗，如果发起作战行动，会更快就消耗净尽。军部，尤其是没有石油寸步难

---

[1] [日] 远山茂树、今井清一、藤原彰：《昭和史》，生活·读书·新知三联书店1958年7月版，第130、131页。

行的海军，最担心缺乏石油。七月三十一日，永野军令部总长上奏：'这样下去的话，只有两年用的贮藏量。如果打起仗来，一年半就消耗净尽，因此，只有现在就动手。'海军也是破罐破摔的主战论日益强硬起来。日本的战争指导者们就这样走上了对美英战争的道路。"[1]十一月五日，日本御前会议批准《帝国国策实施要领》，在对外秘而不宣的情况下，决定准备对美、英、荷开战。十一月二十六日，美国总统罗斯福约见蒋介石驻美代表宋子文和中国驻美大使胡适，对他们说："太平洋上之大爆发恐已不在远"，"现时局势变化多端，难以逆料，一两星期后，太平洋上极有大战祸，亦未可知"。[2]

日本军国主义者贪婪而又目光短浅的对外侵略扩张政策，终于把自己逼进一条恶性循环的不归之路，无法自拔。由一九四一年十二月八日偷袭美国远东海军基地珍珠港开始的太平洋战争，就是在这样的大背景下发生的。

太平洋战争爆发前，中国几乎独立担负着反抗日本法西斯侵略者的作战任务，接近四年半时间。那时，英、法两国被欧洲战争缠得分身乏术，在远东对日本尽量妥协退让，根本不可能寄望于它们的援手。而美国在很长时间内孤立主义占着支配地位，政策摇摆不定，至少暂时仍想保持中立，对日本曾一再姑息。太平洋战争爆发后，情况发生根本变化，在远东战场上形成美、英、中、荷共同对日作战的新格局，当时被称为 ABCD 战线（那是指四国英文国名的第一个字母）。罗斯福在一九四二年二月七日致电蒋介石说："中国军队对贵国遭受野蛮侵略所进行的英勇抵抗已经赢得美国和一切

---

[1][日]藤原彰：《日本近现代史》第3卷，商务印书馆1983年10月版，第86页。
[2]《宋子文驻美时期电报选（1940—1943）》，复旦大学出版社2008年5月版，第136、137页。

热爱自由民族的最高赞誉。""我要求国会批准向中国提供总额五亿美元财政援助的建议已经参、众两院一致通过并且成为法律……表明我国政府和人民对于中国的衷心钦佩。"[1]中国在军用物资上也得到盟国的直接支援。但美、英等国当时奉行"先欧后亚"政策，兵力主要用于欧洲战场，美、英在太平洋地区的海军在战争初期又受到严重损失。因此，日军在南进后迅速占领关岛、马来亚、新加坡、菲律宾、荷属东印度（今印度尼西亚）、缅甸和太平洋一些岛屿，在不到半年内强占了三百八十万平方公里的土地，居民人口达一亿五千万人。澳大利亚和印度受到严重威胁。英国虽曾号称海上霸王，在远东有巨大的传统影响，却显得不堪一击。

这样，中国军民在东方反法西斯战争中的重要地位和作用更加凸现出来。正当日军势如破竹地横扫原由英、美、荷控制的上述地区时，在中国战场上也发动新的攻势。一九四一年十二月下旬，日本第十一军司令官阿南惟几率领十二万兵力会攻湖南长沙，先后强渡新墙河和汨罗江。中国军队在第九战区司令长官薛岳指挥下，实行坚壁清野，于长沙近郊顽强抵抗。日军一再受挫，弹药将尽，进攻二十多天后被迫撤退。这时，日军在太平洋战场上正节节胜利，中国战场上长沙防御战的成功，给了人们以极大的兴奋，造成不小的国际影响。

在华北敌后，日本侵略者企图把那里造成他们进行"大东亚战争"的可靠后方基地。由华北方面军司令官冈村宁次指挥，集结约二十五万兵力，并将伪军扩大到三十多万人继续推行"治安强化运动"，进行更加残酷的大"扫荡"，并掠夺战略物资。八路军在极端

---

[1]［美］《罗斯福选集》，商务印书馆1982年7月版，第345页。

险恶的环境中，排除万难，发展敌后游击战争，牢牢牵制住几十万日伪军，使他们难以使用于其他战场，并给了他们沉重打击，壮大了自己的力量。华中军民也不断地进行战斗，粉碎了日军的"扫荡"和"清乡"。

中国还组成远征军，由罗卓英、杜聿明率领三个军十万多人，在一九四二年一月进入缅甸，援助英军抗击入侵日军。仁安羌战役中救出被围的英缅军第一师及装甲第七旅七千多人，轰动英国。"各部队经过之处，多是崇山峻岭、山峦重叠的野人山及高黎贡山，森林蔽天，蚊蚋成群，人烟稀少，给养困难。""自六月一日以后至七月中，缅甸雨水特大，整天倾盆大雨。原来旱季作为交通道路的河沟小渠，此时皆洪水汹涌，既不能徒涉，也无法架桥摆渡……加以原始森林内潮湿特甚，蚂蟥、蚊虫以及千奇百怪的小爬虫到处皆是。蚂蟥叮咬，破伤风病随之而来，疟疾、回归热及其他传染病也大为流行。一个发高烧的人，一经昏迷不醒，加上蚂蟥吸血，蚂蚁侵蚀，大雨冲洗，数小时内便变为白骨。官兵死亡累累，沿途尸骨遍野，惨绝人寰。"[1]他们在异常艰难的自然条件下浴血奋战半年多，才被迫撤出，"除了一部（新二十二师及新三十八师）经缅北越野人山退入印境外，主力退回滇南及滇西"[2]。第二〇〇师师长戴安澜在转移时英勇牺牲，中国官兵死难者一万三千人。

美国总统罗斯福曾对他的儿子说：

假如没有中国，假如中国被打坍了，你想一想有多少师团

---

[1] 杜聿明：《中国远征军入缅对日作战述略》，《远征印缅抗战》，中国文史出版社1990年10月版，第33、34页。

[2] 《抗战时期滇印缅作战》（2），（台北）"国防部史政编译局"1999年6月版，第3页。

的日本兵可以因此调到其他方面来作战？他们可以马上打下澳洲，打下印度——他们可以毫不费力地把这些地方打下来，他们并且可以一直冲向中东……和德国配合起来，举行一个大规模的夹攻，在近东会师，把俄国完全隔离起来，吞并埃及，斩断通向地中海的一切交通线。[1]

正因为中国在远东的反法西斯战争中处于如此重要的地位，美、英都希望加强中国战场对日军的牵制。在罗斯福提议下，一九四二年一月三日成立同盟国军的中国战区，包括越南和泰国在内，由蒋介石任最高统帅、美国的史迪威中将任参谋长。中国的国际地位得到提高。经过反复交涉，一九四三年一月十一日，中美、中英新约分别在华盛顿和重庆签字，"要点为废除以领事裁判权为中心之各种特权，如租界、驻兵等权"。[2]（太平洋战争爆发后，英、美在华租界和特权实际上已被日本全部夺取。）五月二十日，相互换文批准后条约生效。但英国仍声明，这并不包括将香港交还中国，甚至拒绝讨论归还九龙租借地的问题。这以后，其他在中国享有特权的国家，如比利时、挪威、加拿大、瑞典、荷兰、法国、瑞士、丹麦、葡萄牙等国也先后同中国签订了平等新约。这是中国人民坚持抗日战争取得的重大成果。但这并不意味着中国已在实际上取得与各主要同盟国平等的地位。

一九四三年是世界反法西斯战争发生根本转折的一年。无论在苏德战场、北非战场、太平洋战场，同盟国军队都夺取了战争主动权，转入大规模反攻。日、德、意三个法西斯国家的最后失败已成

---

[1] [美]伊·罗斯福：《罗斯福见闻秘录》，新华出版社1951年版，第49页。
[2] 林泉编：《抗战期间废除不平等条约史料》，（台北）正中书局1983年11月版，第536页。

定局。意大利在这年九月向盟国投降。十二月二十九日，美、英、苏、中四国共同签署《关于普遍安全的宣言》，提出要尽快建立一个普遍性的国际组织，以维护国际和平与安全。这就是以后联合国的由来。十一月二十三日至二十六日，美、英、中三国在埃及开罗举行会议，讨论远东问题。美国总统罗斯福、英国首相丘吉尔和蒋介石参加了这次会议。苏联因为尚未对日宣战，没有参加会议。会议通过的《开罗宣言》明确规定："使日本所窃取于中国之领土，例如东北四省、台湾、澎湖群岛等，归还中华民国。其他日本以武力或贪欲所攫取之土地，亦务将日本驱逐出境。"[1]这是一份关于台湾地位的国际文件，确认台湾和澎湖列岛是中国领土。

国民党统治区危机的深化

太平洋战争爆发后，中国的国际地位明显提高。国民党政府在长沙会战和派遣远征军进入缅甸作战中，也有积极表现。但国民党统治区内的政治、经济、文化危机都在日益深化。它的原因主要来自国民党政府自身。当日本侵略军不能像战争初期那样继续发动大规模进攻、大后方的环境比以前稍见安逸时，这个政府不是乘机振作起来，有所作为，相反，原有的种种弊端变本加厉地发展起来。其中最使民众感到不满的是：蒋介石的独裁统治不断加强；特务横行，民众的安全和自由毫无保障；随着恶性通货膨胀，物价开始飞涨，而少数豪门资本却大发"国难财"。

先看看政治方面的状况。比起抗战初期来，国民党政府这时又

---

[1] 陈志奇辑编：《中华民国外交史料汇编》第12册，（台北）渤海堂文化公司1996年4月版，第6004页。

大开起倒车。

蒋介石历来要把国家的一切大权紧紧地揽在他一个人手里。但抗战前期，他的职务只是中国国民党总裁、军事委员会委员长，他的部下往往习惯地称他为"蒋委员长"或"委座"。一九四三年八月国民政府主席林森逝世，他在九月间由国民党五届十一中全会确定为国民政府主席兼行政院院长。这样，他连名义上也具备了个人独裁的完备形态。董必武从重庆回到延安后，作了一个《大后方的一般概况》的报告，首先就讲到蒋介石的个人独裁，说：

> 林森死后，他做了主席，独裁统治形态更完备了。国民政府原有一个"国民政府组织法"，组织法上规定主席的权力只是国家元首，和接待外宾，实际上只是国民政府的监印，有任命和命令时盖盖印而已。等蒋要做主席，他就把组织法修改了，主席可以做中国海、陆、空军大元帅；可以兼任任何职务——行政院长及其他一切职务都可以兼。过去国民政府五院院长是经过国民党中央提出和通过的，现在便由主席提经国民党中央通过；以前五院院长向国民党中央负责，现在是对主席负责。从这里可以看到，别人做主席时，什么权力也没有，他做主席时，便有一切权力，别人不能兼任何职务，他却可以兼一切职务。现在蒋介石的兼职，有国民党总裁，中国革命军事委员会的委员长，这是党与军的。政府方面，他兼行政院院长，不久以前才换了他的舅子宋子文，还是代理的；财政方面呢？四行联合办事处主任是他；教育方面呢？抗战前兼过教育部长，不久以前兼过中央大学校长，现在，陆军大学、中央军校、中央政治学校、警察学校……的校长还都是他，（笑声）

一切都是他。有一个时期还兼任过四川省主席。

总之,只有蒋介石个人是最高的。他有一个"侍从室"是最高的机关,什么命令,蒋的名字后附一个"侍"字就行,就高于一切。但"侍从室"的组织,在国民政府组织法中是无规定的。[1]

国家社会党的张君劢也这样谈到蒋介石:"他的权力变得毫无限制。任何经费,只要他批准,就是法律上有效的。他发布命令都是用'下条子'的方式。在重庆,蒋的政府被公开地称为'下条子政府',而这种制度当然导致整个权力的滥用。""训政,说到底,也不是由整个党来统治,而是堕落成为由个人的一时喜怒来统治。"[2]

中间势力(包括一部分自由主义的知识分子)曾寄很大希望于两次宪政运动。他们在要求"实行宪政"名义下,开了许多会,发表了不少言论,草拟出种种方案,试图通过这种温和的办法,多少限制国民党的"党治",扩大一点民主。结果,什么也没有得到,使他们深感失望,增强了对国民党政府的不满。

一九四三年三月,蒋介石出版了一本以他署名的《中国之命运》,其实由曾随汪精卫叛逃的陶希圣执笔写成。这本书在阐述"国民今后努力之方向及建国工作之重点"时,既反对共产主义,又反对自由主义,写道:"个人本位的自由主义与阶级斗争的共产主义

---

[1]《抗日战争时期国民党统治区情况资料》,中国现代史资料编辑委员会1957年6月翻印,第136、137页。
[2] 张君劢:《中国第三势力》,(台北)稻乡出版社2005年4月版,第94页。

二种思想","不外英美思想与苏俄思想的抄袭和附会。这样抄袭附会而成的学说和政论,不仅不切于中国的国计民生,违反了中国固有的文化精神,而且根本上忘记了他是一个中国人"。蒋介石把自由主义和共产主义放在一起反对,就把一些中间势力也置于对立面的地位,将自己进一步孤立起来。这些说法,甚至在英美也引起不满。两者中,他攻击的重点又在共产主义,指责中国共产主义"假'民主'的口号,掩护其封建与割据,以'自由'的口号,装饰其反动的暴乱,而以'专制''独裁'种种污辱与侮蔑,加于国家统一之大业,而企图使之毁灭"。他公然宣称:"惟有中国国民党,是领导革命、创造民国的总枢纽,是中华民族复兴和国家建设的大动脉。""如果今日的中国,没有了中国国民党,那就是没有了中国。简单地说,中国的命运,完全寄托于中国国民党。"全书快结束时,写道:"为什么我们国内的党派,倒反而不肯放弃他武力割据的恶习,涤荡他封建军阀的观念,那还能算是一个中国的国民?更如何说得上是'政党'?""这样还不是反革命?还不是革命的障碍?这样革命的障碍,如果不自动的放弃和撤销,怎么能不祸国殃民?不止是祸国殃民,而且最后结果非至害人自害不可。"[1]

在抗日战争胜利在望的此时此刻,蒋介石忽然抛出这样一本由他署名的充满杀机的书,并且大肆宣扬,不少地方还把它规定为学校教材,这实在是一件非同寻常的大事。它远不只是为不久后准备由胡宗南部以原有河防部队进攻陕甘宁边区作舆论准备,而且预示着在抗战结束后将不惜发动内战,消灭中国共产党,以维护国民党的一党专政,也就是蒋介石的独裁统治。因此,这本书出版后立刻

---

[1] 蒋中正:《中国之命运》,(台北)正中书局1976年1月版,第71、72、73、104、200、201、205、207、208、209页。

在国内引起轩然大波,受到社会各界的猛烈抨击。

国民党的特务统治在战前已开始形成,如暗杀有"报业大王"之称的《申报》主人史量才和中央研究院总干事杨杏佛这些事,都是力行社特务处处长戴笠指挥下所为。抗战期间,随着蒋介石独裁统治的加强,成立了由戴笠执掌的军事委员会调查统计局(简称"军统")和由陈立夫、徐恩曾控制的国民党中央执行委员会调查统计局(简称"中统")。它们虽然在对日作战的情报、"锄奸"等方面也做了一些事,但主要职能是加强对国民党统治区民众的严密控制和对中国共产党的残酷镇压。这种横行无忌的特务网,在中国以往历史上还不曾有过。他们不受任何法律的限制,到处设立集中营,进行暗杀活动,视人命如草芥,至于检查新闻和邮政、监视爱国人士行动、以"缉私"为名大量走私、联络地方流氓恶势力等等就更不用说了。董必武在回延安后的报告中说道:"在国党特务政策统治下面,在路上走的人有被抓去的,在家中坐的人有被抓去的,甚至坐在办公厅的公务员有被抓去的。抓去的方式,不依任何法律手续,不公开,被抓到什么地方去拷问和监禁,没有人知道,抓错了的经过要人保释,可能释放,但出来后不准谈被捕及被监禁的情形。"[1] 这种暗无天日的行为,引起了人们的普遍不安和愤怒。

再看看经济方面的状况。

大后方的经济,在中国最富庶的沿海地区被日军侵占、西南地区对外的国际通道又被封锁后,陷于极端困难的境地。但由于大量工厂内迁,十万多吨新式器材和一万多名熟练技工的到来,使原来十分落后的后方工矿业生产有了迅速发展。国民党政府在这方面也

---

[1]《抗日战争时期国民党统治区情况资料》,第145页。

做了一些有益的工作。战时后方人口约占全国的三分之一。拿工矿产值最高的一九四二年同战前全国的产值（不包括东北）相比，达到百分之十六点七，其中生铁产量达到四点五六倍，煤产量达到百分之五十一点四，棉布产量为百分之二十五点四。[1]这个数字当然很低，但在当时那样艰苦的条件下能做到这样实属不易，对支持抗战发挥了重要作用。

由于坚持抗战的实际需要，大后方的重工业得到明显发展。特别值得提到的是，国民政府资源委员会由孙越崎主持开发的玉门油矿。这是一项开拓性的工作。孙越崎回忆道：

> 我国燃料用油，过去一向依赖外国。抗战期间因海口被封锁，油源断绝。为了支援抗战，翁文灏在汉口时，决定开发甘肃玉门油矿，但缺少钻机。为此翁文灏在汉口撤退以前，特与中共周恩来同志商请将前国防设计委员会时期留在延长、延川的二台钻机从陕北调运到玉门油矿，以应急需。周恩来同志以事关开发后方能源，支持抗战，当表赞同，并派钱之光同志接洽办理调运事宜。翁文灏即派张心田去陕北调运该钻机并带原陕北油矿探勘处部分工人到玉门油矿。
>
> 玉门油矿是我国第一个油矿，过去我国没人有开采油矿的经验。虽然我和矿长严爽、地质师翁文波和炼厂厂长金开英四个人在美国、波兰留学时参观过油矿，但谁也没有实际经验。那时国内大学毕业生甚至没有人见过油矿。玉门油矿刚开办时，除少数人员是由其他单位调来的以外，大部分技术人员

---

[1] 许涤新、吴承明主编：《中国资本主义发展史》第3卷，第546页。

是来自西北工学院和西南联大、重庆大学等校的毕业生。他们都是刚出校门的二十多岁的青年人,只有边干边学,在实践中锻炼。

油矿开办时,工人来源是由国民党政府批准把酒泉、玉门、金塔三县每年征兵名额拨给油矿……后来不少人成为油矿职员和技工,为解放后大庆油田会战作出了相当大的贡献。著名的"王铁人"就是来自玉门矿的技工。

一九四二年我们计划年产汽油一百八十万加仑,事前在重庆的油矿局和玉门矿区的职工中大肆宣传,使人人皆知,以此作为全矿共同努力的目标……到当年十一月,生产汽油达到一百八十万加仑时,矿区各厂的汽笛齐鸣报喜,全体职工都不约而同地齐集广场,并把我抬起高举送上露天戏台,举行全矿祝捷大会,鞭炮齐放,热情庆祝。

玉门油矿所产油品,大都供应西北军用交通和重庆工业与民用等需要,对支援抗战和发展后方工业作出一定贡献。[1]

像这些有爱国心的在经济建设方面作出贡献的人和事,都是值得肯定和赞扬的。

但自一九四二年起,大后方的经济状况就出现逆转,工业逐渐萧条,农村凋敝,民众生活水平益趋恶化。突出的是三个问题。

第一,恶性通货膨胀,导致物价飞涨,民不聊生。

通货膨胀的起因,是对日作战,大片国土沦丧,政府的财政收入锐减而支出猛增。但在战争初期,农业在一九三八年至一九三九

---

[1] 孙越崎:《我和资源委员会》,《回忆国民党政府资源委员会》,中国文史出版社1988年2月版,第19、21、25页。

年是丰收之年，军队给养分散在全国各地，逃往内地的人口是三年间逐渐流入的。一九三九年底货币的发行量大约相当战前的三倍，物价是逐步上升的。人们出于爱国热忱，默默地忍受生活水平的下降，并努力节省开支。问题的暴露一时还不那样突出。

一九四〇年在中国通货膨胀史上标志着一个转折点。当时担任国民政府交通部部长的银行家张嘉璈（公权）在《中国通货膨胀史（1937—1949）》一书中写道：

> 在一九四〇年，中国遭受到严重的歉收，从而食品价格突飞猛涨。一九四〇年中国的十五个省稻谷夏收较往年降低百分之二十，即使冬季的麦收量仍与往年相同，一九四〇年的农产品产量总的计算起来也减低了百分之十；重庆的大米价格指数从五月间的二百十三上升到十二月间的一千零四。粮食产量一九四一年继续下降，比战前平均降低百分之九至百分之十三。
>
> 一九四〇年农产品产量的突然下降，使战争初期制约物价上涨的诸因素失其作用，并加速了通货的普遍膨胀。农民们以往因农业价格总是低于价格总水平而蒙受着在实际收入上的损失，现在便开始把其产品囤积起来，以待善价而沽。各省城镇黑市生意大为兴隆，使粮价大大超过当地的行业公会和政府机构所规定的"平价"。[1]

太平洋战争爆发后，虽然在政治上给了中国人以鼓舞，但在经

---

[1] 张公权：《中国通货膨胀史（1937—1949）》，文史资料出版社1986年8月版，第17页。

济上却更增加了困难。中国对外的国际通路基本被切断，使物资供应更感不足。一九四二年的进口额比上一年降低了一半，进口商品的价格上涨了三倍以上，原料缺乏使某些工业无法充分开工，人们对法币普遍丧失信心。大后方各种产品的物价指数，如果以太平洋战争爆发时的一九四一年十二月为一百来计算，到一九四三年十二月已上涨到一千零五十七，两年内上涨十倍；以后到抗战胜利前夜的一九四五年六月，更上涨到九千五百四十七，几乎上涨了一百倍。[1]这是官方的统计数字，物价实际上涨的状况肯定远不止这些。"三百万军队的粮食供应，全仰赖向四川、云南、贵州等西南地区的地主和农民征收，人民的负担沉重，几乎无法负荷。"[2]

通货膨胀、物价飞涨和各种苛捐杂税的不断增加，使工农群众和工薪阶层的生活状况急剧恶化。产业工人的收入以重庆为例，它的工资总指数以抗战爆发前的一九三七年一至六月为一百，到一九四二年增加十三点六九倍，而同期的零售物价总指数上升六十九点五倍，使他们的实际收入只有抗战前的五分之一。农民因为物价上涨，工农产品交换价的剪刀差迅速扩大，一九四三年的实际收入只有一九三七年的百分之五十八。工薪阶层的工资增加，远远落后于物价的飞涨，实际收入大幅度下降。一九四三年重庆的大学教授的实际薪金只有战前的百分之十二，生活十分穷困。学生的公费或贷金，不够一日三餐之需。士兵的实际军饷只有战前的百分之六，连最低的生活水平也很难维持。[3]

第二，从一九四一年下半年开始，在农村实行征实征借。

---

[1] 张公权：《中国通货膨胀史（1937—1949）》，第27、28页。
[2] 张君劢：《中国第三势力》，第91—92页。
[3] 刘大年、白介夫主编：《中国复兴枢纽》，第358页。

"征实",是将原来征收的田赋正附税额,从法币改为折收实物,使当局能掌握更多物资,包括粮食、棉纱等,并进一步控制市场。在抗战时期,这样做不能说完全没有它的合理性。但由于征实时不能执行公平合理的原则,粮食等实物要由缴纳者自行运送,粮食部门等又多对实物挑剔难留,从中勒索。"民众送粮到收集站时会遇到各种困难,县府会说粮食太湿,或者说米质欠佳,还有一个计量的问题。县府会责备农民所交粮食缺斤短两,所以每缴一百斤粮就要带备一百一十斤。防范官府刁难,这对老百姓来说是艰辛的。"[1]它实际上成为一项严重的苛政。

"征借",是一九四三年由四川开始的。它将征购改为征借后,不向农民支付现金,只付粮食券。一九四四年,大后方各省一律改征购为征借,把粮食库券也取消了,只在粮票内载明代作凭证,借粮也不给利息。这自然更是一项苛政。

"因为这些原因,战时的征实征购(征借)政策,在一方面虽则使政府掌握一些物资,但同时,却加重了贫富的分化,富者愈富贫者愈贫了。"[2]

第三,在这种情况下,更令人气愤的是豪门资本乘机大发"国难财"。

国民党政府的许多党政要员,特别是孔祥熙和宋子文,在经济一片混乱、物资极端匮乏的情况下,利用政治权力,利用垄断外汇和控制运输的特权,假借统制贸易的名义,实行专卖,掌握短缺物资,囤积居奇,牟取暴利。他们在当时被称为豪门资本,以后被称为官僚资本。他们在困难当头时这些所作所为,分明是发"国难

---

[1] 张发奎:《蒋介石与我》,第316页。
[2] 许涤新:《现代中国经济教程》,第93—96页。

财",受到人们切齿痛恨。

著名经济学家、重庆大学商学院院长马寅初一九四〇年十月二十日在《时事类编特刊》上发表《对发国难财者征收临时财产税为我国财政金融惟一的出路》一文,愤慨地指出:"现在前方抗战百十万之将士牺牲其头颅热血,几千万人民流离颠沛,无家可归,而后方之达官资本家,不但于政府无所贡献,且趁火打劫,大发横财,忍心害理,孰甚于此。""中国今日发国难财者除商人外,尚有利用政治力量而发财者。此种行为本非官吏所应有。故欲实行资本税必须先自发国难财之大官始。官吏所发之国难财,尤宜全部予以没收,以为人民表率。"[1]马寅初因此被国民党当局逮捕。蒋介石在日记中写道:"本日押解马寅初在宪兵司令部,以此人被共产党包围,造谣惑众,破坏财政信用也。"[2]马寅初被捕后,先后关押在贵州息烽和江西上饶达二十一个月之久。

对豪门资本的横行不法和民众的愤慨,张公权后来也坦率地写道:"中国的通货膨胀产生了一个发国难财的特殊阶级,并且使大多数的其他阶级,特别是公务员、教师和其他工资收入者,陷入一种远比二十世纪三十年代世界经济大萧条时期更为悲惨的境地。公务员和士兵被即使以中国的标准而言的极端贫困所压迫,对那些由损公肥私而发财致富的新兴的暴发阶级而大为敌视。中国政府由于没能事前防止和事后改善造成这种结果的经济情况,而招致军、政两界人员的不满。凡此种种,政府便丧尽人心。"[3]

随着人们这种不满的增长,在国民党政府极端高压下一度低沉

---

[1]《马寅初选集》,天津人民出版社1988年5月版,第198、199页。
[2] 蒋介石日记,1940年12月6日。
[3] 张公权:《中国通货膨胀史(1937—1949年)》,第45页。

的大后方民主运动又逐步发展起来。其中，十分重要的是中间势力政治态度的变化。中共中央在一九三九年十二月一日的一份党内指示中写道："争取时局好转的基本方针，即是更加认真的根据巩固和扩大抗日民族统一战线政策去组织全国一切进步力量即一切抗战和民主的力量。""一切站在国共之间主张抗战团结进步的所谓中间力量（从救国会朋友直到各地公正士绅、名流学者及地方实力派等）最近期间表现出政治积极性日益增长，成为推动时局好转的极重要因素。"[1]

胡绳曾着重地讲道："现在讲这段历史的书，主要讲国民党和共产党，讲他们间的矛盾斗争；论阶级，这是两极，一个是大地主大资产阶级，一个是无产阶级。其实，在这两极中间还有一大片。所以我想，除了国、共两个角色外，还应有第三个角色，这就是中间势力。乔木同志一次谈过去的文学时曾说，国民党的人只是一小撮，我们的人也很少，实际上是第三种人占大多数。政治也是如此。革命的胜利，是因为我们党把中间势力拉过来了，如果中间势力都倒向国民党，共产党就不可能胜利。""中间势力的特点就是动摇，不断分化。分化的结果，大多数站到共产党一边，站到国民党那边的也有，但很少。"[2]

代表中间势力的中国民主政团同盟的成立，是大后方政治生活中的一件大事。它正是国民党政府加紧压制民主、尽力排除异己所造成的。

梁漱溟一九四二年在《记中国民主政团同盟》中回忆道："同盟之发起，在民廿九年（引者注：即一九四〇年）十二月二十四

---

[1]《中共中央文件选集》第12册，第203、204页。
[2]《胡绳论"从五四运动到人民共和国成立"》，第3、4页。

日。是晨重庆报纸揭出国民参政会第二届人选名单,既于名额一再扩充,而上届在选之党外人士或敢言之士顾屏除不少,殊失人望。余与黄任之(炎培)、左舜生两公不期而相会于重庆新村四号张君劢家。彼此感慨同深,遂发同盟之议。"[1]黄炎培在那一天的日记中写道:"本日报端发表新参政员名单,余仍被选,因共君劢、漱溟、舜生商新组织问题。余以为,吾辈调解国共,必须有第三者明确的立场和主张。"[2]梁漱溟稍后又在《中国民主同盟述略》一文中讲到这件事:"四人会商,决定加强中间的组织。因此想来想去,非民主团结,大局无出路;非加强中间派的组织无由争取民主团结。所谓加强组织,要矫正散漫无中心之弊;从外面说,不畏强梁,挺起身来,代表民众说话,并见出真是无所偏倚的精神。"[3]

皖南事变后,国内政局更加严峻。一九四一年三月,中国民主政团同盟在重庆成立,通过政纲十二条,推黄炎培为主席(同年十月改为张澜)。

参加民主政团同盟的成员,其实相当复杂,彼此的政见也不尽相同,最初有中国青年党、国家社会党、中华民族解放行动委员(被称为"第三党")、职业教育派、乡村建设派和少数原来没有参加党派的人士;半年后,又增加了救国会派,通常称为"三党三派",因此取名为中国民主政团同盟。后来,以个人身份参加的人越来越多,就改名为中国民主同盟,简称"民盟"。

由于重庆的政治空气恶劣,它在初期处于秘密状态。到一九四一年十月十日,才在梁漱溟主持的香港《光明报》上发表中

---

[1]《梁漱溟全集》第6卷,山东人民出版社1993年1月版,第353—354页。
[2]《黄炎培日记》第7卷,第46页。
[3]《梁漱溟全集》第6卷,第598页。

国民主政团同盟的《成立宣言》和《对时局主张纲领》。《成立宣言》一开始就申明："中国民主政团同盟今次成立，为国内在政治上一向抱民主思想各党派一初步结合"，并对国内形势作了这样的分析："国事好转诚在最近之四五年，而其间前后又有不同，大抵国际情势后胜于前，而国内情势则入后转不如初，此其事亦皆在人耳目，无烦缕指。"《成立宣言》中要求实行"军队国家化，政治国家化"。《对时局主张纲领》提出十条主张，前三条是：

一、贯彻抗日主张，恢复领土主权之完整，反对中途妥协。二、实践民主精神，结束党治，在宪政实施以前，设置各党派国事协议机关。三、加强国内团结，所有党派间最近不协调之点，亟应根本调整，使进于正常关系。[1]

这两个文件一发表，中国共产党立刻公开表示欢迎。延安的《解放日报》发表社论说："这是抗战期间我国民主运动中的一个新的推动。民主运动得此推动，将有更大的发展，开辟更好的前途。""辛亥革命以后，三十年来，国内一切政治运动，都是围绕着两个核心，一是民族独立，一是民主政治。这是全国人民的需要。民主政团同盟的奋斗，是有其社会基础的。"[2]

一九四一年十一月，国民参政会二届二次大会在重庆举行。张澜、张君劢、黄炎培等提出要求结束党治的提案。蒋介石极为震怒，在日记中写道："张澜、张君劢提出取消党治案十条，是诚反动之尤者，此种卑污政客比汉奸更为可怜可恶也。""对张澜、张君劢等

---

[1]《中国民主同盟历史文献（1941—1949）》，文史资料出版社1983年4月版，第5、7、8页。
[2]《中国民主运动的生力军》（社论），《解放日报》1941年10月28日。

提案，应预备决裂办法，此种污劣政客不能纯以宽厚相待，而且非法与权不可也。""余之神态粗狠，几近狂痴矣，戒之。"[1]

太平洋战争爆发后，民盟在香港所办的《光明报》被迫停刊，但它在内地的活动，不但坚持下来，而且日趋活跃。一九四三年春开始，民盟在云南昆明接受西南联大教授费孝通、曾昭抡、闻一多、吴晗等入盟，在知识分子和青年学生中产生了很大影响。他们主张的重点也更多地放在"政治民主化"上面。这年七月，德高望重的中国民主同盟主席张澜致信蒋介石，写道："年来盱衡时局，审度内外，觉国际战事，虽胜利可期，而国内政治情形，则忧危未已。""察其症结，皆在政治之未能实现民主。""法令纷繁苛扰，官吏敷衍，惟肆贪污，从未有如今之甚者。人民遭受压抑，痛苦百端，不能上达，厌恨之情到处可见。""如或昧于大势，迁移不决，徒貌民主之名，而不践民主之实，内不见信于国人，外不见重于盟邦，则国家前途，必更有陷于不幸之境者。"[2]他的话是说得很坦率也很尖锐的。

在这个时期内，进步文化活动在大后方也重新活跃起来。

皖南事变后将近半年时间内，大后方的进步文化界相对说来比较沉寂。由于环境险恶，许多进步文化人士陆续被迫离开重庆，从一九四一年一月到四月，重庆的《全民抗战》和桂林的《救亡日报》等数十种报刊在国民党当局压迫下先后停刊。生活书店的成都、昆明、桂林、贵阳等分店或被查封，或被限期停业。但郭沫若、阳翰笙等坚持留在重庆。他们主持的政治部文化工作委员会，先后举行多次文艺讲演会，举办新诗、戏剧批评等座谈会和民歌演唱会，还

---

[1] 蒋介石日记，1941年11月21、22日。
[2] 《张澜文集》，四川教育出版社1991年12月版，第183、184页。

同中苏文化协会等合作举办高尔基逝世五周年纪念会。这年十月以后，重庆的进步文化运动出现复苏的局面。十一月十六日，文艺界举行了纪念郭沫若五十寿辰和创作生活二十五周年的活动。纪念会由冯玉祥主持，到会的有两千多人。在这前后，还上演了郭沫若编剧的《棠棣之花》和阳翰笙编剧的《天国春秋》这两出话剧。这些活动，冲破了前一阶段笼罩于重庆上空的沉闷空气。

太平洋战争爆发后，海外运输几近断绝，胶片难以进口，电影摄制陷于停顿，许多电影工作者转入话剧战线，使话剧舞台更加活跃起来，成为大后方文化生活中突出的亮点。第二年年初，郭沫若又写出一部历史剧《屈原》，在《中央日报》副刊上连载，并于四月三日在重庆公演，剧中借屈原之口呼喊："鼓动吧，风！咆哮吧，雷！闪耀吧，电！将一切沉睡在黑暗怀抱里的东西，毁灭，毁灭，毁灭呀！"这实际上是呼喊出大后方民众心中的怨愤。《屈原》的演出，轰动了山城重庆，出现了空前的盛况。主要演员白杨回忆说："许多群众半夜里就带着铺盖来等待买票；许多群众走了很远的路程，冒着大雨来看演出。剧场里，台上台下群情激昂，交溶成一片。"[1]重庆的报上把它誉为"剧坛上的一个奇迹"。这年十月，夏衍编剧的《法西斯细菌》在重庆上演，也取得轰动的效应。

这些文化活动大多是由周恩来组织和指导的。对进步的学术工作者，周恩来勉励他们利用当时难以举行大规模群众活动的机会，埋头从事研究和写作。郭沫若的《十批判书》、侯外庐的《中国古典社会史论》、翦伯赞的《中国史纲》、邓初民的《中国社会史教程》等学术名著，便是这段时间内开始写作或写成的。

---

[1] 白杨：《敬爱的郭老，深切悼念您》，《悼念郭老》，生活·读书·新知三联书店1979年5月版，第251页。

抗日民主根据地的新气象

一九四一年和一九四二年,是中国共产党坚持敌后抗战最困难的时期。

"百团大战"使日本侵略者受到极大震动。他们把华北作为"彻底治安肃正"的重点。一九四一年二月,刚就任日本华北方面军司令官的冈村宁次发布命令:必须在四个月内彻底消灭华北的共产党和八路军。一九四一年三月至一九四二年十二月,他们在华北对各抗日民主根据地连续进行五次"治安强化运动",有时对一个地区反复"扫荡"的时间长达三四个月。他们所到之处,掠夺粮食牲畜、烧毁房屋,制造无人区,无恶不作。《晋察冀日报》在社论《坚决粉碎敌寇二次"治安强化运动"》中指出日军的残酷手段:

> 从军事方面,以我之某一地区或分区为对象,进行全面的突然袭击(如最近在冀中十分区和冀东是最显著的例证),企图分割和蚕食我边区,各个击破,以达到其由点线扩大为面的占领的企图;同时经常以小规模的游击式的"恐怖"、"肃清"和"包剿",挖沟、修汽路、增设据点、建筑新的碉堡,以及与此相辅而行的大量组织伪军;其总的方向是加紧其分割、封锁、蚕食我边区的"囚笼政策"。
>
> 加强特务工作的活动,并以特务人员成立"工作队",在敌迹所到之处,采取"恐怖战术",震悸人心,屠杀逮捕,强迫人民"自首"、"接头",调查户口,强迫照相片、登记与抽壮丁,发展连环"爱护村",建立公开与秘密的"维持会",企

图以此野蛮黑暗残酷的反动统治逐渐伸入和毁灭我边区。[1]

在这样险恶的环境中,八路军总部始终坚持在敌后指挥作战。一九四二年五月十五日起,日军集中主力三万多人进攻太行、太岳,袭击八路军总部和第一二九师师部。他们从两个联队各挑选约一百名士兵组成挺身队,采取严格保密措施,潜入抗日民主根据地。以往,日军大"扫荡"前两三天,总部就可以从当地民众中得到确切信息,及时转移。但这次潜入太行区的日军挺身队化装成八路军,"敌采取鱼目混珠,亦打扫房屋,帮助春耕,买物给钱,俨然与八路军一样",[2]因此八路军总部并没有得到信息。总部和北方局两千多人正向东转移时,日军已得到挺身队报告,集中精锐一万多人对这个地区迅速合围,并派来飞机轰炸扫射。彭德怀在枪林弹雨中飞马突出重围。留后指挥的八路军副参谋长左权在日军炮轰下壮烈殉国。左权毕业于黄埔军校第一期,曾在苏联莫斯科中山大学和伏龙芝军事学院深造,久经战阵,文武兼备。他的牺牲,是八路军的重大损失。

八路军和敌后根据地军民,在这样艰难的环境下,不但继续坚持斗争,而且创造出很多有效的歼敌方法,如麻雀战、地道战、地雷战、破袭战、水上游击战、武装工作队等,灵活有力地打击日本侵略者,发展了人民战争的战略战术。

在华中,日本侵略军从一九四一年起伙同汪伪军进行"清乡运动"。他们利用这个地区交通比较便捷的条件,采取分进合击和梳

---

[1]《晋察冀日报社论选(1937—1948)》,河北人民出版社 1997 年 10 月版,第 243 页。
[2] 彭德怀致刘伯承、邓小平、陈赓、薄一波电,1942 年 5 月 29 日,转引自《彭德怀传》,当代中国出版社 1993 年 4 月版,第 253 页。

笼式"清剿",用来打开局面;再以铁丝网和电网等分割根据地,逐乡建立保甲,实行政治、经济、文化等奴化统治。重建军部的新四军领导根据地军民进行顽强的反"清乡"战斗,第六师参谋长兼旅长罗忠毅、旅政治委员廖海涛等英勇牺牲。华南的抗日游击战争也在艰苦环境中坚持和发展着。

正当八路军、新四军在敌后同日本侵略军进行极端艰苦的战斗时,国民党当局在一九四〇年冬完全停发八路军的薪饷、弹药和被服等物资,皖南事变后又取消新四军番号,而且对陕甘宁边区等抗日民主根据地实行严密的军事包围和经济封锁,断绝外界对边区的援助,使根据地军民的生活陷于严重困境。

在敌后抗战这个最艰苦的时刻,一九四二年和一九四三年,一场旷日持久的特大干旱,夹杂着蝗、风、雹、水等各种灾害,又席卷了以河南为中心,包括黄河中下游两岸的华北大地。拿中国共产党领导的抗日根据地来说,晋冀鲁豫边区受灾最为严重。"从一九四一年冬到一九四二年春,太行区的雨量就很少。""与其相邻的冀南、冀鲁豫分区也普遍歉收,冀鲁豫重灾村有一千零五十个,轻灾村五百八十个。到了一九四三年,旱灾继续蔓延,被灾面积差不多包括太行和冀南的全部、太岳大部和冀鲁豫的一部。""太行区的大部从五月中旬一直到八月初,八十多天滴雨未下,赤日炎炎,如灼如烤,许多地区水井干涸,河流断源,水荒严重威胁到了人畜的生存。耕地龟裂,茎叶干枯,着火即燃,所以早种的玉米、豆子、南瓜、菜蔬及大部分谷子,尽皆旱死,平均收成仅三成左右,灾民在三十五万人以上。"[1]由于连年干旱,边区各地普遍发生蝗灾。随

---

[1] 李文海等:《中国近代十大灾荒》,第278、279页。

后又发生水灾。这些，对根据地军民的生活无异雪上加霜。

日本侵略军的残酷扫荡、国民党当局的停发薪饷和经济封锁、严重的灾荒，这三者交错在一起，使中国共产党面对着极端严重的困难和考验。毛泽东在《抗日时期的经济问题和财政问题》中写道："我们曾经弄到几乎没有衣穿，没有油吃，没有纸，没有菜，战士没有鞋袜，工作人员在冬天没有被盖。国民党用停发经费和经济封锁来对待我们，企图把我们困死，我们的困难真是大极了。但是我们渡过了困难。"[1]他在干部动员大会上尖锐地提出问题："饿死呢？解散呢？还是自己动手呢？饿死是没有一个人赞成的，解散也是没有一个人赞成的，还是自己动手吧——这就是我们的回答。"[2]

怎样动手？不管条件如何艰苦，抗日作战是必须坚持的，而且还要发展。这是中国共产党人在民族战争中的神圣职责。他们在军事上形成主力部队、地方武装和民兵自卫队三位一体的结构。针对日军对敌后的疯狂进攻，八路军采取"敌进我进"的方针，夺取战争的主动权；敌后军民创造了多种多样、灵活机动的歼敌方法，不停顿地袭击日本侵略军，使他们日夜不得安宁。兵力有限的日军，尽管武器装备精良，一旦陷身于人民战争的汪洋大海中，便成为瞎子和聋子，处处被动挨打，一筹莫展。日本华北派遣军总部在一九四三年的综合战果报告中写道：

> 敌大半为中共军，与蒋军相反，在本年交战一万五千次中，和中共的作战占七成五。在交战的二百万敌军中，半数以上也都是中共军。在我方所收容的十九万九千具敌遗尸中，中

---

[1]《毛泽东选集》第3卷，第892页。
[2]《毛泽东文集》第2卷，第460页。

共军也占半数。但与此相比较，在我所收容的七万四千俘虏中，中共军所占的比率则只占一成五。这一方面暴露了重庆军的劣弱性，同时也说明了中共军交战意识的昂扬。[1]

在坚持对日作战的同时，面对严重的经济困难，中国共产党断然采取几项重大措施：在加强党的一元化领导下，进一步实行减租减息，开展大生产运动，精兵简政，在政权中贯彻执行"三三制"。

中国共产党领导的抗击日本侵略者的人民战争，主要依靠的是占人口绝大多数的贫苦农民。为了战胜面对的严重困难，更需要倚仗他们的力量。减租减息的要求，在抗战一开始时就提出来了，也就是一方面减租减息，一方面要求交租交息，以利于团结大多数地主抗日。这种政策在各根据地已开始实行。但由于当时忙于在敌后打开局面、应对残酷"扫荡"以及其他原因，许多抗日根据地把重点放在合理负担上，减租减息没有得到普遍的认真的实行。一九四二年一月二十八日，中共中央作出《关于抗日根据地土地政策的决定》，指出："在有些根据地内，还只在一部分地方实行了减租减息，而在另一部分地方，或则还只把减租减息当作一种宣传口号，既未发布法令，更未动手实行。或则虽已由政府发布了法令，形式上减了租息，实际并未认真去做，发生了明减暗不减的现象。在这些地方，群众的积极性不能发扬，也就不能真正将群众组织起来，造成热烈抗日的基础。在这些地方，抗日根据地就无法巩固，经不起敌人的扫荡，变成软弱无力的地区。"[2]《决定》和它的三个附件，对执行土地政策的基本原则和具体办法作出详细的规定，它

---

[1]《朱德选集》，第148—149页。
[2]《中共中央文件选集》第13册，第280、281页。

的基本精神是先要能够把广大农民群众发动起来,如果群众不能起来,一切无从说起;在群众真正发动起来后,又要让地主能够生存下去,所以在经济上只是削弱(但一定要削弱)封建势力,而不是消灭封建势力。

这个《决定》的制定和贯彻执行,是抗日根据地的一件大事。一九四二年起,各地据此制定或修正有关条例法令,抓紧反"扫荡"作战间隙和夏收、秋收季节,采取有力措施,使减租减息运动掀起前所未有的高潮。在许多地方,土地关系发生明显变化,中农数量有很大增长。这对发动群众、坚持和巩固抗日根据地发挥了重要作用。

为了克服严重的物质生活困难,坚持抗战而又不过于加重人民的负担,中共中央接受党外人士、陕甘宁边区政府副主席李鼎铭提出的"精兵简政"的意见,精简机关,充实连队,加强基层,节约人力物力。毛泽东把它称为"一个极其重要的政策"。一九四三年,晋冀鲁豫边区政府人员由五百四十八人精简到一百人,八路军前方总部和第一二九师师部合并办公。

同时,军队、政府机关和学校中本着"发展经济,保障供给"的方针,开展大生产运动,实行生产自给。"为什么要发动大生产运动?一方面是国民党停止发饷,另一方面陕甘宁军民关系较紧张,农民负担重。因此要动员部队、机关、学校自己动手,解决财政来源,减轻农民负担。"[1]各项生产事业中,以农业为主,兼及畜牧业、工业、重工业、运输业、商业等。毛泽东、朱德、周恩来、任弼时等都参加生产劳动。八路军第三五九旅开到延安以南的南泥

---

[1]《胡乔木回忆毛泽东》,第19页。

湾，开垦荒地，到一九四二年做到全旅粮食自给百分之八十，经费自给百分之九十以上。在这里，没有大后方那种投机操纵和囤积居奇，大家都是实实在在地为提高生产而奋斗。从一九四三年起，敌后各根据地的机关一般能自给两三个月甚至半年的粮食和蔬菜，生活得到显著改善，而敌后根据地人民的负担只占总收入的百分之十四左右。

在政权机构中，中共中央要求各抗日民主根据地普遍实行"三三制"，也就是共产党员、非党进步分子和中间派分子各占三分之一。各根据地普遍成立了参议会。它的目的都是健全各根据地的民主制度，团结各抗日阶级和阶层，共同对敌。

正是这些在实践中逐步摸索出来的切合实际情况的政策措施，在人们面前开创出一种新的社会生活，造成了谁也无法摧毁的得到民众支持的坚实基础。

从一九四一年开始，中国共产党展开了一次长达三年的整风运动。它的任务是：反对主观主义以整顿学风，反对宗派主义以整顿党风，反对党八股以整顿文风。这是中国共产党内一次影响深远的马克思主义教育运动，也是一次破除党内把马克思主义教条化、把共产国际决议和苏联经验神圣化的思想解放运动。

为什么在抗日战争处于紧要关头的时刻，要用这样大的力量和这样长的时间来进行这次整风运动？它既是现实的需要，又有着深刻的历史背景。

中国共产党在历史上既取得巨大胜利，也经历过严重挫折。其中，造成损害最大的是以王明为代表的教条主义错误。这种错误在实际工作中虽已基本得到纠正，但没有来得及从思想方法的高度对错误的根源进行深刻的总结。"一种错误如果没有被真正认识，就不可避免地会在另外的条件下，以这种或那种形式重新出现。所以，必须用正确的立场、观点、方法来克服错误的立场、观点、方法。基于这种需要，中共中央认为有必要在全党开展整风运动。这时，抗日战争正处在最困难的阶段。为了实现党内在思想上政治上的统一和行动上的一致，同心同德地战胜困难，夺取抗日战争的最后胜利，也需要进行这样一次全党的整风。"[1]

这次整风最主要的任务，是反对主观主义。它是从思想方法着手的。如果中国共产党能够坚持从实际出发，坚定而又灵活地按照客观实际办事，就没有任何力量能够战胜它。如果单凭主观愿望和热情，"想当然"或照着某些"本本"办事，没有不吃苦头以致遭受失败的。因此，能不能在指导思想上切实反对并纠正主观主义，使主观尽力符合客观实际而不是相反，对党确实是一个生死攸关的大问题。抗日战争开始后，党内发生过一些重要争论，分歧的焦点也在这里。

为了解决这个问题，毛泽东在一九四一年三、四月间出版了《农村调查》，并在序言中写道："现在我们很多同志，还保存着一种粗枝大叶、不求甚解的作风，甚至全然不了解下情，却在那里担负指导工作，这是异常危险的现象。对于中国各个社会阶级的实际情况，没有真正具体的了解，真正好的领导是不会有的。"他又写道："实际工作者须随时去了解变化着的情况，这是任何国家的共产党也不能依靠别人预备的。所以，一切实际工作者必须向下作调查。""'没有调查就没有发言权'，这句话，虽然曾经被人讥为'狭隘经验论'的，我却至今不悔；不但不悔，我仍然坚持没有调查是

---

[1] 胡绳主编：《中国共产党的七十年》，第252页。

不可能有发言权的。"[1]五月十九日,他在延安干部会议上作《改造我们的学习》的讲演,突出强调"实事求是"的极端重要性。他说:

> "实事"就是客观存在着的一切事物,"是"就是客观事物的内部联系,即规律性,"求"就是我们去研究。我们要从国内外、省内外、县内外、区内外的实际情况出发,从其中引出其固有的而不是臆造的规律性,即找出周围事变的内部联系,作为我们行动的向导。而要这样做,就须不凭主观想象,不凭一时的热情,不凭死的书本,而凭客观存在的事实,详细地占有材料,在马克思列宁主义一般原理的指导下,从这些材料中引出正确的结论。[2]

然而,毛泽东这篇观点鲜明、措词尖锐的重要讲话,在党的高级干部中竟没有引起多少反响,宣传部门也没有在报上报道。这使毛泽东进一步意识到问题的严重性,决定整风先要从统一高级干部的思想入手。中共中央把毛泽东主持编辑的党的历史文献集《六大以来》发给高级干部,要大家认真阅读,结合实际进行比较和分析,看看哪些是对的,哪些是不对的。这种阅读和分析,作用很大。胡乔木回忆道:"当时没有人提出过四中全会后的中央存在着一条'左'倾路线。现在把这些文件编出来,说那时中央一些领导人存在主观主义、教条主义就有了可靠的根据。有的人就哑口无言了。毛主席怎么同'左'倾路线斗争,两种领导前后一对比,就清楚看到毛主席确实代表了正确路线,从而更加确定了他在党内的领

---

[1]《毛泽东选集》第3卷,第789、791页。
[2] 同上书,第801页。

导地位。"[1]

  党的高级干部整风学习的重要内容，就是本着这个精神认真总结党的历史经验，联系个人和所在地区或部门进行检查，认真研究以往工作实践中取得成功的原因和遭遇失败的教训，开展批评和自我批评，分清是非，逐步取得思想认识上的一致。后来，博古在中共七大上曾诚恳地检查自己过去的教条主义思想方法："碰到实际问题，不先想实际情况而是先想马、恩、列、斯在什么地方怎样说过，或者在欧洲或俄国革命史上有过什么相关的情况，用过什么口号策略，并把它们原封不动地搬运到中国来。"[2]

  全党范围内的整风学习，是从一九四二年二月毛泽东在中央党校开学典礼上作《整顿党的作风》的报告和在中央宣传部干部会议上作《反对党八股》的报告后开始的。毛泽东在这两个报告中，系统地阐述了反对主观主义、宗派主义和党八股的极端重要性。他说：党内的主观主义有两种，一种是教条主义，一种是经验主义，现在是教条主义更为危险。他用"有的放矢"这个词来说明如何做到理论联系实际，也就是马克思列宁主义之矢必须用了去射中国革命之的。"真正的理论在世界上只有一种，就是从客观实际抽出来又在客观实际中得到了证明的理论"。关于反对宗派主义，他要求正确处理党内的各种相互关系，以达到队伍整齐、步调一致的目的；同时也要消灭党外关系上的宗派主义，"其理由就是：单是团结全党同志还不能战胜敌人，必须团结全国人民才能战胜敌人"。他把"文风"问题和上述两个问题一起，列为必须整顿的"三风"之一。他尖锐地批评以"空话连篇，言之无物""装腔作势，借以吓

---

[1]《胡乔木回忆毛泽东》，第48页。
[2] 博古在中共七大上的发言记录，1945年5月3日。

人""无的放矢，不看对象""语言无味，像个瘪三"等为特征的党八股，说："要使革命精神得到发展，必须抛弃党八股，采取生动活泼新鲜有力的马克思列宁主义的文风。"党的各级组织和有些基层党员，本着整顿三风的精神，进行对照检查，思想面貌发生很大变化。

整风运动中，中共中央在一九四二年五月召开延安文艺座谈会。毛泽东在讲话中强调文艺为人民群众，首先是为工农兵服务的方向，系统地回答了文艺工作中许多有争论的问题，特别是文艺和生活的关系、文艺和人民的关系这两个问题。他强调："鲁迅的两句诗，'横眉冷对千夫指，俯首甘为孺子牛'，应该成为我们的座右铭。"会后文艺界开展整风学习，大批作家下乡下部队，深入生活，创作出一大批为工农兵喜闻乐见的优秀的新文艺作品，如赵树理的小说《小二黑结婚》和《李有才板话》、歌剧《白毛女》、秧歌剧《兄妹开荒》、京剧《逼上梁山》、李季的叙事诗《王贵与李香香》等。

中共中央在一九四三年四月，要求在整顿党的作风的同时，对全党干部进行一次认真的组织审查。在当时十分复杂的社会政治环境下，在各种敌对势力千方百计对中国共产党和根据地进行渗透的情况下，对干部队伍的政治状况进行一次认真的审查是完全必要的。但是，在实际工作中，由于过分严重地估计了敌情，由于抗日根据地处于同外界隔绝的状况，对干部的历史状况的调查十分困难，在这方面所花的力气不多，出现了严重的偏差，一个时期搞得"特务如麻"。这年七月十五日，具体负责审干工作的康生在中央直属机关大会上作了危言耸听的《抢救失足者》的报告后，更出现了相当普遍地大搞"逼供信"的过火斗争，单在延安地区十几天内就揪出所谓特务分子一千四百多人,[1]造成大批冤假错案。中共中央不久发现了这个问题,在八月十五日作出《关于审查干部的决定》,规定审干工作的九条方针,指出:"如果是被冤枉了的或被弄错了的,必须予以平反,逮捕的宣布无罪释放,未逮捕的宣布最后结论,恢复其名誉。在审查运动中,一定会有过左的行动发生,一定会犯逼供信错误(个人的逼供信与群众的逼供信),一定会有以非为是,以轻为重的情形发生,领导者必须精密注意,适时纠正。"[2]十月,毛泽东在绥德反奸大会材料上的批示中,又指出:"一个不杀,大部不抓,是此次反特务斗争中必须坚持的政策。"这年年底,延安审干工作转入甄别阶段。对审干工作中出现的偏差,毛泽东多次在大会讲话中承担了责任,向受到错误伤害的同志"脱帽鞠躬","赔礼道歉",化解了许多人心中的怨愤。这个错误是令人痛心的,但比较快地得到纠正,在整个整风运动中是一个支流。

总的说来,这次整风最重要的历史贡献是使"实事求是"的观念开始深入人心,注重从实际出发,使中国共产党在思想上政治上更加成熟起来,不仅对夺取抗日战争的最后胜利,而且对此后中国的革命和建设产生了巨大而深远的影响。

在深入研究党的历史、分清路线是非的基础上,经过一年半的讨论,中共六届七中全会通过《关于若干历史问题的决议》。讨论这个《决议》时,毛泽东在讲话中说:"这次处理历史问题,不应着重于一些个别同志的责任方面,而应着重于当时环境的分析,当时错误的内容,当时错误的社会根源、历史根源和思想根源,实行惩前毖后、治病救人的方针,借以达到既要弄清思想又要团结同志

---

[1] 据康生在中共中央政治局会议上的发言记录,1943年8月2日。
[2]《中共中央文件选集》第14册,第92—93页。

这样两个目的。"他又说："对于任何问题应取分析态度，不要否定一切。""我们许多同志缺乏分析的头脑，对于复杂事物，不愿作反复深入的分析研究，而爱作绝对肯定或绝对否定的简单结论。我们报纸上分析文章的缺乏，党内分析习惯的还没有完全养成，都表示这个毛病的存在。今后应该改善这种状况。"[1]《决议》通过后，整风运动胜利结束。

一九四三年还有两件重要的事情：一件是共产国际在五月二十二日宣布解散。另一件是国民党当局乘此制造反共舆论，要求"解散共产党"，并集中胡宗南部两个集团军准备"闪击"延安；由于中国共产党及时在报纸上公开揭露，并在延安举行三万多人参加的反对内战大会，在国内外引起巨大反响，认为这时中国发生反共内战只会有利于日本。国民党当局这次反共高潮没有发展成大规模军事进攻就被制止，抗日民族统一战线得以继续坚持下来。

---

[1]《毛泽东选集》第3卷，第938、939页。

第十二章　胜利快要到来的时候

进入一九四四年，世界反法西斯战争捷报频传，胜利已经毫无疑义地在望了。

苏德战场上，苏联红军在一九四三年取得斯大林格勒战役和库尔斯克战役两次大捷而夺得战略主动权后，继续向西推进。一九四四年，连续发动十次重大战役，被称为"十次打击"。这十次打击，消灭了德军二百多万人，不仅把侵略者逐出苏联领土，并且在东欧人民配合和支援下，进入罗马尼亚、保加利亚、匈牙利、捷克斯洛伐克等国，还在北部战线进入德国的东普鲁士境内。

西欧战场上，盟军统帅艾森豪威尔率领美、英、加、法、波兰等军队二百八十七万多人，拥有飞机一万三千多架、军舰和运输船只六千多艘，开辟了第二战场。一九四四年六月六日，盟军横渡英吉利海峡，在法国诺曼底半岛登陆。八月二十五日，巴黎解放。盟军继续向德国边界挺进。十二月中旬，德军在阿登地区进行孤注一掷的反扑，遭到失败。德国西线的门户已被打开。

地中海战场上，美、英等军队继北非胜利、西西里登陆、迫使意大利政府投降后，又击败驻意的德军，在一九四四年六月五日解放意大利古都罗马，继续向北推进。希腊、南斯拉夫、阿尔巴尼亚等国人民也坚持英勇的抵抗和武装起义，取得重大胜利。

太平洋战场上，盟军在攻占瓜达尔卡纳尔岛后，在军事行动上不再全面地步步推进，改用"跳岛战术"。一九四四年六月，突然进击作为日本"太平洋防波堤"的马里亚纳群岛。七月，占领塞班岛和关岛。十月，在菲律宾登陆。日本本土已遭受盟军空军的大规模轰炸，发动太平洋战争的东条英机内阁被迫下台。盟军进攻日本本土已是指日可待的事情。

缅甸战场上，盟军从一九四三年起在缅北发动反攻，同时修筑为中国战场输送物资的中印公路。参加这次反攻的，除部分美、英、印军队外，以中国驻印军为主力。中国驻印军是以一九四二年从缅甸退入印度的中国军队两个师为基础，经美军进行丛林作战训练和新式武器装备，以后扩编为新一军和新六军的两个军，由美国史迪威将军任总指挥、郑洞国为副总指挥。他们再次穿越丛林密布、河流纵横、雨季泥泞难行、疾病流行、沿途杳无人烟的缅北野人山、胡康河谷。"在原始森林中作战是一种特殊的战斗，看不到人烟村落，茫茫林海中寸步难行，全靠每人一把砍刀开路，靠特制的指北针修正方向，一天走不到五英里路程。""还有两个大敌，一是疟蚊，二是蚂蟥，不管你预防得多么周到，也不免遭到它们的侵袭。据美方卫生人员统计，恶性疟疾发病率达百分之四十。"[1]在这样艰苦的环境中，驻印军顽强血战，重创日军在缅的精锐部队，在一九四四年八月五日攻克缅北重镇密支那。第二年年初在畹町附近的芒友同从中国云南西进的远征军会师，并修筑了全长五百六十多公里的中印公路。郑洞国回顾道："在八年抗日战争中，中国军队在国境线以外，与美英盟军直接进行战役上的协同作战，这还是唯一的一次，并取得了最后胜利。"[2]这是中国军队扬威域外的一次壮举。

---

[1] 王及人：《从印度整训到反攻告捷》，《远征印缅抗战》，第325页。
[2] 郑洞国：《我的戎马生涯》，团结出版社1992年1月版，第382页。

从世界范围来看，反法西斯战争的胜利，德、日法西斯的最后覆灭，已是谁都不存在疑问的事情了。恰恰在这个时候，中国正面战场上却出现豫湘桂大溃退，对中国民众造成强烈震撼。

豫湘桂大溃退和后方人心的巨变

在历史行进的漫长旅程中常常可以看到一些引人注目的重大转折。原先，事情在悄悄地演变着，人们未必都能清楚地认识到。这种变化积累到相当程度，在某些因素的触发下，便急转直下地突破人们习惯了的旧格局，造成一种新的局面。

抗日战争后期大后方人心变动的重大转折，就发生在一九四四年豫湘桂大溃退后。它造成的强大冲击波，不仅影响了抗战最后阶段的国内政治局势，而且延伸到战后，在相当程度上埋下了国民党政府失败的重要种子。

那一年，企图挽救覆灭的命运，日本侵略者在中国战场，实行代号为"一号作战"的计划，向河南、湖南、广西发动了大规模军事进攻。它的目的有两个：一个是打通平汉铁路、粤汉铁路和湘桂铁路，实现贯通中国东北到越南的大陆运输线；另一个是摧毁设立在湖南和广西的盟国空军基地。

这年四月十七日起，日本华北方面军十五万人渡过黄河，在河南发动攻势，三十八天内迅速占领郑州、洛阳、许昌等重要城市，打通了平汉铁路。紧接着，从五月二十七日起，他们又集中十七万人的兵力从湖北沿粤汉铁路大举南下，先后占领长沙、衡阳；再沿湘桂铁路折向西南，攻陷桂林、柳州、南宁；前锋第十三师团在十二月初直达贵州独山，控制了黔桂铁路的末端。

短短八个月内，日军侵占了中国二十万平方公里的国土。这里，有着大片富饶的粮食产地，有着大后方近三分之一的工矿企业，居住着六千多万中国人。战火燃及的地方，到处是焚烧、劫掠、流血和死亡，到处是一幅幅惨绝人寰的地狱景象。桂林、柳州等七个用来轰炸日本本土的盟国空军基地共有三十六个机场，都被日军先后摧毁。

本来，在进入战略相持阶段后，正面战场的历次战役虽然有胜有败，但大体上处在拉锯状态。这种状态已持续了五年多，被人们习以为常。豫湘桂大溃退一下子打破了原有的相对稳定的格局。中国遭受的失败竟这样惨重，整个战局竟会发生如此急速的逆转，国民党军队的抵抗竟如此脆弱，是一般人根本没有料想到的。

河南战役惨败后，很多人已看到这同第一战区副司令长官汤恩伯部队的极端腐败和失尽民心直接有关。著名学者郭廷以写道："近年中国役政腐败，强征贫民为兵，素质恶劣，训练不施，薪饷不足温饱，再加克削虐待，军官走私营商，毫无战斗意志。河南驻军三十万，主力为第一战区副司令长官汤恩伯部，纪律废弛，苛扰地方。日军所至，汤部望风奔溃，到处遭受人民袭击。三十多天之内，郑州、许昌、洛阳大小三十余城尽失，潼关震动。"[1]黄炎培日记中记道："河南绅士及各公团环电请惩汤恩伯，领袖（引者注：指蒋介石）批'可以不必'。"[2]但人们仍没有料到战局还将更严重恶化，甚至以为这只是局部性和一时性的问题。长沙陷落时，很多人仍认为日军要继续深入是不可能的。但国土却接着一片片丢失。到八月八日，守了四十七天的衡阳失守。人们原来以为可以抵挡一

---

[1] 郭廷以：《近代中国史纲》下册，第700页。
[2] 《黄炎培日记》第8卷，第298页。

阵的桂林也很快失守。一向比较偏袒政府的《大公报》在社评中写道："桂林名城天险，调重兵，聚粮械，连布置防务的负责人都说：'桂林能打三个月。'结果呵，三十六个小时而陷，柳州也同日完事！这一路的守军真是太差劲了！"[1]小股日军长驱直入，占领贵州省的独山。国民党军方的《扫荡报》上，也发表记者南宫博的报道："独山的失败，也表现军方之无能。守军不战而退，大炮辎重完全抛弃。敌人尚在数十华里之外，我军即已仓惶逃走，对难民毫不关心。"[2]

独山失陷后，作为大后方政治中心的重庆陷入一片恐慌之中。"魏德迈（继史迪威为中国战区参谋长）等主张政府撤至昆明，以避其锋。"[3]国民党一些党政机关已向兰州、雅安等地派出先遣人员，做迁移的准备。前方难民大批涌到重庆，挤满街头。《新华日报》描述说："他们在寒风中席地而卧，无情的冷风，实在够他们熬煎了。难胞几乎共同的都是期望着一个穿的问题的解决。"其实能逃到重庆的这些人，在众多难胞中已算条件相当好的。他们"在逃难之前，差不多都是有职业的，各色行业都有，逃的时候，也总还带二三万块钱在身边，可是到今天，真已身无长物"。"难胞们的痛苦是说不尽的，他们的泪只是向肚子里流。"[4]这种惨不忍睹的情景，对面临同样威胁的大后方其他地区民众的刺激自然不言而喻。他们不寒而栗地感到：这也将是等待着自己的命运。

更加使人难堪的是：这场大溃退正发生在整个反法西斯战争节

---

[1]《向方先觉军长欢呼》（社评），《大公报》1944年12月13日。
[2]［日］防卫厅研究所战史室：《一号作战之三·广西会战》（下），中华书局1985年2月版，第199页。
[3]《陈诚先生回忆录——抗日战争》（上），第105页。
[4]《新华日报》，本报专访，1944年12月10日。

节胜利的时刻,形成强烈的对照。《大公报》在一九四五年元旦社论中痛心地写道:"当去年今日的献岁之始,谁不希望重重,以为必可反攻,必可胜利?但在今天回想起来,去年这一年的经过,实在不能不令人愧悚万分。""到处胜利纷纷,而我们独败;世界反侵略战局大大好转,而我们反濒临危机。这事实,太现实了;这经验,太可贵了。"[1]

事实确实是最好的教员。人们面对这样冷酷的事实,不能不沉思:这一切究竟是什么原因造成的?中国的出路到底在哪里?这在当时是相当普遍的。

人心变动中最重要的是,大后方民众对国民党当局的看法发生了巨大变化。本来,大敌当前,战时政府总是比较容易取得国民的谅解和支持。尽管到相持阶段后,国民党当局的专制和腐败一天天明显地暴露出来,物价飞涨,特务横行,更使人们的不满和愤怒在郁积着,发展着,但这些问题是一步一步积累和加强起来的,许多人仍缺少以行动表示强烈抗议的决心。整个反法西斯战争已胜利在即,不少人把希望寄托在明天,一些民主人士仍忙于宪政运动,认为眼前种种不合理现象只能暂时忍耐一下。皖南事变后,国民党政府在大后方实行严厉的高压政策,特务机构任意捕人杀人,也迫使不少人保持沉默。所以很长一段时间内,大后方的政治空气相当沉寂,没有出现大规模的政治风暴。

这次却不同了。战时人们最关心的焦点莫过于军事。"目前形势,论来论去,总是军事第一。敌人数路入桂,战事紧急,国人无一不关心战事。"[2]如果其他问题还可以勉强忍受的话,那么,在军

---

[1]《今年应为新生之年》(社论),《大公报》1945年1月1日。
[2]《一个对照,一种说明》(社评),《大公报》1944年9月22日。

事方面出现不应有的严重溃败就使人普遍感到难以忍受。日本已面临失败，他们已很虚弱的军队却在几乎没有重大战斗的情况下，占领中国大片国土。这样的失败，已无法再以抗战初期所说的敌我强弱悬殊等原因来解释。国民党政府部门种种腐败现象，不断在会议上和报纸上被揭露。谁都看得出来，这次大溃败是国民党当局政治、经济、军事各方面缺陷的集中大暴露。

平素比较温和的著名作家叶圣陶在九月十七日日记中写道："此次敌自湘入桂，几乎所向无敌，其迅速与豫战同。于此见我方之兵殆已不可用。向谓精兵尚未用，兵源决无虑，皆成纸老虎而被戳穿。且而今而后，敌之进攻将于何底止，亦难测料。""至于我国之不振，不能推言积弱，政治之不善实为主因。此言余自今深信之矣。"在十二月四日又写道："此际黔桂路上，难民之行列恒长数里至数十里，狼狈情形远过于战争初起时之京汉道上。同胞何辜，受此荼毒，思之痛心。更念及最近之将来，我辈殆亦将同历此境。谋国者之不臧，坐失抗战之良机，贻民众以祸害，今当危急，不闻有一谋一策，并一切实之对策而无之，其肉岂足食乎？"[1]

这是大后方人心的大变动。

民怨空前沸腾，舆论空前激昂。"于是，围绕如何挽救危机的问题，国统区的民主运动以空前规模蓬勃兴起。""当时，全国舆论一致要求以民主求团结，以团结争取抗战胜利。"[2]这种呼声，其实表达了对国民党政府已丧失信任，要求实行根本性的改革。各地民主人士纷纷集会，发表宣言，主张开放政权，实行宪政，改弦更

---

[1] 叶圣陶：《西行日记》（下），《叶圣陶集》第20卷，江苏教育出版社1994年6月版，第295、338页。

[2] 侯外庐：《韧的追求》，生活・读书・新知三联书店1985年10月版，第159页。

张,挽救危局。九月初,民盟主席张澜发表谈话:"政治问题是整个的。要是枝枝节节地说,枝枝节节地去做,这不是解决问题的态度,乃是应付的态度。""归根结蒂,关键是在民主。只有民主是中国唯一的道路。"[1]十月十日,美国外交官谢伟思给史迪威的备忘录中写道:"随着国民党失败越来越明显地暴露,中国国内的不满在迅速发展。(国民)党的威信空前低落,蒋越来越失去作为领袖曾一度享有的尊敬。"[2]

国内要求民主的呼声不断高涨,各界人士强烈要求国民党废除一党专政,已汇合成一股难以抗拒的巨大潮流。

联合政府主张的提出

在中国,人们也看到两种显然不同的情景:正面战场上出现的悲剧性的大溃退;而中国共产党领导的敌后战场,在经历了两年极端困难的局面后,又走上重新发展的阶段。延安《解放日报》这年年底作了这样的总结性报道:

> 根据一年不完全的统计,一年来我军对敌人小战斗两万余次,毙伤敌伪二十二万余名,俘获敌伪三万余名。……收复县城十六个,攻入县城四十七个,克服据点碉堡五千余处,光复国土八万余平方公里,解放同胞一千二百万。……由于一年来斗争胜利的结果,我们的正规军由过去的四十七万,增加到现在的六十五万,民兵由二百万增加到二百二十万,解放区的人

---

[1]《张澜文集》,第202页。
[2][美]埃谢里克:《在中国失去的机会》,国际文化出版公司1989年4月版,第164页。

口由过去的八千万增加到现在的九千二百万,这就大大增强了我们的反攻力量。[1]

特别需要提到,正当正面战场上出现豫湘桂大溃退的时候,中共中央在一九四四年十月组织了一支五千人的南下支队,在王震、王首道率领下,从延安出发,经过山西、河南、湖北,抢渡长江,直插湖南,从背后向南下的日军发起进攻,并"准备在粤北湘南创立五岭根据地"。[2]这次行动,打击了日本侵略军的气焰,扩大了共产党和八路军的影响,同正面战场上的大溃退形成鲜明的对比。

单靠中共自己的报道自然不够,容易被看作只是宣传。更多人希望还看到来自第三者的观察结果。以往,中国共产党领导的各抗日民主根据地或者远处敌后,或者遭受着国民党当局的严密封锁,大后方许多人不容易了解它的具体情况。这时,在各方面压力下,国民党当局第一次允许中外记者西北参观团二十一人到这些根据地采访,其中包括美联社、合众社、美国《时代》杂志等六名外国记者。一九四四年六月九日,他们到了延安。有些人还到了晋西北等根据地考察。这些记者所写的大量报道和评论,在大后方和国外一些报刊上陆续发表。美国《纽约时报》记者福尔曼在延安和晋绥抗日根据地进行了六个月的采访后,写出一本《来自红色中国的报告》。他一开始先说明:"我们新闻记者多半既不是共产主义者,也不是共产主义的同情者。"在描述了大量亲眼看到的事实后,他写道:

> 凡见到过八路军的都不会怀疑他们,他们所以能以缴获的

---

[1]《敌后战场伟大胜利的第一年》,《解放日报》1944年12月31日。
[2]《王首道回忆录》,解放军出版社1988年3月版,第383页。

武器或简陋的武器坚持作战,就是因为他们与人民站在一起。

在延安他们把战果告诉我时,我真不敢相信。但当我和八路军在敌后共同作战两个月后——真正地去参加占领和摧毁这些据点和碉堡,我所见到的一切证明了共产党的叙述并无夸大。[1]

《新民报》记者赵超构所写的《延安一月》在大后方出版后,也产生很大的影响。

这些中外记者所写的报道和评论,使大后方许多人看到一个过去并不了解的全新的天地,耳目为之一新。在那里,昔日遭人贱视的奴隶变成自己国土的主人,到处充满着生气和活力,创造着可歌可泣的英雄史篇。这就使越来越多的人心里对中国的未来燃起了新的希望。

七月二十二日,由于罗斯福总统的建议,美军观察组来延安,向政府发出不少报告。他们所看到的事实,用一个美国人的话来说:

共产党以有力的政治和军事组织打入上述地区,提出减租减息,打击那些与傀儡政权勾结的地主,取得了民众的支持。由于共产党保护农民不受敲诈勒索,不被拉去当壮丁,农民们生平第一次觉得他们缴税得到了一些好处。随着共产党根据地的扩大,他们与中国政府相对的地位加强了,他们的信心随之增加了,而国民党在河南的溃败揭示了自己的软弱无能,这种

---

[1] [美]哈里逊·福尔曼:《来自红色中国的报告》,解放军出版社1985年10月版,第1、67、115页。

软弱状态迅速恶化。[1]

九月五日，国民参政会第三届第三次会议在重庆开幕。这次会议是在战局严重恶化、群情激昂的时刻召开的。会上发言之热烈，批评之直率，是以往历次参政会上不曾见到过的。这次参政会上有一项重要议程：国共关系问题。以前，国民党当局一直只许国共谈判在内部进行，不肯公开宣布。这次把它提到参政会上来谈，是出于国内外普遍要求了解国共谈判真相的巨大压力。十五日，林伯渠、张治中在会上分别作关于国共谈判的报告，引起巨大轰动。《大公报》报道说："昨日上下午国民参政会的两次公开大会，呈现了该会成立以来所未有的盛况。所有报到的参政员大致全体出席，旁听席都坐满了，又有隙地加凳，还有坐不下的就站着听。雨后的凉秋九月，会场里扇着电扇，却仍是一片热烘烘的氛围，笼罩着会场所有人的身体与心灵。"[2] 林伯渠代表中国共产党，在会上不失时机地公开提出成立"联合政府"的主张。他在报告结束时响亮地宣布：

> 我坦白地提出，希望国民党立刻结束一党统治的局面，由国民政府召集各党各派，各抗日部队，各地方政府，各人民团体的代表，开国事会议，组织各抗日党派联合政府，一新天下耳目，振奋全国人心，鼓励前方士气，以加强全国团结，集中全国人才，集中全国力量，这样一定能够准备配合盟军反攻，将日寇打垮。[3]

---

[1] [美] 巴巴拉·塔奇曼:《史迪威与美国在华经验》下册，第666页。
[2]《中共问题之公开，民主统一的进步》,《大公报》1944年9月16日。
[3]《林伯渠文集》，华艺出版社1996年3月版，第419页。

这次大会受到万众瞩目，而且是公开举行的，林伯渠报告中主张成立"联合政府"的这段话便格外引人注目。连一向亲近国民党的参政员王云五也在当天的大会发言中说："政权公开，是中共所提的。其实不但是中共所主张，我想全国人民也同样的主张。"[1]会后，国民党中央宣传部许孝炎特别嘱咐各新闻单位："关于联合政府的问题，千万不要见报。"国民党的中央通讯社在报道中把林伯渠的这段话全部删去。但九月十七日的《新华日报》上还是全文发表了这个报告。"报纸贴在街上，围看的人很多。报纸多销了几千份。"[2]外国记者也纷纷向海外发出新闻稿，产生了广泛反响。

"联合政府"的主张一提出，有如一石激起千层浪，掀起了巨大的波澜。众多人主张改变国民党的一党专政，成立联合政府，把大后方的民主运动推进到一个新的阶段。昆明、成都、西安等地的报刊上发表大量社论和文章，许多群众团体举行集会，强烈要求实行真正的民主政治。引人注目的是，中国民主同盟九月十九日举行改组大会，在十月十日发表《中国民主同盟对抗战最后阶段的政治主张》，提出的五项主张中，第二项是"立即结束一党专政，建立各党派之联合政权，实行民主政治"，要求"召集各党派会议，产生战时举国一致之政府"。[3]这表明建立"联合政府"已不再只是中国共产党的主张，而且反映了大后方相当广泛的包括中间派人士在内的共同意向。

如果没有大后方人心的大变动，如果不是众多民众对国民党政府极度失望，如果不是人们看到除此以外没有别的出路，"联合政

---

[1] 王云五：《对国共谈判的意见》，《国民参政会纪实》下卷，第1366页。
[2] 毛泽东在中央党校给去前方干部所作报告记录，1944年10月25日。
[3] 《中国民主同盟历史文献（1941—1949）》，第32页。

府"的主张是不会被这样提出来的,即使提出来也不会被很多人理睬。这确是应了"形势比人强"这句老话。

民族资本家政治态度的变化

在一九四四年,民族资本家的政治态度也发生具有转折意义的变化。抗战以前,中国工业的一半以上集中在沿海各省。抗战开始后,大批工厂内迁,对支持抗战大业、带动内地工业的迅速发展,起了重要作用。由于战时的需求,从抗战爆发到一九四一年,大后方的民族工业保持着向上发展的势头。

但从一九四三年起,它们的处境却越来越困难了。出现这种衰退的主要原因有三个:第一,恶性的通货膨胀,使工厂完成生产并把产品销售出去时,所得的价款往往不足以补进再生产所需的原料,造成流动资金的枯竭;企业按一定比例提取的折旧基金,也常远不足用来更新设备。第二,国民党政府对物资实行垄断性的统制政策。一九四二年,开始实行盐、糖、火柴的专卖。下一年,又开始对棉纺织品等实行限价和议价。政府规定的收购价、限价和议价,无论同物价指数相比,还是同黑市市价相比,都显然太低,使企业陷入困境。第三,豪门资本支配下的公营企业控制了国家的主要经济命脉,在一九四〇年以后对民族资本的排挤越来越厉害。[1]

在一九四三年,民营工业的生产总指数出现抗战期间的第一次负增长。一九四四年,大后方整个工业的生产总指数也出现第一次负增长。这是有着标志性的变化,导致民族资产阶级对国民党政

---

[1] 许涤新、吴承明主编:《中国资本主义发展史》第3卷,第548—552页。

府，特别是豪门资本的不满越来越强烈。一九四四年六月，迁川工厂联合会、中华全国工业协会联名发表的一篇文章，以他们过去没有这样表露过的愤愤不平的态度写道：

> 我们平心静气的检讨，抗战以来在经济上最吃亏的人，是靠少数积蓄、公债维持生活的人；最便宜的人，是依恃特殊势力、囤积居奇、走私漏税而没有人敢过问的少数人，吸收了每天贬值的存款而自行经营每天涨价的商品买卖的一部分的金融业，和广大的资产永不贬值而收入大量增加的地主。工商业大多数都在困苦艰难中挣扎得几乎喘不过气来。[1]

豫湘桂大溃退，给大后方民族工商业的打击是沉重的。内迁工厂除重庆和四川各处以外，最多的地方是湖南和广西。湘桂大溃退时，有权势的人可以把他们的物资抢先运走，而民族工业历尽艰辛迁到后方的机器设备却几乎被抛弃一空。抗战后期担任迁川工厂联合会理事长的胡厥文那时正在湖南，冒着日机的轰炸，随着逃难的人群，经过广西、贵州，辗转回到重庆。他回忆道："这次逃难是我平生东西丢得最干净的一次。"这不只是他一个人的经历。他说："据我概略估计，这次西南工业迁出的机器，衡阳只二分之一，祁阳十分之六，桂林、柳州约十分之八，连同其他各处，合计不足一半。至于抵贵阳、独山安全地带的不过百分之一。"这段苦难经历给他的刺激太大了："这次湘桂撤退中，使我亲身体验了国民党政府的腐败，国民党军队的无能，以及民营工厂的悲惨处境。十一月

---

[1] 迁川工厂联合会、中国全国工业协会：《敬质伍启元先生》，《新华日报》1944 年 6 月 14 日。

十八日,我在重庆迁川工厂联合会会员聚餐会上,以悲愤而沉痛的心情,向大家介绍了民营工矿撤退的情况。"胡厥文的介绍,使当时在场的工商业者无不为之动容。他继续回忆道:"事实教育了我们,大家深感我们工业界人士不能只埋头经济而对时局坐视不问。几经议论,大家认为应对国事公开发表主张。年底以中华全国工业协会、迁川工厂联合会、中国国货厂商联合会、中国西南实业协会、中国战时生产促进会等五个工业团体的名义,发表对时局的声明,提出十项政治主张。"这不是一份普通的声明。胡厥文指出:"这是我国民族资产阶级第一次公开发表对时局的政治主张,当时在山城引起了震动。"[1]

这份声明一开始就指出战局的严重性,接着提出对政府的希望,包括:"请速实施宪政,厉行民治,以发挥天下为公之精诚";"请厉行监察制度,加强法治精神,扫除政治上贪污与腐化,以坚人民信仰";"免除一切不必要之猜防,贯彻官民合作、军民合作之精神,团结一致,争取胜利"等。措词虽然委婉,但谁都看得出来它是针对国民党政府的独裁和腐败来说的。声明结束时沉痛地说:"同人等或习商业,或营工矿,未谙政治。但略读诗书,粗明大义,值此抗战艰难阶段,感于领袖戒谨之训,不敢妄自菲薄,爰贡刍荛之见。凡上所陈,卑之无甚高论,行之或裨抗建。谨以万分至诚,以请我全国同胞与政府垂鉴,幸甚幸甚!"[2]

《新华日报》立刻在十二月二十六日发表《经济界需要民主》的社论,欢迎民族工商业者这个声明。一个月后,周恩来从延安到重庆时在特园邀请工商界人士举行座谈会,出席的几乎包括大后方

---

[1]《胡厥文回忆录》,第69—71页。
[2]《新华日报》1944年12月26日。

所有民族工商业者的主要代表人物：刘鸿生、吴蕴初、胡子昂、胡厥文、李烛尘、章乃器、余名钰、吴羹梅、胡西园等三十多人。周恩来在讲话中着重强调：抗战要坚持到底，民族要独立，国家要富强，工业家要为国家作出贡献。刘鸿生、李烛尘、章乃器等在会上也坦率地发表意见。以后，中共中央南方局同民族资本家的往来越来越多了。

一九四五年年底，以民族资本家为主体的民主建国会成立。胡厥文回忆道："我在青年时期，曾厌恶政治，立志不入仕途，要搞实业救国。""由一心搞实业到从政，筹创民主建国会是转折点。"[1]

周恩来后来回忆道："一九四四年，不仅小资产阶级，连民族资产阶级也靠拢了我们。"中国的民族资本家会向共产党靠拢，曾使海外一些人以至国民党内一些人感到大惑不解。其实，这是中国社会现实生活造成的。回顾下一历史，便可以看到，他们政治态度的这种变化，是长时期中一步一步积累起来的，而一九四四年是它的转折点，这同豫湘桂大溃退的严重后果又有直接的关系。

美国扶蒋反共政策的形成

太平洋战争爆发后，中美成为盟国，共同反对日本法西斯侵略者。这就大大提高了美国朝野对中国问题的关注和介入程度。美国的对华政策，是从美国的国家利益出发来权衡的。它参战后最初一个时期的战略重点放在集中力量击败纳粹德国上，在亚洲和太平洋地区腾不出很多力量来对付日本。"因此特别需要中国顶住日本，

---

[1]《胡厥文回忆录》，第77页。

并牵制尽可能多的日本军力,俾使美国得以集中对付德国而无后顾之忧;同时考虑到,美国以后转移到太平洋战场时更需要中国有力的配合,以便'在最短时期内,以最少美国人生命的牺牲,打败日本'。"[1]

在这种情况下,美国对中国国共关系的看法同蒋介石有明显差别。蒋介石希望更多地由美国去对付日本,自己则力图保存实力,并利用美国的军事援助来加强自己,以便集中更多力量在战后对付共产党。而美国通过它的驻华军事和外交人员,逐渐觉察蒋介石这种意图,并且多少看到国民党政府的腐败无能,而共产党领导的军队有相当的战斗力。特别在战争后期,如果美军要在华东等处登陆同日军作战,为了减少牺牲,更需要得到中国共产党的合作。因此,他们反对中国发生内战。史迪威还主张在大力支持蒋介石的同时,也将一些军事物资分给中国共产党领导的军队(虽然从来没有实行过),使他同蒋介石之间产生尖锐的摩擦。

这种状况并没有持续下去,有两个因素发生了作用:一是美国后来在太平洋地区决定采取"跳岛战术",直指日本本土,不需要再在华东等地登陆,苏联又承诺在苏德战争结束后出兵远东,因此,同中国共产党领导的军队合作对美国已不那么重要了;二是蒋介石以强硬态度要求美国政府撤回史迪威,由于世界战局的趋向日见明朗,美国已更多地在考虑战后的世界格局问题,而蒋介石在美国政府心目中无疑仍是战后建立亲美政府的最佳对象。一九四四年十月,罗斯福终于同意蒋介石的要求,召回史迪威,改派同蒋介石关系良好的魏德迈为盟军中国战区参谋长兼驻华美军司令官。

---

[1] 资中筠:《美国对华政策的缘起和发展(1945—1950)》,重庆出版社1987年6月版,第20页。

十一月七日，前此已来到中国并偏袒蒋介石的美国总统私人代表赫尔利到延安，和毛泽东、周恩来、朱德等会谈。他带来一份作为"协议的基础"的文件。"这是由他起草并得到国民党谈判代表同意的。"[1]这个文件完全没有提到成立联合政府的问题，其中规定："中国共产党军队，将遵守与执行中央政府及其全国军事委员会的命令"，"在中国，将只有一个国民政府和一个军队。共产党军队的一切军官与一切士兵，当被中央政府改组时，将依照他们在全国军队中的职位，得到一样的薪俸与津贴"等。这实际上是要保持国民党的一党专政，并取得对共产党领导的军队的控制权，当然不能被中国共产党所接受。经过三天的谈判，按照中国共产党的建议，双方同意达成五点协定。其中，第二点是："现在的国民政府应改组为包含所有抗日党派和无党无派政治人物的代表的联合国民政府，并颁布及实行用以改革军事政治经济文化的新民主政策。同时，军事委员会应改组为由所有抗日军队代表所组成的联合军事委员会。"第四点是："所有抗日军队应遵守与执行联合国民政府及其联合军事委员会的命令，并应为这个政府及其军事委员会所承认。由联合国得来的物资应被公平分配。"[2]十一月十日，毛泽东以中国共产党中央委员会主席的身份，赫尔利以美国总统私人代表和见证人的身份，在这份协定草案上签了字。但在赫尔利回重庆后，这五点协议完全被蒋介石推翻。赫尔利背信弃义地完全站在蒋介石一边，并在十一月十七日被任命为美国驻华大使。由于他自食其言，使中国共产党对他失去信任。

一九四五年二月四日至十一日，美、苏、英三国首脑在苏联的

---

[1]［美］谢伟思：《美国对华政策（1944—1945）》，中国社会科学出版社1989年4月版，第98页。
[2]《中共中央文件选集》第14册，第395、393、394页。

雅尔塔举行会议。这次会议达成的协议,事实上划定了战后美、苏、英等国在欧洲和远东的势力范围。它在没有中国代表参加的情况下签订了有损中国主权和利益的协定,是少数大国主宰世界的强权政治的表现。

这时,美国政府内部在对华政策上仍存在着争论。完全偏袒蒋介石的赫尔利在一九四五年二月至四月回国述职。四月二日,他在离开华盛顿前夕举行记者招待会,明白地说:"中国的军事机构、美国的军事机构、中国国民政府和美国驻重庆大使馆现在是一支队伍。"他把中国共产党称作"军阀",声称美国的对华政策是"承认中国的国民政府,而不是中国任何武装的军阀和武装的政党","只要武装的政党和军阀还有足够的力量敢于反抗国民政府,中国就不可能有政治联合"。[1]这种主张逐渐成为美国对华政策的主流。

"从种种迹象来看,一九四五年四、五月间是美国对华政策决定性的倾向一边的关键时刻。""当时整个形势的背景是:欧战已经胜利在望,日本投降也只是时间问题。在美国决策者的考虑中,打击共同敌人德、日法西斯日益淡化,而战后如何对付苏联则日益突出。""与此同时,美国国内反共气氛日益浓厚,导致国务院中与中国有关人员的大换班。""总之,大体上可以说,大约在一九四五年四、五月间,也就是欧战结束之时,美国对华政策扶蒋反共的大致格局开始定下来。"[2]

这从中国共产党的反应中也可以得到印证。一九四五年四月二十四日,毛泽东在中共七大政治报告《论联合政府》中还只是提

---

[1]《美国外交文件》,1945年第7卷,转引自陶文钊《中美关系史(1911—1950)》,重庆出版社1993年10月版,第351页。

[2] 资中筠:《美国对华政策的缘起和发展(1945—1950)》,第28、34、35页。

出警告:"任何外国政府,如果援助中国反动分子而反对中国人民的民主事业,那就将要犯下绝大的错误。"但没有点美国的名。而到六月十一日,他在七大闭幕词中便直截了当地指出:"美国政府的扶蒋反共政策,说明了美国反动派的猖狂。但是一切中外反动派的阻止中国人民胜利的企图,都是注定要失败的。"[1]

中共七大和国民党六大

一九四五年是世界反法西斯战争的最后一年,也是中国抗日战争的最后一年。这年上半年,局势的发展已完全明朗:五月二日,苏联红军攻克柏林;八日,德国宣布无条件投降;同盟国军队在太平洋战场上继续采取"跳岛战术",向日本本土步步逼近。四月二十五日至六月二十六日,联合国大会在美国旧金山召开,约有五十个国家参加。会议制定并通过了联合国宪章和组织机构。美、苏、英、中、法五国成为联合国安全理事会常任理事国。战争行将结束。无论中国共产党还是中国国民党,都在认真考虑战后中国的问题。

中国共产党于这年四月二十三日至六月十一日在延安举行第七次全国代表大会。中国国民党于这年五月五日至二十一日在重庆举行第六次全国代表大会。这两个大会开会的时间重叠在一起,几乎在同时召开,自然不是偶然的。

中共七大上,毛泽东作了《论联合政府》的政治报告,刘少奇作了《关于修改党的章程的报告》,朱德作了《论解放区战场》的

---

[1]《毛泽东选集》第3卷,第1085、1103页。

军事报告，周恩来作了《论统一战线》的发言，任弼时、陈云等也在会上发了言。这时，共产国际已经解散了两年。以王明为代表的把马克思列宁主义教条化、把共产国际决议和苏联经验神圣化的错误倾向已经破除。这更有利于中国共产党根据中国的国情独立自主地解决中国的问题。毛泽东在《论联合政府》中一开头就提出"中国人民的基本要求"，指出：

> 中国应否成立民主的联合政府，已成了中国人民和同盟国民主舆论界十分关心的问题。因此，我的报告将着重地说明这个问题。

报告说：抗战以来已经形成国民党战场和解放区战场这两个战场，形成解放区和国民党统治区。"国民党主要统治集团现在正在所谓'召开国民大会'和'政治解决'的烟幕之下，偷偷摸摸地进行其内战准备工作。如果国人不加注意，不去揭露它的阴谋，阻止它的准备，那末，会有一个早上，要听到内战的炮声的。""我们希望国民党当局，鉴于世界大势之所趋，中国人心之所向，毅然改变其错误的现行政策，使抗日战争获得胜利，使中国人民少受痛苦，使新中国早日诞生。"

报告声明："我们共产党人从来不隐瞒自己的政治主张。我们的将来纲领或最高纲领，是要将中国推进到社会主义社会和共产主义社会去的，这是确定的和毫无疑义的。""但是，一切中国共产党人，一切中国共产主义的同情者，必须为着现阶段的目标而奋斗，为着反对民族压迫和封建压迫，为着使中国人民脱离殖民地、半殖民地、半封建的悲惨命运，和建立一个无产阶级领导下的以农民解放为主要内容的新民主主义性质的，亦即孙中山先生革命三民主义性质的独立、自由、民主、统一和富强的中国而奋斗。"

这就是中国共产党对战后中国的设想。

报告还指出："以马克思列宁主义的理论思想武装起来的中国共产党，在中国人民中产生了新的工作作风，这主要的就是理论和实践相结合的作风，和人民群众紧密地联系在一起的作风以及自我批评的作风。"[1]这就是影响深远的"三大作风"。

他在讲话中要求全军在抗日战争的最后阶段，要"由分散的游击战逐渐转变到正规的运动战，由游击战为主逐渐转变到以运动战为主"。[2]

刘少奇在修改党章报告中说："以马克思列宁主义的理论与中国革命的实践之统一的思想——毛泽东思想，作为我们党一切工作的指针，反对任何教条主义的与经验主义的偏向。"[3]这个论断列入党章，为七大所通过。

提出以毛泽东思想为指针不只是个人问题。它还有一层意思，那就是表明中国共产党已决心把马克思列宁主义理论同中国革命实践统一起来，独立自主地走自己的路。这是一项意义深远的宣告。

六月十九日，中共七届一中全会选出十三名中央政治局委员，选举毛泽东、朱德、刘少奇、周恩来、任弼时为中央书记处书记，毛泽东为中央委员会主席，形成党内第一代成熟而稳定的领导核心。

国民党当局早已下定要消灭共产党的决心。一九四四年八月，

---

[1]《毛泽东选集》第3卷，第1029、1030、1051、1053、1059、1093、1094页。
[2]《毛泽东在七大的报告和讲话集》，中央文献出版社1995年4月版，第134页。
[3]《刘少奇选集》上卷，第332页。

"陈立夫召集国民党员茶话会：对党内只有一手执可兰经，一手执剑；对党外只有一手执棒，一手执肉。现在敌人是共产党，对共党只有杀，我已杀了他们高级干部二千几百几十几，普通党员二万几千几百几十几了，怎么还有人说国共合作"。[1]

中国国民党六大的召开，正如毛泽东《论联合政府》所说："在所谓'召开国民大会'和'政治解决'的烟幕之下，偷偷摸摸地进行其内战准备工作。"大会通过《关于国民大会召集日期案》《关于宪法草案》《关于地方自治决议案》等，但人们早已失去对它的信任。大会通过《对中共问题的决议案》《本党同志对中共问题之工作方针决议案》，指责"频年以来，中共仍坚持其武装割据之局，不奉中央之军令政令"，又称："数年以来，对中共问题坚立以政治方式力求解决，今后自仍应本此既定方针，继续努力。"[2]后者其实只是"烟幕"。蒋介石在五月二十二日（大会结束的第二天）对参加国民党六大的军队代表讲话，谈得坦率得多。他先说："各位大多数都是军校的学生，都是我的子弟一样。"后面就着重谈了共产党问题，说：

> 共产党执迷不悟，别有用心，蓄意要破坏统一，背叛国家。他们以为如果不乘此时机彻底消灭本党和我们革命的武力，就不能达到其夺取政权赤化中国的阴谋。因此他们在这抗战胜利的前夕，一定要作最后的挣扎，袭击我们艰苦抗战的国军，破坏我们政府的威信，动摇我们国家的根本。大家都知道：共产党的武力和国军比较起来是不可同日而语的。他现在

---

[1]《黄炎培日记》第8卷，第305页。
[2]《革命文献》第76辑，（台北）中国国民党党史委员会1978年9月版，第412页。

号称有多少正规军,多少游击队,占领多少地区,其实都是乌合之众,不堪一击!

我常说共产党犹如"臭虫",如果一不留心就要被它反噬,在夜间黑暗之中更要严防……大家经过剿匪时期那一番惨痛的教训,一定知道这件事乃是我们革命成败与国家安危之所关,而且亦是大家各人生死祸福之所系。必须时刻有准备,时刻要提防。[1]

这一番杀气腾腾的话,无异于在抗战胜利前夜已在向他的将领们进行内战的动员。它预示在抗战胜利后蒋介石一定会迫不及待地挑起全面内战。

进入一九四五年下半年,抗日战争已进入最后阶段。这时,日军占领的大部分城镇、交通要道和沿海地区处在共产党领导的敌后抗日根据地的包围中。八路军、新四军和敌后战场军民发动大规模的春夏攻势作战,歼灭日伪军十六万多人,收复县城六十一座,扩大解放区二十四万多平方公里,解放人口近一千万人,对日军占领的点、线的包围越来越紧,打通了许多抗日根据地之间的联系,逐渐实现由分散的游击战向集中较大兵力的运动战转变,为转入全面反攻创造了重要条件。八月九日,苏军在华西列夫斯基元帅指挥下,以一百五十多万兵力越过国境,向日本在中国东北的关东军发动全面进攻。同日,毛泽东发表《对日寇的最后一战》的声明。各抗日根据地军民对日军发动全面反攻,从八月九日至九月二日共解放县以上城市一百五十座,歼灭日伪军七万六千多人。

---

[1]《总统蒋公思想言论总集》卷21,第138—140页。

国民党军队的主力这时大部分在中国的西南地区，还有二十五个军由胡宗南率领包围着陕甘宁边区。他们接受了美国援助的大批武器装备。滇缅战役期间，实施美械装备的有第五、十三、十八、七十一、七十四等十二个军。有了美械装备，就由美国军官进行训练。一九四三年四月在云南设立以蒋介石兼任团长的驻滇干训团，训练对象是部队副团长以下的营连排级干部，训练内容包括兵器、射击、战术等。"通过这样的训练方式，在一九四三、一九四四两年中先后训练约达一万人，内中包括一部分士兵。"[1]在印度兰姆珈基地，实行美械装备的有新一军、新六军。两军军官和前述十二个军的军师团级干部也到这里受训，几乎所有的教官都是美国人。此外，还由美国给予其他军事援助。国民党政府的军事力量比抗战前期有了很大加强。一九四五年，驻华日军由于兵力大减，实行战略收缩，开始从广西撤军。中国军队在五月至七月间先后收复南宁、柳州和桂林。

日本无条件投降

日本是一个国土相对狭小、资源贫乏的国家，经受不起长期战争的消耗。他们发动太平洋战争时曾指望从东南亚攫取自己缺乏的资源，但由于运输力量严重不足等原因，并没能把多少石油等资源运回国内。战争的继续和扩大，海运严重受阻，更使它的资源日益枯竭，无法提供足够的军需。随着战争消耗的不断增加，随着战局迅速恶化和盟军的经济封锁，随着美国空军对日本重要城市的毁

---

[1]《鹰犬将军——宋希濂自述》，第171页。

灭性轰炸,更使日本的社会经济几近全面崩溃,物资极端匮乏,连粮食和食盐等民生必需品也难以保障,民众生活持续恶化,陷于苦难深重的境地。德、意法西斯政权的覆灭,使日本完全陷于孤立。战争已日益迫近日本本土。尽管统治者还在鼓吹"一亿玉碎",采用"神风特攻队"自杀性飞机袭击,事实上国力枯竭,已到了再难支撑下去的地步。

德国法西斯覆灭后,美、英、中三国在七月二十六日发表《波茨坦公告》,促令日本无条件投降,"除此一途,日本即将迅速完全毁灭"。苏联当时因尚未对日宣战,没有在公告上署名,以后也共同列名,使《波茨坦公告》成为四国公告。苏联的对日宣战和美国向广岛、长崎投掷两颗原子弹,使日本更难以继续抵抗。八月十日,日本政府通过中立国瑞士、瑞典通知美、苏、英、中各国政府,决定接受《波茨坦公告》。十五日,日本天皇裕仁以广播形式正式宣布无条件投降。九月二日,在东京湾的美国军舰密苏里号上,举行中、美、英、苏等国代表参加的日本投降签字仪式。国民政府军令部部长徐永昌代表中国在日本投降书上签字。九日,中国战区受降仪式在南京举行,受降范围包括中国(东北地区由苏军受降)和法属印度支那北部,这些地区的日军总兵力是一百二十八万多人。十月二十五日,中国战区台湾省的受降仪式在台北举行。抗战胜利后,在中国境内的日本军人和七十七万九千八百七十四名日本侨民被陆续遣返回国。

中国的抗日战争胜利地结束了。世界反法西斯战争胜利地结束了。

抗日战争的胜利,在中国近代历史上所占的地位实在太重要了。以往,中国对外国资本帝国主义侵略者的历次反抗战争,没有一次不是以中国的失败而告终,使多少爱国志士为此抱恨终天。这次抗战却完全不同了。它是一百多年来中国人反对外来侵略者第一次取得完全胜利的民族解放战争,从而成为中华民族从衰败走向复兴的重要枢纽。由于中国抗日战争对世界反法西斯战争作出的巨大贡献,受到了国际社会的肯定和尊重,中国的国际地位有了很大提高。

著名历史学家刘大年作过这样一个统计:

> 中国抗击的日本的兵力最多。按日军师团编制计算,"七·七事变"到一九四五年,日军历年投入到中国关内战场上的陆军,最多的年份占编制总额百分之九十,最少的一年占百分之三十五,八年中平均每年占百分之七十六点四。太平洋战争爆发后,日军陆军主力仍分布在中国战场上。中国摧毁的日军有生力量数目最大。

他由此得出结论:

> 中国是世界反法西斯主要战场之一。有中国这个主要战场,才有东方反法西斯的胜利。[1]

这个结论是谁也无法驳倒的。

在这场战争中可以说有两个"从未有过":一个是数以百万计的日本侵略军大举深入中国国土,在日军铁蹄的践踏下,到处是惨

---

[1] 刘大年:《抗日战争时代》,中央文献出版社1996年8月版,第4、5页。

绝人寰的流血和死亡。中华民族在这场战争中遭受苦难之深重，可以说历史上从未有过的。另一个是这场空前残酷的战争极大地教育和锻炼了中国人。毛泽东在《论联合政府》中写道："这个战争促进中国人民的觉悟和团结的程度，是近百年来中国人民的一切伟大的斗争没有一次比得上的。"

抗日战争是一场全民族的反侵略战争。在日本军国主义者野蛮侵略下的共同命运，大大加强了中华民族的凝聚力。当人们唱起"中华民族到了最危险的时候"时，不管是汉族、满族、蒙古族、回族、藏族、维吾尔族、壮族，还是其他许多兄弟民族，不管是国内的居民还是海外的华侨，都同样难以抑制地热血沸腾，聚结成一个整体去抵抗外来的侵略者。凡是在这场战争中为了保卫祖国而进行英勇抵抗的和作出重大牺牲的中华儿女，都是值得后人永远怀念的。

这场战争也引起国内各派政治势力彼此消长的大变化。国民党当局在战争初期曾得到民众的支持，但后来不仅因它的专制独裁，并且因它在反侵略战争中表现出来的腐败无能，逐渐丧失人心。中国共产党在这场民族解放战争中，表现出在极其艰难困苦的环境中无所畏惧的英雄气概，表现出能为民众利益献出自己一切的自我牺牲精神，而且充分表现出政治上的成熟，能够顶住来自各方面的狂风恶浪，具有驾驭复杂局势的能力。把它称为抗日战争惊涛骇浪中始终屹立不摇的中流砥柱，是当之无愧的。

在八年抗战中，国民党表面上看来依然是庞然大物，某些方面的实力还有所加强，但它的政治地位和受民众信任的程度，却一步步衰落下去。共产党的力量却从小到大地迅速壮大起来，并且团结了越来越多的朋友。这都是他们各自在抗日战争过程中的实际表现换来的。许许多多的中国人，正是通过在这场战争中的实际观察，才真正认识中国共产党并团结在它周围。抗日战争的胜利，不仅成为中华民族重新振兴的枢纽，同时也为中国人民的解放事业奠定了坚实的基础。

第十三章　和平建国希望的破灭

经过八年艰苦卓绝的全民族抗战,胜利终于来到了。在日本侵略军铁蹄下饱受蹂躏的民族苦难终于到了尽头。中国人民沉浸在无法用言语形容的欢乐中。

重庆是较早得到胜利消息的地方,人们尽情地欢呼雀跃,倾吐自己的兴奋和激动。但现实生活的教训,特别是抗战后期国民党政府的种种表现,又使人们的心情相当复杂:欢乐中带着忧虑。美国记者西奥多·怀特、安娜·雅各布真实地描述了这种情景:

>　　抗战胜利的消息传到了重庆,这时,正是炎热而痛苦的夏天。胜利的消息到来之时,恰好是在晚上。……男人、女人、小孩……所有的人们都走出家门,涌向重庆城内的广场。……公共汽车装载着两层乘客,在街道上缓缓而行。一些人站在公共汽车顶篷上欢呼着,挥舞着旗帜。汽车前部的挡板上、发动机盖上,十几个人紧紧地挤在一起。军用卡车也汇入了这一片人海。游行的人们点燃了火把。中央社来不及印号外,就在通讯社总部的墙上贴出巨幅手写标语。
>
>　　胜利降临了,战争结束了。……但是,陈腐的政府、累积的苦难、由来已久的恐惧,所有这些都依然如故。与以往相比,中国不仅没有进行任何改革,而且国内和平变得更加

遥远了。[1]

在原沦陷区，包括上海、南京、北平、天津、武汉、广州那些最富庶、人口最密集的大城市，人们的心情和大后方有些差别。八年沦陷区的苦难生活，使人们对胜利的到来更感到难以抑制的兴奋，当时流行着把这一天称作"天亮了"；国民党政府在许多人心目中仍是代表自己国家的政府，对它令人不满的种种表现没有大后方民众那种切身感受，因而人们在最初对未来抱着热烈的期望，较少大后方民众那种深沉的忧虑。著名记者陶菊隐写道：

> 十日下午，上海市民盛传日本侵略者已表示愿意无条件投降，因此没有人在家里呆得住了，大家喜气洋洋地跑到大街上去看热闹，在川流不息的人群中挤来挤去。有些素不相识的人，由于兴奋过度，也情不自禁地打招呼攀谈起来。
>
> 十一日上午，市民余兴未尽，继续涌向街头，各色车辆无法通行。大小商店均停业一天表示庆祝。当天下午，日本侵略者突又宣布紧急戒严，派出大批警保人员，骑着机动自行车往来逡巡。保甲长奉命驱散街上成堆的人们。市商会劝告各商店照常开门营业。黄昏时候，日本哨兵又在重要街口出现，荷枪实弹，依然旧时威风。
>
> 一直到十五日，日皇接受无条件投降的诏书在广播中发表，这个问题才得到澄清。[2]

---

[1] ［美］西奥多·怀特、安娜·雅各布：《风暴遍中国》，第311、312页。
[2] 陶菊隐：《孤岛见闻》，上海人民出版社1979年11月版，第316、317、318页。

抗战的胜利，结束了日本对台湾长达五十年的殖民统治。台湾终于光复，台湾人民回到祖国的怀抱。张克辉回忆道：

> 日本投降当晚，人群在夜间涌动、呐喊。不少家庭焚香祭祖，禀告列祖列宗在天之灵——台湾光复了。此后一段时间，台湾各地热烈庆祝光复，歌仔戏、布袋戏、龙灯、舞狮全部出动，到处张灯结彩，街上扎起牌楼。当时我是个高中生。我们学生积极学习普通话，学唱祖国歌曲。学唱的第一首歌是《义勇军进行曲》，尽管当时我们不会汉语发音，歌词还用罗马字拼音，但那雄壮的旋律激发了我们的爱国主义豪情。我们还举行光复演讲会，组织光复大游行。[1]

在延安，"日本无条件投降了"的消息像闪电划过黑夜的天空，人们从各个角落涌出，向街上奔走，向广场奔走。有的人在点燃火把，有的人在传递火把，有的人举着火把来了，汇合成火炬的海洋。到处是钟声，锣鼓声，欢呼声。到处在舞蹈，在拥抱。聂荣臻回忆道："那些天，延安一片欢腾。宝塔山下，延河两岸，中央机关和延安群众敲锣打鼓，载歌载舞，沉浸在一片胜利的欢乐之中。"[2]

重庆谈判和《双十协定》

抗战胜利了，人们最强烈的期待是开始和平建设。

---

[1]《人民日报》1995年10月27日。
[2]《聂荣臻回忆录》(中)，第568、569页。

这种心情是很可以理解的。在经过八年浴血抗战、付出那样沉重的代价才取得胜利以后，人们十分珍惜这个难得的机会，希望能够集中力量把国家建设好，一步一步走向繁荣富强。中国民主同盟主席张澜在八月十二日发表的谈话是很有代表性的。他说：

> 这胜利是中国上千万人的血泪汗换来的。我想无论在朝在野的人士，得到这胜利的消息，痛定思痛，在万分欢欣之余，必都有一种沉痛的回味，这胜利真来得不容易啊！现在国人惟一的希望，也正是惟一的责任，就是要怎样保持这经过数十年艰苦沉痛才换得的胜利的成果。……于是，我们感到中国今天更迫切需要统一、团结、民主。必如此，才能使全国人一德一心，和衷共济，以尽其最大的最善的努力。也才能担负起一切建国工作。[1]

尽管人们有着这样善良的愿望，但是，要实现和平建设又哪里是容易做到的事情？胜利刚刚到来，内战的阴云就已悄悄地笼罩着中国的上空。

蒋介石当抗战还在进行的时候，早就盘算着战后怎样消灭共产党。日本那样快投降，是他没有想到的。他并没有做好准备。国民党军队的主力在抗战期间退缩在中国的西南地区，还有一部分在胡宗南率领下包围着西北的陕甘宁边区，距离日本占领的大城市和交通线很远。美国总统杜鲁门在回忆录中写道：那时，"蒋介石的权力只及于西南一隅，华南和华东仍被日本占领着。长江以北则连任

---

[1]《中国民主同盟历史文献（1941—1949）》，第57、58页。

何一种中央政府的影子也没有"。[1]而华北、华中的主要城市都处在八路军、新四军包围下，在东北也只有共产党领导的抗日武装。日本政府发出乞降照会的当天，朱德总司令向各解放区抗日部队发布命令，要求他们向附近的敌军送出通牒，限期要他们缴出全部武器，否则立即予以消灭，并接管他们所占的城镇和交通要道。第二天，蒋介石却发出两个互相矛盾而极端无理的命令：一个是给各战区将士的，要求他们"加强作战努力，一切依照既定军事计划与命令推进，勿稍松懈"；另一个专门发给八路军，说："所有该集团军（引者注：指第十八集团军）所属部队，应就原地驻防待命。"为什么所有其他军队都要"勿稍松懈"地"推进"，独独长期坚持在敌后抗战的八路军只能"驻防待命"呢？他的意思很清楚，就是要把八路军和新四军的手脚捆起来，让国民党独吞抗日胜利的果实，使抗战胜利后的中国回到抗战前的老样子。八月十三日，毛泽东为朱德写了一个给蒋介石的电报，指出"驻防待命"的说法，不但不公道，而且违背中华民族的民族利益。电报中说："我们认为这个命令你是下错了，并且错得很厉害，使我们不得不向你表示：坚决拒绝这个命令。"同一天，毛泽东又为新华社写了一篇评论，提醒全国人民："蒋介石在挑动内战。"

对待面临的严重的内战危机，中国共产党的态度是怎样的？它做的是两手准备。八月十三日，毛泽东在延安干部会议上的讲演中说：

> 对于蒋介石发动内战的阴谋，我党所采取的方针是明确的

---

[1]［美］《杜鲁门回忆录》第2卷，世界知识出版社1965年1月版，第70页。

和一贯的,这就是坚决反对内战,不赞成内战。今后我们还要以极大的努力和耐心领导着人民来制止内战。但是,必须清醒地看到,内战危险是十分严重的,因为蒋介石的方针已经定了。

同时,他也指出:

> 公开的全面的内战会不会爆发?这决定于国内的因素和国际的因素。国内的因素主要是我们的力量和觉悟程度。会不会因为国际国内的大势所趋和人心所向,经过我们的奋斗,使内战限制在局部的范围,或者使全面内战拖延时间爆发呢?这种可能性是有的。[1]

中国共产党力争的就是实现这种可能性。

事情正是如此:蒋介石打内战的决心已经定了,但他要发动全面内战一时还有许多困难和顾忌。在国内,全国人民在经过八年抗战后普遍反对内战,渴望在和平环境中重建家园,建设自己的国家。谁发动内战,谁就极端不得人心。在国际上,第二次世界大战刚结束,各国人民普遍希望和平,美、英、苏等从各自的利益出发,也都不赞成中国发生大规模内战。对蒋介石来说,更大的困难在于他的军队主力仍远在西南、西北地区,把它运送到内战前线需要时间。

正是在这种情况下,蒋介石连续三次致电毛泽东,邀请他到重

---

[1]《毛泽东选集》第4卷,第1125、1130页。

庆商谈。他估计毛泽东不敢冒险来重庆商谈,这样可以把内战的责任推到共产党身上;如果来了,也可以借谈判取得将他的军队主力运送到华中、华北和东北所需的时间。接到蒋介石的来电后,中共中央政治局在八月二十三日和二十六日先后举行两次会议。毛泽东在第一次会议上说:现在情况是抗日战争的阶段已结束,进入和平建设阶段。我们现在的新的口号是"和平、民主、团结"。他还讲道:对国民党的批评,本来是决定停一下的,因为日本突然投降,蒋下令要我们"驻防待命",不得不再批评一下,今后要逐渐缓和下来。[1]在第二次会议上,毛泽东谈到邀请他去重庆谈判的事情时表示:"可以去,必须去。"他说:由于有我们的力量、全国的人心、蒋介石自己的困难、外国的干涉四个条件,这次去是可以解决一些问题的。[2]

为了统一党内的思想,毛泽东为中共中央起草了党内通知,指出:

> 国民党"在内外压力下,可能在谈判后,有条件地承认我党地位,我党亦有条件地承认国民党的地位,造成两党合作(加上民主同盟等)、和平发展的新阶段。假如此种局面出现之后,我党应当努力学会合法斗争的一切方法,加紧国民党区域城市、农村、军队三大工作(均是我之弱点)。在谈判中,国民党必定要求我方大大缩小解放区的土地和解放军的数量,并不许发纸币,我方亦准备给以必要的不伤害人民根本利益的让步。无此让步,不能击破国民党的内战阴谋,不能取得政治上

---

[1] 毛泽东在中共中央政治局扩大会议上的发言记录,1945年8月23日。
[2] 毛泽东在中共中央政治局会议上的发言记录,1945年8月26日。

的主动地位,不能取得国际舆论和国内中间派的同情,不能换得我党的合法地位和和平局面。但是让步是有限度的,以不伤害人民根本利益为原则。

在我党采取上述步骤后,如果国民党还要发动内战,它就在全国全世界面前输了理,我党就有理由采取自卫战争,击破其进攻。"[1]

很清楚,中国共产党当时是做了两手准备的,而把重点放在力争实现两党合作、和平发展的新局面上,并且认为它是有可能实现的。这是全国民众的愿望,也是中国共产党的愿望。

八月二十七日,赫尔利和张治中到延安迎接毛泽东、周恩来、王若飞去重庆。第二天,他们一起飞抵重庆,毛泽东在机场发表谈话说:

本人此次来渝,系应国民政府主席蒋介石先生之邀请,商讨团结建国大计。现在抗日战争已经胜利结束,中国即将进入和平建设时期,当前时机极为重要。目前最迫切者,为保证国内和平,实施民主政治,巩固国内团结。国内政治上军事上所存在的各项迫切问题,应在和平、民主、团结的基础上加以合理解决,以期实现全国之统一,建设独立、自由与富强的新中国。[2]

由于国民党对这次谈判并没有诚意,也没有估计到毛泽东会那

---

[1]《毛泽东选集》第4卷,第1153—1154页。
[2]《为和平而奋斗》,中国灯塔出版社1946年1月版,第6页。

样快应邀来到重庆,所以他们根本没有准备好谈判方案。为了便于谈判进行,使谈判取得具体成果,只得由中国共产党方面先提出意见。九月三日,中共方面提出两党谈判方案十一项。毛泽东同蒋介石一起谈了几次。具体的谈判,由周恩来、王若飞同国民党的张群、王世杰、张治中、邵力子进行。经过一个多月的艰难谈判,几经曲折,到十月十日下午,《政府与中共代表会谈纪要》终于正式签字,通常称为《双十协定》。《会谈纪要》中,尽管军队和解放区政权这两大问题仍没有达成协议,但国民党在口头上也表示承认和平团结的方针和人民的某些民主权利,表示要避免内战,由两党和平合作建设新中国。

一个多月的重庆谈判,紧紧地牵动着全国民众的心。著名文学家郑振铎当时在一篇文章中讲到他这种心情:

> 从毛泽东先生到了重庆、开始会谈以后,我们哪一天不在探问着会谈进行的情形,不在关心着会谈进行得顺利与否。一点小小的争执的谣言便足以使我们担惊受怕。一件小小的挑拨离间之举动,便足以使我们切齿痛恨。我们是那样的睁大着双眼,伸出了双手,在期待,在盼望这次会谈的成功。这个会谈记录的发表,使我们略略的松了一口气,但还不能放下沉重的忧虑的心。国共之间的关系如何能够圆满解决,仍是我们发愁的中心问题。[1]

双十会谈纪要的意义在哪里?毛泽东十月十一日在中共中央政

---

[1] 郑振铎:《读国共会谈记录》,《民主》第2期,1945年10月20日。

治局会议上说:"这个东西,第一个好处是采取平等的方式,双方正式签订协定,这是历史上未有过的。第二,有成议的六条,都是有益于人民的。"[1] 周恩来在第二年也说过:"我们并不因为蒋破坏了这些协定,就以为没有了收获。因为全中国人民都承认了这样的事实,认为中共的地位是不容抹杀的。国民党虽背叛了协议,但他还不敢放弃党派协商。"[2] 这次会谈和达成的协议,使和平民主的呼声大大高涨,也有力地推进了国民党统治区的民主运动。

民众不满的增长

尽管全国人民对和平建设抱着殷切的期望,蒋介石其实只是把重庆谈判看作应付一时的缓兵之计,看作争取时间以调集兵力发动内战的手段。他一面谈判,一面在九月十七日以命令形式向内部重新颁发十年内战时期他手订的《剿匪手本》,指令各部队"切实遵守"。他们不仅靠美国军舰和飞机大规模运输,将原来远在大后方的军队运往华北、华东、华南等地各大城市受降,而且沿平汉、津浦、平绥、同蒲、正太五条铁路线向前推进,认为只有由他们强行夺取了原来八路军在华北经苦战从日伪军手中收复的铁路线及其沿线地区,"法律"和"秩序"才算得到恢复。

武装冲突首先在晋东南的上党地区爆发。

上党地区处于晋冀鲁豫解放区的太行山腹地,是一块比较富庶的盆地。战争是由阎锡山挑起的。他按照蒋介石的意图,以一万八千人的兵力从晋西南的临汾向这个地区猛扑过来,企图把太

---

[1] 毛泽东在中共中央政治局会议上的发言记录,1945年10月11日。
[2] 《周恩来选集》上卷,第254页。

行、太岳两个解放区分割开。他们强行深入解放区，接连夺取已被八路军从日伪军手中收复的襄垣、潞城以及已包围的长治（上党地区首府）等城。晋冀鲁豫军区司令员刘伯承决心还击。他说："蒋介石的军队沿五条铁路开进，五个爪子伸开向我们扑来了。人家的足球向我们华北解放区的大门踢过来了，我们要守住大门，保卫华北解放区，掩护我东北解放军作战略展开。平汉、同蒲是我们作战的主要方向。但现在的问题是阎锡山侵占了我上党六城，在我们背上插一把刀子，芒刺在背，脊梁骨发凉，不拔掉这把刀子，心腹之患未除，怎么放得下心分兵在平汉、同蒲去守大门呢？"[1]

在刘伯承、邓小平指挥下，集中太行、太岳、冀南三个地区的主力约三万一千人应战。这在当时十分不易。参战部队虽然多数有老部队为骨干，但在抗日战争中分散到各军分区作为基干团，长期进行游击战争，这时一下子要集中起来进行运动战，部队不仅编制仍不充实，装备很差，每个老兵只有五发子弹，而且缺乏大兵团正规作战的经验。需要在作战的同时，完成从游击战向运动战的重大转变。而这些只能在极短时间内实现。

上党战役从九月七日开始。晋冀鲁豫部队先扫清外围，再合围长治。阎锡山调集八个师，附炮兵两个团，共两万人，由第七集团军副总司令彭毓斌率领，前来增援。晋冀鲁豫部队主力转而打援，采取钳形攻势，依靠战士的猛烈穿插和英勇搏杀，在十月六日基本全歼该部。长治守军见待援无望，向西南突围，又在十二日被全歼。这次战役，共歼灭阎军十一个师及一个挺进纵队共三万五千多人，不仅大量补充了部队的装备和兵员，巩固了晋冀鲁豫后方，而

---

[1] 见《李达军事文选》，第197页。

且加强了中国共产党在重庆谈判中的地位。

双十会谈纪要在十月十二日公布。第二天，蒋介石就发布密令，称对共产党"若不速予剿除，不仅八年抗战前功尽失，且必贻害无穷"，要求各部"努力进剿，迅速完成任务，其功于国家者必得膺赐，其迟滞贻误者必执法以罪"。

这时，最紧张的是平汉铁路正面的局势。国民党第十一战区副司令长官马法五（兼第四十军军长）、高树勋（兼新八军军长）根据蒋介石的密令，率三个军共四万五千多人从豫北的新乡沿平汉铁路北上，准备同从石家庄南下的国民党军队夹击晋冀鲁豫解放区首府邯郸，会合后继续北上，打通贯穿南北的交通命脉平汉铁路。在它后面，还有四个军正向新乡开进。这正如刘伯承所说："人家的足球向我们华北解放区的大门踢过来了，我们要守住大门。"

这一路北上的三个军都是原西北军，战斗力较强，但不少人对蒋介石歧视非嫡系部队和驱使他们充当内战前锋十分不满。他们还有一个弱点：新到这个地区，地理民情不熟，又远离后方，供应困难。上党战役结束后的第四天，十月十六日，晋冀鲁豫军区下达了进行邯郸战役（又称平汉战役）的命令，集中主力三个纵队和地方武装十万多人，顽强抗击。二十四日，在邯郸以南地区将国民党这三个军包围。激战期间，高树勋率新八军约万人在战场起义。他在起义时召集总部军官会议说："蒋介石在抗日战争刚刚结束又打内战，我们坚决反对。十年内战期间，共产党力量还较小，蒋介石调动了百万大军，几次'围剿'都失败了。现在共产党的力量比那时大几十倍，还想用武力来解决，根本是不可能的，所以我们退出内战，主张和平。"他又说："我们新八军过去受蒋介石嫡系的歧视，大家都清楚。就供给而言，比人家差十几倍，还经常受到他们监视、分化和吞并。我在西安时，还当面受到胡宗南的侮辱，这些年来受气的事是说不完的。"[1]这些话引起大部分军官的共鸣，起义顺利发动。马法五部在突围时被歼，马法五被俘。这次战役共歼灭国民党军三万多人，高树勋部起义更反映出蒋介石发动内战是多么不得人心，这两点都在国民党内部引起很大震动。它对阻挡国民党军沿平汉铁路向北进攻、掩护解放军从容调整部署，起了重大作用。

邯郸战役后，国民党中央宣传部长吴国桢发表谈话强辩："政府在此次战争全居守势。"毛泽东以中共发言人名义针锋相对地指出："这一路国民党军的许多军官，其中有副长官、军长、副军长多人，现在都在解放区，他们都可以证明他们是从何处开来，如何奉命进攻的全部真情。这难道也是取守势吗？"[2]

东北地区在抗战胜利前并没有国民党的军队，只有中国共产党领导的抗日人民武装。一九四五年八月苏联对日宣战后，中共领导的冀热辽军区部队，配合苏联红军，击破日伪军抵抗，收复了山海关等地，随后又进驻锦州和承德。九月十九日，中共中央确定"向南防御，向北发展"的战略方针，从山东、苏北等抗日根据地调集十万大军由水陆两路兼程进入东北。这是一个大决策。那时，苏联红军只驻扎在沈阳、长春、哈尔滨等大城市和铁路沿线，有许多余地可以活动。开入东北的部队解除伪军武装，组织人民，在农村和中小城市建立起民选的地方自治政府。可是到十月底，国民党当局在美军帮助下，海运两个军在秦皇岛登陆，向东北大举进攻。十一月间，他们先后攻占已被解放的山海关、锦州等要地。随后，又沿

---

[1] 王定南：《邯郸起义与高树勋同志》，《高树勋纪念文集》，中国文史出版社1998年7月版，第221、222页。

[2]《毛泽东选集》第4卷，第1167页。

铁路线推进到沈阳附近的新民和彰武。

内战局势愈演愈烈,使渴望和平民主的民众深深感到焦灼不安。西南联大所在的云南昆明,在抗战后期是著名的民主堡垒。十一月二十五日,昆明各校师生和社会人士六千多人在西南联大草坪上举行反对内战、呼吁和平的时事晚会,钱端升、费孝通等四教授在会上发表演讲,却遭到国民党军队的围困和破坏。著名学者、西南联大教授闻一多写道:"在教授们的演讲声中,会场四周,企图威胁到会群众和扰乱会场秩序的机关枪、冲锋枪、小钢炮一齐响了。"第二天,愤怒的全市各校学生宣布罢课。十二月一日,大批国民党特务和身着制服、佩带符号的军人,携带武器,分别闯入西南联大、云南大学等处,并且投掷手榴弹,杀死四人,重伤十一人,轻伤十四人。人们不能不想:他们只是反对内战,有什么罪?为什么要被置于死地?"从这天起,在整整一个月内,作为四烈士灵堂的联大图书馆,几乎每日都挤满了成千成万扶老携幼的致敬的市民,有的甚至从近郊数十里外赶来朝拜烈士们的遗骸。"[1]

这样的惨案,发生在离抗日战争胜利后只有三个月的时候,发生在西南联大这样的最高学府里,震动了全国。在重庆,由郭沫若、沈钧儒、史良等主持,召开追悼大会。在上海,举行了由宋庆龄、柳亚子、马叙伦、许广平等主祭的万人追悼大会。昆明学生罢课联合会明确宣布:"我们要指出这是一个在当局指挥下的有计划的屠杀。"[2]《周报》的读者来信说:"我们的政府似乎并不想建设一个有健全政治的,民主的国家,不然的话,不能以堂堂军政当局对于学

---

[1] 闻一多:《"一二·一"运动始末记》,《一二一运动》,中共党史资料出版社1988年8月版,第48、50页。

[2] 昆明学生罢课委员会:《一二一惨案实录》,《民主》第11期,1945年12月22日。

生们正当的要求（我相信反对内战是目前每个中国人民所热烈赞成的），加以如此无理的狙击的。"[1]蒋介石却在日记中写道："应作不得已时解散西南联大之一切准备。该校思想复杂，秩序紊乱，已为共匪反动派把持，不可救药矣。自由主义误国害学之罪甚于共匪，为不可宥也。"[2]但社会各方面反应强烈，国民党政府被迫宣布将云南警备总司令关麟征"停职议处"，在政治上陷于十分被动的地位。

如果说大后方民众对国民党政府的不满，在抗战后期已日益强烈；那么，原沦陷区人民在抗战胜利时大多对它曾抱有热烈的期待。他们这种热情，迎来的是什么？事情的发展，完全出乎他们意料之外。胜利后带给人们的第一个见面礼，竟是纷至沓来的洗劫式接收。那些政府官员、军事机关、特务机关贪婪地搜刮金子、车子、房子、女子、票子，被称为"五子登科"。社会上人人为之侧目，很快便把这种"接收"改称为"劫收"。人们的热情很快变成冰凉。抗战期间一直留在上海的著名记者陶菊隐写道：

> 国民党正规军进入上海前，首先到上海的是属于军统系统的忠义救国军。接下去就是饥鹰满天飞，饿虎就地滚，前者是指由重庆乘飞机前来的接收大员，后者是指原来潜伏上海的此时公开出面趁火打劫的"地下工作人员"。一批紧接一批，一幕紧接一幕。上海市民不禁痛心疾首地问道："难道这就是天亮了吗？"[3]

---

[1] 陈兆珂：《昆明血案反响》，《周报》第16期，1945年12月22日。
[2] 蒋介石日记，1945年12月7日。
[3] 陶菊隐：《孤岛见闻》，第323页。

日本侵略者在战争期间为了"以战养战",控制了大批具有垄断性的经济行业。对这些,本来应该完整地、有计划地接收过来,迅速恢复和发展生产,作为和平建国的重要经济基础。事实却根本不是如此。那些接收大员不择手段地你争我夺,把原来的生产结构肢解分割。自己抢到手的部分,只着眼于瓜分财物,甚至在前门贴上封条,从后门把厂内物资悄悄抢运出去,囤积起来,从事投机买卖,连机器零件也往往在短时期内损失殆尽。著名民族工商业家李烛尘曾举了一个例子:"一家铁厂,正在开炉,接收人员一到,马上勒令停止一切,于是一炉铁就冷在炉子里,化铁炉亦就没法再开了。"[1]在这种情况下,工人更是大批失业。《周报》上有文章写道:"生产机构的陷于停顿,这是目前普遍的现象。"[2]

一些继续开工的企业,如纺织业等,大批落入官僚资本经营的中纺公司等手里。国家垄断资本大大膨胀起来,民族工商业更加陷于困境。

国民党政府在胜利后不久便因"劫收"而失尽民心,是不争的事实。蒋介石在日记中写道:"魏德迈来见,告我以中央派往华北人员之如何贪污不法,失却民心,闻之惭惶无地,不知所止。"[3]蒋介石身旁的工作人员也承认这一点。兼任军统局帮办的蒋介石侍从室第六组少将组长唐纵在日记中写道:"我政府人员只接收敌伪之公馆、物品、家具,而将工厂封闭,听其停工,毁灭。"[4]蒋介石派到原沦陷区考察的侍从室少将秘书邵毓麟在回忆录中说到,他从上

---

[1] 许涤新:《现代中国经济教程》,第200页。
[2] 韬:《释"接收"》,《周报》第5期,1945年10月6日。
[3] 蒋介石日记,1945年11月29日。
[4] 唐纵:《在蒋介石身边八年》,群众出版社1991年8月版,第554页。

海、南京回到重庆的第二天,蒋介石找他去询问看到的情况,"我在据实报道收复地区一般情势后,强调接收问题的严重性,我还记得我曾说了这样一句:'像这样下去,我们虽已收复了国土,但我们将丧失了民心!'在旁陪坐的一位侍从室同事,在我辞退出门时悄悄地告诉我:魏德迈将军在我报告前几分钟,根据美军顾问的情报,也曾向委座(引者注:指蒋介石)提出了类似的报告"。邵毓麟在回忆录中写道:"个人或有'五子'而可'登科',政府却因此基础动摇。在一片胜利声中,早已埋下了一颗失败的定时炸弹。"[1]

陈诚在回忆录中写道:"因为事先一无准备,临时又调度失宜,再加上用人的失当,所以接收变成了'劫搜',只弄得天怒人怨,为中外所不齿。""可怜八年浴血抗战的结果,最后却带来了一场'胜利灾难'。这些话听起来当然使人扫兴,然而却不能不承认这是眼睁睁的事实。"[2]

抗战胜利后,国民党政府给原沦陷区民众的另一个沉重打击,是把法币和伪中央储备银行发行的纸币的比价定为一比二百。实际上,两者的比价绝不会超过一比一百。现在要原沦陷区老百姓把手中持有的伪中储券以二百比一的比率换成法币,无异于使自己的财产平白地损失一半以上。这使人人都感受到切肤之痛。李宗仁在回忆录中写道:"刚胜利时,沦陷区中伪币的实值与自由区中的法币的兑换率为二百比一。以致一纸命令之下,收复区许多人民顿成赤贫了,而携来大批法币的接收人员则立成暴富。政府在收复地区失尽人心,莫此为甚。"[3]

---

[1] 邵毓麟:《胜利前后》,(台北)传记文学出版社1967年9月版,第76、81页。
[2] 《陈诚先生回忆录——抗日战争》(上),第224页。
[3] 《李宗仁回忆录》,第557页。

它的后果,立刻引起物价的飞涨。上海的《民主》周刊第五期辟了"物价问题专辑",发表知名人士许广平等人的七篇文章。有的文章写道:"老百姓今日的心境,比起八月十一日那时满望着揩泪眼看太平的心境来,在短短不到三个月中间,也已经像有隔世之感了。何况老百姓今日的生活真已到了山穷水尽的地步呢?"[1]

国民党政府军令部部长徐永昌在一九四五年十二月八日的日记里写道:"平津近有谣谚曰:'天天盼中央,中央来了更遭殃'之语。"[2]这句话,在当时公开出版的刊物上也可以读到。美国国务院一九四九年发表的《美国与中国的关系》(白皮书)中讲到魏德迈在一九四五年十一月二十日给华盛顿的报告说:"他相信国民政府的胡作非为已经引起接管区当地人民的不满,此点甚至在对日战事一结束后,国民政府即严重地失去大部分的同情。"[3]

对国民党政府来说,事情确如邵毓麟所讲:"在一片胜利声中,早已埋下了一颗失败的定时炸弹。"但蒋介石却依然陶醉在"一片胜利声中",看不到民心变动会带来的严重后果,以为一切优势全在自己手里,对局势作出完全错误的估计。

马歇尔使华和政治协商会议

美国在第二次世界大战期间,成为世界上首屈一指的霸主。它已深深地卷入中国的内部事务中,成为国民党政府的主要支持者。抗日战争一胜利,它在中国集中力量所做的第一件事,就是动用它

---

[1]张凤举:《民瘼》,《民主》第5期,1945年11月10日。
[2]《徐永昌日记》第8册,(台北)"中研院"近代史研究所1990年6月影印,第197页。
[3]《中美关系资料汇编》第1辑,世界知识出版社1957年12月版,第192页。

的空军和海军，帮助远在西南地区的国民党军队迅速抢运到原来被日本占领的华北和华东去。由他们运送的国民党军队共四十万至五十万人。当时作为盟军中国战区参谋长的魏德迈把它称为"世界历史上规模最大的空中军队调动"。他在一份报告中写道：

> 领先收复失地的整军整师的军队由美国飞机空运到上海、南京和北平。从太平洋调来美国第七舰队的一部分军舰，后来运送中国部队至华北，另有五万三千名海军陆战队占领平津地区。负有军事占领任务的中国部队的空运工作由第十和第十四航空队负责。这无疑是世界历史上规模最大的空中军队调动。[1]

国民党军队精锐主力的武器装备，主要是由美国提供的。对日作战期间，美国的军事援助完全是给国民党部队的。"原定战争结束时装备国民党三十九个师和空军的，当日本投降时这件事只完成了一半，但各种装备和供应在内战中仍继续进行着。""在这之后，一九四六年八月美国还把九亿美元的剩余战争物资，以一亿七千五百万美元代价卖给了国民党。"[2]

但美国不可能大规模地进行军事干涉，帮助国民党来打败共产党。这不是出于它发了什么善心。美国国务卿艾奇逊在一九四九年七月三十日给杜鲁门总统的信中讲得很坦率：那样做，"在理论上

---

[1]《中国战区史料》第2卷，转引自资中筠《美国对华政策的缘起和发展（1945—1950）》，第43、44页。

[2][美]费正清：《伟大的中国革命（1800—1985）》，国际文化出版公司1989年10月版，第245、246页。

和回顾起来可能吸人心目,却是完全不能实行的。大战前的十年当中,国民党没有能力摧毁共产党。大战后,如前所述,国民党的力量业已削弱,意志消沉,且不得民心。国民党的文武官员在自日本手中收复之地区中的举止,已使国民党迅速地在这些区域中丧失了人民的支持和声望。在其他方面,共产党的力量则较它过去任何时期为强大,且已控有华北的大部分。由于国民党部队的无能,这点后来可悲地表现出来,也许只有靠美国的军力才可以逐走共产党。美国人民显然不会允许在一九四五年或以后让我们的军队担负如此巨大的义务的"。[1]

因此,在他们看来,能够采取的做法只能是:一方面援助国民党在进行一些改革后尽可能广泛地在中国确立其权力地位,一方面鼓励双方从事协商,尽力避免内战的发生。他们担心全面内战最终会导致腐败无能和丧失民心的国民党政府失败;期望在协商过程中支持国民党强化它的势力和地位,使中国在战后成为一个亲美的国家。

杜鲁门回忆道,当作为大使的赫尔利回国述职时,和魏德迈一起来白宫讨论对华政策。"我清楚地告诉他们说,我们的政策就是支持蒋介石,但是我们却不能卷入中国的内战中为蒋介石作战。"[2]

一九四五年十一月二十七日,杜鲁门任命五星上将马歇尔为总统特使,来华担负调停任务。马歇尔在第二次世界大战中担任美国陆军参谋长,享有"胜利的组织者"的盛誉,在美国和国际上都有很高的声望。杜鲁门在给马歇尔的信中强调:"我特别希望你竭力说服中国政府召开包括各主要政党代表的国民会议,以实现中国的

---

[1]《中美关系资料汇编》第1辑,第35页。
[2][美]《杜鲁门回忆录》第2卷,第73—74页。

统一，同时实现停止敌对行动，尤其是在华北停止敌对活动。"[1]十二月十五日，马歇尔启程来华。二十七日，苏、美、英三国外长莫斯科会议公报中主张中国必须停止内争。蒋介石不能不考虑到美国政府的态度，而上党、邯郸战役的挫败也使他感到发动全面内战还没有完全准备好。在各种因素的交互作用下，局势一时显得有所缓和。

经过马歇尔的斡旋，国共两党达成关于停止国内军事冲突的协定，一九四六年一月十日，双方各自下达停战令。这样，战争确实在全国范围内（东北除外）停止了一个时期，使中国人民燃起希望，以为内战有可能制止。

同一天，全国人民瞩目的政治协商会议在重庆开幕，出席会议的有国民党、共产党、民主同盟、青年党和无党派人士三十八人。会议进行了二十二天，通过宪法草案案、政府组织案、国民大会案、和平建国纲领、军事问题案五项协议。这些协议规定："国民政府委员会为政府之最高国务机关"，"国府委员名额之半，由国民党人员充任，其余半数由其他党派及社会贤达充任"；"积极推行地方自治，实行由下而上之普选"，"省长民选"，"省得制定省宪，但不得与国宪抵触"；"立法院为国家最高立法机关，由选民直接选举之，其职权相当于各民主国家之议会"；"行政院为国家最高行政机关，行政院长由总统提名，经立法院同意任命之，行政院对立法院负责"。[2]

政协协议的这些规定，并不是新民主主义性质的。"行政院对立法院负责"等规定倒是接近西方式的议会民主制，而且国民党在

---

[1]［美］《马歇尔使华——美国特使马歇尔出使中国报告书》，中华书局1981年7月版，第25页。
[2]《政协文献》，历史文献社1946年7月版，第61、84、134、135页。

政府中占着明显的优势。毛泽东在去重庆谈判前就说过:"中国如果成立联合政府,可能有几种形式,其中一种就是现在的独裁加若干民主,并将存在相当长的时期。对于这种形式的联合政府,我们还是要参加进去,进去是给蒋介石'洗脸',而不是'砍头'。"[1]

既然这些规定并不是新民主主义的,为什么中国共产党还是要参加进去?因为它有利于冲破国民党的一党专政和推进民主政治,有利于保障解放区的地方政府的合法地位,有利于和平建国。如果真能做到的话,在中国历史上仍是进了一大步。当时,政协协议成了国民党统治区内很多人衡量是非的重要尺度:谁能坚持政协路线,谁就得人心;谁要破坏政协协议,谁就不得人心,就把自己置于同广大民众对立的地位。

中国共产党真心实意地准备履行这些协议,甚至一度过于乐观了。毛泽东在颁布的停战令中说:"中国和平民主新阶段,即将从此开始。"政协会议闭幕后第二天,中共中央向各中央局、各区党委、各纵队负责人发出内部指示说:

> 从此中国即走上和平民主建设的新阶段。……虽然一切决议尚待实行,即是实行,离开全国彻底民主化还是很远。但是只要各党派在全国合法化,人民有了初步民主自由,民主运动即可逐步发展,成为不可抗御的力量,破坏封建专制主义,推动国家继续走上民主化。
>
> 中国革命的主要斗争形式,目前已由武装斗争转到非武装的群众的与议会的斗争,国内问题由政治方式来解决。党的全

---

[1]《毛泽东文集》第4卷,人民出版社1996年8月版,第7页。

部工作，必须适应这一新形势。[1]

实际工作中，中国共产党在政协协议达成后的一段时间内，已着手采取落实措施。

第一，在内部初步商定参加国民政府委员会和行政院的成员名单。中共中央致电在重庆的代表团，告诉他们："国府委员仍照周（恩来）在延所提八人，即毛（泽东）、林（伯渠）、董（必武）、吴（玉章）、周（恩来）、刘少奇、范明枢、张闻天为适宜，以便将来全党指导中心移到外边。第一次会议少奇可不出席。范明枢能否外出，已去电询问，尚未得复。如范不就，则提傅茂公（彭真）。""同意周（恩来）、林（伯渠）、董（必武）、王（若飞）分任行政院副院长、两个部长及不管部部长。"[2]

第二，这个电报中所说"将来全党指导中心移至外边"，是指移到接近南京的苏北淮阴。当时在解放区担任苏皖边区临时行政委员会主席的李一氓回忆道：

其实从中国共产党来讲，是真心愿意和国民党合作建国的。蒋介石公开撕毁停战协定、发动对解放区的进攻，似乎在我们的预料之内，也似乎在我们的预料之外。因为在淮阴的时候，我曾经得到华中局一个通知，说党中央要从延安搬到淮阴来。参加南京工作的同志有事情要开会就去南京，没有事情又不开会就可回到淮阴的总部。中共中央的总部就要建在淮阴，就由我负责找一个适当的地方，建立中共中央总部。当时我的设想

[1]《中共中央文件选集》第16册，第62、63页。
[2] 中共中央发渝台电，1946年2月6日。

是砖木结构的平房,地势要高,不会被水淹。我也曾和少数同志到淮阴城外面走过几趟,看了些地势较高的位置。还没有定下来的时候,解放战争就开始了,这个计划自然没有实现。[1]

第三,解放区的复员整军工作也已开始。中共中央的意见,第一期精简三分之一,三个月内完成;第二期再精简三分之一。在实行中,晋察冀部队复员人数最多,进行也最快。那里,原有野战军九个纵队,二十六个旅,加上地方部队共三十二万多人,这次率先复员了十多万人。[2]

中间派人士对政协协议的实现抱着很大的希望。二月四日,黄炎培从重庆回到上海。第二天,他向记者发表书面谈话说:"天不亡中国,还有今日。从今以后,我们中国人还不好好从头做起,做一个现时代民主国家的新国民,还配称人吗?我中国还能立国于世界么?"[3]

国民党当局却根本没有实行政协协议的诚意。它在前一阶段那样做,一是适当应付美国政府的要求,二是作为完成在发动全面内战准备前的一时缓兵之计,并不把协议看得那么认真。当希望实现政协协议的人们对未来抱着乐观期待的时候,意想不到的打击几乎紧随着就到来了。

当政协会议还在进行时,陈果夫在一月二十二日上书蒋介石称:"政治协商会议必无好结果。且无论如何,共党已得到好处,

---

[1] 李一氓:《模糊的荧屏》,人民出版社1992年12月版,第354页。
[2] 郑维山:《从华北到西北》,解放军出版社1985年7月版,第20、21、22页。
[3] 《黄炎培日记》第9卷,第125页。

本党已受害。"[1]不祥之兆已经显露。那时，政治协商会议陪都各界协进会连日在重庆沧白堂举办讲演会。国民党特务不断制造事端，捣乱会场。一月十九日，政协民盟代表梁漱溟正在报告时，"曾有五次被捣乱分子掷石子捣乱"，"并有爆竹声夹杂其间，并狂呼各种乱七八糟口号而去"。[2]二十六日，又突有军警宪兵特务大搜查政协民盟代表黄炎培寓所，无端逼问黄炎培藏枪所在。更严重的事件是：二月十日，重庆近万人在较场口广场召开庆祝政协成功大会。会议还没有开始，数十名暴徒就冲上主席台，抢占播音器，殴打主席团成员郭沫若、李公朴、施复亮等，还以石块、木凳等向人群乱掷，致使大会未能开成。此事是在国民党重庆市党部主任委员方治直接策划下发生的。

原来人们对政协的成功抱着那么热烈的期望，转眼间竟会发生这样的事，不能不使人感到格外震惊和愤怒。原来渴望在战后能社会安定、和平建国的民族工商业者也深感失望。迁川工厂联合会理事长胡厥文在回忆录中说："从这一段频繁的政治活动中，我深感蒋介石的言行不一，不民主，不可靠，不得人心。"[3]

三月一日至十七日，国民党召开六届二中全会。会上大吵大闹，认为政治协商会议是对共产党的过分"让步"。会场空气十分紧张。会议决议强调：五权宪法绝不容有所违背，所有对五五宪草的任何修改都应由国民大会讨论决定。这就以国民党中央全会的方式推翻了政协已经达成的协议。

人们的希望破灭了。事实表明：蒋介石绝不甘心放弃独裁统

---

[1]《陈果夫先生民国二十五年至四十年日记摘要》，第177页。
[2]《政治协商会议纪实》上卷，重庆出版社1989年10月版，第565页。
[3]《胡厥文回忆录》，第85页。

治。三月十五日，毛泽东在中共中央政治局会议上说：蒋介石的主张有两条：第一条，"一切革命党全部消灭之"；第二条，"如果一时不能消灭，则暂时保留，以待将来消灭之"。蒋介石这两条，"第一条很清楚，第二条是人们容易忘记的，稍微平静一点就忘了。二月一日到九日就忘了，较场口事件一来就又记得了"。[1]

这时离全面内战爆发只有三个多月。从这时起，中共中央逐步加强对蒋介石集团的批评和揭露，加强应对全面内战的准备。全面内战爆发后不久，刘少奇在一次政治局会议上回顾年初情况时又说：在一二月份，是糊涂了一下，现在证明和平是不可能的了，但和虽不可能，谈判仍是必要的，因为人民要和平。[2]

全面内战的爆发

蒋介石要发动全面内战来消灭共产党的决心，其实早已定了。

还在抗日战争初期，他就说过："此事乃我的生死问题，此目的如达不到，我死了心也不安，抗战胜利了也没有什么意义，所以我的这个意见，至死也不变的。"[3]

抗战一胜利，他就决心用武力消灭共产党，并且充满自信，认为这是极好的时机。事情看起来也有点像。国民党当时拥有正规军八十六个整编师（就是原来的军），约二百万人，加上非正规军、军事院校、后方机关等，共四百三十万人。而人民解放军只有野战军六十一万人，地方部队和后方机关人员六十六万人，总数

---

[1]毛泽东在中共中央政治局会议上的发言记录，1946年3月15日。
[2]刘少奇在中共中央政治局会议上的发言记录，1946年11月21日。
[3]《中共中央文件选集》第11册，第6页。

一百二十七万人。双方兵力的对比是三点四比一。至于武器装备，双方的差距更为悬殊。国民党军队约有四分之一是用美械、半美械装备起来的，又接收了侵华日军一百万人的武器，拥有人民解放军所没有的坦克、重炮、作战飞机和海军舰艇等。国民党还控制着全国百分之七十六的土地和百分之七十一的人口，控制着几乎所有的大城市和主要交通线，控制着几乎全部的现代工业。而中国共产党控制的主要是农村的一些中小城市。优势仿佛都在国民党方面。

当政治协商会议还在进行时，国民党政府军政部长陈诚就向蒋介石密陈："今日之情势，惟有以武力求和平，以武力谋统一。""国家之统一，自有史以来，从无不用武力。"他认为"当前急务"是："在协商规定之原则下，必须以重兵控制平津武汉及南京。如我之军事部署妥当，而共党有军事行动，即以最大力量，于最短期间，先将山东及苏北，迅速解决。盖此二地，经济既富，兵员亦饶，倘有不测，则其财力物力人员，均将资敌，必成大患。"蒋介石在三天后就批示："所陈各点，皆获我心。"[1]

需要用多少时间来"消灭"共产党？蒋介石的两个主要将领何应钦和陈诚的估计稍有不同：何应钦认为要两年，陈诚认为半年就够了。何应钦这个估计是请教了原日本的中国派遣军总司令官冈村宁次后提出的。当时担任何应钦侍从参谋的汪敬煦回忆道："抗战胜利后，蒋委员长知道共产党终将称兵作乱，就交代何先生草拟一份清剿共产党计划。为了这个计划，何先生还特别去拜访日本驻华派遣军司令官冈村宁次。冈村建议何先生千万不能对共产党大意，更不要轻视他们。"于是，何应钦拟订了一个两年计划，"它的

---

[1]《陈诚先生书信集——与蒋中正先生往来函电》(下)，第633、634页。

重点在分两年三阶段来实施,可说是采纳了冈村宁次的忠告,小心应付,绝不躁进","计划拟好之后,派萧毅肃专程赴重庆呈送委员长"。"此时陈诚另外提了一份六个月消灭共产党的计划,陈诚以民国二十年代江西剿匪的经验,认为共军不足以抵挡装备机械化的国军。""委员长心里很急,希望赶快把共产党问题解决,因为在他的心目中要很快实施宪政,如果剿共作战拖得太久,并不符合他预订的时间表。"[1]这样,蒋介石便采纳了陈诚的计划,并在一九四六年六月初免去何应钦的参谋总长职务,改由陈诚担任。

为何应钦起草那个"两年作战计划"的,是他的参谋长萧毅肃。萧的儿子萧慧麟为父亲写的传记中也讲到这件事:"先是蒋委员长想乘抗战胜利之余威,接着'剿匪'(消灭共产党),命何应钦写计划(当然等于就是命先父写计划),但先父认为八年抗战虽然得到最后胜利,中国也付出了惨重的代价,不但民穷财尽,国家亟待建设以复元气,而全国的百姓也极多家园破碎、夫死子亡,痛恨战争,若继续与共产党作战必定无法得到人民支持。上上之策,莫若先行调理国家元气,再作良图。但此建言未获蒋委员长同意。不得已,先父只得拟了一个两年的作战计划。此计划不但未被采纳,先父反被外放重庆。而代之者,为陈诚'六个月'就可扫灭共产党的方案,并于一九四六年六月一日国防部成立(中国陆军总司令部同时撤销),白崇禧任国防部长,陈诚任参谋总长,何应钦被冷藏。"[2]可见,蒋介石所说半年内消灭共产党,并不只是对外宣传或激励将士的口号,而是他急切希望实现的行动方案。

当时担任国民党政府主席广州行辕主任的张发奎回忆说:"蒋

---

[1]《汪敬煦先生访谈录》,(台北)"国史馆"1993年3月版,第20、21、22页。
[2] 萧慧麟:《萧毅肃上将轶事》,(台北)书香文化事业公司2005年5月版,第195页。

先生自相矛盾。他一面同中共谈判,一面秘密下令高级军官剿共。换言之,他谈判与剿共同时并举,那就是为什么马歇尔对他发怒且责备他不诚实。"[1]

一切表明,全面内战的爆发已不可避免,而且很快就要到来。

就在国民党当局公开抛弃政协协议时,它的军队主力已在美国军用飞机和运输舰抢运下,完全控制了北平、天津、青岛、上海、南京等大城市及其附近地区。三月初,苏联红军开始从东北重要城市和铁路线撤走。国民党军队立刻进驻沈阳。四月十八日起,由美国第七舰队抢运的国民党军精锐主力新一军和新六军向四平街发动猛攻。东北民主联军主力经过一个多月的顽强阻击后撤离。这已是"关内小打,关外大打"的局面。国民党军队乘势在五月二十三日进占长春。蒋介石当天飞往沈阳。二十五日,他兴奋地写信给行政院长宋子文说:"此地实际情势,与吾人在南京想象者完全不同。""只要东北共军之主力消灭,则关内关外之事,皆易为力,已作慎密之处置,请勿过虑。"[2]他因一时的胜利而更加得意忘形,真以为用武力消灭共产党已完全有把握了。

国民党政府在五月初从重庆还都南京。周恩来率领中共代表团也到达南京,继续谈判,尽最后努力,争取避免全面内战的发生,但谈判已越来越艰难了。五月二十八日,周恩来致电中共中央,根据种种情况判断:蒋介石自占领长春后,"现内战已临全面化边缘"。[3]六月三日,他又会见马歇尔,长谈六小时,严正指出:美

---

[1] 张发奎:《蒋介石与我》,第 427—428 页。
[2] 《中华民国重要史料初编——对日抗战时期》第七编(3),(台北)中国国民党中央党史委员会 1981 年 9 月版,第 129、130 页。
[3] 周恩来致中共中央电,1946 年 5 月 28 日。

国一面表示要赞助中国的和平民主，一面却又在帮助国民党进行内战。并且明确地告诉他："蒋若全面打来，我必全面抵抗。"[1]

直到全面内战爆发前夕，中共中央还在六月十九日致电各野战军负责人说："观察近日形势，蒋介石准备大打，恐难挽回；大打后，估计六个月内外时间如我军大胜，必可议和；如胜负相当，亦可能议和；如蒋军大胜，则不能议和。因此，我军必须战胜蒋军进攻，争取和平前途。"[2]可见，中国共产党是在国民党军对解放区一再进攻下被迫采取的自卫行动，力图用来争取和平前途的实现。抗战胜利后的全面内战由谁挑起，是十分清楚的。

面对全面内战一触即发的严重局势，国民党统治区各界人士还想做一次大的努力来制止内战。六月二十三日，上海各界十多万人举行声势浩大的示威游行，欢送马叙伦、盛丕华、阎宝航、雷洁琼等十位请愿和平代表前往南京，呼吁制止内战。这些代表中有大学教授，有工商界人士，有大学生，也有宗教界人士。这次游行，是大革命失败以来上海的第一次声势浩大的群众性行动。人们没有想到的是，当天下午火车到达南京下关车站时，早就等候在那里的大群自称"难民"的暴徒一拥而上，对请愿代表包围毒打。暴行延续达五小时，马叙伦等四人身受重伤。雷洁琼教授的头发也被扯下，血流满面。她写道："这次殴打显然是有组织的，否则宪兵警察为什么对殴打的暴徒完全采取了纵容的态度。"[3]这个事件是一个明白的信号，表明蒋介石发动全面内战的决心已经下定，行动很快就要开始了。

---

[1] 周恩来致中共中央并叶剑英、罗瑞卿电，1946年6月3日。
[2] 《中共中央文件选集》第16册，第196页。
[3] 雷洁琼：《下关被殴》，《周报》第44期，1946年7月6日。

六月下半月，蒋介石认为行动的时机已经成熟。十七日，他在国民政府纪念周上说："共果不就范，一年期可削平之。"二十八日，白崇禧在国民党中常会议上报告说："必须即进剿。"[1]

进攻从哪里开始？他们选定向以鄂北宣化店为中心的中原解放区下手。这里，在狭小地区内密集着由李先念、郑位三、王震、王树声率领的中原军区部队九个旅六万多人。在蒋介石看来，它不仅威胁武汉，而且成为阻挡国民党军队北上进攻解放区的一道屏障，又同其他解放区隔离，处境比较孤立。因此，蒋介石利用停战期间，调集十一个正规军二十六个师约三十万人，由郑州绥靖公署主任刘峙指挥，在宣化店地区周围构筑碉堡六千多座，层层包围，并且断绝这个地区的粮食、医药供应。六月二十日，刘峙将"彻底围歼"中原解放军的作战计划下达所属各部。二十六日拂晓，国民党军队分四路向中原军区部队发起进攻。当晚，中原部队按预定计划分三路突围。经过激烈战斗，主力抢在七月一日前向西越过平汉铁路，进入豫鄂陕边界地区，跳出国民党军队的包围圈。这就是著名的"中原突围"。

中原解放区，在国民党军队长期重围下，已坚持半年以上，拖住了国民党三十万大军，为华北、华东等解放区做好迎击国民党军全面进攻的准备争取了宝贵的时间。当中原部队被迫突围时，在双方力量悬殊的情况下付出了不小的代价，但它对解放区自卫战争全局作出的贡献是巨大的。

人们力求避免发生的事情终于发生。全面内战就这样开始了。

---

[1]《徐永昌日记》第8册，第289、293页。

第十四章　人心向背的较量

从蒋介石发动全面内战到南京政府倾覆，还不足三年；至于到战争发生根本转折只有一年半。为什么蒋介石自以为很有把握的战争会出现这样的结局，而且这个变化来得这样快？根本原因在于：导致战争胜败的不只是双方军事和经济力量的对比，更重要的是人心的向背，也就是谁能得到中国最大多数民众的支持。当然，主观的指导方针（特别是作战指挥）是否正确也是至关重要的。如果指导方针不正确，即使有良好的客观机遇也会白白丧失掉。

现在，来考察一下这个转折是怎样到来的。

国民党军队的全面进攻

蒋介石发动全面内战时的战略方针是：全面进攻，速战速决。

他从一开始就下了狠心，并且深信他的设想一定能够实现。美国新任驻华大使司徒雷登给国务卿的报告中写道，七月十九日他在庐山第一次同蒋介石会谈时："他问我，我对中国历史的了解是否证明这一信念：历代王朝及其统治者，其成败无不取决于在对付政治叛逆和其他有组织的暴力对手时，运用恩威并施这一原则。委员长随即引用了一句相应的成语，并提醒我，他已成功地以这种两面手法击败一系列对手。他不能容忍武装的反对派。"[1]陈立夫在七月二十六日对正在国共间从事调停的黄炎培表示："（一）国民党不能容许共产党并存；（二）第三者以国共并称，忽视国民党之为正统，从事调解冲突，即延缓对中共问题之解决。"[2]国民党当局发动的全面内战，已无法逆转。

在蒋介石看来，攻占中原解放区后，他北上大举进攻各解放区已无后顾之忧。从七月至九月，国民党军队先后向苏皖、山东、晋冀鲁豫、晋察冀、晋绥等解放区全面进攻。中共中央最初曾设想在北战场和南战场都实行外线出击，把战争引向国民党统治区，使解放区根据地不受破坏。在听取各战场指挥员意见后，根据双方力量对比的实际状况，又调整了作战部署，决定先在内线打几个胜仗后再转向外线。

国民党军队的全面进攻，从苏中开始。苏中解放区同南京、上海隔长江相望，向西又可以切断津浦铁路。国民党政府还都南京后，对它深感如芒刺背，有如古人所说："卧榻之侧，岂容他人鼾睡"，一定要除之而后快。担任这一路进攻任务的，是第一绥靖区司令长官李默庵指挥下的五个整编师十五个旅共十二万人，从南通、泰兴、泰州一线向北推进。保卫苏中解放区的部队只有华中野战军司令员粟裕率领的两个师和两个纵队共十九个团，三万多人，同进攻的国民党军的兵力约为一与三点五之比，部队又正处在以游击战为主向运动战为主的转变中。从七月十三日到八月三十一日，华中野战军在民兵配合下，七战七捷，先后共消灭国民党军队六个半旅。粟裕在战斗结束后总结取得胜利的原因：一是不轻易放弃

---

[1]［美］《被遗忘的大使司徒雷登驻华报告》，江苏人民出版社1990年7月版，第4页。
[2]《黄炎培日记》第9卷，第179页。

一个战略支点，但也不死守一地；二是执行了战略上以少胜多的原则，但在战术上恰好相反，采取了以多胜少的打法；三是采取了战役战斗的速决战；四是各兵团协同动作。他强调："大家应记住：谁保存了有生力量，谁就会胜利；谁消耗或丧失了有生力量，谁就会失败。"[1]毛泽东稍后把它总结为一条军事原则："以歼灭敌人有生力量为主要目标，不以保守或夺取城市和地方为主要目标。保守或夺取城市和地方，是歼灭敌人有生力量的结果，往往需要反复多次才能最后地保守或夺取之。"[2]苏中七战七捷，是人民解放军在全面内战爆发后第一个较大规模的战役胜利，大大鼓舞了全军士气，并在实际战斗中取得了大量消灭对方有生力量、战胜优势敌军的成功经验。

苏中战役结束后，只隔了十来天，刘伯承、邓小平指挥的晋冀鲁豫野战军在鲁西南地区取得定陶战役的胜利，集中兵力全歼国民党军整编第三师（原第十军），共一万七千人。其他战场上也取得不少歼敌的胜利。

蒋介石的战略指导方针恰好相反：倚仗自己兵力上，特别是武器装备上的优势，以夺取城市和地方为主要目标。具体地说，准备沿铁路干线由南向北，由西向东，夺取重要城市，控制交通线，分割解放区，再对被分割的解放区进行"分区清剿"，以消灭解放军，变解放区为国民党统治区，力争在三至六个月内消灭关内的解放军主力，下一步再解决东北问题。因此，他并没有从数量不少的军队被歼事实中得出应有的结论，更不认为战争的局面正在逐步被扭转，相反还认为正在实现自己所看重的夺占解放区大片土地的目

---

[1]《粟裕军事文集》，解放军出版社1989年7月版，第275页。
[2]《毛泽东选集》第4卷，第1247页。

标。他倚仗自己兵力众多的优势，如果某一路被歼就另调部队迅速补上，继续气势汹汹地向解放区全面进攻。苏中战役中国民党军指挥官李默庵的回忆，多少反映出不少国民党高级将领当时的心态。他说：

> 在苏中的七次作战，粟裕称"七战七捷"，消灭蒋军六个半旅。当时，我部上报损失，在五个旅左右，约有四万人。有不少官兵被俘后，加入了解放军的队伍，我们还损失了不少武器装备。但是，由于双方作战目的不一样，各自评价也不一样。我当时奉命作战目的主要在于收复地盘，以占领城市，驱走解放军，维护占领区的安全。所以，尽管损失了一些部队，但终收复了盐城以南的大部分地区，保障了浦口至南京的铁路以及长江下游的交通，解除了解放军对南京政府的威胁。从这点上看，我部队达到了作战目的。由于我指挥的部队较多，损失一些，也算正常，南京政府从来没有怪罪我什么。[1]

在这种思想指导下，国民党军队继续加紧对解放区的全面进攻，并且倚仗兵力和装备的优势，在占领解放区城市和地区方面确实取得较大进展。

在南线，他们首先于七月下半月在皖北集结重兵进攻。原在淮南的解放军被迫转移到苏北的淮安、淮阴一带。淮北战场上，解放军在八月初对泗县进攻失利，也后撤到运河以东。国民党军徐州绥靖公署乘势提出以"迅速攻占淮阴、淮安，歼灭苏北共军"为目标

---

[1] 李默庵：《世纪之履》，中国文史出版社 1995 年 10 月版，第 274—275 页。

的"第二期绥靖计划"。[1]由原来担任南京卫戍任务的国民党军最精锐的整编第七十四师担任主攻,桂系部队主力第七军等助攻。它们乘守军调整部署、北上的华中野战军主力未及赶到的空隙,凭借优势火力,在九月十九日攻占苏皖解放区首府淮阴。二十二日,又攻占淮安。国民党另两个主力第五军和整编第十一师在九月二十日前后攻占鲁西南重镇菏泽等地。整编第二十六师和快速纵队在十月八日攻占鲁南的峄县、枣庄。国民党军队已较快地推进到苏北和鲁南的腹地,企图切断山东和华中这两个解放区之间的联系。

在北线,东面的国民党第十三军在八月二十八日攻占热河省会承德,接着又南下攻占长城要隘古北口、喜峰口。这是他们早就力图实现的目标,为的是可以掩护北宁铁路的侧背,保障华北和东北间这条交通线的畅通。西面的第十二战区司令长官傅作义集中主力三万多人,沿平绥铁路东进。解放军兵力不足,最初又有轻敌思想。傅军在九月十三日攻占绥东重镇集宁,继续东进。十六日,解放军不得不从原来围攻的晋北大同撤围。这样,作为华北的解放区政治军事中心的张家口便处在国民党军队东西夹击的不利形势下,已无法守住。看起来,国民党军队确已顺利侵占解放区大片土地。

中国共产党的作战指导思想始终坚持把重点放在消灭对方的有生力量上。毛泽东在党内指示《三个月总结》中指出:

> 除了政治上经济上的基本矛盾,蒋介石无法克服,为我必胜蒋必败的基本原因之外,在军事上,蒋军战线太广与其兵力不足之间,业已发生了尖锐的矛盾。此种矛盾,必然要成为我

---

[1] 徐州绥署纪要,转引自《中国人民解放军全国解放战争史》第2卷,解放军出版社1996年10月版,第74页。

胜蒋败的直接原因。

集中优势兵力，各个歼灭敌人，是过去三个月歼敌二十五个旅时所采用的唯一正确的作战方法。我们集中的兵力必须六倍、五倍、四倍、至少三倍于敌，方能有效地歼敌。不论在战役上、战术上，都须如此。

今后一个时期的任务，是再歼灭敌军约二十五个旅。这个任务完成了，即可能停止蒋军的进攻，并可能部分地收复失地。[1]

国民党军对解放区的全面进攻，到一九四六年十月达到高峰，使用的兵力从战争开始时的七十二个旅增加到一百一十七个旅，增加百分之三十八。十月份，也是国民党军夺占解放区城市最多的一个月，共六十三座。

这时，万众瞩目的战局焦点集中在张家口。这已触及国共双方是否全面破裂的底线。

周恩来在九月三十日给马歇尔的备忘录中严正声明："我兹特受命向阁下声明，并请阁下转达政府方面，如果国民党不立即停止对张家口及其周围的一切的军事行动，中共不能不认为政府已公然宣告全面破裂，并已最后地放弃了政治解决方针；其因此所造成的一切严重后果，当然全部责任均应由政府方面负之。"[2]

但这时蒋介石正陶醉于自己表面上的一系列胜利，根本不顾共产党的警告和各界人民的反对。十月十一日，傅作义部东进，占领张家口。这使蒋介石更加得意忘形。国民党政府外交部长王世杰在

---

[1]《毛泽东选集》第4卷，第1205—1207页。
[2]《周恩来一九四六年谈判文选》，中央文献出版社1996年4月版，第654页。

当天日记中写道："国军攻入张家口，此事证明中共显已过分高估其抵抗能力。"[1]蒋介石在次日日记中写道："收复张家口实为关内对北最重要亦为最后最大之难关。""政府与共匪之成败，实决于此也。"[2]当天下午，蒋介石悍然宣布他们单方面决定的国民大会在下个月举行。正在奔走调停的中国民主同盟秘书长梁漱溟，早晨看到报上登载着国民党军队攻下张家口的消息时，脱口而出地向记者说了一句传诵一时的名言："一觉醒来，和平已经死了。"[3]

美国大使司徒雷登第二天给国务卿的报告中写道："恰恰在同一天，张家口陷落与国大召集令的公布同时发生。前者在情绪上激起强烈反响，而后者则导致争论：总统是否有权擅自决定国大日期而不与其他党派领袖协商。蒋的单方面行为反映了独裁专横倾向。共产党正是利用这种反感情绪，将小党派拉向自己营垒。"[4]

最受蒋介石信任的参谋总长陈诚，十月十七日在记者招待会上斩钉截铁地表示："如用军事，三五月内可以告一段落。任何一条铁路，两星期内可以打通。"[5]蒋介石在十一月九日的日记中写道："闻报，知共党与所谓第三方面所表示之反对态度，此心泰然不动。"[6]

事情发展到这等地步，国共和平谈判已没有什么可以再谈了。十一月十九日，蒋介石单方面召开国民大会的第五天，周恩来率领中共代表团大部分人员，结束谈判，乘美军专机返回延安。西安事

---

[1]《王世杰日记》第9册，(台北)"中研院"近代史研究所1990年3月影印，第405页。
[2] 蒋介石日记，1946年10月12日，"上星期反省录"。
[3] 罗隆基：《参加旧政协到参加南京和谈的一些回忆》，《文史资料选辑》第20辑，第259页。
[4] [美]《被遗忘的大使司徒雷登驻华报告》，第24页。
[5] 本刊特约记者：《张垣之战》，《观察》第1卷第10期，1946年11月2日。
[6] 蒋介石日记，1946年11月9日。

变和平解决后,周恩来在国民党统治区进行谈判前后历时十年。他在重庆一次文化界人士茶会上曾感慨地说:"差不多十年了,我一直为团结谈商而奔走渝、延之间。谈判耗去了我现有生命的五分之一,我已经谈老了!"[1]而国民党统治区相当多的人,正是通过周恩来了解和认识了中国共产党。中国民主同盟拒绝参加那个国民大会。中共代表团成员李维汉在回延安当天日记中写下这样一句话:"国共谈判破裂了,但我党满载人心归去。"[2]

这是时局的一个重要转折时刻。十一月二十一日,中共中央在延安举行会议。周恩来报告一年来谈判的经过。毛泽东说:内战打不打得起来的问题,现在这个问题已经解决了,剩下的便是我们能不能胜利的问题了。刘少奇说:打的方针是定了,现在证明和是不可能了。胜利从国际国内分析是可能的,但要经过很长的困难时期。十二月九日,一个西方记者向毛泽东提问:"中国国内局势是否就要打下去了?"毛泽东回答得很爽快:"是要打下去,因为人家要打。"[3]

年终将要到来时,司徒雷登再次向美国国务卿报告:蒋介石约见他,很有把握地表示:"共产党问题必须以某种方式在半年内解决。""并且也相信能够在六个月内粉碎共产党军事力量。"[4]陈诚也在一九四七年二月十五日签呈蒋介石:"拟请钧座申诫党政军干部,专意剿匪平乱,以尽革命最后一篑之功。"[5]但就在他们充满自信的这个时候,局势却正在悄悄地发生变化。

---

[1] 曾敏之:《谈判生涯老了周恩来》,《文萃》第31期,1946年5月23日。
[2] 李维汉:《回忆与研究》(下),第652页。
[3] 《毛泽东文集》第4卷,第203页。
[4] [美]《被遗忘的大使司徒雷登驻华报告》,第46页。
[5] 《陈诚先生书信集——与蒋中正先生往来函电》(下),第665页。

这个变化首先发生在他们着重进攻的山东和苏北战场上，尤其是山东战场。

那时，国民党军已先后控制淮北、淮南、苏中三个地区，也控制了苏北地区的很大部分，形势似乎对它很有利。他们的计划是先肃清苏北，再进军鲁南，力求在山东同华东地区的解放军主力进行决战。解放军为了集中兵力，要求粟裕率领的华中野战军兼程北上，同陈毅率领的山东野战军会合，组成华东野战军，以陈毅为司令员兼政治委员，粟裕为副司令员，谭震林为副政委。两军初步会合后，采取各个击破的办法，先将国民党军整编第六十九师合围于苏北的宿迁以北地区，经过四天激战，在一九四六年十二月十九日全歼该师。来援的整编第十一师也受到沉重打击。整个战役共歼灭国民党军两万一千多人。接着，又迅速移师北上。从一九四七年一月二日至二十日发动鲁南战役，全歼国民党军两个整编师和一个快速纵队，共五万三千多人，缴获坦克二十四辆、汽车四百七十余辆、各种火炮二百多门。粟裕总结说："宿北、鲁南两个战役的胜利，使我军实现了自己的战略意图，夺取了战场的主动权。在以后作战中，进行莱芜、泰安、孟良崮等战役时，就主动得多了。""特别是使山东和华中两野战军在作战思想、指挥关系和组织编制等方面实现了统一，为尔后扩大胜利、进行更大规模的运动战和歼灭战奠定了基础。"[1]

这时，国民党当局察觉华东解放军主力确已集结在鲁南地区，便调集雄厚兵力准备在鲁南实行决战，陈诚也在一月间亲自到前方指挥。他们判断华东野战军主力必定会固守山东解放区首府临沂，

---

[1]《粟裕战争回忆录》，第450、451页。

便调集十一个整编师三十个旅,准备从南北两面夹击临沂。其中,主力在南线,有八个整编师二十一个旅;北线是由第二绥靖区副司令长官李仙洲指挥的三个军九个旅,从胶济铁路南下。这时,陈毅提出一个重要设想:既然国民党在南线重兵密集,战机难寻,而北线孤军深入,不如改变原定作战方针,置南线敌方的重兵集团于不顾,将主力隐蔽北上,以绝对优势兵力,歼灭北线之敌。这个计划得到中共中央军委批准。

于是,华东野战军留下两个纵队伪装主力,在南线采取宽正面的防御,吸引住国民党军方的主要注意力,经顽强抗击后放弃临沂,而以全军主力隐蔽地兼程北上,自二月二十日起突然将北线国民党军合围,李仙洲所率领的两个军被困在莱芜城内。二十三日,国民党军在突围时全部被歼,李仙洲被俘。三天内共歼灭国民党军五万六千多人。难怪国民党军第二绥靖区司令长官兼山东省政府主席王耀武要抱怨说:"五万多人,不知不觉在三天就被消灭光了。老子就是放五万头猪在那里,叫共军抓,三天也抓不光呀!"[1]这次战役中,连同南线和胶济铁路沿线的作战,共歼国民党军七万多人,缴获大批火炮、汽车。

莱芜战役发生在内战的主战场,对战争全局的影响太大了。国民党方面编写的战史,在叙述了宿北战役、鲁南战役和莱芜战役后,综合评论道:"当时国军兵力,系居于绝对优势,徐州附近调集之部队共约八十余万人,而陈匪兵力尚不足四十万,且国军装备优良,超过匪军甚多。""在如是之优势状况下,本应一举而将陈匪主力击灭。惜国军失误过多,反而为陈匪所乘,于四十天内,连续击

---

[1] 陈士榘:《天翻地覆三年间——解放战争回忆录》,中共中央党校出版社1995年11月版,第112页。

灭国军四个整编师、一个快速纵队及一个军,其对双方战力与士气之消长,影响尔后作战者甚巨。所以此次作战,实为双方在主战场上胜败之转捩点所在。"[1]

东北战场上,林彪、彭真、高岗、陈云等率领的东北民主联军,在一九四六年年底至一九四七年年初进行了"三下江南、四保临江"的战役,粉碎国民党军"先南后北"的进攻,扭转了局势,使东北战场上出现国民党军从进攻到防御、东北民主联军从防御到进攻的根本转折。

整个战争形势,已进入一个新的发展阶段。

国民党军转入重点进攻的挫败

从一九四七年三月起,国民党军队对解放区从全面进攻转入重点进攻:"在晋冀鲁豫、晋察冀、东北等战场上转取守势,集中兵力对解放区南线的两翼——山东和陕北进攻,企图在消灭这两区的解放军后,再转用主力于其他战场,以各个消灭解放军。"[2]

蒋介石这样决策,是不是有一个全盘的钳形攻势的战略考虑?看来不是。时任国防部第三厅(主管作战)厅长的郭汝瑰根据他的近处观察说:"有人说蒋介石重点进攻,是从山东和陕西两翼进行钳形攻势,事实上他没有这样高的战略水平。"[3]确实,这只是客观军事形势的变化迫使他不得不改变原来的全面进攻计划,缩小进攻

---

[1]《国民革命军战役史第五部·戡乱》第3册,(台北)"国防部史政编译局"1989年11月版,第217、218页。

[2]《中国人民解放军全国解放战争史》第2卷,第278页。

[3]《郭汝瑰回忆录》,四川人民出版社1987年9月版,第244页。

规模罢了。

解放军在全面内战开始后确定的作战原则，有如前面所说，就是："以歼灭敌军有生力量为主要目标，不以保守或夺取地方为主要目标。有些时机，为着集中兵力歼击敌军的目的，或使我军主力避免遭受敌军的严重打击以利休整再战的目的，可以允许放弃某些地方。只要我军能够将敌军有生力量大量地歼灭了，就有可能恢复失地，并夺取新的地方。"[1]

经过一九四六年七月至一九四七年二月共八个月的作战，国民党军队被歼的正规军六十六个旅五十四万多人，非正规军十七万多人，共七十一万多人，占领解放区城市一百零五座，每占一座城市平均付出近七千人的代价。到一九四七年春，它的总兵力为三百九十四万人，比战争开始时的四百三十万人下降了百分之九，而且新兵比重加大。由于占领了一批城市，需要分兵守备，能用于第一线攻击的兵力，从一九四六年十月时一百一十七个旅的最高点，下降为八十五个旅。由于有生力量不断被歼，兵力不足的矛盾日益突出，导致他们无法继续保持全面进攻，只得收缩战线，集中兵力向陕北和山东进攻。

陕北是中共中央所在地。国民党军队突袭延安决定得十分仓促。它的直接原因是美、苏、英、法四国外长会议定于一九四七年三月十日在莫斯科开会，并说要讨论中国问题，所以，蒋介石急于抢先拿下延安，以完全关死和平谈判的大门。西安绥靖公署主任胡宗南根据蒋的旨意，调集两个整编军（即原两个集团军）为主力，连同其他部队共三十四个旅二十五万人，向延安和陕甘宁边区突然

---

[1]《毛泽东选集》第4卷，第1199、1200页。

发动进攻。张发奎说:"此时实际上所有的前线指挥官——军长和师长——(几乎)都是黄埔毕业生。这一时期胡宗南无疑是最重要的黄埔领导人,他的部队兵力最强。"[1]彭德怀作过这样的分析,蒋介石的打算是:"以压倒优势兵力,歼灭陕甘宁边区我军,压迫我军和我党中央、解放军总部到黄河以东,然后沿无定河、黄河封锁之。这样,蒋介石可以抽出嫡系胡宗南部主力控制于中原或华北,加强机动兵力。这是蒋介石当时的阴谋企图。"[2]

国民党军队在三月十三日发动对延安的进攻,用在正面攻击的部队有十二个旅八万多人,解放军在西北的部队那时正分散在陇东、山西等地作战,能用于正面阻击的只有一个教导旅加两个团共五千多人,而需要防御的正面阵地是东西一百多里、纵深七八十里的地区。十六日,中共中央颁布命令,边区一切部队统归彭德怀、习仲勋指挥,人民解放军总参谋长职务由周恩来兼代。随后,成立西北野战兵团。十八日,中共中央机关和延安群众疏散完毕,毛泽东、周恩来也在黄昏时离开延安。十九日,胡宗南部进入延安,得到的只是一座空城。

撤出延安前,毛泽东作出一项重要决断:他和中共中央不东渡黄河,仍然留在陕北。胡宗南大军压境,双方兵力悬殊,大家很为毛泽东和中共中央的安全担心。毛泽东对这个决定举出两条理由:

其一,我们在延安住了十来年,一直处在和平环境中。现在一有战争就走,我无颜对陕北乡亲,日后也不好再见面。我决定和陕北老百姓一起,不打败胡宗南决不过黄河。……其二,

---

[1] 张发奎:《蒋介石与我》,第430页。
[2]《彭德怀自述》,第243页。

我不离开陕北还有一个理由。胡宗南有二十多万人马，我们只有两万，陕北的比例是十比一。这样我们其他战场就要好得多，敌我力量对比不这么悬殊。党内分工我负责军事，我不在陕北谁在陕北？现在几个解放区刚刚夺得主动，我留在陕北，蒋介石就不敢把胡宗南投入别的战场。我拖住他的"西北王"，其他战场就可以减轻不少压力。[1]

撤出延安后几天，中共中央在清涧县的枣林沟举行政治局扩大会议，正式决定：由毛泽东、周恩来、任弼时率领中共中央机关和解放军总部继续留在陕北，指挥全国各战场的作战，那是一支只有几百人的小队伍，而且和西北野战兵团总部分开行动，以避免目标过于集中；刘少奇、朱德等组成中央工作委员会，前往华北，进行中央委托的工作。

攻下延安，蒋介石和胡宗南都兴高采烈，以为取得了巨大胜利。但对中共中央和西北野战兵团主力转移到了哪里，他们一无所知，不知道下一步该怎样行动。西北野战兵团撤出延安后，兵力得以集中，机动性大为增强，又有陕北民众支持，能够严密封锁情报，便于隐蔽集结，在一个多月内接连取得青化砭、羊马河伏击战和蟠龙镇攻坚战三次胜利，共歼国民党军一万四千多人，稳定了陕北战局。胡宗南部在寻找西北野战兵团决战的过程中，到处扑空，疲惫不堪，又屡受打击，粮食困难，士气低落，一筹莫展，深陷其中，无法自拔。这是他们发动进攻时根本没有想到的。

再看山东战场。

---

[1] 李银桥：《在毛泽东身边十五年》，河北人民出版社1991年6月版，第8页。

蒋介石对这个地区的兵力和作战部署作了比较大的调整：撤销徐州、郑州两个绥靖公署，以陆军总司令顾祝同坐镇徐州，实行统一指挥；将兵力编组成三个兵团和两个绥靖区，共二十四个整编师、六十个旅、四十五万五千人，其中包括国民党在关内的三大主力——第五军、整编第十一师、整编第七十四师；还在三月六日重新堵住黄河的花园口缺口，使一九三八年改道的黄河重归故道，仍从山东入海，切断晋冀鲁豫和华东两大解放区的联系。从三月下旬到四月上旬，他们打通了津浦铁路的徐州至济南段，占领了鲁南山区，打通了临沂至兖州的公路，基本实现了进攻山东解放区的第一步目标。四月一日，蒋介石直接致电在临沂的第一兵团司令长官汤恩伯，要求他们改变作风，快速行动："我军应以先发制人，速照新定计划实施，则可立于主动地位，乘匪南下良机，就近截击其主力，则鲁中战局，方易解决。惟第一步行动，必须快速，最好改变我军向来重装迟钝、日行夜防之旧习，而转为轻装远探、夜行晓击之新作风，今后总须以出敌不意之计划与行动，用迅雷不及掩耳之方法，乃可日起有功。"[1]

但华东解放军的实力，在一九四七年春比以往已有很大增强，总兵力从一九四六年七月的五十七万多人增加到六十四万多人。其中，野战军从十三万人增加到二十七万多人，增加了一倍，武器装备因缴获而得到很大改善，并且积累起同优势国民党军作战的丰富经验。四月下旬，华东野战军主力突然"出敌不意"地攻下泰安，歼灭国民党整编第七十二师等共两万四千人，再度切断津浦铁路徐济段。为了取得更大战果，主力又撤回鲁中解放区腹地。国民党军

---

[1]《总统蒋公大事长编初稿》卷6（下），第425页。

队果然乘势向这个地区前进，寻求同华东野战军主力进行决战。局势相当严峻。陈毅当时指出："山东是敌人主战场，敌军力量集中，加重了山东负担，造成了许多困难。敌人'看得起'、重视山东，战局比过去严重。"[1]

鲁中解放区腹地，群众条件好，民兵组织强，能够严密封锁消息。这个地区大多是岩石山地，山上极少草木及土层，构筑工事困难；地形复杂，又便于解放军隐蔽集结和穿插；附近道路狭窄，不利于重装备部队的运动。

在发动进攻的各路国民党军中，孤军突出的是汤恩伯第一兵团的骨干——整编第七十四师。当时，解放军数次出击后便撤回，避免同国民党主力轻易决战，使蒋介石和陈诚产生错觉，误以为这是解放军"攻势疲惫"的表现，催促各部向鲁中山区进犯。五月，国民党军开始全线进攻。汤恩伯急于立功，不等第二、第三兵团统一行动，就以整编第七十四师直指华东野战军指挥部所在地坦埠，企图实施中心突破，一举打掉解放军的指挥中心。

整编第七十四师最初由蒋介石的心腹、军务局长俞济时组建，是国民党军队中最精锐的部队，全部美械装备，受到美国军事顾问团特种训练，具有相当的指挥、战术、技术水平。抗战胜利后最早空运到南京，有"御林军"之称。全面内战爆发后从南京调出，作为进攻华东解放区的主力，在攻占淮安、涟水、临沂时都充当主攻力量。他们素来目空一切，自称"有七十四师，就有国民党"。由于他们担负中央突破的任务，态势突出，已进入华东野战军主力集结位置的正面，解放军的部署不需要作大的调整，就可以在局部

---

[1]《陈毅军事文选》，解放军出版社1996年3月版，第387页。

对该师形成五比一的绝对优势。该师是重装备部队，进入鲁中山区后，地形对它不利，机动受到限制，重装备不但不能发挥威力，甚至成为拖累。由于该部历来骄横，同其他国民党军队矛盾很深，当华东野战军对它围歼并坚决阻援时，其他国民党军队不愿奋力救援。

基于这些判断，粟裕决心一改历来先攻弱敌或孤立之敌的打法，集中主力，从国民党军队的战斗队形的中央楔入，切断整编第七十四师同友邻部队的联系，以便把它一举全歼。粟裕回忆道："时间紧迫，我立即将上述种种想法向陈毅同志汇报。陈毅同志十分赞同，说：'好！我们就要有从百万军中取上将首级的气概！'并立即定下战役决心。"[1]

五月十日，华东野战军发出歼灭整编第七十四师的命令。这时，该师已通过孟良崮北上，继续向坦埠推进。十三日，华东野战军担任主攻的五个纵队开始出击，其他部队迅速构筑对国民党军两翼部队进行阻击的坚固阵地。十四日，整编第七十四师师长张灵甫才判明华东野战军有围剿该师的意图，命令部队停止北进，向南退却。当晚，缩集在孟良崮、芦山地区固守，美式重炮和许多现代军事装备不得不丢弃山下。这时，汤恩伯仍电令张灵甫："匪来犯我，实难得之歼匪良机。""贵师为全局之枢纽，务希激励全体将士，坚强沈毅，固守孟良崮，并以一部占领垛庄，协同友军，予匪痛击，以收预期之伟大战绩。"[2]十五日拂晓，解放军一部抢占该师退路必经的垛庄，完成对整编第七十四师的合围。

这样的仗是解放军以前没有打过的：围歼战是一场激烈的阵地

---

[1]《粟裕战争回忆录》，第495页。

[2]《中华民国史档案资料汇编》第5辑第3编军事(2)，江苏古籍出版社2000年1月版，第309页。

攻坚战，阻援战则是艰苦的阵地防御战，战斗必须在两三天内解决。解放军在顽强阻击下，挡住了国民党增援部队一波又一波的冲击。有的增援部队同整编第七十四师相距只有五公里左右，却无法会合。孟良崮地势虽然陡峭，但多为岩石山地，构筑工事困难，重装备部队更难以运动和展开。十五日下午起，解放军对孟良崮发起总攻，猛烈的炮火向密集山头的国民党官兵轰击，步兵分多路向山头突击。到十六日下午，全歼整编第七十四师，张灵甫被击毙。二十四日的山东《大众日报》发表一篇《蒋七十四师覆灭情景》，这样写道：

> 从十四日夜起，完成包围圈。十五日，即将狼奔豕突的七十四师，完全压缩在孟良崮大山中。人民解放军集中炮火猛烈轰击，照明弹照明夜空如同白昼。蒋军因数日来，到处遭遇人民彻底空舍清野，饮食困难，又经连日战斗伤亡惨重，弹药及给养大部抛弃于溃逃途中；而孟良崮高山野岭，人烟稀少，粮水俱无，致蒋军饥渴疲惫不堪。白天蒋机成群结队，用降落伞曳系食品、汽水，向被围蒋军阵地上投掷，但多数为解放军所获。从十五日起，蒋军虽自东西南北四面增援……均遭解放军强力阻击，一一打退，并歼俘其各一部。十五日晚，人民解放军向孟良崮山发起总攻，展开大规模的山头围歼战。七十四师师长张灵甫亲自指挥所部三个旅，固守几座无草无木光秃秃的山顶，负隅顽抗。解放军则表现更加顽强，英勇冲锋，与敌反复肉搏，更以密集的炮火轰击敌阵，山头上遍是浓烟烈火，弹片和碎石乱飞，如闪电、云雾、冰雹，战斗空前激烈……至十六日午时，我攻山部队已攀登峭壁悬崖，控制孟良崮所有制

高点……据山顽抗的残敌被最后解决。下午，枪炮声停歇，蒋介石嫡系主力美械七十四师遂从此全部覆灭。[1]

孟良崮战役，全歼国民党军中最精锐的整编第七十四师，连同各路阻击战共毙伤俘国民党军队三万二千多人，缴获各种山炮、战防炮、迫击炮等二百七十三门，火箭筒、枪榴弹筒、掷弹筒一百零四个，轻重机枪和冲锋枪三千四百六十八挺，步枪六千九百七十六支。整编第七十四师官兵被俘的一万九千六百七十六人，不少人随后参加了解放军。

这次胜利震动了全国。新华社为此发表《祝蒙阴大捷》的评论，指出："蒋介石以近一百个旅使用于华东战场，欲以此决定两军胜负，这个主观幻想业已接近于最后破灭。这次蒙阴胜利，在华东人民解放军的历史上更有特殊意义。因为：第一，这是打击了蒋介石今天最强大的和几乎惟一的进攻方向；第二，这是打击了蒋介石的最精锐部队（四五个精锐之一个）；第三，这个打击是出现在全解放区全面反攻的前夜。"[2]上一年在涟水战役中放下武器的一个原整编第七十四师营长曾说："如果七十四师被歼灭了，就没有任何部队能抵抗解放军了。"[3]

这次胜利，给蒋介石和国民党上层也带来极大的震撼。因为这次丧失的，不是普通的一个整编师，而是他们认为最可信赖的精锐主力。这个打击是巨大的。

国民党政府正在举办第二期军官训练团。五月十二日，孟良崮

---

[1]《孟良崮战役资料选》，山东人民出版社1980年6月版，第104—105页。
[2]《新华社评论集（1945—1950）》，新华通讯社1960年7月编印，第162页。
[3]《孟良崮战役资料选》，第17页。

战役结束前几天，蒋介石在开学典礼的讲话中还说："只要我们高级将领能够振作精神，确立信心，则今年十月以前，剿匪任务一定可以告一段落。"只隔了一个星期，孟良崮失败的消息传来，他在十九日对同期全体学员讲话时，口气就大变了，把这次失败称为"我军剿匪以来最可痛心、最可惋惜的一件事"，并且说："大家如果再不大彻大悟，急起直追，不但革命事业无法完成，而且我们剿匪军事，恐将陷于最后的失败，整个为共产党所消灭。"[1]二十四日，他在日记中也用了"时局逆转""此诚危急存亡之秋也"这类充满沮丧的话。这是他以前没有过的心态。[2]

王世杰在五月三十一日日记中写道："晚间与陈辞修（诚）总长细谈。彼对大局亦悲观。关于近日对中共军事之失利，彼觉自己不能负责，因为命令多不由彼决定或发出。彼颇露消极之意，谓俟局势稍好转即将引退。由此可知局势之严重。"[3]

那样短短的时间内，国民党领导层对局势的估计和思想情绪竟发生如此剧烈的变动，预示着大转折的时刻快要到来。

第二条战线的形成

在军事局势变化的同时，国民党统治区内以学生运动为先锋的民众运动风起云涌，直接影响了国民党统治区人心的变动。其中规模最大的有两次：一次是一九四六年年终开始的抗议美军暴行运动；一次是一九四七年五月二十日达到高潮的反饥饿反内战运动。

---

[1]《总统蒋公思想言论总集》卷22，第108、109、120、125页。
[2]《总统蒋公大事长编初稿》卷6（下），第459页。
[3]《王世杰日记》第6册，第79页。

先说抗议美军暴行运动。

这个运动在抗战胜利后不久就以那样的声势席卷全国不是偶然的,因为这个问题正触及亿万中国人心灵深处最为敏感的痛处。中华民族在一个多世纪以来受尽了外国列强的欺压和侮辱,伤透了中国人的心。特别是经过八年浴血抗战,终于打败长期骑在中国人头上作威作福的日本侵略者以后,每个中国人都觉得扬眉吐气,可以抬起头来做人了。人们最无法忍受的,是重新看到外国列强又以征服者的姿态,无视中国的主权,无视中华民族的尊严和利益,在中国土地上耀武扬威地为所欲为,甚至任意杀害和污辱中国的同胞。这使每个有爱国心的中国人,都会立刻联想到一百多年来民族的屈辱和苦难,都会抑制不住满腔热血的沸腾,奋不顾身地起来抗争。

抗日战争期间,不少美国军人,特别是空军人员来到中国的大后方。他们人数不多。在中国人看来,他们是盟军,是来帮助中国抗战的,因此对他们怀着一种亲近的感情。当美国军人乘坐军车经过街道时,人们常常友好地伸出大拇指向他们喊道:"顶好。"

但情况很快发生了变化。美军战后所做的第一件事,就是动用它的空军和海军帮助国民党军队迅速抢运到华北、华东去。美国的海军陆战队,在日本投降前并没有在中国登陆,战后却有五万人在天津、塘沽、青岛登陆。美国海军航空队三个大队进驻青岛、北平。美国军舰还大批开入中国港口。著名作家叶圣陶从重庆坐轮船回到上海,久别归来,刚刚到吴淞口,给他的第一个印象便是:"近处泊美国军舰二十余艘,电灯闪烁,望如厦屋,颇有威胁之感。"[1]

更加令人发指的是,美国士兵坐着吉普车恣意飞驰在各大城

---

[1] 叶圣陶:《东归日记》,《叶圣陶集》第21卷,第32页。

市人众稠密的街道上，碰伤和碾毙行人。单以上海来说，据国民党官方统计，从一九四五年九月十二日至一九四六年一月十日的一百二十天内，就发生吉普车车祸四百九十五次，死伤二百四十四人。美军还任意殴打和枪杀中国人。上海的人力车夫臧大咬子因为向美国兵索取应付的车资而被美军打死。报纸上连篇累牍地报道美军醉酒滋事。在热闹市区的街头任意侮辱以至强奸中国妇女的事实。

这些冷酷的事实，使每个有民族自尊心的中国人不能不痛苦地感到：尽管抗战胜利了，外国人在中国耀武扬威、君临一切的日子并没有过去。

第二次世界大战后，美国的经济比战前大大扩张，一九四五年拥有资本主义世界工业产值的五分之三，国际贸易额的三分之一，成为世界的霸主。和美军大批来到中国同时，美国商品也像洪水一样在中国市场上泛滥起来。当时的刊物上评论："住在上海的人，只要一出门便可看到满街的美国货。不但工业品，就连农产品如棉花、面粉、大米以至水果、奶粉也是美国货。我们这农业国的地道货质既劣，价尤昂，只好退避三舍。于是我们这个国家眼看要实行全部'美式配备'了。""呜呼，我们打了八年的仗，打成一个菲律宾第二（引者注：菲律宾原由美军占领）了。"[1]拿一九四六年前八个月的进出口值来看，出口值只占进口值的百分之二十二。[2]这却使官僚资本控制的进出口商可以借销售洋货而获得暴利，使本来处境极端困难的民族工业更加难以维持，陷于停顿和濒临破产。

美国并不以这种状况为满足。一九四六年十一月四日，国民党

---

［1］ 木耳：《周末杂感》，《周报》第 40 期，1946 年 6 月 8 日。
［2］ 许涤新：《现代中国经济教程》，第 202 页。

政府外交部长王世杰和美国驻华大使司徒雷登签订《中美友好通商航海条约》。这是中国在抗日战争期间废除原有一些不平等条约后同外国签订的第一个商约。它的突出特点是：在"平等"词句掩盖下的极端不平等。表面上，缔约国双方都可不受限制地在对方"领土全境内"自由设厂、通商、航行；但当时中美经济力量悬殊，中国根本谈不上到美国去自由设厂、通商、航行，剩下的便只有美国可以不受限制地在中国领土全境内自由设厂、通商、航行。连王世杰本人在签约当天的日记中也写道："彼此虽承认依平等互惠之原则订立此约，然因中美经济状况不同，所谓互惠实际上仍易成为片面之惠。"[1]这个条约一公布，自然便激起中国社会各界的强烈反对。

长期郁积的愤怒终将爆发，这是什么力量也阻挡不住的。

成为抗议美军暴行运动直接导火线的，是一九四六年十二月二十四日晚（也就是圣诞节前夜），美国海军陆战队两名水兵在北平的东单操场强奸北京大学先修班女生沈崇。二十六日下午，北京大学红楼西侧的墙上公布了这则惊人的消息。《观察》的北平特约通信员写出了当时北大学生普遍的心情：

> 看到了这一种消息，每个北大的同学都咬牙切齿，气愤万分，随即墙壁上贴满了红的绿的抗议宣言。……他们一致的认为：这是一种兽性的行为，这是新帝国主义者蹂躏中国的深一层的表露，受奸污的不仅是沈小姐一人，而是全中国的妇女，全中国的同胞；如果美军一天不退出中国，中国人民的人权与

---

[1]《王世杰日记》第5册，第417—418页。

自由便一天没有保障。

同时，灰楼有女同学的哭声，有些是愤慨，有些是恐惧。她们说："我们是来自天南地北的女孩子，没有亲戚，没有友人，美军是这样的暴行，我们是这样的没有保障，谁能担保同样的污辱不会落在我们的头上？"是这样，仇恨与反抗积压着年青人们的心灵，复员（以）来沉寂的北大要怒吼了。

当天的晚上，无论在西斋，三院，红楼与灰楼，每个人都抛下了书本，讨论着有关抗议工作的事项，有的并发动了签名；种种激昂的言论与行动，写出了暴风雨前夕的情景。[1]

国民党当局为了尽快将这场熊熊烈火扑灭下去，又采取了一些愚蠢行动。他们的中央社消息中有"该女子年二十余岁，似非良家妇女"等语（其实，沈崇是晚清两江总督沈葆桢的曾孙女，刚从南方来北平求学）。二十九日，北京大学抗议美军暴行筹委会召开各系级代表大会时，突然闯来几辆吉普车和大卡车，运来一百多个手执木棍、腰悬手枪的暴徒，大打出手，并霸占会场，宣布成立所谓"北平各大学学生正义联合会"，反对举行罢课和游行。这些愚蠢行动，无异于给学生的抗暴运动火上添油。

十二月三十日，清华、燕京、北大、辅仁、师大等大学生五千多人，顶着零下十五度的严寒，举行声势浩大的游行。沿途张贴标语："谁无姐妹，岂容美国人强奸"，"有良心的中国人起来啊，驱逐美军出中国"等。他们到事件发生的东单广场举行街道集会，围观的民众约有两万人。"休息时且由女同学讲述美军于该地之兽行

---

[1] 本刊特约记者：《北平学生示威记》，《观察》第1卷第21期，1947年1月18日。

经过，声泪俱下，同学多眼含热泪。"[1]同一天，天津的南开大学和上海的复旦、同济、暨南等大学也宣布罢课。

在一九四七年整个一月份，上海、南京、天津、武汉、长沙、南昌、济南、广州、福州、台北、桂林、成都、重庆、西安、兰州、开封、洛阳、沈阳、长春等大中城市的学生不断罢课，举行游行示威，参加的人数达到五十万。许多大城市成立了"抗暴联"。三月八日，全国学生抗暴联合会在上海成立。

学生的抗暴巨潮，在社会各界得到广泛同情。中国民主同盟一月上旬举行一届二中全会。全会的政治报告中说："这不是单纯的反美运动，而是中国人民警告美国离开中国内战的旋涡，而是中国人民反对内战、争取和平的群众大运动！这种运动才是中国和平民主的真基础！"[2]文化界、妇女界、工商界团体和著名人士，纷纷发表谈话或公开信，强烈抗议美军暴行，要求美军撤出中国。胡子婴说："只有美军立刻退出中国，才能消灭这类暴行，不然我们得永远承受如同日军在中国时的同样耻辱！"马寅初说："假使这种事情也能忍受，中国做奴隶的资格就养成了，我们决不能忍气吞声。""现在的政府到底是中国人的政府，还是美国人的政府？假如是中国人的政府，应该迅即提出抗议，严重交涉，否则就该下台，愧对国人，还有什么面目坐踞高位？"[3]

中共中央在二月一日举行政治局会议，讨论毛泽东起草的《迎接中国革命的新高潮》的党内指示。周恩来在会上作了国民党统治区人民运动的报告。他在报告中第一次把国民党统治区的人民运动

---

[1]《抗议美军驻华暴行运动资料汇编》，北京大学出版社1989年12月版，第166页。
[2]《中国民主同盟历史文献（1941—1949）》，第284页。
[3]《抗议美军驻华暴行运动资料汇编》，第390、392页。

称为"第二战场"。他说：反美斗争，去年还不会料到有这样大的发展，因为许多人原来对美国有幻想。现在，学生运动和小贩运动都直接地是反美运动。群众中，从贫民、工农到民族资产阶级都不满美国的压迫。斗争还要继续发展下去。这个运动是配合自卫战争最有力的运动。[1]

尽管国民党当局坚持并加强对民众的高压政策，但是，随着内战的扩大，随着国民党统治区内各种社会矛盾的进一步激化，特别是恶性通货膨胀和物价猛涨，国民党统治区的人民运动不但没有停顿，相反却迅速地向前发展。到五月间又掀起反饥饿反内战运动的更大高潮。

国民党统治区的恶性通货膨胀和物价猛涨由来已久。抗战胜利后，大后方和原沦陷区的物价一度有大幅度的下降，只隔了一两个月，从十月初开始，又迅速上升。进入一九四六年后，物价高涨的步伐更加快了，民众生活日益陷入困境。据官方统计，近一年内政府支出增加三点二倍，支出中用于内战的军费开支占百分之六十，而收入只足以应付支出的百分之三十二。[2]曾任国民党政府经济部次长的经济学家何廉写道：

> 抗日战争胜利后受内战再起的影响，政府支出，按现行价值计算，一九四六年与上一年相比增加了四倍之多，如与一九四四年比较，增长则达四十四倍。一九四六年政府财政亏损（即支出超过收入），与一九四五年相比较增长四倍。政

---

[1] 周恩来在中共中央政治局会议上的发言记录，1947年2月1日。
[2] 张公权：《中国通货膨胀史（1937—1949）》，第50页。

府的钞票发行量，一九四六年与一九四五年相较也增长四倍。一九四五年的平均物价指数为一六三一六〇（以一九三七年一至六月份为基期的平均物价指数为一〇〇），而到一九四六年十二月份，物价指数（用同上基期）为六二七二一〇。换言之，一九四六年与一九四五年相比较，物价指数的增长也是四倍，物价增长的基本因素在于财政。[1]

为了对付财政上严重入不敷出的状况，国民党政府的行政院长宋子文和中央银行总裁贝祖贻除大量发行纸币、增加税收外，还不断抛售黄金和外汇，用来回笼市面上泛滥的货币，共抛出国民党政府手中黄金和外汇的半数。宋子文这样做，有一个重要原因，就是蒋介石和陈诚向他保证在一年内消灭共产党，结束内战。因此，他并没有长远打算，只想应付住眼前的局面，其他待内战结束后再来整顿。可是，战局却对国民党越来越不利，军费开支不断猛增，他就处于进退失据的窘境中了。

蒋介石知道政府控制的黄金外汇被抛售一半后，十分震怒。他在一九四七年二月八日忙于部署进攻鲁南临沂的战役时，召见宋子文，痛加训斥。当天，宋子文命令中央银行停止抛售黄金。十日、十一日，物价立刻陡涨近一倍。不少商家不愿出售货物，物价混乱。三月一日，宋子文不得不辞去行政院长职务，由蒋介石兼任。

停止抛售黄金外汇后，通货膨胀更加剧烈，物价上涨速度更快。接任中央银行总裁的张嘉璈（公权）给蒋介石的报告中，对通货发行额的状况写道："嘉璈接任之日（三月一日）为

---

[1]《何廉回忆录》，第279页。

四万八千七百五十四亿五千万元。截至本日（五月二十八日）止，为八万一千五百八十六亿一千一百元。""自四月份增加速率较快，约在一万二千亿左右。五月份估计当在一万四千亿以上。"[1]

非同寻常的物价"四月涨势"，就是在这种情况下出现的。上海《时与文》在五月初发表的一篇文章中写道：

> 这次物价的上涨，采取了更普遍、更深刻的态势。在目前为止，这股涨势似乎还没有停止的希望。物价上涨的趋势，本来是曲线型的、波浪式的；然而通货恶性膨胀愈到后来，必然是曲线愈来愈短，最后甚至没有间歇，变成一直线的上涨。只要看四月间米、面粉、生油、纱、布、肥皂等各种日用品都一致上涨百分之五十至八十，就可推测今后涨势的严重。[2]

进入五月，物价就像脱缰野马那样向前飞奔。五月二日，上海市长吴国桢在不到十天内将每石米的限价从十三万元提高到二十万元。不少米店仍因定价太低而拒售。他们说：这是不够米价加上运费成本的。五日，上海市政府废除限价。第二天，白米猛叩三十万元大关。报上满载这一类消息："食油，涨无止境，市势益形汹涌"；"杂粮，全面奔腾，价格再见高峰"；"面粉涨势益厉"；"卷烟、火柴、肥皂等日用市价，连日上涨颇巨，昨晨日用品开市，势极紊乱，一片喊买，人心激昂，执货者只有漫天讨价，不愿脱货，致形成无市状态"。[3]这种令人不寒而栗的情景，也许是今天的年轻

---

[1]《中华民国货币史资料》第2辑，上海人民出版社1991年3月版，第538页。

[2]张西超：《经济前途还能乐观吗》，《时与文》第9期，1947年5月9日。

[3]《五二〇运动资料》第1辑，人民出版社1985年6月版，第70、71页。

人难以想象的。

中国有句老话说："苛政猛于虎。"当全家面对断炊的威胁时，确实比猛虎更使人感到恐怖。在上海、南京、杭州、成都、无锡、苏州等地都发生饥民将米店哄抢一空的事件。工人们因工资被冻结在一月份的水平，而物价早已大幅度上涨，无法生活下去。五月初，上海纺织工人一万五千人在市政府前示威，上海电车工人也三次举行示威，要求解冻生活指数。这种情况下，学校中教师还能安心教学，学生还能安心读书吗？

"反饥饿、反内战"的口号，正是在这样的社会大背景下提出来的。

当时国民党统治区的民众，特别是人数众多的原来在政治上处于中间状态的人，最关心的问题是什么？集中到两个字就是"饥饿"。《大公报》在年初的一篇时评中写道："无数青年学生，破衣两袭，旧被一条，每餐白水菜汤半碗，咸菜一碟，窝头三个，随时对着学校催缴学杂费的牌告发愁，这生活真够困苦了。"[1]该报在五月初的另一篇社评，题目是《要叫老百姓活得下去》。

人们把注意力集中到饥饿问题时，自然会进一步思考：这一切是怎样造成的？答案不难找到：这是国民党政府发动全面内战带来的。饥饿的根源在于内战，反饥饿必须反内战。这就毫不奇怪：许多学校的学生集会上，经过反复讨论，大家同意在反饥饿的同时提出反内战的要求。当时有一幅流传的漫画，上面写着六个大字："向炮口要饭吃"。这在人们中激起强烈的共鸣。

处于秘密状态的中共中央上海局书记刘晓，四月二十八日致电

---

[1]《今日学生的烦闷》（社评），《大公报》1947年1月6日。

中共中央,报告国民党统治区群众运动复趋活跃的新趋势,抗暴运动后第二个高潮又将很快到来,它比抗暴有更大的社会基础,并且判断五月份可能是这一高潮的开始。电文说:

> 这一高潮不像抗暴带突然性,而是在开始形态,是此起彼伏、连绵不绝、分散的生活斗争,是生活斗争与政治相互协通到一定时机又汇合成为全面性的政治斗争,我们在思想上组织上策略上都是为着准备组织与领导这一新的高潮,把蒋区民主运动向前推进一步。[1]

刘晓回忆道:"根据以上的分析和中央指示精神,上海局决定采取以下方针:即从生活斗争入手,进行突破并使之不断发展,逐步和政治斗争相结合。我们认为,解决生活问题是广大群众的迫切要求,提出符合群众切身利益的口号,发动群众进行合法的生活斗争,可以抓住敌人的弱点,成为全面开展运动的突破口。同时,在运动的部署上,我们决定,在此起彼伏的分散斗争中,要集中力量,组织几个中心运动,作为整个运动的主流。此外,我们还准备推动上层分子的组织,大胆地分开活动,多作宣传和号召,以配合和支持群众的斗争。"[2]

反饥饿反内战运动的高潮首先在国民党政府的首都南京掀起,成为"整个运动的主流"。

深重的社会经济危机给教育事业带来了极端严重的后果。公教

---

[1]《解放战争时期的中共中央上海局》,学林出版社1989年3月版,第365页。
[2] 刘晓:《1947年"反饥饿、反内战、反迫害"的五二〇运动》,《肃霜天晓——刘晓纪念文集》,中共党史出版社2008年4月版,第278页。

人员的薪给自抗战后期以来一直难以维持基本的生活。随着内战扩大,军费日增,教育经费更是江河日下。四月二十六日,南京的中央大学教授召开紧急会议,提出比照物价指数支给薪金和提高教育经费等要求,并推出十三名教授为代表向教育部请愿。五月六日,因向教育部请愿毫无结果,遂召开全校教授大会,到会的有一百人。大会发表宣言称:"眼前全国的教员与学生,衣不足御寒,食不够营养,住不蔽风雨,实验室不能开,图书馆无图书,政府竟熟视无睹","试问,政府行的是什么政策?有没有政策?这种无政策的政策,无异于奖励或默认政治社会上的非法,助长贪污,而压制奉公守法、清慎勤廉的人,这是辅世长民的立国之道吗?"。[1]与此同时,学生的生活状况也迅速恶化。一九四六年十二月规定的大学公费生的副食费两万四千元,本来太低,《大公报》社评称它为"两餐不饱,三冬难过"。到一九四七年五月上旬一直没有变动,而在这期间食米、猪肉、大豆、豆油、煤球等价格平均上涨四点三倍。中央大学校方鉴于学生伙食确实已经差到不能再差的地步,决定采取临时措施,从五月四日起将公费生伙食标准暂按四万元计算。但国民党政府行政院拒不同意这种调整,重申必须维持两万四千元的标准。这样,压抑已久的愤怒终于大爆发了。

五月十二日晚,中央大学举行学生系科代表大会。米食团报告:五月份全部副食费只能维持到十四日,以后怎么办?经过激烈争论,大会投票决定:从第二天起罢课,并派代表向行政院、教育部请愿。这个请愿毫无结果,南京其他高等学校也相继罢课。十七日,成立"南京区大专院校争取公费待遇联合会",决定在二十日

---

[1]《五二〇运动资料》第1辑,第134页。

国民参政会开幕时组织联合请愿，并向全国九大城市的大学发出电报，要求一致行动。

事实上，这个运动此时已在全国范围内猛烈展开。各地师生同样处在饥饿的严重威胁下。五月十四日，清华大学校长梅贻琦主持召开平津国立大学校长座谈会，决议电请教育部将各院校经常费最低限度增加六倍发给。清华大学、北京大学学生宣布从十九日起罢课三天，并派出上千人到街头进行宣传。天津南开大学、北洋大学学生宣布从十八日起罢课三天。上海和杭州各大学也在五月中旬相继罢课，并决定派代表到南京参加对国民参政会的请愿。

在日趋高涨的群众抗议浪潮面前，国民党当局采取的对策是严厉镇压。十八日，南京的国民政府委员会通过并颁布《维持社会秩序临时办法》，蒋介石为这个《办法》发表书面谈话。谈话中说：

> 最近发生之学生行动，实已越出国民道德与国家法律所许可之范围，显系共产党直接间接所指使。如长此放任，不但学风败坏，风纪荡然，势必使作育青年之教育机关，成为毁法乱纪之策源地，国家何贵有如此之学校，亦何惜于如此恣肆暴戾之青年。为保障整个国家之生命与全体青年之前途，将不能不采取断然之处置。[1]

蒋介石的书面谈话发表后，舆论哗然。十九日，上海十所国立大专院校和四所私立学校学生七千多人在邻近上海火车站的暨南大学操场举行欢送"沪杭区国立院校抢救教育危机晋京代表联合请愿

---

[1]《总统蒋公大事长编初稿》卷6（下），第455页。

团"的大会。会后，集队欢送代表到火车站。在火车站附近的高楼上悬挂一条特大的直幅标语，上写："民国万税，天下太贫。"

五月二十日清晨，南京的中央大学等校学生五千多人和上海、杭州、苏州学生代表，以孙中山像为先导，高举"京沪苏杭十六专科以上学校挽救教育危机联合大游行"的横幅，向国民参政会前进。到达珠江路时，道路已被军警封锁。据当时的《观察》南京通信报道："经珠江路口，大队学生已冒着水龙冲过去，剩下两三百中大学生未走完。拿着粗棍铁尺的警察突然的打散了队伍。先是用粗棍横打，后来是劈头下来，一面打，一面捉。学生完全是无抵抗的。被打在地下的女生则站上去用脚蹬和踢，打伤的依旧捉进去。""队伍的末段被打散后，逃回来报告，听说吴校长（引者注：中央大学校长吴有训）得知学生被打，晕厥了。原来没有参加游行的学生都一齐去了。冲出去的学生被包围在国府路，未到参政会半途。包围阵势是骑警、宪兵、警察三道防线。"[1]面对这样严重的局面，游行队伍主席团决定暂停前进，因为如果继续硬冲，会造成很大伤亡。双方对峙达六小时。下午下起倾盆大雨，学生仍屹立不动。后来，在国民参政会秘书长邵力子调解下，学生仍沿原路线行进后返校。五二〇运动，因五月二十日的事件而得名。这件事发生在孟良崮战役结束后第四天，使国民党当局更处于内外交困的局面中。

同一天，北平大专学校学生七千多人，高举"华北学生北平区反饥饿反内战大游行"的横幅，在市区游行。走在队伍前列的，是清华大学退伍军人大队约三百人，其中三分之一穿着旧的美式军服，行进时高呼："抗战军人只打日本！抗战军人不打内战！清华

---

[1]《南京五二〇惨案的前因后果》，《观察》第 2 卷第 14 期，1947 年 5 月 31 日。

复员军人反对内战！"十分引人注目。天津的南开大学、北洋大学等校学生一千四百多人，这天分两路游行，也遇到暴徒殴击，造成九人重伤，二十三人被捕。

五二〇事件发生后，学生斗争的口号中又增加了"反迫害"。拿上海来说，二十一日成立"上海市学生抗议五二〇惨案后援会"。从第二天起到二十四日，罢课的大中学校增加到八十多所。那样多中学生积极投入到运动中来，是以前不曾有过的。从全国来说，运动席卷南京、上海、北平、天津、杭州、金华、长沙、南昌、成都、重庆、广州、武汉、青岛、济南、开封、西安、福州、昆明、桂林等地，学生们先后举行罢课、上街宣传和游行。许多原来在政治上处于中间状态的学生也积极投身到运动中来。运动的规模和声势都大大超过了年初的抗议美军暴行运动。

国民党政府完全没有想到在它的后方会出现如此广泛的群众抗议运动。他们采取的对策只有一条，就是继续加强高压：军警在深夜任意闯入校园搜捕学生，特务在校园内制造一起起血案，又把它称为"互殴"。其中最令人震惊的是六月一日凌晨武昌军警一千多人冲入武汉大学校园搜捕学生，在校园中开枪扫射，并掷手榴弹三枚，在走道中打死学生三人。武汉大学教授发表的宣言中说："根据医生对死者的伤口检查，所使用的枪弹竟还是国际战争上被禁用的达姆弹。"[1]

学生的反饥饿、反内战、反迫害运动，博得社会各界的热烈同情。五月二十八日，平津教授费孝通、吴晗、陈岱孙、金岳霖、邓之诚、俞平伯、黎锦熙、陈序经、卞之琳等五百八十五人发表联合

---

[1]《新五月史话》，上海市学生联合会 1947 年 6 月编印，第 4、5 页。

宣言称:"同人等深知今日一切纷扰现象,根源胥起于经济危机,而经济危机又为长期内战之恶果。一切工潮、学潮均为当前时势下必然之产物。"[1]同日,著名女教育家、金陵女子文理学院院长吴贻芳向蒋介石"述特警凶暴殴学生状,蒋愤斥说:'是我叫他们打的,他们是自卫,否则学生打他们了'"。[2]三十一日,复旦大学教授洪深等一百人在罢教宣言中沉痛地宣称:"同人等一心一意求学校之安定,谋人心之缓和,而纠纷与恐怖之来,与同人的努力完全相反。""似此人身毫无保障,不惟对于其他各生(未被逮捕者)苦难劝其安心上课,同人等悲愤之余,亦无心讲学。爰于本日由本校教员集议,一致决定立即罢教,以示抗议。"[3]

学生运动是人民运动的一部分。它的发展不能离开整个人民运动的发展。

在抗暴运动到五二〇运动之间,台湾民众在这年二月二十八日,为了反对国民党当局的暴政和杀害无辜平民,奋起反抗,围攻专卖局。接着,在台北举行罢工、罢课、罢市,全岛许多地方发生暴力事件。国民党当局调动军队在基隆登陆,进行血腥镇压。死伤者有几千人,其中有台湾省籍的人,也有大陆其他省籍的人。这件事在以后留下深重的阴影。

在新疆这个多民族地区,一九四四年发生伊犁、塔城、阿尔泰三个专区民众反对国民党政府的武装斗争,被称为"三区革命"。抗战胜利后,经过和平谈判,建立起以张治中兼主席、维吾尔族的阿合买提江和包尔汉两人任副主席的新疆省政府。五二〇事件的前

---

[1]《大公报》1947年5月29日。
[2]《黄炎培日记》第9卷,第286页。
[3]《新五月史话》,第21页。

一天，一九四七年五月十九日，南京政府改派长期从事民族分裂活动的麦斯武德任省政府主席，在新疆各地又激起人们强烈不满，发生大规模的从集会、游行到武装暴动的反抗活动。[1]

国民党统治区的工人运动、城市贫民斗争和抢米风潮，农村的抗粮抗税抗抽丁斗争等，也在各地风起云涌地展开。各民主党派和无党派民主人士，积极参加到爱国民主运动中来。国民党政府已陷入众叛亲离、空前孤立的境地。

毛泽东在五月三十日为新华社写了一篇评论，说道：

> 和全民为敌的蒋介石政府，现在已经发现它自己处在全民的包围中。无论是在军事战线上，或者是在政治战线上，蒋介石政府都打了败仗，都已被它所宣布的敌人的力量所包围，并且想不出逃脱的方法。
>
> 中国境内已有了两条战线。蒋介石进犯军和人民解放军的战争，这是第一条战线。现在又出现了第二条战线，这就是伟大的正义的学生运动和蒋介石反动政府之间的尖锐斗争。学生运动的口号是要饭吃，要和平，要自由，亦即反饥饿、反内战、反迫害。
>
> 学生运动是整个人民运动的一部分。学生运动的高涨，不可避免地要促进整个人民运动的高涨。[2]

"现在又出现了第二条战线"，这是一个有全局意义的战略性判断。它的出现是人心大变动的结果。中国共产党地下党正是从民众

---

[1] 包尔汉：《新疆五十年》，中国文史出版社1994年9月版，第276—296、320—323页。
[2] 《毛泽东选集》第4卷，第1224、1225页。

自身的要求出发,加以领导,进一步促进了这种变动。

千里跃进大别山

正当国民党政府在各方面严重受挫而陷入一片混乱时,中共中央和毛泽东抓住有利时机,果断地作出一个人们难以想到的大胆决策:由刘伯承、邓小平率领晋冀鲁豫野战军主力十二万人强渡黄河,千里跃进大别山。在国民党军队的重点进攻还没有被粉碎、人民解放军的数量和装备还没有超过国民党军队时,立即以主力打到外线去,把战争引向国民党统治区,由战略防御转入战略进攻,这是一个了不得的决策。

当时,国民党军队向解放区的进攻主要集中在两翼:陕北战场有二十一个旅,共二十万人;山东战场有五十六个旅,共四十万人。两翼之间的兵力十分薄弱,主要依靠改道后从风陵渡到济南的千里"黄河防线"来阻拦解放军南下,自夸可以用来代替军队四十万人。解放军转入战略进攻的矛头,恰好对准他们这个防守薄弱的腹部,强渡黄河,直插大别山。刘伯承写道:"大别山,雄峙于国民党首都南京与长江中游重镇武汉之间的鄂、豫、皖三省交界处,是敌人战略上最敏感而又最薄弱的地区。这里又曾经是一块老革命根据地,有经过长期革命斗争锻炼的广大群众,多年来一直有我们的游击队坚持斗争,我们容易立足生根。"[1]

以主力打到外线去,还有一个重要目的,就是彻底破坏国民党当局将战争引向解放区,进一步破坏和消耗解放区的人力物力,使

---

[1]《刘伯承军事文选》,解放军出版社1992年12月版,第761页。

解放军不能持久的战略方针。时任晋冀鲁豫野战军第二纵队司令员的陈再道回忆道:"前几个月在冀鲁豫地区拉锯式的战斗,打过来,打过去,有些地方,老百姓的耕牛、猪、羊、鸡、鸭几乎都打光了。地里种不上粮食,部队没饭吃,怎么能打仗?当时晋冀鲁豫边区政府的财政收入,绝大部分都用于军费开支。一个战士一年平均要用三千斤小米,包括吃穿用及装具等。野战军、地方军加起来四十多万人,长期下去实在养不起。我们早一点打出去,就可以早一点减轻解放区人民的负担。战争,是军事、政治、经济的总体战。再强的军队,没饭吃是打不了仗的。"[1]这也是不能不考虑的问题。

一九四七年六月三十日,晋冀鲁豫野战军四个纵队十二万人在鲁西南地区强渡黄河。这个行动完全出乎国民党统帅部意料之外。在这里防守的,只有原西北军刘汝明部和一部分地方部队,士气不高,又因防御正面过于宽大而兵力不足。刘邓大军在一夜之间就渡过了号称"天险"的黄河。他们在鲁西南转战一个多月,采取突然奔袭、各个击破的战术,先后消灭国民党军四个整编师,共五万六千多人,其中最重要的是羊山集战役中全歼宋瑞珂率领的整编第六十六师。

当时,国民党方面对晋冀鲁豫野战军这次行动的真实意图完全弄不清楚。"对于解放军下一步究竟是东越运河,直接策应华东野战军打破国民党军的重点进攻,还是南进截断陇海路直趋徐州,粉碎蒋介石的作战计划,捉摸不定。"[2]他们甚至还以为它这次可能同以往几次一样,大踏步进退,取得一系列胜利后又会重新北渡黄河。

---

[1]《陈再道回忆录》(下),解放军出版社1991年7月版,第122—123页。
[2] 宋瑞珂:《鲁西南羊山集战役蒋军被歼记》,《文史资料选辑》第18辑,第31页。

其实，对刘邓大军来说，强渡黄河和转战鲁西南都不是目的。这些不过是大举南下、挺进大别山的前奏罢了。刘伯承这样说："敌人是'哑铃战略'，把两个铁锤放在山东和陕北，我们要砍断这个'把'。""山东按着敌人的脑袋，陕北按着两条腿，我们拦腰砍去。"他又说："一年来敌我悬殊的情况已经有了很大的改变，但是敌人的力量还是很大的。这就决定了我们战略进攻的方式不是逐城推进，而是跳跃式的。我们大胆地把敌人甩在后面，长驱直入地跃进到敌人的深远后方去。""你们看，大别山这个地方，就像孩子穿的'兜肚'一样，是长江向南面的一个突出部。我们跃进大别山，就可以东胁南京，西逼武汉，南抵长江。这时候，北面的敌人就可以吸引一部分到我们这边来，山东、陕北和其他战场的担子就会减轻一些，他们可以放手歼灭敌人。当然我们的担子就会加重，困难就会增多。"邓小平说："我们的行动，决不是冒险，而是一个勇敢的行动。毛主席指出，我们到大别山可能有三个前途：一是付了代价站不住，退了回来；二是付了代价站不稳，在周围坚持斗争；三是付了代价，站稳了。我们要力争第三个前途，克服一切困难，坚决为跃进到大别山，并在那里站稳脚跟而斗争。"[1]

当羊山集战斗正在激烈地进行的时候，毛泽东为中共中央军委起草了致刘邓等的电报，对大军如何南下提出了明确的意见："除扫清过路小敌及民团外，不打陇海，不打新黄河以东，亦不打平汉路，下决心不要后方，以半个月行程，直出大别山，占领大别山为中心的数十县，肃清民团，发动群众，建立根据地，吸引敌人向我

---

[1] 唐平铸：《转战江淮河汉》，《解放战争回忆录》，中国青年出版社1961年1月版，第135、136页。

进攻打运动战。"[1]

刘邓大军抢渡黄河后只有一个多月，连续转战鲁西南，没有多少时间休整。八月七日傍晚，他们毅然决然地分三路向大别山急进。这段路上，不仅要越过陇海铁路，而且还面对着黄泛区和沙河、汝河、淮河等多条河流。蒋介石完全没有料想到他们会走这样一着险棋，还以为他们只是"不能北渡黄河而南窜"。

刘邓大军跨过陇海铁路后，就面对着黄河回归故道前曾经淹没的黄泛区。这时，离黄河复归故道还不满五个月，这里到处仍存着积水，土地浸泡了九年，积存了很深的泥泞。十多万人并带着武器、辎重的大兵团要通过这里，实在极为困难。为了同国民党军队抢时间，他们不顾疲劳，不怕八月的酷暑，奋勇前进。当时担任第六纵队第十七旅旅长的李德生回忆道：

> 黄泛区，纵横二十多公里，遍地积水，一片淤泥，到处水汪汪的，没有道路。泥泞的土地一脚踩下去，就陷到腿肚，有时还会碰上齐胸没颈深的泥潭，部队边行军边救人，有的马匹就活活地被淤泥吞没。又正当酷暑，烈日暴晒，加之敌机不时飞临轰炸、扫射，更增加了行军的困难。到了夜晚，头顶轰炸、扫射的敌机没有了，可是天黑水多，行军同样十分困难。但广大指战员不畏艰险，团结互助，扛的扛，抬的抬，推的推，终于将大部分辎重、火炮、车辆拖出了黄泛区。纵队一门三八野炮，深陷泥里，实在拉不出来，只好忍痛炸掉。经过连续十五小时片刻不停的艰苦行军，终于通过了黄泛区，于十八

---

[1]《毛泽东军事文集》第4卷，第147页。

日先敌渡过了沙河,粉碎了敌人迫我于黄泛区作战的企图。[1]

大军一过沙河(就是颍河),蒋介石才明白过来:刘邓大军不是"被迫南窜",而是有计划地进军大别山的战略行动。他立刻调整部署,以吴绍周部整编第八十五师和整编第十五师的一个旅坐火车沿平汉铁路南下,抢在汝河南岸布防,企图实行南北夹击。但平汉铁路已被解放军和民兵多处破坏,他们行进迟缓。

汝河位于河南省中部,是淮河的支流。"汝河的河面,才不过四五十米宽,但水深不能徒涉,南岸较北岸稍高,易于控制。"[2]八月二十三日,第一、二、三纵队已分路渡过汝河,留在北岸的只有中原局机关、野战军总部和第六纵队。这时国民党军一个师和一个旅赶到汝河南岸,占领了制高点;北面追来的三个师相距只有二十公里,不需要一天就可以赶到。这是个千钧一发的时刻。能不能在几个小时内抢渡汝河,关系整个战略行动的成败。刘伯承、邓小平召集各指挥员部署强渡汝河。"刘司令员说:'情况就是这样,后有追兵,前有阻敌,现在只有采取进攻的手段,杀开一条血路。狭路相逢勇者胜!要勇!要猛!懂吗?'邓政委强调说:'现在没有别的出路,只有坚决打过去!'"[3]

"狭路相逢勇者胜"这句具有强烈感染力的话,立刻传遍全军,产生巨大的激励力量。二十四日清晨,先头部队抢渡汝河,在南岸国民党军阵地上撕开宽约三公里的通道,顽强地顶住国民党军在通道两侧的反复冲击,激战十几小时,掩护领导机关和其他部队从临

---

[1]《李德生回忆录》,解放军出版社1997年8月版,第187—188页。
[2] 王匡:《跃进大别山》,《刘邓大军南征记》第2集,河南人民出版社1985年6月版,第197页。
[3]《李德生回忆录》,第188页。

时浮桥上渡过汝河，向南挺进。二十六日，刘邓大军主力到达淮河北岸。

能不能以最快速度抢渡淮河？关键在于大军能不能徒步过河。淮河在这个地段面阔底浅，但也有深有浅。刘伯承自己坐上小船，持竹竿探测水深，发现有一段可以徒涉。部队在水中插上标记，分成六路，在一夜之间渡过淮河，克服了进军大别山途中最后一道难关。

部队一过淮河，前面就不再有重大的自然障碍，迅速进入他们日夜期盼的大别山麓。刘邓大军经过二十天的急行军，战胜国民党军队的前堵后追，战胜重重的自然障碍，进入大别山，胜利完成了千里跃进的任务。

但是，这还只是跨出的第一步。在国民党当局立刻调集重兵前来"围剿"的严峻形势下，如何在大别山地区站稳脚跟，建立起巩固的根据地，仍是极为艰巨的任务。刘邓大军进行了三个回合的斗争：迅速实施战略展开，扩大控制地区，发动群众，开展游击战争；积极寻机歼灭前来"围剿"的国民党军队，进一步完成战略展开；把内线作战和外线作战相互配合起来，实施战略再展开，粉碎国民党军队对大别山的大规模进攻。经过这三个回合的严重斗争，共歼敌十几万人，在四千五百万人口的江淮河汉地区建立起中原根据地，终于在大别山站稳了脚跟。挺进大别山的过程中，刘邓大军义无反顾地挑起了常人难以想象的重担，艰苦备尝，作出巨大牺牲，但它换得的是整个人民解放战争战略形势格局的根本改观。

刘邓大军千里跃进大别山后，中国人民解放军另两支大军以雷霆万钧之势，从它的左右两翼相继南下：陈赓、谢富治集团八万多人从晋南出发，强渡黄河，进入豫西地区；陈毅、粟裕率领华东野战军主力十八万人从山东向西南方向推进,跨过陇海铁路,在豫皖苏地区展开。这样,三路大军相互呼应,互为犄角,在陇海铁路以南、长江以北摆开了一个倒过来的"品"字形阵势。中原地区,已由国民党军队进攻解放区的重要后方,变成人民解放军夺取全国胜利的前进基地。

黄河以北地区也攻守易势:国民党军队除在山东半岛还有一些局部攻势外,全面转入防御;各路人民解放军相继转入战略反攻和进攻,取得重大胜利。西北野战军在沙家店战役和清涧战役中先后歼灭钟松率领的整编第三十六师和廖昂率领的整编第七十六师主要部分,使陕北战场局势根本改观。晋察冀野战军在清风店战役和石家庄战役中,全歼国民党军第三军,解放了石家庄,取得了通过攻坚战夺取大城市的新经验。蒋介石在日记中叹道:"全国各战场陷于被动劣势之危境,尤以榆林、运城被围二三旬,无兵增援,及至十二日石家庄陷落之后,北方之民心士气完全动摇。"[1]东北民主联军先后发动夏季攻势和秋季攻势,迫使国民党军队收缩到长春、沈阳、锦州等三十四座大中小城市及其附近地区内,陷于孤立无援的困境。当冬季作战结束时,又攻下了国民党军队坚固设防的四平,使长春同沈阳的铁路联系完全被切断,只能靠有限的空运来作部分补给,这自然是无法持久的。

中共中央依然留在陕北,指挥全国的解放战争。新中国成立后不久,毛泽东曾说过:"胡宗南进攻延安以后,在陕北,我和周恩来、任弼时同志在两个窑洞指挥了战争。"周恩来接着说:"毛主席是在世界上最小的司令部里,指挥了最大的人民解放战争。"[2]

---

[1] 蒋介石日记,"上月反省录",1947年12月。
[2]《毛主席转战陕北》,陕西人民出版社1979年8月版,第2、3页。

全国战局已发生根本变化。战争的主动权，已完全转移到人民解放军手中。

农村土地制度的大变动

一九四七年七月至九月，在刘少奇主持下，中共中央工委在西柏坡召开全国土地会议，总结土地改革运动的经验，通过《中国土地法大纲》。十月十日，中共中央作出决议，公布这个大纲，在解放区内实行废除封建土地所有制的土地改革。这是国内局势发展中一件有着举足轻重意义的大事。

全面内战爆发时，解放区主要在农村和一些中小城市，解放区民众的绝大多数是贫苦的农民。他们祖祖辈辈受地主的残酷剥削，渴望能做自己土地的主人。这是中国近代社会中最迫切需要解决的基本问题之一。

抗日战争期间，大敌当前，为了团结抗日，中国共产党在农村中实行的是减租减息、合理负担和没收汉奸财产的政策。它明显地减轻了农民的负担，并使相当数量的土地从地主手里转移到贫苦农民手里，农村中的中农数量大大增加，调动了农民的积极性，但没有废除地土的土地所有制，在减租减息的同时也要求农民缴租缴息。这在当时的历史条件下是必要的，也是农民群众能够理解和接受的。

抗战胜利后，情况发生了很大变化。日本侵略者被驱逐出中国，解放区面积有很大扩展，其中相当大部分是从日本侵略者手中收复的。在这些地区内，日伪政权虽被摧毁，但不少战时同日伪勾结、在当地作威作福的地主依然霸占着大量土地，减租减息以往也没有进行过。"这时，在对日反攻后收复的几个新解放区，封建土地占有关系还占据主导地位。如苏北的淮海区在反奸、减租后，全区有地主一万一千零五十二户，占有土地一百三十四万二千九百五十亩，平均每户一百二十亩左右，以每户八口计算，每人有地十五亩，相当于中农的五倍。太行区反奸减租后，地主人均土地十三点七亩，中农三点一亩，贫农二点一亩，地主人均土地相当于中农的四点五倍。在对日反攻以前解放的老区，虽然经过多年减租减息，大大削弱了封建土地占有关系，但是，它仍然影响着农民的生产情绪和革命积极性的发挥。"[1]

一九四六年春，山西、河北、山东、华中等各解放区，特别是对日反攻后收复的新解放区，农民纷纷起来，在反奸清算、减租减息斗争中，利用清算租息、清算额外剥削（如大斗进小斗出等）、清算转嫁负担（如应由地主担负的地亩捐转嫁给农民负担）、清算霸占和吞蚀、清算黑地和挂地、清算无偿劳役及其他剥削等方式，使地主的土地在偿还积债、交纳罚款、退还霸占、赔偿损失时大量转移到农民手里。拿晋冀鲁豫地区来说，"到一九四六年三月，全区有百分之五十的地区，贫雇农直接从地主手中获得了土地，实现了'土地还家'、'耕者有其三亩田'（大体人均三亩）。中农也分到了一些斗争果实"。[2]

在农民纷纷起来从地主手中取得土地这样一股巨大浪潮面前，中国共产党究竟采取什么态度？是站在贫苦农民一边允许他们获得土地，还是与此相反，已成为必须明确回答的问题。这时，全面内战的爆发已迫在眉睫。只有依靠民众（特别是广大贫苦农民）的力量，

---

[1] 杜润生主编：《中国的土地改革》，当代中国出版社1996年8月版，第172页。
[2] 薄一波：《七十年奋斗与思考》上卷，第397页。

才能改变敌强我弱的形势。如果在一万万几千万人口的解放区内,迅速解决土地问题,就可以发动民众长期支持战争。客观形势迫使这个问题更不能拖延。

一九四六年五月四日,中共中央讨论关于土地问题的指示。讨论中,刘少奇说:"土地问题今天实际上是群众在解决,中央只有一个一九四二年土地政策的决定,已经落在群众后面了。"毛泽东说:"国民党比我们有许多长处,但有一大弱点即不能解决土地问题,民不聊生。这一方面正是我们的长处。时间太长不好,太短亦不行,这是我们一切工作的根本、下层基础,其他都是上层建筑。这必须使我们全体同志都明了。农民的平均主义在分配土地以前是革命的,不要去反对。要反对分配土地以后的平均主义。"[1]

这次会议通过了《中共中央关于土地问题的指示》,通常称为《五四指示》。指示提出的基本原则是:"在广大群众要求下,我党应坚决拥护群众从反奸、清算、减息、退租、退息等斗争中,从地主手中获得土地,实现耕者有其田。"这样,解放区的土地政策,实际上由减租减息转向耕者有其田。

《五四指示》颁布时,解放战争还处于战略防御阶段。各级党组织遵照中共中央的指示,纷纷抽调大批干部组成工作队奔赴农村,领导土地改革运动。在东北解放区,动员了一万二千名干部下乡,放手发动群众,掀起了土地改革运动的高潮。其他解放区一般通过清算斗争,发动农民向地主面对面地一笔一笔地算账,以不同方式从地主手中获得土地。根据新华社电讯和各地方报纸材料,晋冀鲁豫边区到十月间已有两千万农民获得土地,每人所有土地可达

---

[1]毛泽东、刘少奇在中共中央会议上的发言记录,1946年5月4日。

三至六亩。苏皖边区在十二月初已有一千五百万农民分得土地,平均每人在两亩以上。而东北解放区由于地广人少,又没收分配了大量原来由日伪控制的"开拓地""满拓地",到十月底为止,农民得地两千六百万亩,每人平均六至七亩。[1]

土地改革运动的发展,农民获得土地,极大地提高了他们发展生产和支援解放战争的积极性。晋冀鲁豫、东北等解放区出现了十多年来没有的大丰收。全面内战爆发后的四个月内,各解放区就有三十万翻身农民,为了保卫在土地改革中获得的果实、保卫家乡而参加了人民解放军。北满根据地能够迅速成为全东北的巩固的大后方,并且在这里成长起各解放区中人数最多的一支大军,靠的就是进行了这场土地革命。著名作家周立波的长篇小说《暴风骤雨》生动地描写了这个过程。广大民众和地方游击队还积极地投入提供军粮、运输物资、保护伤病员、传递信息、袭击敌军等种种活动。解放军在各方面都得到当地民众的极大支持。战争不只是军事上的较量,如果没有民众的这种支持,解放军在双方力量悬殊的情况下要灵活机动地以弱胜强是无法想象的。而气势汹汹地发动进攻的国民党军队,一闯入解放区,就发现自己陷入十分孤立的境地,消息不灵,情况不明,时时遭受袭击,进退失据,难以自拔。这种状况,在相当程度上是由当地贫苦农民的民心向背决定的。

在《五四指示》中,并没有明确提出废除封建土地所有制的问题。在解放区内,土地状况虽有很大改善,地主对土地的占有量虽已大幅度减少,但问题没有彻底解决。用刘少奇的话来讲,这是"五四指示的过渡性"。

---

[1]《中国土地改革史料选编》,国防大学出版社1988年12月版,第330页。

一九四七年夏秋之交，人民解放军由战略防御转入战略进攻，国内形势发生巨大变化。为了取得战争的胜利，必须彻底解决农民的土地问题。在老解放区，需要满足群众要求，完成土地改革；在新解放地区，需要在总结老解放区经验教训的基础上，有步骤有分别地解决农民土地问题，建立巩固的根据地。

全国土地会议的召开和《中国土地法大纲》的制定，就是在这样的大背景下进行的，因而表现出异常的紧迫性。

《中国土地法大纲》最突出的特点是：彻底消灭封建剥削制度，实现耕者有其田。它旗帜鲜明地规定："废除封建性及半封建性剥削的土地制度，实行耕者有其田的土地制度。"这是整个土地制度改革的总纲。根据这个根本要求，《大纲》具体规定："废除一切地主的土地所有权"，"废除一切祠堂、庙宇、寺院、学校、机关及团体的土地所有权"，"废除一切乡村中在土地制度改革以前的债务"；"乡村农会接收地主的牲畜、家具、房屋、粮食及其他财产，并征收富农的上述财产的多余部分，分给缺乏这些财产的农民及其他贫民，并分给地主同样的一份"；"大森林、大水利工程、大矿山、大牧场、大荒地及湖沼等，归政府管理"。《大纲》规定农民享有历史上从来没有过的民主权利，要求依靠群众自己的力量来实行土地改革。[1]

《中国土地法大纲》是一个在全国范围内彻底消灭封建土地制度的基本纲领，公开树起消灭封建制度的大旗。这是和《五四指示》不同的，是又向前跨出的一大步。由于全党动手，各地组织了大批土改工作队下乡，放手发动农民，组织贫农团和农会，控诉地

---

[1]《中共中央文件选集》第16册，第547、548页。

主，惩办恶霸，农民群众兴高采烈，因而行动快，声势大。拿东北解放区后方的合江省来说："全省平均每个农民分得土地七亩至十二亩，每四十亩到七十亩地即有一头牲口，房屋和衣服等一般地解决了。这是一个翻天覆地的变化。农民的生产积极性因此特别高涨。一九四八年初，除缴公粮及以粮换盐、换布外，每人尚有余粮六斗至一石。""从一九四六年六月到一九四八年十月，共输送子弟兵六万二千余人到主力兵团。这是土改的重要收获，它为我军提供了丰富的兵源。"[1]东北地区人民解放军力量得以迅速壮大，主要来源就是土地改革后踊跃参军的翻身农民。

这是一场中国农村社会的大变动，是一场真正意义上的大革命。千百年来，中国一直是农业国家。占乡村人口很少数的地主、富农占有大多数土地，残酷地剥削农民，而占乡村人口绝大多数的雇农、贫农、中农及其他人民，却只有很少的土地，终年劳动，不得温饱。这种严重状况，是中华民族被侵略、被压迫、贫困及落后的重要根源，是中国的国家民主化、工业化、独立、统一及富强的基本障碍。土地改革所要解决的，就是这个问题。

土地制度的改革是中国民主革命的基本内容之一。不废除地主的土地所有制，便没有彻底的反封建可言，也没有中国的现代化可言。在中国，不存在别的代表农民利益的政党。许多政党和它们的代表人物，或者根本不关心农民的土地问题甚至依赖乡村的豪绅来维持他们的统治，或者只在讲话或文章中说了一些空话，或者只是做了一些枝枝节节的工作。只有中国共产党才最坚决地、脚踏实地地在乡村中领导广大贫苦农民，把几千年没有能解决的封建土地所

---

[1] 方强等：《合江人民的觉醒》，《辽沈决战》下册，人民出版社1988年10月版，第66、67页。

有制从根铲除。这是任何其他政党和人士没有做到的,也是中国共产党所以能领导中国革命取得胜利的奥秘所在。当时上海的英文刊物《密勒士评论报》也看到了这一点,写道:"(中国)内战战场的真正分界,是在这样两种不同的地区中间:一种是农民给自己种地,另一种是农民给地主种地",这"不但决定国共两党的前途,而且将决定这个国家的命运"。[1]

农民是最讲究实际的。中国共产党不是以空话,而是以领导农民进行土地改革的事实,使他们迅速看清是谁代表着他们的利益,应该跟着谁走。这是一个排山倒海的力量,其他任何力量都无法同它比拟。中国革命的军事斗争同土地制度的改革是不能分开的:没有军事斗争的胜利,土地改革的成果没有保障,农民容易缺乏信心而不敢奋身投入土地改革的斗争;而没有土地制度的改革,没有广大农民的全力支持,军事斗争也会失去力量源泉而不可能战胜强大的敌人。不充分地看到这个事实的极端重要性,就不可能理解二十世纪前期中国的走向。

但是,全国土地会议也存在着一个问题,就是提出"彻底平分土地"。《中国土地法大纲》中虽然没有这个提法,但第六条中有"连同乡村中其他一切土地,按乡村全部人口,不分男女老幼,统一平均分配"的规定,也就是要"彻底平分土地"。它的来源是新华社八月二十九日的社论《学习晋绥日报的自我批评》,其中写道:"现在我们是处在历史上空前规模的内战之中","中国人民要以自己的力量战胜这个敌人,最重要的保证之一,就是土地问题的彻底解决,首先要解放区土地问题的彻底解决","在这种情形之下,我党

---

[1] 转引自杜润生主编《中国的土地改革》,第208页。

的土地政策改变到彻底平分田地,使无地少地的农民得到土地、家具、牲畜、种籽、粮食、衣服和住所;同时又照顾地主的生活,让地主和农民同样分得一份土地,乃是绝对必要的"。[1]

"彻底平分土地",就不会不触及中农的利益,特别是会侵犯富裕中农的利益。刘少奇是意识到这个问题的。他在全国土地会议的讲话中说:"这样一来中农就要动了。不过中农也动得不多,只是富裕中农要拿一点出来,下中农还得到土地。"他说:"毛病就在这一点上,就在关于中农的问题上",但"不动中农而能满足贫雇农的地方比较少"。[2]会议经过讨论,多数人认为这样做"得多害少",决定普遍实行彻底平分。这个决定,得到中共中央的批准。"会议在如此重要原则上发生变更表明,当时为了尽快地动员广大农民投入斗争,领导在无产阶级政策和农民的平均主义要求之间一度作出了让步。"[3]

为什么会发生这个变更而在一定程度上侵犯了中农的利益?这同当时的具体环境有关。在解放区特别是老解放区内,经过减租、诉苦清算和有些地区的多次土改,土地关系已发生很大变化,中农比重大大增加,地主和旧富农手里可以拿出来分配的土地已大大减少,不能满足渴望土地的贫雇农的要求,而严重紧张的军事形势又迫切需要把人数众多的贫雇农充分发动起来,怎样更好地满足他们的要求便成为十分重要的问题。中国共产党面对着两难的选择。在这种情况下,便会产生不如要富裕中农拿出一点土地而在其他方面给以补偿的想法。所谓"得多害少"就是它的反映。这种考虑,在

---

[1]《新华社社论集(1947—1950)》,新华通讯社 1960 年 7 月编印,第 54、55 页。
[2] 刘少奇在全国土地会议上的讲话记录,1947 年 9 月 4 日。
[3] 杜润生主编:《中国的土地改革》,第 204 页。

当时的具体历史条件下是可以理解的，但毕竟是不正确的。动了一部分富裕中农的土地，即使在其他方面给以补偿，仍会使大多数中农感到恐慌，挫伤或压抑他们的生产积极性，不利于团结中农和在土改后建设新农村。因此，中共中央很快在三个来月后对这项政策作了调整。

土地会议对解放区土改不彻底和党内不纯的情况，也估计得过于严重，强调反对右倾而没有注意防止"左"倾。在广泛发动土改运动时，一段时间内在许多地方曾发生"左"的偏向：把一部分中农的成分错定为富农或地主，办事不要中农参加；侵犯一部分民族工商业，如没收地主兼营的工商业，对工商业征税过高；对地主和富农、地主中的大中小和恶霸非恶霸不加区别，用同样方式进行斗争，有的地方甚至发生对地主、富农乱打乱杀的情况；整党中，有些工作组对当地党组织和干部一律不信任，把他们当"石头"搬掉，单纯强调依靠贫农团去进行土改；发动群众时，提出"群众要怎么办就怎么办"，放弃领导，助长尾巴主义等。这种状况，引起不少人的恐慌。

中共中央很快发现了这些问题，把政策问题提到极其重要的地位，强调要提高全党的政策观念。毛泽东说了一句名言："政策和策略是党的生命。"他明确提出："现在敌人已经彻底孤立了。但是敌人的孤立并不等于我们的胜利。我们如果在政策上犯了错误，还是不能取得胜利。"他在西北野战军前委扩大会议上讲得很透彻：

> 如果我们的政策不明确，比如侵犯了中农、中等资产阶级、小资产阶级、民主人士、开明绅士、知识分子，对俘虏处置不当，对地主、富农处置不当，在统一战线问题上犯了错误，那

就还是不能胜利,共产党会由越来越多变成越来越少,蒋介石的孤立会变成国共两方面都孤立,人民不喜欢蒋介石,也不喜欢共产党。这个可能性是有的,在理论上不是不存在的。[1]

当胜利行将到来的时候能不被胜利冲昏头脑,而发出如此清醒而中肯的警告,实在是一件极不容易的事情!

在认清出现的问题后,中共中央对相当普遍存在的"左"的错误,采取了力度很大的纠正措施,研究并制定有关土地改革的一系列具体政策。毛泽东为中共中央起草了《关于目前党的政策中的几个问题》等一系列重要指示,任弼时作了《土地改革中的几个问题》的长篇报告,指出土地改革中发生"左"倾错误的种种表现和原因,细致而周密地提出纠正错误的原则和具体办法。中共中央还重新发布土地改革战争时期的两个文件,即《怎样分析农村阶段》和《关于土地斗争中一些问题的决定》,并根据当前情况作了修改或加了注,使各地在处理有关问题时有所遵循。

各地党组织遵照中共中央指示,立刻采取切实措施纠正已发生的"左"倾错误。各地党委按照中共中央规定,建立了严格的请示报告制度。如晋绥分局书记李井泉在一九四八年一月二十二日给毛泽东的报告中写道:

> 我回来以后,即在分局开会数日,根据中央的精神,检查了土改中对中农及工商业的左倾问题。……根据绥蒙二分区检查,大约有半数上下地区群众,确已开始发动起来,大部分中

---

[1]《毛泽东文集》第5卷,第23页。

农参加土改运动。因此,估计基本上是真正的群众运动。贫雇农独立脱离中农的偏向也存在,但易补救。而划成份脱离中农,成为最基本问题。在兴县蔡家崖与五寨前所纠正错订成份,已获得农民拥爱,现正推广。工商业,在这两个地区,主要是土改牵连较大。而朔县则更严重,乡村农民数千进城扣押敌伪人员及地主,没收财物,领导上未加控制,异常混乱。现已拟释放不应扣捕之人员,赔偿不应没收与处罚过重之财物。各地营业税过重者,已采取按超征额退还。……我们现在正告诉各地集中力量分地,并配合改正成份,争取春耕前,把群众已经发动起来的地方分配完毕。[1]

可以看出,由于指导思想明确,措施果断得力,干扰运动健康发展的一些"左"倾错误比较快地得到排除,没有延续很长时间,使解放区的土地改革运动在半年多内,取得了预期的成果。

人民民主统一战线的巩固和扩大

随着解放战争的胜利发展,国民党当局更加加强对它心目中一切异己势力的控制以致镇压,结果使一些原来在政治上处于中间状态的力量进一步抛弃对它的幻想,被驱赶到同它对立的方面去。中国共产党领导的人民民主统一战线进一步巩固和扩大。

中国民主同盟主要由国民党统治区有着爱国民主思想的中上层知识分子组成,内部的政治倾向比较复杂。它在成立的时候,自认

---

[1]《解放战争时期土地改革文件选编(1945—1949年)》,中共中央党校出版社1981年9月版,第135、136页。

为是个中间派的政治集团,是国民党和共产党之外处于中间地位的政治集团。抗战胜利后不久,一九四五年十月十一日至十六日,民盟举行临时全国代表大会(以后被追认为第一次全国代表大会)。大会的政治报告中说:

> 中国民主同盟在中国所要建立的民主制度,绝对不是,并且绝对不能,把英美或苏联式的民主全盘抄袭。……我们没有所谓偏左偏右的成见,我们亦没有资本主义民主、社会主义民主这些成见。……拿苏联的经济民主来充实英美的政治民主,拿各种民主生活中最优良的传统及其可能发展的趋势,来创造一种中国型的民主,这就是中国目前需要的一种民主制度。[1]

毫无实力的中国民主同盟,靠什么来实现这种"中国型的民主"或者他们中有些人所谓的"中间路线"呢?它期待通过和平的方法来实现,特别是期待通过一九四六年一月举行的政治协商会议来实现。在这次会议上,一向反共的中国青年党已经同中国民主同盟分手而靠拢国民党了;中国民主同盟仍抱着积极的态度,力求使这次会议有助于推进中国的民主政治,并同中国共产党保持较好的合作。

蒋介石从来对权力把得很紧很紧,根本不想实行什么民主政治。这在他抗战胜利前夜出版的《中国之命运》一书中已表现得很明白。他不仅把中国共产党看作主要对手,就是对中国民主同盟也难以容忍。政协刚结束,重庆民众近万人在较场口广场开庆祝大

---

[1]《中国民主同盟历史文献(1941—1949)》,第75、76、77页。

会，被特务捣毁。"看这次被打成伤的人名，多半是民主同盟的干部人物；而依据英文《大陆报》的记载，简直这次殴打的主要对象，就是民主同盟的会员。"[1]

更令人愤慨的是，全面内战爆发后十多天，七月十一日和十五日，在云南昆明发生了李公朴、闻一多相继被暗杀的惨案。李公朴是民盟中央执行委员会委员兼民主教育运动委员会副主席，闻一多是民盟中央执行委员会委员兼云南省支部常委暨宣传部主任，两人都是在社会上有很大影响的著名的学者和社会活动家。李公朴被暗杀后，闻一多拍案而起，在云南大学礼堂上发表了充满悲愤的演讲，当天下午也被国民党特务枪杀了。他在最后那次讲演中说：

> 这几天，大家晓得，在昆明出现了历史上最卑劣、最无耻的事情！李先生究竟犯了什么罪？竟遭此毒手。他只不过用笔写写文章，用嘴说说话，而他所写的，所说的，都无非是一个没有失掉良心的中国人的话！大家都有一支笔，有一张嘴，有什么理由拿出来讲啊！有事实拿出来说啊！为什么要打要杀，而且又不敢光明正大的来打来杀，而偷偷摸摸来暗杀！这成什么话？
>
> 今天，这里有没有特务？你站出来，是好汉的站出来！你出来讲！凭什么要杀死李先生？杀死了人，又不敢承认，还要诬蔑人，说什么"桃色事件"，说什么共产党杀共产党，无耻啊！无耻啊！
>
> 我们不怕死，我们有牺牲的精神，我们随时像李先生一

---

[1] 范蕙:《论陪都暴行》,《周报》第24期，1946年2月16日。

样,前脚跨出大门,后脚就不准备跨进大门。[1]

李闻惨案发生后,在国内激起强烈愤慨,在国际上也受到相当关注。梁漱溟以中国民主同盟秘书长的名义发表书面谈话,沉痛地说:"李、闻两先生都是文人、学者,手无寸铁,除以言论号召外,别无其他行动。假如这样的人都要斩尽杀绝,请早收起宪政民主的话,不要再说,不要再以此欺骗国人。"他在记者招待会上宣读完这个书面谈话后激动地说:"特务们!你们有第三颗子弹吗?我在这里等着它!"[2]

一九四六年十月十一日,国民党政府不顾中共一再发出的警告,断然强占张家口,同时单方面宣布将召开所谓国民大会。曾琦为首的中国青年党和张君劢为首的民主社会党(由国家社会党和民主宪政党合并而成)宣布参加。曾琦公然说:"余语蒋:行政院必须改组。吾辈无所谓,吾辈部下就希望分得几部,做官吃饭。"[3]十月二十五日,年高德劭的中国民主同盟主席张澜发表谈话说:"此次国大召集令,国民党一党单独颁布,这表明国民党完全推翻政协决议。"十一月十四日,他明确宣布:"民盟绝不参加一党国大。"[4]

民主同盟坚决拒绝参加国民大会,是一个重要的政治动向,这在国民党当局高压和利诱政策下是很不容易的,反映出原来处于中间状态的人们在政治态度上的进一步变化。国民党当局一意孤行的结果,只能把自己更加孤立起来。

---

[1]闻一多:《最后一次的讲演》,《拍案颂》,北京图书馆出版社 2007 年 10 月版,第 126、127 页。
[2]《梁漱溟全集》第 6 卷,山东人民出版社 1993 年 6 月版,第 558、559 页。
[3]《黄炎培日记》第 9 卷,第 211 页。
[4]《张澜文集》,第 276 页。

这以后，国民党当局更步步进逼，加紧对民主同盟的迫害。三、四月间，民盟中央常委兼西北总支部主任委员杜斌丞、东北总支部执委骆宾基等先后被捕。杜斌丞以后被杀害。十月二十七日，国民党政府内政部发出公告，宣布中国民主同盟为非法团体。第二天，国民党的南京、重庆负责方面宣布"中国民主同盟分子自首办法"。民盟在南京的办事机构被警察包围，人员出入都被尾随。十一月五日，民盟被迫通告停止政治活动。张澜、罗隆基等在上海被软禁。事实无情地证明：在中国当时的实际环境中，根本不可能靠着中间势力原来设想的用和平方法来实现他们期待的民主政治。

一九四八年一月五日，民盟一届三中全会在香港举行。主持会议的沈钧儒在开幕词中说："今天国内形势，民主与反民主已壁垒分明，谁也看得清楚。过去国民党发动内战，加诸人民的痛苦太深了，反过来看中共在解放区实行了土地改革，人民生活得到改善，这是民主与反民主鲜明的对照，尽管美蒋勾结，玩弄什么政治阴谋，都不能欺骗人民。民盟坚决的站在人民的立场，坚决地站在人民这方面奋斗，这个信念是始终不渝的。"十九日，他在闭幕词中又说："我们接到了上海同志们的来信，他们和我们完全采取了共同一致的意见（引者注：这是指正被国民党当局软禁在上海的张澜等人）。"[1]这次中央全会是民盟历史的重要转折点。它标志着民盟抛弃了中间路线的幻想，同国民党当局公开决裂，同中国共产党全面合作。

中国国民党是孙中山创立的，成员中包括不少有着爱国民主思想的人士。这些国民党内的民主派人士长期以来对蒋介石的独裁统

---

[1]《沈钧儒文集》，人民出版社1994年12月版，第557、559页。

治和作为不满,主张应坚持国民党一大的宣言和三大政策,但处在备受压制的情况下。抗战胜利后,他们主张维护政协决议,反对蒋介石发动内战,并要求联合起来行动,分别成立了两个组织:一个是谭平山、陈铭枢、柳亚子、朱蕴山、王昆仑等一九四五年十月在重庆成立的三民主义同志联合会;一个是李济深、蔡廷锴、蒋光鼐、李章达等一九四六年四月在香港成立的中国国民党民主促进会。它们都和中国共产党保持着密切的联系,接受中国共产党的帮助。一九四七年三月,李济深在香港公开发表《对时局意见》,写道:"本来中国国民党是一个革命的政党,孙总理留给我们的三民主义,是根据民主原则所创立起来的救国主义,但自民国十七年执政以后,这一切都被遗忘或被遗弃了。""造成这种不幸局面的根源,就是违背孙总理遗教的中国反动派,与违背罗斯福遗策的美国反动派相互利用,而蒋主席成为反动派的领袖。平情论事,今日中国糟到这样不可收拾的地步,蒋主席应负主要责任。"[1]国民党当局对这件事十分震怒,召开中央常务委员会议决要给李济深以"惩处"。

一九四七年四、五月间,李济深、何香凝、朱学范三人在香港密商。朱学范回忆:"鉴于当时国民党除采取召开'国民大会'等步骤外,还进犯延安。内战形势已到最后决战阶段。我们决定即日开始筹备,尽快成立一个革命组织,以发挥一个方面的作用。"[2]李济深在绸巾上写了密信送给有关人士,并同宋庆龄、冯玉祥等联络。组织的名称原来有多种考虑,"宋从上海捎回口信,则倡议这个革

---

[1]《中国国民党革命委员会历史资料选编》,民革中央宣传部1985年7月编印,第96、97页。
[2] 朱学范:《我与民革四十年》,团结出版社1990年7月版,第19页。

命组织可以称为：'中国国民党革命委员会'"。[1]这个主张得到大家的同意。筹备工作从十月间开始。

一九四八年一月一日，中国国民党革命委员会正式举行成立大会，推举宋庆龄为名誉主席，李济深为主席，并通过《成立宣言》，宣称：

> 吾人坚决认定过去二十年来中国政治上之罪恶，均为蒋介石一手造成，蒋氏及其领导下的反革命集团，实为国内一切反动力量——大买办、大地主、官僚、军阀、土劣、流氓——之集合体。蒋氏在党为三民主义之叛徒，在国为四万万人民之公敌。
>
> 吾人基于以上之共同认识，谨于中华民国三十七年一月一日，正式成立中国国民党革命委员会，脱离蒋介石劫持下的反动中央，集中党内忠于总理忠于革命之同志，为实现革命的三民主义而奋斗，并发布行动纲领，愿与全国各民主党派、民主人士携手并进，彻底铲除革命障碍，建设独立、民主、幸福之新中国。[2]

其他民主党派，包括中国民主建国会、中国民主促进会、中国农工民主党、九三学社、中国致公党、台湾民主自治同盟等，也先后明确表示参加新民主主义革命的立场。中国共产党领导的多党合作和政治协商制度，正是在这个基础上历史地形成的。

---

[1] 朱学范：《从酝酿到成立》，《人民日报》1987年12月3日。
[2] 《中国国民党革命委员会历史资料选编》，第126、132页。

历史的转折点

方方面面的发展变化,都表明中国正在走向一个历史的转折点。

本来,在抗战胜利后,人民渴望和平,中国共产党曾期望进入和平建设时期,用和平的方法建立新中国,为此作出巨大的努力。蒋介石发动全面内战,把空前的内战灾难强压在中国人民头上,逼得人们除奋起反抗外别无出路。这时,中国共产党仍把自己从事的战争称作"自卫战争",并在一段时间内曾尽力挽救和平。但历史发展变化的速度,有时超出人们原来的预料。随着中国人民解放军从战略防御转入战略进攻,随着国民党统治区政治经济危机的全面激化,随着蒋介石种种倒行逆施导致日益丧失民心和众叛亲离,人们越来越不再对他抱有希望,情况发生了重大变化。

毛泽东善于敏锐而不失时机地察觉到事态正在发生的变化,及时调整部署,提出新的任务。一九四七年十月十日,他在陕北佳县神泉堡起草的《中国人民解放军宣言》中,第一次响亮地提出"打倒蒋介石,解放全中国"的口号。这个口号,只能在这时而不可能早于这时提出来的。而蒋介石这时也乱了方寸,处处陷入被动挨打之势。他在日记中叹道:"日来匪踪分股乱窜,时觉兵力不敷分配、东倒西扶、拮据不胜之象。""地图中共匪扩张之范围色别诚令人惊怖失色。"[1]

一九四七年底,中共中央自十二月二十五日至二十八日在陕北米脂县的杨家沟召开扩大会议,通常称为"十二月会议"。毛泽东

---

[1] 蒋介石日记,1947年11月9日、1948年1月7日。

在《目前形势和我们的任务》的书面报告中，一开始便鲜明地指出：

> 中国人民的革命战争，现在已经达到了一个转折点。……这是一个历史的转折点。这是蒋介石二十年反革命统治由发展到消灭的转折点。这是一百多年以来帝国主义在中国的统治由发展到消灭的转折点。这是一个伟大的事变。这个事变所以带有伟大性，是因为这个事变发生在一个拥有四万万五千万人口的国家内，这个事变一经发生，它就将必然地走向全国的胜利。[1]

这是一个大判断，是对中国历史发展进程的大判断。那时，国内局势中仍有许多不明朗和不确定的因素，并不是很多人都已看到这个转折点已经到来。即便有这样那样的感觉，也没有得出如此明晰的结论。毛泽东经过审慎的观察和思考，以明确的语言作出判断，并用来昭告全党。

在会议正式开始的第一天，他在讲话中对这个"转折点"为什么已经到来，它是怎么会到来的，从政治、军事、经济三方面作了论述。

他把"政治方面"的变化作为第一条来讲，说："国民党区域的人心动向变了，蒋介石被孤立起来，广大人民群众站到了我们方面。孤立蒋介石的问题，过去在长时期内没有得到解决。土地革命战争时期，我们比较孤立。进入抗战时期，蒋介石逐渐失掉人心，我们逐渐得到人心，但问题仍没有根本解决。直到抗战胜利以后这

---

[1]《目前形势和我们的任务》(标准本)，解放社1949年6月版，第17、18页。

一两年来,才解决了这个问题。"人心的向背,决定一切。它总在悄悄地进行,但当超过某种限度时,便会表现出谁都无法阻挡的力量,使局势发生急转直下的变化。

他把"军事方面"的变化作为第二条来讲,说:"在军事方面,蒋介石已经转入防御,我们转入进攻。以前,我们把转到外线作战称为反攻,不完全妥当,以后都叫进攻。"这也是一个历史性的变化。以往十年、二十年间,共产党长期处在防御或被"围剿"的地位。解放战争初期仍是自卫性质。这时,才在历史上第一次转入战略进攻。

对"经济方面"的变化和它的原因,毛泽东这样分析:在经济方面,蒋介石的情况到今年已经很严重了。我们现在也困难,特别是山东、陕北两处,但我们的困难可以解决。从根本上说,是因为我们搞了土地改革,而蒋介石没有搞;另外我们的主力打出去以后,又减轻了解放区的负担。

十二月二十八日,他在会上作结论,再次对双方力量对比的变化,明确指出:"我们同蒋介石的力量对比问题直到今年中央发出'二一'指示时还没有解决,还准备退出延安,并且后来确实退出了,直到现在这个问题才解决了。二十年来没有解决的力量对比的优势问题,今天解决了。"[1]

对形势的判断,是制定路线、纲领、方针、政策的最基本的依据。有了这个大判断作依据,怎样打倒蒋介石、建立新中国的问题,便提到现实的议事日程上来。这和发表《新民主主义论》及《论联合政府》时,主要是向全国人民表明中国共产党的主张并在抗日民

---

[1]《毛泽东文集》第4卷,第328、329、333页。

主根据地内实行,是不同的。可以说,这是一个新的大课题摆到了中国共产党的面前。

怎样建立一个新中国?毛泽东在书面报告中勾画出一个基本轮廓:

> 没收封建阶级的土地归农民所有,没收蒋介石、宋子文、孔祥熙、陈立夫为首的垄断资本归新民主主义的国家所有,保护民族工商业。这就是新民主主义革命的三大经济纲领。
>
> 一九四七年十月,人民解放军发表宣言,其中说:"联合工农兵学商各被压迫阶级、各人民团体、各民主党派、各少数民族、各地华侨和其他爱国分子,组成民族统一战线,打倒蒋介石独裁政府,成立民主联合政府。"这就是人民解放军的、也是中国共产党的最基本的政治纲领。
>
> 新中国的经济构成是:(1)国营经济,这是领导的成分;(2)由个体逐步地向着集体方向发展的农业经济;(3)独立小工商业者的经济和小的、中等的私人的资本经济。这些,就是新民主主义的全部国民经济。而新民主主义国民经济的指导方针,必须紧紧地追随着发展生产、繁荣经济、公私兼顾、劳资两利这个总目标。[1]

其中提出的没收官僚资本、成立民主联合政府、新中国经济构成和发展生产、繁荣经济、公私兼顾、劳资两利的总目标等,都是关系全局、影响深远的重大决策。

---

[1]《毛泽东选集》第4卷,第1253、1256、1255页。

"曙光就在前面，我们应当努力。"毛泽东以铿锵有力的十二个字结束了这个报告。一九四八年三月，在陕北战局大势已定、全国胜利业已在望的情况下，毛泽东率领党中央机关从陕北迁往华北的西柏坡，途经中央后方工作委员会所在的晋西北双塔集。据杨尚昆回忆：

> 毛主席当面对我说，照他的看法，同蒋介石的这场战争可能要打六十个月。六十个月者，五年也。这六十个月又分成两个三十个月，前三十个月是我们"上坡"、"到顶"，也就是说战争打到了我们占优势；后三十个月叫做传檄而定，那时候我们是"下坡"，有的时候根本不用打仗了，喊一声敌人就投降了。毛主席头脑里的这个时间表，给我的印象很深。后来战争的发展基本上符合他的估计。[1]

中国共产党在历史重大转折时刻到来时，富有预见地看清楚行将到来的新局面，及时提出新的大思路，有条不紊地开展工作。这就为迎接下一阶段革命在全国范围内的胜利创造了极为重要的条件。

---

[1] 杨尚昆：《追忆领袖战友同志》，中央文献出版社2001年9月版，第12页。

第十五章　夺取民主革命的全国性胜利

一九四八年，国内局势急转直下。这种变化表现在军事、经济、政治等方方面面，预示着民主革命全国性胜利的到来已经不远了。

从军事上看，蒋介石原来倚仗自己的军队数量和装备上的优势，又有着美国的大量援助，以为可以在三个月到六个月内消灭共产党。事情的发展完全出乎他意料。人民解放军在敌强我弱的条件下，从容沉着地应对，实行"以歼灭敌人有生力量为主要目标，不以保守或夺取城市和地方为主要目标"和"集中优势兵力，各个歼灭敌人"等军事原则，战争第一年消灭国民党军队一百十二万人，使它的战略进攻转入防御，第二年又消灭国民党军队一百五十二万人，使它从全面防御转入重点防御，军心涣散，士气低落。在国民党损失的军队中，被俘的有一百六十三万人，占百分之六十一点七，而其中的一半经过诉苦和教育后参加了人民解放军。

到一九四八年六月底，国民党总兵力下降到三百六十五万人，能部署在第一线的正规军只有一百七十四万人。集中兵力最多的在三个地区：徐州地区刘峙集团五十万四千人，连同非正规军共七十万五千人；东北卫立煌集团三十四万人，连同非正规军共四十四万九千人；华北战场傅作义集团二十八万四千人，连同非正规军共三十九万七千人。此外，华中战场白崇禧集团二十七万六千人，连同非正规军共三十五万七千人；西北胡宗南集团二十六万八千人，连同非正规军共三十一万四千人；山西阎锡山集团七万人。[1]他们已处在只能被动挨打的地位，完全丧失了战争的主动权。

中国人民解放军由于动员了大量翻身农民参军，吸收了国民党俘虏兵参加部队，连同国民党军起义部队，总兵力已从战争初期的一百二十多万人发展到近二百八十万人，其中野战军一百四十九万人。部队士气高昂，武器装备有了很大改善，积累起运动战和城市攻坚战的丰富经验，完全处于主动地位。

随着军事形势的恶化，国民党统治区的财政经济状况继续恶化。尽管美国国会在一九四八年一月通过援华法案，授权美国政府向国民党政府提供四亿美元的贷款，但无异于杯水车薪，无济于事。恶性通货膨胀和物价飞涨，继续加速度地发展。以上海的批发物价指数为例，反饥饿、反内战运动高潮时的一九四七年六月为二百九十万五千七百，一年后的一九四八年六月已猛涨到一亿九千七百六十九万。[2]大批民族工商业不得不停业或倒闭。老百姓已无法继续生存下去，民怨沸腾。而解放区在土地改革后，农民生产积极性高涨，热情支援前线，到处是一片蓬蓬勃勃的气象。在国民党统治区内，到处可以听到"山那边呀好地方，一片稻田黄又黄"的歌声，令人神往。

国民党政府的政治危机急遽加深。民众的反抗运动风起云涌。单拿一九四八年一二月间的上海来说，五天内就发生了三次震惊全国的重大事件：镇压同济大学等校学生的"一·二九血案"；几千舞女捣毁上海市社会局；武装镇压、枪杀三名女工的申新九厂事件。

---

[1]《中国人民解放军全国解放战争史》第4卷，军事科学出版社1997年7月版，第2—3页。
[2] 张公权：《中国通货膨胀史（1937—1949）》，第56、59页。

抢米风潮和民变更是席卷全国。最高统治集团内部也出现分崩离析的局面。

蒋介石在这时的日记中写道:"近来军事政治与外交经济环境之复杂艰难日甚一日,而各种弊窦亦发现甚多,诚有百孔千疮之感。""事业日艰,经济困窘,社会不安,一般干部已完全动摇,信心丧失已尽,对领袖之轻藐虽未形于外实已动摇于中。""今日环境之恶劣为从来所未有,其全局动摇,险状四伏,似有随时可以灭亡之势。"[1]

一九四八年三月二十九日至五月一日,国民党当局召开"行宪国大",内部各派系闹得一团糟,蒋介石已失去控制,用他自己的话来说,叫作"怪状百出,痛心无已",已是一派末日景象。这次"国大"的主要议题是选举总统。蒋介石被选为总统。而副总统经过四轮选举,受美国和许多地方势力支持的李宗仁以一千四百三十八票当选,蒋介石内定并全力支持的候选人孙科却以一千二百九十五票落选。李宗仁回忆道:"当第四次投票达最高潮时,蒋先生在官邸内屏息静听电台广播选举情形,并随时以电话听取报告。当广播员报告我的票数已超过半数依法当选时,蒋先生盛怒之下,竟一脚把收音机踢翻。"[2]这也是前所未有的事情。蒋介石自己在当天日记中写道:"得决选报告哲生(引者注:即孙科)落选,乃为从来所未有之懊丧也,非只政治上受一重大打击,而且近受桂系宣传之侮辱讥刺,乃从来所未有,刺激极矣。"[3]

就在国民党"行宪国大"期间,延安重新被西北人民解放军收

---

[1] 蒋介石日记,1948年1月24日,"上星期反省录";2月1、23日。
[2] 《李宗仁回忆录》,第583页。
[3] 蒋介石日记,1948年4月29日。

复,这是很有象征意义的变动。会议闭幕的前一天,中共中央发布纪念五一节口号,提出:"全国劳动人民团结起来,联合全国知识分子、自由资产阶级、各民主党派、社会贤达和其他爱国分子,巩固与扩大反对帝国主义、反对封建主义、反对官僚资本主义的统一战线,为着打倒蒋介石建立新中国而共同奋斗!""各民主党派、各人民团体、各社会贤达迅速召开政治协商会议,讨论并实现召集人民代表大会,成立民主联合政府。"[1]第二天,中共中央致电上海局、香港分局,拟邀请李济深、冯玉祥、何香凝、柳亚子、谭平山、沈钧儒、章伯钧、史良、郭沫若、茅盾、马叙伦、陈嘉庚、黄炎培、张澜、罗隆基、许德珩、吴晗、雷洁琼等到解放区来讨论成立民主联合政府等问题,得到各民主党派和无党派民主人士的热烈响应。

谁都看得出来,一切都处在大变动的前夜。原状已无法维持下去。中国的历史很快就要掀开新的一页了。

国民党统治区财政经济的总崩溃

国民党政府财政严重入不敷出的状况,由于内战军费的激增和豪门资本恣意中饱,本来已病入膏肓,无药可救。一九四八年五月底上任的财政部长王云五对蒋介石说道:"岁入之部无论如何设法增加,最多不过五百万亿元的法币,而岁出部分,无论如何设法减少,在表面上至少须达一千一百万亿元。而决算时按照上半年的实例,临时追加之岁出约当原预算岁出百分之一百五十左右,是到下半年之实际岁出,无论如何不会低于法币二千六百万

---

[1]《中共中央文件选集》第17册,第145、146页。

亿元。"[1]实际情况远比他所说的更为严重。这样巨大的差额，全都依赖加印纸币来支撑。法币的发行量，一九四五年八月抗战胜利时为五千五百九十六亿元，到一九四八年六月已经激增至一百九十六万五千二百零三亿元，增加近三百七十倍。货币飞速贬值，物价如脱缰野马般猛涨，米价在一九四八年二月突破每石三百万元，到七月就突破三千万元，这实际上是对全国民众敲骨吸髓的无偿剥夺。蒋介石叹道："经济危险至此，比军事更足忧虑。"[2]

法币既已陷入绝境，蒋介石便在八月十九日大吹大擂地颁布《财政经济紧急处分令》："一、自即日起，以金圆为本位币，十足准备发行金圆券，限期收兑已发行之法币及东北流通券。二、限期收兑人民所有黄金、白银、银币及外国币券，逾期任何人不得持有。三、限期登记管理本国人民存放国外之外汇资产，违者予以制裁。四、整理财政，并加强管制经济，以稳定物价、平衡国家总预算及国际收支。"[3]和这个命令同时，公布了《金圆券发行办法》等四个实施细则。

这次币制改革的内容主要有几点：第一，用金圆券来替代在民众中已毫无信用的法币。它们间的比价在七月七日起草的最初方案中规定为一圆兑法币一百二十五万元。但法币贬值实在太快，七月二十九日王云五到莫干山向蒋介石请示时已改为兑法币二百万元；八月十九日正式公布时又改为一比三百万元。[4]这实际上，只是改发面额更大的纸币。第二，个人、法人及其他社团持有的黄金、白

---

[1] 王云五：《岫庐八十自述》，(台北) 台湾商务印书馆1967年7月版，第482页。
[2] 蒋介石日记，1948年6月10日。
[3] 《中华民国货币史资料》第2辑，上海人民出版社1991年3月版，第574页。
[4] 王云五：《岫庐八十自述》，第495、511—512页。

银、外币，必须在限期内兑换成金圆券，违反者一律没收。这是蒋介石最看重的一条，也就是将民间所持有和存储的金、银和外币，一律用迅速贬值的金圆券夺归国民党政府所有。第三，公教人员、员工和士兵的待遇，一律以原薪为基数发给金圆券，所有按生活指数发给薪资的办法一律禁止。第四，各种物品和劳务价格，应照八月十九日的价格出售，不得加价。后面这两条就是要冻结物价和冻结工资。

蒋介石对这件事看得很重。他在日记中写道："军事、经济、党务皆已败坏，实有不可收拾之势，因之政治、外交与教育亦紊乱失败，亦是崩溃之象。再三思维，如能先挽救军事，则其他党务、经政皆不难逐渐补救。否则，军事不能急求成效，则不如先在后方着手，如能稳定经济，则后方人心乃可安定，前方士气亦可振作。然后再谋军事之发展。"[1]

上海是全国的经济中心，也是金融中心。蒋介石派中央银行总裁俞鸿钧担任上海经济督导员，派他的儿子蒋经国协助督导，实权掌握在蒋经国手中。其他几个重要城市也设置管制区，派经济督导员负责执行。蒋经国早就对蒋介石说过："上海金融投机机关无不与党政军要人有密切关系，且作后盾，故将来阻力必大。"[2]他到上海后，公布有关的经济管制法令和物价管制办法，并采取雷厉风行的措施，号称要"打老虎"，先后逮捕了上海黑社会势力头子杜月笙的儿子杜维屏和申新纱厂老板荣鸿元等六十多人。在他这种强硬手段的威慑下，上海物价在很短一段时间内保持了稳定。市民将自己手中的金、银、外币兑换成金圆券。截至一九四八年十月的统计，

---

[1] 蒋介石日记，1948年9月3日。

[2] 蒋介石日记，1948年7月2日。

上海共收兑黄金一百十四万两、美钞三千四百五十二万元、港币一千一百万元、银元三百六十九万元、白银九十六万两，合计约值两亿美元。[1]

但是，蒋经国的"打老虎"，遇到孔祥熙的儿子（也就是宋美龄的外甥）孔令侃这只真正的"大老虎"就打不下去了。当他被杜月笙"将了一军"，派人去搜查并查抄孔令侃的扬子公司时，蒋介石正在华北部署赶援锦州的紧急军事行动。十月八日，宋美龄"打急电给在北平的蒋介石，说上海出了大问题，要他火速乘飞机南下。当时，北平形势紧张，蒋介石正在北平主持军事会议和亲自督战，闻讯后立刻要傅作义代为主持，自己即乘飞机赴上海"。"第二天蒋介石召蒋经国进见，痛骂一顿，训斥道：'你在上海怎么搞的？都搞到自己家里来了！'要他立刻打消查抄扬子公司一事。父子交谈不到半小时，蒋经国出来时一副垂头丧气之色。"[2]这一来，蒋经国的"打老虎"也好，经济管制也好，都只得草草收场。

经济运行中的问题本来不是单靠强硬的行政手段所能解决的。这次币制改革，除了使国民党政府得以从民间搜走大量黄金、白银、外汇外，没有触及更谈不上解决原来导致恶性通货膨胀和物价飞涨的那些根本原因。改发金圆券，只是在表面上纸币票额大大缩小了。由于财政入不敷出的状况越演越烈，印钞机更加加紧印制实际上比法币面额大得多的金圆券。金圆券的发行额，一九四八年八月是五亿四千四百万元，十月份已增至十八亿五千万元，十一月更增至二十三亿九千四百万元，十二月达到八十三亿二千万元，这只是

---

[1] 刘统：《中国的1948年·两种命运的决战》，生活·读书·新知三联书店2006年1月版，第232页。

[2] 贾亦斌：《半生风雨录》，中国文史出版社1996年10月版，第155、156页。

不到半年间的事情。[1]在这种情况下，要冻结和稳定物价是根本无法办到的。

美国驻华大使司徒雷登从一开始就对国民党政府这场币制改革不抱希望。他在八月二十三日给马歇尔国务卿的报告中已说道："对于金圆券的前途，我们找不到可以乐观的根据。""有一个真正的危险存在着，即这些通货膨胀的力量可能达到无法控制的地步。"只过了一个多月，到十月十五日的报告中，他只能叹息："中国八月十九日的经济改革现在似乎是要很快地收场了。""上海上周的零售抢购把商店中摆在外面的货物抢购一空，这种抢购已蔓延到其他城市。""所有各城市中日用品除非秘密并付以远超过定价的价格，日益难以买到。"[2]

北京大学教授樊弘在南京政府宣布实行币制改革的第二天写了一篇《金圆券能够稳定物价吗》，在《观察》上发表。文章一开始就说："在物价上涨的状态下，人人无不希望政府所发行的新币金圆券能够稳定物价，但政府所发行的金圆券是否便能稳定物价呢？"他回答说："谁都知道，金圆券的购买力或价值，在其他的条件不变的前提下，是与金圆券的发行额为相反方向的变动的。假令货物的供应没有增加，或信用的状态没有变迁，金圆券的价值且将与它的数量成反比例的。"[3]

善良的民众挣扎在饥饿线上，急切盼望着物价能够稳定。但正如樊弘所说：只要物资供应无法增加，政府的信用毫无改善，金圆券继续大量印发，货币只能不断贬值，物价根本不可能稳定不涨。

---

[1]《中华民国货币史料》第2辑，第597页。
[2]《中美关系资料汇编》第2辑，第820—822页。
[3] 樊弘:《金圆券能够稳定物价吗》,《观察》第5卷第1期，1948年8月28日。

在这种情况下,用强硬手段实行限价和冻结工资,其后果可想而知。从十月初起,上海领先掀起了抢购风潮。曾经在那时生活过的人都不会忘记:人们像潮水般涌向商店,到处人山人海,不管有用的没用的都被抢购一空,免得因手里所持的货币贬值而受损失,直至化为乌有。许多商店因限价还不够成本,货物售出后难以补进,干脆关门停售。十月四日的《申报》上报道:"昨为星期,街头益见热闹。熙攘往来之人,手里莫不大包小包,满载而归。一般绸缎布庄,全部紧拉铁门,贴出'今日售光'之字。烟店则因加税关系,停业已有两日。生意最盛者则推百货及鞋帽两业,店员大汗淋漓,均有应接不暇之势。最可笑者莫如专售一般点心之馆子,一过上午九时,竟连面点亦无法供应。"[1]

这种状况自然无法长期维持下去。十月二十二日,施复亮写了一篇文章,直截了当地说:

> 现在已经有无数事实证明:这次限价政策已经完全失败了。全国各地,在政府所控制的区域内,没有一处不冲破"八一九"的限价,没有一处没有抢购风潮,甚至还发生抢米、抢面粉和抢夺其他日用物品的风潮(例如汉口、武昌)。超过限价二、三倍的商品和地点,据报章所载,已不在少数;各地商店多半十室九空甚至十室十空,形成"欲抢无物"的状态。稻米、面粉、食油、食糖、布匹、绒线、橡胶、西药以至日用百货,普遍地缺乏或买不到。不仅鱼肉鸡鸭不容易买到,甚至根本买不到,就是普通的蔬菜也很难买到,而且价钱也不断高

---

[1] 转引自刘统:《中国的1948年·两种命运的决战》,第241页。

涨。原料缺乏，燃料不足，食粮恐慌，商品奇少，出口呆滞，已成了全国普遍的现象。到处停工减产，到处禁运出境，到处有半罢市或半停业的状态存在。而另一方面，却有大量的游资没有出路，到处乱奔，下乡南流，如疯如狂。人心皇皇，不可终日。

就是这号称限价模范的上海也是一样，而上海的抢购风潮还有领导全国的作用，而其规模之大和持续之久恐怕也要算全国第一。从本月初起，人山人海，排队购货，直到今天还没有停止。而黑市的普遍存在，即经管当局也已公开承认。限价政策的失败，是谁也无法否认的了。[1]

十月三十日，国民党军在东北主力覆灭的败局已定，蒋介石从北平仓皇飞回南京。他在日记中写道："经济改革计划与金圆政策似已完全失败，以限价已为不可能之事，则物价飞涨比前更甚，尤其粮食断绝难购，最为制（致）命伤也。无组织之社会与军事之失败，任何良策皆不能收效也。""此时军事、经济同时失败，实为崩溃在即之象。"他在当晚八时半，"召党政高级干部商讨经济问题。市况与社会几无物资，又绝粮食，若不放弃限价，恐生民变，故决定改变政策也"。[2]

十一月一日，南京政府行政院被迫放开粮食价格。同天，行政院长翁文灏和财政部长王云五辞职。四日，负责上海经济管制的蒋经国辞职。物价连日狂涨，食粮仍难购到。五日，蒋介石的日记写道："人心动摇，怨恨未有所（如）今日之甚者。"他还写了一句："此

---

[1] 施复亮：《论当前的经管形势》，《观察》第5卷第10期，1948年10月30日。

[2] 蒋介石日记，1948年10月30日。

全为孔令侃公子所累。"[1]十一日，行政院通过《修正金圆券发行办法》，又宣布金银外币准许持有，银币准许流通，改订金圆券兑换率。这场币制改革正式宣告全面失败。

重新宣布金银外币准许私人持有后，蒋介石便命令将中央银行储存的黄金在半夜秘密地用军舰运往台湾。消息传出，引起人山人海的挤兑狂潮。单以上海来说："十二月二十三日估计有不下十万人在上海的各国银行挤兑黄金，造成极大混乱……七人死亡，一百零五人受伤。"[2]

金圆券发行量，到一九四九年五月更增加到六十七万九千四百五十八亿圆，是一九四八年八月刚发行时的十二万四千九百倍；由于人们根本不愿再持有纸币，上海物价一日内上涨几倍，批发物价的指数在此期间疯狂上涨至一千二百十二万二千倍。[3]特别是无米可买，人民将无法生活下去，整个社会经济已陷于不可收拾的大雪崩状态。

币制改革和以限价政策为中心的经济管制的失败，政府政策的反复无常和信用丧尽，不仅标志着国民党财政经济的总崩溃，而且导致国民党统治区民心的再次剧变。《观察》的特约记者写道："这几天，京中谣言百出，怨声四溢。'限价'了，是有钱难买；涨价了，是要买无钱。记者从社会现象到人民心坎，依经济政治军事的发展，从今日看到明天，作综合的判断，一句话是，大多数人对政府这次改革币制，发行金圆券，执行限价，又重新议价，前后的政策矛盾，威信上的一收一散，心理上确是在'变'，甚而可以说是

---

[1] 蒋介石日记，1948年11月5日。

[2] 《顾维钧回忆录》第7分册，中华书局1988年2月版，第6页。

[3] 许涤新、吴承明主编：《中国资本主义发展史》第3卷，第684页。

'大变'了。"文章还提醒当局：

> 士气和民心息息相关，军事与经济又扣扣相联，岂容有所忽视？……由战局到政局，由经济到政治，由物价到民生，由前方到后方，由民心到士气，综合来看，当前大局确是暗淡，难关重重，也可以说是人心动摇，危险透顶。[1]

民心既然已被丢得一干二净，这样的政府究竟还能维持多久？随着民心的大变，政治上的大变局自然很快就会来临。台湾出版的一本书在题为"国府大失败之我见"那章中讲了一段话："币制改革当天，我亲眼看见守法民众，在鼓楼附近的中央银行外，排成几百公尺的队伍，把持有的黄金美钞向政府缴纳，换成金圆券。但曾几何时，金圆券又步上法币的后尘，不但后来居上，而且短命（不到一年就被"银圆券"取代了）。除了少数的特权阶级，全国绝大多数民众的财富，也就此被政府搜刮得干干净净，而一文不名了。民众对政府完全失去了信心，也由守法转变成痛恨政府，希望国府早日垮台。"[2]这样的政府，还能不垮台吗？

大决战的准备

这时，人民解放军正以破竹之势迅猛发展，国民党的统治已极端不得人心，全国解放战争的战略决战已日益迫近，有许多重大问

---

[1]《观察》特约记者：《物价·豪门·大局》，《观察》第5卷第12期，1948年11月13日。
[2] 萧慧麟：《萧毅肃上将轶事》，第266页。

题需要共同商量。九月八日至十三日，中共中央在西柏坡召开政治局会议。会前，还开了十一天的预备会议。华北、华东、中原、西北的党和军队的主要负责人参加了会议。这是中共中央撤出延安后的第一次政治局会议，是抗日战争结束后到会人数最多的一次中央会议，是新中国诞生前一次重要的决策会议。

毛泽东在会议开幕时作报告。报告中提出的第一个问题是：有些人，特别是中间派，主张在当前的国际国内形势下"同国民党也来一个妥协"。他断然回答："我看不能这样提。"为什么？他说："如能强迫蒋介石照我们的做，解散法西斯组织，不要土豪劣绅，让我们搞军队又搞土地改革，那有什么不好？但是蒋介石是反动派，他不赞成。从古以来，反动派对民主势力就是两条原则：能消灭者一定消灭之，暂时不能消灭者留待将来消灭之。""我们对反动派也应采取同样的两条原则，我们今天实行的是第一条。"这里已经明确地提出了"将革命进行到底"、不能中途妥协的思想。

对战略方针，他提出：军队向前进，生产长一寸，加强纪律性，作战方式要逐渐正规化，五年左右根本上打倒国民党。

会议以更多力量讨论的是：将要建立的新中国应该是怎样一个国家。也就是说，要对未来的新中国初步勾画出一个大致轮廓。古话说："凡事预则立，不预则废。"在新中国诞生的一年前，尽管正忙于大决战的准备，中共中央就认真地研究这个问题，并在以后逐步加以具体化，是富有远见的，也是十分必要的。

新中国的政治体制，包括国体和政体。国体，指的是社会各阶级在国家中的地位。毛泽东在报告中说："我们政权的阶级性是这样：无产阶级领导的，以工农联盟为基础的，但不是仅仅工农，还有资产阶级民主分子参加的人民民主专政。"这里提出了"人民民主专政"这个重要论断。它和大革命时的"联合战线"不同，和土地革命时期六大规定的"工农民主专政"不同，和《新民主主义论》中所说的"各革命阶级联合专政"也有差别，这里有一个历史发展过程。政体，指的是政权构成的形式。《新民主主义论》中已经提出：政体是民主集中制。毛泽东在这个报告中说："人民民主专政的国家，是以人民代表会议产生的政府来代表它的。中央政府问题，十二月会议只是想到了它，这次会议就必须作为议事日程来讨论。""我们政权的制度是采取议会制呢，还是采取民主集中制？""我看我们可以这样决定，不必搞资产阶级的议会制和三权鼎立等。"

对新中国的社会经济，毛泽东在报告中说："有人说是'新资本主义'。我看这个名词是不妥当的，因为它没有说明在我们社会经济中起决定作用的东西是国营经济、公营经济，这个国家是无产阶级领导的，所以这些经济都是社会主义性质的。农村个体经济加上城市私人经济在数量上是大的，但是不起决定作用。我们国营经济、公营经济，在数量上较小，但它是起决定作用的。我们的社会经济的名字还是叫'新民主主义经济'好。""写《新民主主义论》时，民族资本与官僚资本的区别在我们脑子里尚不明晰。大工业、大银行、大商业，不管是不是官僚资本，全国胜利后一定时期内都是要没收的，这是新民主主义经济的原则。而只要一没收，它们就属于社会主义部分。""我们反对农业社会主义，所指的是脱离工业、只要农业来搞什么社会主义，这是破坏生产、阻碍生产发展的，是反动的。但不能由此产生误解。将来在社会主义体系中农业也要社会化。"[1]

周恩来当时兼人民解放军的代总参谋长。他在发言中提出："应准备若干次带决定性的大的会战。""今后仍力争在运动中消灭敌人，但攻坚战则可能增加。""攻坚与野战互相结合。攻坚敌必增援，造成野战的机会。"他说：在第三年的作战计划中，全国的重心在中原，北线的重心在北宁线，各战场上的战役协同增加了，战争的计划性增加了。他这些话预示着辽沈战役和淮海战役即将开始。他还提出人民解放军要"统一建制"的任务。"军事组织逐渐走向正规化、集中化，这就可使第三年战略任务计划实现得更好。"

他还谈到新中国的资产阶级问题，说：有三个问题要具体分析，加以区别：一是官僚资本与自由资本的区别，前者是打倒，后者是合作的；二是资产阶级和独立小生产者的区别，不要混在一起反；三是工业与商业的区别，要分别垄断性、投机性的和人民生计所需要的。有了这些区别，并对性质有个分析性的认识，政策就出来了。这些虽是资本主义性质的，但是受限制的，在人民政权的节制之下，在无产阶级领导的新民主主义制度之下保留资本主义，这是受节制的资本主义。这样，政策就不致发生摇摆。[2]

刘少奇在会上谈了新民主主义社会中的基本矛盾问题。他提出："在新民主主义经济中，基本矛盾就是资本主义（资本家和富农）与社会主义的矛盾。在反帝反封建的革命胜利以后，这就是新社会的主要矛盾。""斗争的方式是经济竞争，经济竞争是长期的，首先就是反对投机资本。这种斗争的性质，是带社会主义性质的，虽然我们还不是实行社会主义的政策。这种竞争是贯穿在各方面

---

[1]《毛泽东文集》第5卷，第132、133、135、136、139、140页。
[2] 周恩来在中共中央政治局会议上的发言记录，1948年9月13日。

的,是和平的竞争。这里就有个'谁战胜谁'的问题。我们竞争赢了,革命就可以和平转变;竞争不赢,社会主义性质的经济,就会被资本主义战胜了,政治上也要失败,政权也可能变,那就再需要一次流血革命。""因此,固然不能过早地采取社会主义政策,但也不要对无产阶级、劳动人民与资产阶级的矛盾估计不足,而要清醒地看见这种矛盾。"[1]毛泽东为会议作结论时,肯定了刘少奇的看法。

根据九月会议的精神,人民解放军从九月开始,先后在东北、华东、中原、华北和西北战场上,发起大规模的秋季攻势。

战略决战的序幕是由山东战场上的济南战役揭开的。

这以前,华东野战军主力在中原野战军配合下,从六月中旬至七月初进行豫东战役,一度攻陷河南省会开封,然后在运动中消灭赶来援救的区寿年兵团以及黄百韬兵团一部,共九万多人,改变了中原战场的战略态势,开始了华东和中原两大野战军的协同作战。这次战役给蒋介石的打击很大。他在日记中写道:"至此不能不叹军事前途之悲惨暗淡矣。""对军事前途顿生悲观,心神沉闷之至。茫茫前途,苍苍上帝,竟不知如何作为矣。""第五军实已陷于孤危自灭之境矣。天乎,何竟使余悲惨至此耶。"[2]

九月十六日,华东野战军又以十四万人的兵力对已被孤立的山东省会济南发动全线攻击,并以更多的兵力十八万人准备阻击从徐州北援的国民党重兵。这是蒋介石没有想到的。攻城集团经过八昼夜的激烈攻坚战,在九月二十四日攻克济南,俘虏国民党军第二绥靖区司令官、山东省政府主席王耀武,争取吴化文部两万人起义,共歼守敌十万八千多人。从徐州北援的国民党军未敢前进。"至此,

---

[1] 刘少奇在中共中央政治局会议上的发言记录,1948年9月13日。
[2] 蒋介石日记,1948年7月2、3日。

山东除青岛及少数据点外，全获解放，从而使华北、华东两大解放区完全连成一片，并为解放军南下歼灭徐州地区的国民党军队创造了有利条件。济南战役是人民解放军攻克敌人重点设防的大城市的开始，也是蒋介石以大城市为主的'重点防御'体系总崩溃的开始。"[1]蒋介石日记中写道："济南失陷，对内对外关系太大，有损于政府威信莫甚……自觉无颜立世矣。"[2]陈诚也把济南战役称为军事上的"一个转捩点"，说："在此以后，显然已成江河日下之势，狂澜既倒，无可挽回矣。"[3]

为了成立新中国中央人民政府做准备，原来被分割的各解放区工作走向统一的步伐大大加快。九月会议通过各地向中央请示报告制度的决议，要求保证全党全军执行的各种政策完全统一，军事计划得到完满实施，克服当时还存在的某些无纪律状态和无政府状态。九月二十六日，由华北临时人民代表大会选举产生的华北人民政府正式成立，董必武担任主席。十月六日，华北财经委员会成立，负责统一领导华北、华东、西北三区的财政经济工作。十二月一日，中国人民银行成立，发行人民币，定为华北、华东、西北三区的本位币。各解放区之间的相互关系逐步得到合理调整，朝统一的方向发展。这些，都是迎接全国胜利必不可少的条件。

三大战略决战

从九月会议结束的前一天（九月十二日）起，中国人民解放军

---

[1]《中国共产党历史》第1卷下册，第997页。
[2] 蒋介石日记，1948年9月25日。
[3]《陈诚先生回忆录——国共战争》，第107页。

在连续四个多月中先后发动三次战略决战：辽沈战役、淮海战役、平津战役。这三大战役，使国民党军队的精锐部队基本消灭，大大加快了解放战争全国胜利的到来。

这三次规模空前的战略决战，并不是等到人民解放军在各方面都已取得优势的时候才发动。作出这样的决断，需要有非凡的胆略和勇气，但它是有根据的。叶剑英写道：

> 在这个时候，人民解放军虽然在数量上还少于国民党军队，在装备上还低于国民党军队，但是，在两年多的内线和外线作战中，已经大大地提高了自己的战斗力。人民解放军消灭了大量的敌人，缴获了大量的现代化武器，加强了自己的装备，建立了强大的炮兵和工兵，提高了攻坚能力，在石家庄、四平、开封等战役中，取得了攻坚经验，不但能打运动战，而且能打阵地战。同时，人民解放军利用战斗间隙，用诉苦、三查的群众性练兵的方法，进行了新式整军运动，加强了内部的团结，提高了部队的政治质量、军事技术和战术。解放区的翻身农民继续踊跃参军，坚决进行保田、保家的斗争；被俘的蒋军士兵经过政治教育之后，也纷纷自愿地参加人民解放军，从而使解放军得到源源不断的兵员补充。这个时候，各个主要的解放区相继连成一片，可以作战略上的直接支援。

尽管如此，在军事力量并没取得绝对优势的这种情况下要同国民党军队进行战略决战，这个决心仍极不容易下。何况还会遇到许多以往没有遇到过而缺乏经验的新问题，这里存在不少未知数和变数，谁也不能说已有百分之百的把握。如果没有犀利的洞察力，确实是不敢下这种决心的。叶剑英继续写道：

> 为着继续大量地歼灭敌人，从根本上打倒国民党反动政府，人民解放军就必须攻击敌人坚固设防的大城市，必须同敌人的强大机动兵团作战。因此，敢不敢打我军从来没有打过的大仗，敢不敢攻克敌人的大城市，敢不敢歼灭敌军的强大集团，敢不敢夺取更大的胜利，已经成为我军当时战略决策上的重大问题。[1]

正因为这样，蒋介石万万没有料到解放军在这时会有如此大的决心进行战略决战，仍在犹豫不决，舍不得放弃东北、华北等重要地区，以便把兵力（包括尚存的几支精锐主力）集中到南线，避免被解放军各个击破。他在七月十六日召集何应钦、顾祝同、卫立煌等研究东北战略方针时，"设为只要沈阳粮煤可以自给无虞，则不如准其固守待时，而不必急令其出击打通锦沈路也。只要沈阳能固守不失，整补战力，则东北共匪决不敢进扰华北，故决定坚守。而且世界大势必将变化，不如沉机待时也"。[2]

毛泽东和中共中央却认清，蒋介石的这种犹豫不决正是稍纵即逝的大好决战时机，必须果断抓住，只要指挥正确，充分发挥自己的优势，全力以赴，完全可以取得这次战略决战的胜利。

在毛泽东和中共中央的指挥下，三大战役不是分散的、孤立的、一个一个各自进行的三个战役，而是有着通盘筹划、一环紧扣一环、相互照应、一气贯注的完整部署，构成人类战争史上一

---

[1]《叶剑英军事文选》，解放军出版社1997年3月版，第456、458页。
[2] 蒋介石日记，1948年7月22日。

次罕见奇观。

三大战役从哪里打起？毛泽东和中共中央首先把决战方向指向东北战场。那时，在全国各个战场上，东北战场的双方力量对比形势对解放军最为有利。国民党军队虽然还有五十多万人，并且包括战斗力很强的精锐主力新一军和新六军在内，但他们长期困守在互不相连的长春、沈阳、锦州三个孤立据点，军心涣散，补给困难。到九月间，蒋介石已开始有将长春、沈阳主力撤出的打算，正在"研究撤守长春，把东北主力集中辽西，必要时放弃沈阳，以巩固华北、稳定全局的计划"。[1] 但东北"剿总"总司令卫立煌坚决反对，廖耀湘等其他高级将领也担心脱离坚固设防的大城市后会在运动中被解放军消灭，蒋介石一时仍举棋不定。而东北的人民解放军已扩大到一百万人，兵力在所有战场上是最大的，而且装备较好，士气高昂；东北解放区已连成一片，土地改革和清剿土匪都已完成，有着巩固的后方，早已蓄势待发。只要乘东北的国民党军队尚未决策撤走时把它就地消灭，解放军便可以大举入关，使整个军事局势改观。

东北战场的决战又从哪里打起？这是一个颇费斟酌的问题。当时可以有两种选择：一是先打长春，一是先打锦州。长春的国民党军有十万之众，孤悬北边，被围困已达五个月，补给几近断绝，那里又同解放军的北满根据地相近。把它打下来，也是不小的战果，并且较有把握，没有太大风险。锦州是北宁铁路上联结东北和华北的咽喉要道（当时北宁铁路从锦州到关内段尚能畅通），又是对长

---

[1] 范汉杰：《锦州战役经过》，《辽沈战役亲历记》，文史资料出版社1985年11月版，第63页。

春、沈阳进行空运补给的基地，它的重要性不言而喻；但离解放军主力集结的北满根据地较远，需要长途奔袭，补给线也长，如果不能把锦州迅速打下，而受到来自沈阳和华北的国民党军队两面夹击，也会处在相当危险的境地。

毛泽东和中共中央反复权衡利弊，认定先打下锦州、切断东北国民党军队同关内的联系，把它封闭在东北各个击破，最为有利；而且只要有最大的决心和充分的准备，是可以做到的。一九四八年九月七日，也就是九月政治局会议开始的前一天，毛泽东为中共中央军委起草给林彪、罗荣桓、刘亚楼的电报中说：

> 你们如果能在九十两月或再多一点时间内歼灭锦州至唐山一线之敌，并攻克锦州、榆关、唐山诸点，就可以达到歼敌十八个旅左右之目的。为了歼灭这些敌人，你们现在就应该准备使用主力于该线，而置长春、沈阳两敌于不顾，并准备在打锦州时歼灭可能由长、沈援锦之敌。因为锦、榆、唐三点及其附近之敌互相孤立，攻歼取胜比较确实可靠，攻锦打援亦较有希望。
>
> 如果在你们进行锦、榆、唐战役（第一个大战役）期间，长、沈之敌倾巢援锦（因为你们主力不是位于新民而是位于锦州附近，卫立煌才敢于来援）则你们便可以不离开锦、榆、唐线连续大举歼灭援敌，争取将卫立煌全军就地歼灭。这是最理想的情况。于此，你们应当注意：（一）确立攻占锦、榆、唐三点并全部控制该线的决心。（二）确立打你们前所未有的大歼灭战的决心，即在卫立煌全军来援的时候敢于同他作战。（三）为适应上述两项决心，重新考虑作战计划并筹办全军军需（粮

食、弹药、新兵等）和处理俘虏事宜。[1]

国民党当局根本没有想到人民解放军这时就会远道奔袭锦州，对解放军的实力也估计不足，所以，既没有下决心及时增援，更没有从锦州撤退的打算，甚至连防御也没有完整而周密的部署。九月十二日，战役首先在北宁铁路的锦、榆之间打响。东北野战军在司令员林彪、政治委员罗荣桓指挥下，迅速占领锦州周围各要点，完成对锦州的包围。国民党当局才如大梦初醒，发觉解放军的目标是要攻占锦州。九月三十日，蒋介石赶到北平，和傅作义商定从关内抽调八个师，海运到葫芦岛港口，连同原在锦西、葫芦岛的四个师共十二个师，组成东进兵团，由十七兵团司令官侯镜如指挥，驰援锦州。"锦西、锦州敌人前沿间隔不到三十公里，这段距离之间既无险要地区，大部队也无进退余地。"[2]同时，又决定从沈阳调出主力新一军、新六军等十二个师，组成西进兵团，由东北"剿总"副总司令兼第九兵团司令官廖耀湘率领，增援锦州。它的企图已不仅是救援锦州，而且力图东西夹击，和驻守锦州一带的东北"剿总"副总司令范汉杰所部七个多师会合，在锦州地区同解放军进行一次战略性的决战。随蒋介石前往的徐永昌在十月六日日记中写道：蒋召集东进兵团师长以上会议，"说明此次希望军事胜利意义之重大，谓不仅解锦围，并须会沈阳之师聚歼顽匪。中有'要知我不惜撤守烟台，调来新八军，并天津一带之九十二军、六十二军及九十五师等六个师，悉集此一地带，即为成功此一攻势'。语多兴

---

[1]《毛泽东军事文集》第5卷，第1、2页。
[2] 韩先楚：《东北战场与辽沈战役》，《辽沈决战》上册，人民出版社1988年10月版，第117页。

奋与勖勉"。[1]

当时局势确是紧张万分：解放军既要阻击分别从东西两路前来增援的国民党军重兵，又要迅速攻克锦州。其中，能否迅速攻下锦州尤为关键所在。十月十日，毛泽东再次致电林、罗、刘说："你们的中心注意力必须放在锦州作战方面，求得尽可能迅速地攻克该城。即使一切其他目的都未达到，只要攻克了锦州，你们就有了主动权，就是一个伟大的胜利。"[2]

国民党军的东进兵团发动进攻比较快。在十月十日开始猛烈攻击解放军的塔山阵地，那是锦西通往锦州的必经之地。东北野战军参谋处长苏静回忆道："敌人那种进攻的劲头，确有乌云压城之势，空中敌机来回穿梭于锦州、塔山间，进行轮番轰炸扫射。海上敌舰用大口径的舰炮协同陆地炮兵，倾下数以吨计的钢铁。经过五昼夜的激战，我守卫塔山的英雄部队坚守阵地，反复冲杀，部分阵地失而复得，与敌组织的所谓敢死队展开了肉搏战，使敌人死伤惨重，而不能越雷池一步。"[3]

廖耀湘率领的西进兵团，十月八日从新民地区分路西进。他没有直指锦州，而是折向西北在十一日占领彰武，想切断南下解放军的后方交通补给线。但作战时机却因而丧失。

十月十四日，东北野战军主力经过周密准备后，对锦州发起总攻。大炮九百多门一齐射向锦州预定目标。在打开突破口后，进入激烈巷战。经过三十一小时激战，锦州攻城战胜利结束。共歼国民党军十万人，俘虏范汉杰和第六兵团司令官卢浚泉等将级军官

---

[1]《徐永昌日记》第9册，第131页。
[2]《毛泽东军事文集》第5卷，第53页。
[3] 苏静：《关于锦州战役的回顾》，《辽沈决战》续集，人民出版社1992年10月版，第219页。

三十五人。更重要的是，关闭了东北国民党军进出的大门，为辽沈战役的完全胜利迈出了关键性一步。范汉杰被俘后说："这一着非雄才大略之人是作不出来的。锦州好比一条扁担，一头挑东北，一头挑华北，现在是中间折断了。"[1]东北野战军政治委员罗荣桓也说："塔山这个仗啊，锦州这个仗啊，的确带有一定的冒险性。因为打到敌人的真正要害处，敌人必然要在垂死中挣扎，尽可能集中他所能出动的兵力与我决战，以图破坏我们这个勇敢的作战计划。我们在历史上还没有打过这样大的仗。任务是光荣而又艰巨的，胜利是来之不易的啊！"[2]

长春的国民党守军主要是郑洞国率领的新七军和第六十军。新七军是以原新一军主力新三十八师为骨干组成。第六十军是非嫡系的云南部队。他们被围五个月，已陷绝境。锦州战役开始后，郑洞国曾想率部突围南撤。他在回忆录中说："我很清楚，目前等待援军已无可能，再拖下去，只有全军饿死、困死，遂决心乘解放军主力南下锦州，孤注一掷，拼死向沈阳突围。"但军心已经涣散，试探性的突围失败。十月十日，蒋介石派飞机空投他的亲笔信，要求长春守军迅速南撤。郑洞国召集两军军长商议。第六十军军长曾泽生说："总统下命令容易，真正突围谈何容易？现在城外共军兵力雄厚，而我军是兵无斗志，根本突不出去的。"新七军副军长史说也说："就是突出去，这七八百里地，中间没有一个'国军'，官兵又都腿脚浮肿，不要说打仗，就是光走路都成问题呀！"锦州城破当天，蒋介石飞抵沈阳。第二天（也就是十月十六日）又派飞机向长春空投他的亲笔信。这次讲得更严厉了："如再迟延，坐失机宜，

---

[1] 韩先楚：《东北战场与辽沈战役》，《辽沈决战》上册，第127页。
[2] 苏静：《关于锦州战役的回顾》，《辽沈决战》续集，第222页。

致陷全般战局于不利，该副总司令、军长等即以违抗命令论罪，应受最严厉之军法制裁。"[1]但如按蒋介石的话办，只有死路一条。当晚，已同解放军有联系的第六十军决心起义。新七军既无力突围，也无力继续守城，在十九日上午全部放下武器。长春解放。

廖耀湘率领的辽西兵团，是东北国民党军队的主力，包括曾在印缅战场作战的精锐新一军和新六军在内。他们从沈阳西进，原以为东进兵团很快就能打通锦葫交通，但东进兵团对塔山的进攻一直没有进展。当廖耀湘兵团在蒋介石催迫下渡过新开河，占领新立屯时，锦州已被解放，他们便陷于进退失据的困境，经过多天犹豫和争吵，才决心攻击黑山，退往营口，以便经海路撤出东北。十月二十三日起，他们开始猛攻黑山。东北野战军主力在攻克锦州后，很快挥师北上，在黑山一带顽强阻击，并切断廖耀湘兵团退往沈阳和营口的后路。廖兵团已陷入一片混乱，运动中的十几万人麇集在几十个小村庄里，弹粮两缺，而攻克锦州的东北野战军主力相继进入辽西战场，紧紧合围廖兵团，二十六日在混战中首先插入并摧毁廖兵团的指挥所，同时打碎新一军、新三军、新六军的指挥部。"因为这些部队都是处于行军状态，原来就未建立好通讯联络的体系，所以当兵团部及三个重要的军部被打碎之后，使指挥官陷于无法指挥，也再不能掌握部队的境地。而部队则因失去首脑，无所适从，以致陷于瘫痪和分崩离析的状态。"[2]鏖战至二十八日拂晓，国民党西进兵团一个兵团部、五个军部、十二个师（旅）共十万多人全部被歼。"如果说锦州之战是辽沈战役关键性初战，辽西围剿战即是

---

[1] 郑洞国：《我的戎马生涯》，第506、507、510页。
[2] 廖耀湘：《辽西战役纪实》，《辽沈战役亲历记》，第181页。

辽沈战役中最后的决战。"[1]

全歼西进兵团后,东北的国民党军已成残局。十一月一日,东北野战军向沈阳发起总攻击。第二天,解放沈阳,又歼国民党军十三万四千五百人。历时五十二天的辽沈战役至此胜利结束,共解决国民党军四十七万三千人。

辽沈战役结束后十二天,新华社发表毛泽东为它写的评论《中国军事形势的重大变化》,对这次战役后的军事形势作出新的判断。他写道:

> 中国的军事形势现已进入一个新的转折点,即战争双方力量对比已经发生了根本的变化。人民解放军不但在质量上早已占有优势,而且在数量上现在也已经占有优势。
>
> 这样,就使我们原来预计的战争进程,大为缩短。原来预计,从一九四六年七月起,大约需要五年左右时间,便可能从根本上打倒国民党反动政府。现在看来,只需从现时起,再有一年左右的时间,就可能将国民党反动政府从根本上打倒了。[2]

辽沈战役刚结束,一场规模空前的以徐州地区为中心的淮海战役紧接着开始了。朱德总司令指出:"我们正以全力与敌人进行决战。二十年来的革命战争,向来是敌人找我们决战。今天形势变了,是我们集中主力找敌人决战。东北决战已把敌人消灭了,现

---

[1] 韩先楚:《东北战场与辽沈战役》,《辽沈决战》上册,第135页。
[2] 《毛泽东选集》第4卷,第1360、1361页。

在，正在徐州地区进行决战，平津决战也即将开始。"[1]

徐州从历史上就常是进行决战的古战场，地势宽阔，人口稠密，大军有饭吃，有房住。它地处江苏、安徽、河南、山东四省的要冲，贯通南北和东西的津浦、陇海两条铁路在这里会合，交通便利，是南京北面的屏障，也是全面内战爆发以来国民党军历次向解放区进攻的重要军事基地。

这里集结的国民党军队也最多，有徐州"剿总"总司令刘峙、副总司令杜聿明指挥下的邱清泉、黄百韬、李弥、孙元良四个兵团和冯治安、刘汝明、李延年三个绥靖区（刘、李两绥靖区不久后改编为兵团），连同以后由华中增援的黄维兵团，总兵力达八十多万人。其中包括第五军和第十八军这两支全部美式装备的精锐主力。人民解放军参加这次战役的有华东野战军十六个纵队，中原野战军七个纵队，连同地方武装，共六十多万人。虽然辽沈战役后全国范围内解放军在数量上已占优势，但在这个地区国民党军队在数量上仍占优势。

人民解放军攻克济南后，南京政府十分震动，在十月中旬将孙元良兵团从郑州撤至蚌埠、蒙城；十月下旬，将刘汝明第四绥靖区部队从开封撤至蚌埠。这样，战线收缩，兵力更为集中，但屏藩尽撤，处境更为孤立。

面对国民党军队的新情况，人民解放军必须集中更大兵力，把歼灭战发展到更大规模。如果不这样做，而去打中、小规模的歼灭战，战机很难寻找。豫东战役和济南战役的胜利，又证明打大规模歼灭战是可以做到的。这种大歼灭战发展下去，势必成为同国民党

---

[1]《朱德选集》，第245页。

军队在南线的战略决战。决战在哪里进行？当时担任华东野战军代司令员兼代政委的粟裕早已考虑："在长江以北决战比在长江以南决战有利得多，而在长江以北决战，又以在徐蚌地区为最有利。因为徐蚌地区不仅地形宽阔，通道多，适宜于大兵团运动；而且大部地区是老解放区和半老解放区，群众条件好，背靠山东和冀鲁豫老根据地，地处华东、中原接合部，距华北也不远，能得到各方面的人力、物力支援。还可以利用蒋桂之间的矛盾，集中兵力打蒋系的徐州集团。"[1]基于这种考虑，他在济南战役即将结束时，在九月二十四日向中共中央军委提出举行淮海战役的建议。第二天，就得到中共中央的批准。

淮海战役的计划发展成南线的战略决战，经历了一个演变过程。

粟裕最初建议的淮海战役分两个阶段：第一阶段以苏北兵团（加强一个纵队）攻占淮阴、淮安，并乘胜收复宝应、高邮，以全力准备打援；第二阶段，以三个纵队攻占海州、连云港，结束淮海战役。"淮海"，就是指两淮和海州而言。这是一个出徐州以东、开辟苏北战场、使山东苏北连成一片的计划，后来被称为"小淮海"计划。中共中央军委在同意举行淮海战役时提出了一个重要意见："你们第一个作战应以歼灭黄兵团于新安、运河之线为目标。"[2]这就明确了淮海战役的第一个目标是消灭黄百韬兵团。

国民党当局对解放军的战略意图茫无所知。"此时，蒋介石还在'集中于徐蚌段'实施'攻势防御'和'退守淮海'这两种方案之意举棋不定。十一月初，他派参谋总长顾祝同到徐州，与徐州

---

[1]《粟裕谈淮海战役》（楚青整理），《党的文献》1989年第6期。
[2]《毛泽东军事文集》第5卷，第19页。

'剿总'总司令刘峙等最终商定集中兵力于徐蚌段两侧。他们认为，这样的部署既便于攻，又便于守，也便于撤。因此，命令黄百韬兵团从新安镇地区西撤，确保运河西岸。"[1]他们判断解放军进攻的目标是突袭徐州，没有想到它的第一个目标是要先集中力量解决黄百韬兵团。

十一月六日，华东野战军主力从山东向南进发，战斗在新安镇北面的郯城打响。这是淮海战役第一阶段的开始。黄百韬兵团并没有意识到局势的严重性，因等候从海州西撤的一个军而耽误了时间，在七日才离开新安镇向西开进。八日，驻守临城、台儿庄地区的第三绥靖区两个军（原西北军）两万三千人在副司令长官、中共地下党员何基沣和张克侠率领下起义。解放军主力得以顺利地通过第三绥靖区防地，迅速切断黄百韬兵团同徐州的联系。朱德指出："刘峙原估计我们从徐州西面打他，结果我们从东面打，他发觉后已经迟了，慌忙改变原来的部署。冯治安部（引者注：指第三绥靖区）的起义，对战局影响很大，使敌人原来的部署大为混乱，这是兵家之大忌，特别是对大部队更是不能马上把部署调整好的。"[2]运河上只有一座铁桥，事前没有另做准备。西撤的黄百韬兵团十万人马挤着从这里过河，行动迟缓。十一日，华东野战军主力将黄兵团全部合围在以碾庄为中心的狭小地区。刘峙才慌忙地派邱清泉、李弥两个兵团十六万人从徐州东进，力图为黄百韬兵团解围。他们在飞机、重炮、坦克支援下，连续猛攻，但受到华东野战军重兵顽强阻击，十一天内前进不足二十公里。二十二日，被围的黄百韬兵团五个军十二万人遭到全歼。这是给南线国民党军队的重大打击。淮

---

[1]《张震回忆录》(上)，解放军出版社 2003 年 11 月版，第 333 页。

[2]《朱德选集》，第 246 页。

海战役第一阶段胜利结束。

当第一阶段战斗刚开始的时候,粟裕又在考虑下一阶段的作战计划。华东野战军副参谋长张震回忆:"粟总同我商量,拟在歼灭黄百韬兵团后,乘胜扩张战果,力争将南线敌主力歼灭在徐州及其周围。我完全赞同他的想法,因黄百韬部不久将被解决,这样,我华野十几个纵队腾出手来,同中野紧密配合,就可在徐州附近打更大的歼灭战。""从军事上讲,一旦把敌军的主力悉数歼灭于江北,那么,在尔后渡江作战和最后解放全中国的过程中,就不会遇到太大的抵抗了,江南的许多城市就能免遭战火的损失,从而很快为全国胜利后的经济建设发挥积极作用。所以,我们主张在歼灭黄兵团后,不必再按原定计划,以主力向两淮进攻,而应转向徐蚌线进击,抑留敌人于徐州及其周围,尔后分别削弱与逐渐歼灭之。"[1]十一月八日,粟裕、张震将上述意见上报军委。[2]九日,中共中央军委复电:"齐辰电悉。应极力争取在徐州附近歼灭敌人主力,勿使南窜。"[3]这又是一个重大的战略决策。"这样,就把原来以歼灭徐州右翼集团敌军为主的目标,扩大到求歼徐州国民党军主力,把原来仅限于两淮、海州地区的作战,扩大到了徐州、蚌埠,'小淮海'变成了'大淮海'。"[4]

为了实现这个战略目标,根据中共中央军委的指示,中原野战军以突然行动在十一月十六日凌晨攻克安徽宿县。宿县是津浦铁路上徐州和蚌埠之间的枢纽。在陇海铁路东段被华东野战军切断后,

---

[1]《张震回忆录》(上),第335、336页。
[2]《粟裕文选》第2卷,军事科学出版社2004年9月版,第618、619页。
[3]《毛泽东军事文集》第5卷,第184页。
[4]《张震回忆录》(上),第336—337页。

津浦铁路徐州蚌埠段成为徐州"剿总"同南京统帅部间唯一的陆路通道。徐蚌段一被切断,不仅可使徐州刘峙集团粮弹两缺,而且隔断了蚌埠的国民党军刘汝明、李延年两个兵团北援徐州的道路,封闭了徐州国民党大军沿津浦铁路南逃的大门,使它仿佛置身在一个孤岛上。这标志着淮海战役已实现从徐东会战发展成南线决战,为夺取淮海战役的全胜创造了重要条件。

随着淮海战役的规模越来越大,随着华东野战军和中原野战军已紧密协同作战,为了统筹领导,中共中央军委在十一月十六日电示:决定由刘伯承、陈毅、邓小平、粟裕、谭震林组成总前委,以邓小平为书记。

在人民解放军历史上,两大野战军在统一领导下协同作战还是第一次。正如邓小平引用毛泽东说过的一句话:"两个野战军联合在一起,就不是增加一倍力量,而是增加了好几倍的力量。"[1]

淮海战役的第二阶段,从十一月二十三日至十二月十五日,主要目标是消灭国民党军精锐之一的黄维兵团。

黄维兵团有四个军十个师及一个快速纵队,共十二万人,其中第十八军是陈诚赖以起家的主力部队,全部美械装备,除坦克、重炮外,还配有冲锋枪、火焰喷射器等,军官都是军校毕业生,有较强的战斗力。他们原来驻在河南确山、驻马店一带。淮海战役开始后,奉蒋介石命向徐州增援,匆忙开拔。由于重武器多,道路不良,又需渡过多条河流,行动迟缓。

当第一阶段将黄百韬兵团合围后,面对着多路国民党军的大集团,下一阶段主要作战目标指向哪里?十一月十四日,刘伯承、陈

---

[1]《李达军事文选》,第283页。

毅、邓小平致电中央军委提出："我以集中一、二、三、四、六、九及华野三、广两纵共八个纵队，歼击黄维为上策。因为黄维在远道疲惫、脱离后方之运动中。"二十二日，黄百韬兵团被歼，给远道赴援的黄维兵团士气很大打击。二十三日，刘、陈、邓再次请示中央军委："歼灭黄维之时机甚好"，"只要黄维全部或大部被歼，较之歼灭李（延年）、刘（汝明）更属有利。如军委批准，我们即照此实行"。[1]第二天，军委立即答复："完全同意先打黄维"，"情况紧急时机，一切由刘陈邓临机处置，不要请示。"[2]

十一月二十三日，解放军主力开始同正在运动中的黄维兵团作战，展开猛烈攻击。黄维发现态势不利，退缩到宿县西南的双堆集一带。二十五日，中原解放军完成对黄维兵团的合围。黄维自恃武器精良，采取环形防御，固守待援。"他还下令将所有的汽车装满土，同被打坏的坦克一起排成一字长蛇，构成如城墙般坚固的防御工事。并采取以攻为守的战法，每天抽调一至三个有力团配以战车和炮兵的火力，向解放军阵地突击。"[3]

更严重的情况是，国民党军统帅部为了挽救黄维兵团和扭转南线败局，实行南北对进：由于津浦铁路无法打通，徐州已完全孤立，决定放弃徐州，命令杜聿明指挥邱清泉、李弥、孙元良三个兵团经永城、蒙城南下，先救出黄维兵团，再一起南下；又命令刘峙到蚌埠，指挥李延年、刘汝明两个兵团北上，接出黄维兵团到蚌埠。这两路进攻，来势都很猛，只要有一路挡不住，都会造成难以预料的严重后果。粟裕回忆说："淮海战役中最紧张的是第二阶段。

---

[1]《邓小平军事文集》第2卷，军事科学出版社、中央文献出版社2004年7月版，第143、146页。
[2]《毛泽东军事文集》第5卷，第269页。
[3]《李达军事文选》，第296页。

我曾经连续七昼夜没有睡觉，后来发作了美尼尔氏综合症，带病指挥。"[1]

怎样应对这种严峻的局面？总前委反复进行研究，决定首先全力歼灭黄维兵团，在北面暂取守势阻止杜聿明部南下，在南面增加阻击李延年、刘汝明兵团的兵力。"十二月一日，陈毅通过电话对粟裕说：'我们这里正在收拾黄维这个冤家。你们北边要把杜聿明抓住，南边要把李（延年）刘（汝明）看好。'刘伯承则风趣地把这一战役部署比喻为胃口很好的人上酒席，嘴吃着一块，筷子挟着一块，眼睛又盯着碗里的一块，说我们现在的打法，就是'吃一个（黄维兵团），挟一个（杜聿明集团），看一个（李延年、刘汝明两兵团）'。"[2]

在南北两面的阻击中，李、刘兵团战斗力较弱，迟迟不进，一遇到解放军阻击就后缩，最艰难的是如何挡住从徐州南下的杜聿明集团。粟裕回忆道："杜聿明于十二月一日率三十万人全部撤离徐州。我们以多路多层尾追、平行追击、迂回截击、超越拦截相结合，尽全力追击。实际上我们对杜聿明是网开三面，你向西去也好，向北去也好，向东去也好，就是不让你向南。其他方向都唱空城计。说明我们的力量也差不多用尽了。十二月四日拂晓，我们将杜聿明集团全部合围于陈官庄地区，并于十二月六日全歼了向西南方向突围的孙元良兵团，仅孙元良化装逃脱。杜聿明被我们'夹'住了，这时我才松了一口气。""在此以前，战场形势还有很大的不确定性；在此以后，我们已有把握夺取全战役的胜利了。"[3]

---

[1]《粟裕谈淮海战役》,《党的文献》1989年第6期。
[2]《李达军事文选》，第297页。
[3]《粟裕谈淮海战役》,《党的文献》1989年第6期。

解放军将黄维兵团合围后，发动全面攻势。双堆集一带地势平坦开阔，连树木也很少，黄维兵团在火力上有很大优势。国民党军第十八军军长杨伯涛回忆道："解放军没有硬拼，而是机智地采取了掘壕前进、近迫作业的沟壕战术。一道道的交通壕如长龙似的直伸向我军阵地边缘，形成无数绳索，紧紧捆缚。然后利用夜暗，调集兵力进入冲锋准备位置，在炮兵火力配合下，一声号令，发起猛烈的冲锋，当者很难幸免。这样使我军拥有火力的优势，无从发挥。在人力方面，我军是被动挨打，士气低落，而且战斗伤亡一个，就少了一个，没有补充，远不如解放军拥有广大后备力量，可以源源补充，这在第十二兵团是致命的劣势。"[1]

在解放军的紧围和不断打击下，黄维兵团防御体系逐步瓦解，兵力不断消耗，士气日益低沉。继廖运周师起义后，又有黄子华师投降。到十二月十日以后，只剩下第十、十八军，继续作毫无希望的抵抗。十五日，黄维见局势已经无望，下令突围，事实上只是四散逃命。但已无法逃出，黄维等被俘，黄兵团全军覆没。

淮海战役的第三阶段，从一九四九年一月六日至十日，在河南永城东北的青龙集、陈官庄地区围歼从徐州西撤的杜聿明集团。

这个阶段，尽管杜聿明集团被围在这个地区的还有二十多万人，包括第五军这支精锐部队，但局势已经明朗，胜负已无悬念。问题只在从全局来看，何时发动总攻最为有利。当时，中共中央军委要求华东野战军先"围而不打"，目的是稳住华北的傅作义集团，避免他们见势不妙而下决心由海运南撤。同时，也便于拖住饥寒交困的被围国民党军，对它进行瓦解工作，以尽可能地减少解放军的

---

[1]《杨伯涛回忆录》，中国文史出版社1996年4月版，第172—173页。

伤亡，用最小的代价来换取总攻的胜利。

被紧紧围困而挤在一堆的杜聿明集团确实到了山穷水尽的地步。当时担任华东野战军参谋长的陈士榘写道："饥饿和严寒使被围困的敌人陷于极大的混乱之中。敌人从徐州逃跑时，沿路上丢掉了棉被和笨重物件，如今没有粮食，没有燃料，拥挤在这东西不到二十里、南北不到十里的包围圈里的二十余万人马，把一切可以吃可以烧的东西都吃光了，烧光了；后来连马皮也吃光了，老百姓的门板也烧光了。虽然蒋介石用飞机空投过几次食物，但仅是'杯水车薪'无济于事。在大风雪中，敌人大批冻死、饿死，尸横遍野。为了给被围困的敌人最后一条生路，我军从十二月十六日起停止攻击。毛泽东主席为前线司令部写了一篇《敦促杜聿明等投降书》，命令杜聿明、邱清泉、李弥等立即率部投降，同时展开了火线劝降工作。在我军强大的政治攻势下，不愿为蒋介石卖命的敌军下级军官和士兵成班、成排、成连地向我军投降，到一月五日止，向我军投降者即达万余人。"[1]

华东野战军在这里从容休整二十天后，平津已经合围，傅作义集团已无法南撤。他们便从一九四九年一月六日起发动总攻势。经过四天激战，俘获杜聿明，击毙邱清泉，全部歼灭了杜聿明集团。蒋介石在一月十日日记中写道："杜聿明部大半（今晨）似已被匪消灭"，"此为我黄河以南地区之主力，今已被歼，则兵力更形悬如"，"一时之刺激悲哀，难以自制"。[2]

人民解放军自一九四八年十一月六日发动淮海战役，到一九四九年一月十日结束战斗，作战六十六天，消灭国民党军

---

[1] 陈士榘：《天翻地覆三年间——解放战争回忆录》，第275、276页。
[2] 蒋介石日记，1949年1月10日。

队五个兵团部、一个绥靖区、二十二个军、五十六个师,共五十五万五千多人,其中包括第五军和第十八军。这样,国民党军队在南线的精锐部队已完全丧失,华北、华东、中原三大解放区已连成一片。人民解放军迅速南下,直抵长江北岸,为渡江作战取得全国胜利创造了极为有利的条件。国民党政府的首都南京直接暴露在解放军面前。国民党的统治已陷入土崩瓦解的状态。

淮海战役中国共双方兵力是八十万对六十万,是人民解放军在战场兵力、装备都不占优势的情况下战胜国民党军重兵集团的一场大决战。毛泽东称赞说:"淮海战役打得好,好比一锅夹生饭,还没有完全煮熟,硬是被你们一口一口地吃下去了。"[1]

淮海战役胜利还有一个重要原因是民众的支持,源源不断地以人力物力支援前线。供应前方的物资需要,全靠民众踊跃地肩挑背负、小车推送。整个战役中,共有民工五百四十三万人次,运送弹药一千四百六十多万斤、粮食九亿六千万斤。陈毅曾深情地说:淮海战役的胜利是人民群众用小车推出来的。这同国民党军队屡屡弹尽粮绝形成鲜明的对照,能不能得到民众的支持确是一个关键问题。

淮海战役刚进入第二阶段,东北野战军和华北军区第二、第三兵团又在华北地区发动了平津战役。

国民党方面在华北地区,有华北"剿总"总司令傅作义指挥下的部队共六十多万人。"他的主力部队四个兵团,十二个军,五十二个师,部署在东起北宁线的滦县,西至平绥线的柴沟堡,约

---

[1]《张震回忆录》(上),第348、349页。

一千二百多里的狭长地带，以北平、天津、张家口、塘沽、唐山为重点，摆成了一字长蛇阵。"这些部队中，一部分是傅作义从绥远带出来的嫡系部队，还有相当大部分是蒋介石在抗战胜利后运来华北的中央军。"在具体兵力部署上，傅作义是煞费苦心的。他有意把蒋系部队摆在北宁线，把傅系部队摆在平绥线，一旦东北我军入关，蒋系部队首当其冲，而傅系部队在不利情况下，可以向绥远逃之夭夭。"[1]辽沈战役结束后，蒋介石把傅作义叫到南京，告诉他："华北必须固守，非万不得已不得放弃，并以全权任其决定。"[2]

人民解放军投入这次战役的有一百万人，在兵力上已大大超过华北的国民党军队。东北全境已经解放，部队是胜利之师，士气高昂。国民党军队却如惊弓之鸟，士无斗志。东北野战军在辽沈战役刚结束就这样快入关，完全出乎国民党当局意料之外。他们以为东北野战军在经历辽沈战役这样一场大仗后至少要经过三个月休整才能进关，因此各方面都部署未定，陷入手足无措的慌乱状态。

解放军所以要如此迅速地突然发动这次战役，就是要乘华北国民党军还没有下决心从华北撤走之际，把它们紧紧拖住，既不让傅系军队向西退回绥远老巢，又不让蒋系部队向东从海路撤走，而就地加以消灭。周恩来十一月十七日为中共中央军委起草的电报指出："从全局看来，抑留蒋系二十四个师及傅系步骑十六个师于华北来消灭，一则便利东北野战军入关作战，二则将加速蒋匪统治的崩溃，使其江南防线无法组成。"[3]如果让它们中哪一路撤走，都会给解放战争以后的进展增加困难。

---

[1]《聂荣臻回忆录》（下），第693页。
[2] 蒋介石日记，1948年11月5日。
[3]《周恩来军事文集》第3卷，人民出版社1997年11月版，第539页。

面对着国民党军队那条"一字长蛇阵",仗从哪里打起?中共中央军委决定:从西线打起。东北野战军先遣部队第四纵队政治委员莫文骅写道:"中央军委采取先西后东的步骤,即令华北部队先打张家口外围,目的是抓住张家口的敌人,使其不能西走,并借此吸引北平之敌增援,将北平傅部主力尽量向西拉开;同时,拖住蒋系部队于平津地区,攻歼芦台、塘沽守敌,控制海口于我手中,迫使傅作义难下撤退或是坚守的决心。我则采取分割平、津、张、塘一线守敌各个击破的方针,以求在不久时间内予以歼灭。这就是平津战役的主要指导思想;而傅作义也不知不觉顺着这条线上了钩。"[1]

当时,聂荣臻率领的华北解放军的兵力还没有完全集中起来,林彪、罗荣桓指挥入关的东北野战军的先遣部队还刚开始进入冀东地区。如果国民党军队立刻决策撤走,很难加以阻止。解放军当时能立刻使用的机动兵力是华北军区的第二、第三兵团(第一兵团徐向前部正包围太原)。十一月二十四日,毛泽东电令原正围攻归绥(今呼和浩特)的华北第三兵团杨成武率三个纵队"火速东进,突然包围张家口,不是立即夺取之,而是吸引敌军增援"。[2]二十九日,部队到达作战地区,平津战役打响。这里是平津和绥远之间必经的咽喉通道。傅作义果然将驻在北平附近的傅系精锐主力第三十五军火速乘火车、汽车增援张家口。东北野战军主力这时分路经冷口、喜峰口越过长城,向平津急进,突然出现在北平东北的密云一带。这个行动使傅作义大为震惊,以为解放军将直取北平,又急令几天前刚西援张家口的第三十五军乘四百多辆汽车撤回北平。

---

[1] 莫文骅:《回忆解放北平前后》,北京出版社1982年9月版,第17页。
[2] 《杨成武回忆录》(下),解放军出版社1990年8月版,第234页。

十二月八日，第三十五军在撤回途中的新保安镇被从石家庄以北赶来的华北第二兵团杨得志部团团围住。"傅作义得知这一消息，真可以说是惶惶不可终日了。用郭景云（引者注：第三十五军军长）的话来说：不要说整个三十五军，就是那四百多辆汽车，也'是傅总司令的命根子，不能不要'。""傅作义在指挥上已经完全混乱了。但是也看得出，事至如今，他仍然不想放弃通往张家口、绥远的要道新保安。傅作义按照毛主席的指挥，自己拴住了自己。"[1]

为了防止国民党军队在陆续入关的东北野战军部署完成前决策突围撤走，十二月十一日，毛泽东为中共中央军委起草致林彪、罗荣桓电，要求："从本日起的两星期内（十二月十一日至十二月二十五日）基本原则是围而不打（例如对张家口、新保安），有些则是隔而不围（即只作战略包围，隔断诸敌联系，而不作战役包围，例如对平、津、通州），以待部署完成之后各个歼敌。尤其不可将张家口、新保安、南口诸敌都打掉，这将迫使南口以东诸敌迅速决策狂跑，此点务求你们体会。"[2]

十二月下旬，各方面部署大体就绪。二十二日，华北第二兵团对新保安发起总攻，迅速全歼第三十五军一万九千多人。二十四日，华北第三兵团解放张家口，全歼傅系部队一个兵团部、一个军部、五个师、两个骑兵旅，共五万四千多人。傅作义不仅丧失了他赖以起家的基本部队，也被切断了西撤绥远的退路。在东线，东北解放军解放了唐山等地，完成了对天津、塘沽的包围。傅作义已陷入欲撤不能、孤立无援的绝境，为和平解放北平奠定了基础。

在这种情况下，傅作义已在考虑和平解决北平的问题，但还存

---

[1]《杨得志回忆录》，解放军出版社1993年1月版，第443、444页。
[2]《毛泽东选集》第4卷，第1365页。

有种种顾虑。他的女儿傅冬菊是中共地下党员。中共平津指挥部能随时掌握对方统帅的动向以至情绪变化,这种条件是很难得的。聂荣臻在回忆录中写道:"我认为,和平解放北平的前景是存在的,而且时机越来越成熟了。我先同罗荣桓同志谈了这个想法。我说,我们应该努力争取和平解放北平,使北平这个文化古都免遭战火的破坏,使人民的生命财产免遭损失。罗荣桓同志听了以后,表示同意我的意见,在不放弃以战争解决问题的同时,争取通过和平方式解放北平。""毛泽东同志以及其他中央领导同志,看了我发去的电报以后,回电表示完全同意。"[1]这是十二月底的事情。

人民解放军在平津地区的作战计划是"先取两头,后取中间",西面的张家口、新保安已经解决。一九四八年一月十日,淮海战役胜利结束。十四日,东北野战军在东线下达了总攻天津的命令。这一仗打得干脆利索,经过二十九小时激战,在第二天解放了国民党军重兵守备、坚固设防的天津城,守军十三万多人全部被歼。解放军同傅作义的谈判也已开始。二十日,傅作义接受了人民解放军提出的条件,命令所属的两个兵团部、八个军部、二十五个师,共二十多万人,从二十二日到三十一日陆续出城,接受改编。蒋介石到二十三日方得知,在日记中叹道:"此事殊出意外。"[2]二月三日,中国人民解放军在北平举行隆重的入城式。

持续六十四天的平津战役,以军事打击和政治争取并举的方法取得了完全胜利,歼灭和改编国民党军队共五十二万多人,并且使北平这个文化古都完整地保存了下来。

辽沈、淮海、平津三大战役,无论是战争的规模或取得的战果,

---

[1]《聂荣臻回忆录》(下),第 701、702 页。

[2] 蒋介石日记,1949 年 1 月 23 日。

在中国战争史上都是空前的，在世界战争史上也是罕见的。这三大战役，从一九四八年九月十二日开始，到一九四九年一月三十一日结束，历时四个月零十九天，共歼灭国民党军队一百五十四万人，使国民党赖以维持统治的主要军事力量基本上被摧毁，中国革命在全国胜利的大局已定。

将革命进行到底

　　国民党政府无论在军事上还是在经济上都已陷入绝境。它在长江以北的力量已完全崩溃，精锐部队全部丧失，士气瓦解。在长江以南也无法组织起有效的防御体系。社会经济的崩溃到了无法收拾的地步。国民党统治集团内部的矛盾日益尖锐化，已成分崩离析之势，特别是长期受蒋介石排挤的桂系李宗仁、白崇禧乘机对蒋施加巨大压力，并且提出恢复国共和平谈判的主张。

　　桂系提出恢复和谈，重要目的是乘蒋介石处于狼狈境地时逼他下台，由李宗仁取而代之。坐镇武汉的华中"剿总"总司令白崇禧，在十二月中旬对蒋介石的嫡系将领、华中"剿总"副总司令宋希濂分析全盘局势后明白地讲："可以说，已经没有什么兵力可以再进行决战了。唯一的办法，就是设法同中共恢复和谈，利用和谈以争取时间，在长江以南地区编练新军一二百万人。如能做到这一点，还可与共军分庭抗礼，平分秋色。否则这个局面是很难维持下去的了。但要想同中共恢复和谈，必须请蒋先生暂时避开一下，才有可能。"[1]宋希濂将白崇禧这番话报告了蒋介石。几天后，白崇禧

---

[1]《鹰犬将军——宋希濂自述》，第288页。

便发出致蒋介石的"亥敬"电,写道:"民心代表军心,民气犹如士气。默察近日民心离散,士气消沉,遂使军事失利,主力兵团损失殆尽。倘无喘息整补之机会,则无论如何牺牲,亦无救于各个之崩溃。"[1]当时担任国民党中央常务委员、同李白关系密切的程思远回忆道:

> 同日,湖南绥靖主任程潜也通电主和,并请蒋下野。在语气上,程电较白电严厉得多。但蒋以为白乘杜聿明集团在徐州外围被围、黄维兵团在双堆集受挫之际,即以实力为后盾,迫他早日下台,误会甚深。蒋后来对张治中说:他平生不向任何压力低头。经白这么一逼,他就故意推迟下野期限了。
>
> 十二月三十日,白又以"亥全"(引者注:似当为"亥陷",即十二月三十日)电致蒋,重申前电主张。蒋不得已,于一九四八年除夕邀李宗仁副总统、五院院长和国民党中常委到黄埔路官邸餐叙,饭后提出《求和声明》,征求意见。他在《声明》中说:"个人的进退出处,绝不萦怀,而一惟国民的公意是听。"席上,我亲眼看到也听到谷正纲、张道藩发言反对蒋下野求和,谷甚至号啕大哭,如丧考妣。对此,蒋介石大骂说:"我之愿下野,不是因为共党,而因为本党中的某一派系。"他所谓"某一派系"即指"桂系",其对李、白之嫉恨,可以想见。[2]

其实,即使李、白等主张和平谈判,也无非是想达到以长江为

---

[1] 程思远:《白崇禧传》,华艺出版社1995年5月版,第265页。
[2] 程思远:《我的回忆》,华艺出版社1994年12月版,第205—206页。

界"划江而治",以便取得"喘息整补"之机会,伺机卷土重来。

这时放在中国共产党面前的十分尖锐的问题是:将革命进行到底,还是使革命半途而废。

十二月三十日,毛泽东为新华社写了题为《将革命进行到底》的一九四九年新年献词。文章一开始就说:"中国人民将要在伟大的解放战争中获得最后胜利,这一点,现在甚至我们的敌人也不怀疑了。"文章写道:

> 如果要使革命进行到底,那就是用革命的方法,坚决彻底干净全部地消灭一切反动势力,不动摇地坚持打倒帝国主义,打倒封建主义,打倒官僚资本主义,在全国范围内推翻国民党的反动统治,在全国范围内建立无产阶级领导的以工农联盟为主体的人民民主专政的共和国。这样,就可以使中华民族来一个大翻身,由半殖民地变为真正的独立国,使中国人民来一个大解放,将自己头上的封建的压迫和官僚资本(即中国的垄断资本)的压迫一起掀掉,并由此造成统一的民主的和平局面,造成由农业国变为工业国的先决条件,造成由人剥削人的社会向着社会主义社会发展的可能性。如果要使革命半途而废,那就是违背人民的意志,接受外国侵略者和中国反动派的意志,使国民党赢得养好创伤的机会,然后在一个早上猛扑过来,将革命扼死,使全国回到黑暗世界。

文章举了一个有名的比喻:

> 这里用得着古代希腊的一段寓言:"一个农夫在冬天看见

一条蛇冻僵着。他很可怜它,便拿来放在自己的胸口上。那蛇受了暖气就苏醒了,等到回复了它的天性,便把它的恩人咬了一口,使他受了致命的伤。农夫临死的时候说:我怜惜恶人,应该受这个恶报!"外国和中国的毒蛇们希望中国人民还像这个农夫一样地死去,希望中国共产党,中国的一切革命民主派,都像这个农夫一样地怀有对于毒蛇的好心肠。但是中国人民、中国共产党和中国真正的革命民主派,却听见了并且记住了这个劳动者的遗嘱。况且盘踞在大部分中国土地上的大蛇和小蛇,黑蛇和白蛇,露出毒牙的蛇和化成美女的蛇,虽然它们已经感觉到冬天的威胁,但是还没有冻僵呢!

文章最后响亮地宣告:"一九四九年将要召集没有反动分子参加的以完成人民革命任务为目标的政治协商会议,宣告中华人民共和国的成立,并组成共和国的中央政府。这个政府将是一个在中国共产党领导之下的、有各民主党派各人民团体的适当的代表人物参加的民主联合政府。"[1]

一九四九年一月二十一日,蒋介石发表《引退谋和书告》说:"决定身先引退","于本月二十一日起由李副总统代行总统职权"。[2]蒋介石这样做,当然表明他所受打击之大,在大陆的统治已近穷途末路;同时,也是为了把李宗仁推向前台,同共产党周旋,并稳住白崇禧、程潜等,而一切实际的军权和财权仍牢牢地把握在他手里。当天,他派徐永昌飞北平见尚未接受解放军改编的傅作义,"实告以余虽下野,政治与中央并无甚变动,嘱各将领照常工

---

[1]《毛泽东选集》第4卷,第1372、1375、1377、1379页。

[2]《总统蒋公思想言论总集》卷32,第209页。

作，勿变初计"。[1]引退的书告发表前，他已发表汤恩伯为京沪（后扩大为京沪杭）警备总司令，张群为重庆绥靖公署主任，薛岳为广东省政府主席，余汉谋为广州绥靖公署主任，陈诚为台湾省政府主席兼台湾省警备总司令。一面准备凭借长江天险继续顽抗，一面做好退守台湾的各种准备。他虽回到家乡奉化溪口居住，一切仍由他在那里发号施令。

李宗仁在二十二日就任代总统，当天就指定邵力子等为和谈代表，并通过电台广播，希望中共方面指派代表，约定和谈日期和地点。他还动员颜惠庆、章士钊、江庸等组成"上海人民和平代表团"赴北平，会见中共领导人。但李宗仁并无实权，这些活动无非是说些空话。三月二十四日，南京政府决定组成由张治中担任首席代表的和谈代表团。二十六日，中共中央决定组成由周恩来担任首席代表的谈判代表团。双方于四月一日在北平开始谈判。几经磋商，周恩来在四月十三日提出《国内和平协定》草案，经过讨论修改后在十五日又提出《协定》最后修正案，要求以四月二十日为最后签字期限。第二天，南京政府代表团黄绍竑携协定文本返南京请示。李宗仁无法做主，十七日派专机携《协定》去溪口送蒋介石裁决。蒋介石在当天日记中写道："黄绍竑、邵力子等居然接受转达，是诚无耻之极者之所为"，决定"拒绝其条件"。[2]二十日，南京政府正式表明拒绝接受协定，国共谈判破裂。但以张治中为首的南京政府代表团全部决定留在北平，不回南京。

四月二十一日，毛泽东、朱德向解放军全体指挥员、战斗员发布《向全国进军的命令》，要求他们"奋勇前进，坚决、彻底、干

---

[1] 蒋介石日记，1949年1月21日。
[2] 蒋介石日记，1949年4月17日。

净、全部地歼灭中国境内一切敢于抵抗的国民党反动派,解放全国人民,保卫中国领土主权的独立和完整"。[1]

遵照这个命令,人民解放军向尚未解放的广大地区,举行了规模空前的全面大进军。尽管蒋介石自称"以阻止其渡江为惟一要务",[2]这次大进军却像摧枯拉朽那样,国民党军队已成"兵败如山倒"之势,再也无法组织有力的抵御。刘伯承、邓小平等领导的第二野战军(原中原野战军)和陈毅、粟裕、谭震林等领导的第三野战军(原华东野战军),于四月二十日夜起至二十一日,在西起江西九江东北的湖口、东至江苏江阴,长达五百多公里的战线上,强渡长江,迅速摧毁了国民党军苦心经营了三个半月的长江防线。蒋介石日记记载:"敬之(引者注:即何应钦)提议应下总退却令,不然被匪节节截断,再迟且受其大包围,京沪沿线全军有被歼灭可能。余完全同意。"[3]二十三日,人民解放军解放国民党政府的首都南京。接着,又分路向南挺进,在五月三日解放杭州,二十二日解放南昌,二十七日攻占中国最大的城市上海。七月,开始进军福建。八月十七日解放福州。林彪、罗荣桓等领导的第四野战军(原东北野战军),于五月十四日,在武汉以东团风至武穴间一百多公里的地段上,强渡长江。五月十六、十七两日,解放武汉三镇。接着,又南下湖南。国民党湖南省政府主席程潜、第一兵团司令陈明仁,于八月四日起义,湖南和平解放。彭德怀、贺龙等领导的第一野战军(原西北野战军),在五月二十日解放西安后,同第十九、二十兵团继续向西北进军,八月二十六日攻克兰州,九月五日解放

---

[1]《毛泽东选集》第4卷,第1451页。
[2] 蒋介石日记,1949年2月15日。
[3] 蒋介石日记,1949年4月23日。

西宁，九月二十三日解放银川。国民党绥远省政府主席董其武、兵团司令孙兰峰等在九月十九日起义，绥远和平解放。国民党政府新疆省警备总司令陶峙岳、新疆省政府主席包尔汉等在九月下旬起义，新疆和平解放。中国大陆上，除两广和西南地区外，基本上全部得到解放。

美国政府的尴尬处境

美国政府几年来一直实行扶蒋反共的政策。国民党政府悍然发动全面内战，相当程度上是在美国财政和武器的大量支援下进行的。中国局势的发展，国民党政府以令人吃惊的速度土崩瓦解，使美国政府陷于十分尴尬的境地。

国民党政府仍把最后希望寄托在美国的援助上。驻美大使顾维钧在回忆录中写道，解放军攻克济南后五天，"九月二十九日，蒋介石总统电令我转给杜鲁门一份特别密电，呼吁杜鲁门大力推动和加速该项特别军援物资的采办。因为中国的军事局势十分危急，惟有立即采取措施或可有助于扭转战局。在我看来，密电措辞极为迫切，语气近乎告急，说明军事局势确实十分严重"。顾维钧甚至对去美国开会的财政部长王云五说："在中国面临共产党进攻的严重危急关头，不必担心美国干涉或侵犯中国主权的问题。"十月三十一日，蒋介石打给他的一个电报，说派孔祥熙做蒋私人驻华盛顿的代表，以个人身份协助顾办理交涉事宜。十一月九日，顾维钧收到蒋介石要他转交的致杜鲁门的信："委员长呼呼杜鲁门'加速并增加军事援助，同时发表一项坚定的声明，支持我国政府为之而战的事业'。他还要求美国向中国派遣一位高级军事官员与我国政府商定军事援助的具体方案，包括美国军事顾问参加指挥作战在内。"[1] 国民党政府行政院长孙科甚至对美国合众社记者说："中国亟需有如麦帅（引者注：指麦克阿瑟）之卓越军事人物充任最高军事顾问，以从事反共战事，故中国亦应准备以全权交予该顾问。"[2] 十二月一日，宋美龄以马歇尔夫妇的客人的私人身份来到华盛顿，要求会见杜鲁门。她希图达到的目的仍是蒋介石给杜鲁门信中提出的那三项，即美国总统发表支持中国反共的政策声明，派遣高级军官率领的军事代表团，增加援华军事物资。一九四九年一月八日，国民党政府又向美、英、法、苏四国发出照会，要求他们出面调解以实行和平谈判。

中国共产党在决心将革命进行到底时，充分考虑到美国这个因素。它的态度是：战略上藐视，战术上重视。毛泽东对美国记者斯特朗曾说过一句名言："一切反动派都是纸老虎。看起来，反动派的样子是可怕的，但是实际上并没有什么了不起的力量。""蒋介石和他的支持者美国反动派也都是纸老虎。"在一九四七年十二月会议上，他又说："在实际上，在第二次世界大战以后的美国帝国主义，是否真如蒋介石和各国反动派所设想的那么强大呢？是否真能像流水一样地接济蒋介石和各国反动派呢？并不如此。"[3] 他的这个估计是准确的。但毛泽东并没有掉以轻心，而是认真做了应对最严重局势的准备。一九四九年一月政治局会议上，他说："我们从来就是将美国直接出兵占领中国沿海若干城市并和我们作战这样一种可能性，计算在我们的作战计划之内的。这一种计算现在仍然不要

---

[1]《顾维钧回忆录》第6分册，中华书局1988年7月版，第503、510、523页。
[2]《徐永昌日记》第9册，第167页。
[3]《毛泽东选集》第4卷，第1195、1259页。

放弃，以免在事变万一到来时，我们处于手足无措的境地。但是，中国人民革命力量愈强大，愈坚决，美国进行直接的军事干涉的可能性也就将愈减少。"[1]罗荣桓在这次会上发言时，毛泽东插话说："现应宣传准备美出兵三十万，我再消灭之。"[2]人民解放军横渡长江后，在一段时间内把第二野战军和第三野战军的主力一起放在江南，以陈毅任上海市长、刘伯承任南京市长，准备应对美国出兵干涉。正是做了这样的认真准备，使美国政府更加不敢轻举妄动。

在这种状况下，美国政府对中国局势的剧变采取什么态度？事实证明，它历来欺软怕硬，尽管国民党政府苦苦哀求，它并没有敢进一步伸出援手。王云五、孔祥熙先后到华盛顿，杜鲁门连见都没有见他们。国民党政府寄以极大希望的宋美龄访美，再也没有重现她在一九四二年至一九四三年访美时那样的风光。她到华盛顿的第十天，杜鲁门才会见她。会见结束后，"当记者问她是否有好消息或者她是否将再次会见总统时，她说这要由总统来回答。她神色严峻，冷冷地一笑，给人的印象是会谈没有成就。六点半，蒋荫恩（引者注：曾任《大公报》记者，时就学于密苏里大学新闻学院）又来电话说，白宫副新闻秘书艾尔斯发布消息说：'总统说，蒋夫人陈述了中国的情况，他同情地予以倾听。'记者问：总统是否将再次接见她，艾尔斯说：'无可奉告'"。第二天，"华盛顿接近马歇尔家的人曾暗示蒋夫人最好不要延长她在利斯堡的逗留"。宋美龄又拖了将近二十天。杜鲁门在记者招待会上被问到宋的活动情况。"当一位记者向总统询问蒋夫人的今后计划以及他是否将再次会见她时，他生气了。他说，他不知道她的计划，而且不准备再见她。

---

[1]《毛泽东文集》第5卷，第231页。
[2]《罗荣桓军事文选》，解放军出版社1997年11月版，第493页。

不到一个星期之后，蒋夫人离开华盛顿去纽约了，但直至一九五〇年一月十日她才离美回国。"[1]尽管受到这样的冷遇，她在美国仍孤寂地停留了一年多时间。至于一九四九年一月八日国民党政府要求美、英、法、苏四国出面调停的照会，英国在十二日宣布拒绝，美国在十三日复照拒绝，苏联在十七日答复拒绝调停，法国的反应也同样不佳。

为什么一些人原以为国民党政府处于危急关头时美国定会出手相助，结果却落得如此下场？

美国政府的对华政策，归根结底，取决于它自身利益的衡量。很长时间内，"美国压倒一切的目标仍是支持国民党政府，并尽可能地使它在广大地区内建立政权，对这一点怎样强调也不过分"。[2]但它对国民党政府的援助不可能是无条件的和无限的。当中国的局势发展到如此地步时，它发现自己已处在无能为力、爱莫能助的窘境。

能不能继续给予国民党政府更大量的军事和财政援助？以往这种援助给得够多了，却没有收到任何效果，相反，局势却极快地向着同他们期望相反的方向发展。财政援助的很大部分落入国民党高级官吏的私囊。国民党军队的失败并不是由于缺乏现代武器。更使美国感到沮丧的是，历次失败的结果使大量美国援助的武器装备落入解放军的手里。国民党政府外交部长王世杰对徐永昌说："人家说我们长、沈三十二个师，几天即缴械，美援等于援共。"[3]至于国民党政府因独裁和腐败而失尽国内民心，是他们什么忙也帮不上的。杜鲁门在回忆录中写道："蒋委员长的态度和行动和一个旧军

---

[1]《顾维钧回忆录》第6分册，第574、575、579、580页。
[2]〔美〕邹谠：《美国在中国的失败》，上海人民出版社1997年4月版，第309页。
[3]《徐永昌日记》第9册，第166页。

阀差不多，他和军阀一样没有能得到人民的爱戴。"[1]如果继续给予大量援助，不仅是过分沉重的负担，更重要的是丝毫无助于局面的改善，只是白白地向这无底洞里扔钱，打了水漂。

那么，能不能由美国出兵，进行武装干涉，帮助国民党打内战？那是不可能的。第一，中国太大了，如果美国出兵，那将是一场规模极大的战争，而且将难以自拔。第二次世界大战刚结束不久，美国民众普遍要求和平，不可能说服民众把他们的子弟重新投入并不涉及美国核心利益的远东战场上去作战。且不说这场战争很难获胜，而且以后将更难收场。第二，尽管美国看起来是不可一世的庞然大物，其实它的兵力和财力仍是有限的。欧洲依然是它的主要利益所在，并且正吸引着它的绝大部分注意力，不可能抽出更多力量用于中国。第三，战后美苏关系日趋紧张，但双方各有顾虑，小心翼翼地避免迎头相撞。如果美方要在中国实行大规模的军事介入，不能不考虑苏方可能作出的反应。

当时担任美国国务卿的马歇尔写道："一个时期以来，我一直在考虑，我们能对迅速恶化的局势做些什么。看来，参谋长联席会议，陆、海军部都强烈主张在军事上和经济上支持中国政府。我和范宣德（引者注：美国国务院远东司司长）都感到参谋长联席会议提出的建议是不太现实，他们所提出的解决办法不切合实际，特别是在中国难以实施。"[2]他在内阁会议上又说："中国的国民党政府正在退出历史舞台，无论我们做什么都救不了它了。"[3]

---

[1]［美］《杜鲁门回忆录》第2卷，第102页。
[2]《美国外交文件》1947年第7卷，转引自资中筠《美国对华政策的缘起和发展（1945—1950）》，第152页。
[3]转引自陶文钊：《中美关系史（1911—1950）》，第457页。

杜鲁门在回忆录中，对他自己当时采取这种态度，也作了一段懊丧的自白："蒋介石最后由于失去了人民的支持和美国的援助而被打败了，因为他的将军很多都带着由我们的武器所武装起来的军队投到敌人的阵营里去了。只是当这样的投降开始大量出现时，我才决定停止把物资运到中国去。"[1]

蒋介石宣告"引退"时，美国当局曾多少把希望寄托在李宗仁身上。国会中有人说："李宗仁是一位眼光远大、有自由主义思想的人。"[2]他们很看重"有自由主义思想"这一点。但李宗仁没有多少实力，这种期望自然很快就破灭了。

解放军横渡长江、解放南京后，美、英、法的驻华大使都没有随国民党政府迁往广州，而是留在南京继续观察。五月四日，英、法大使会见司徒雷登，谈到是不是要在事实上承认解放区各级政府。六日，美国国务卿艾奇逊立刻表示这种做法并不可取，十三日，艾奇逊再次指示司徒雷登，要他向英、法等国驻华大使强调："给共产党政权以事实上的承认将从政治上鼓励共产党，打击国民党"，"我们强烈反对任何大国匆匆忙忙给予中共以无论事实上还是法律上的承认"。[3]

中国共产党对新中国的外交已确定"另起炉灶""打扫干净屋子再请客"的方针，但仍愿同美国的外交人员接触，看看有没有可能适当改善双方的关系。南京军管会外事处负责人黄华是司徒雷登在燕京大学的学生，同他在私下见了多次面。司徒雷登在六月三十日致电艾奇逊说："六月二十八日，黄华按约定的时间拜访了

---

[1]［美］《杜鲁门回忆录》第 2 卷，第 103—104 页。
[2]《顾维钧回忆录》第 6 分册，第 508 页。
[3]《美国外交文件》1949 年第 9 卷，转引自陶文钊《中美关系史（1911—1950）》，第 466、467 页。

我。他说他接到的毛泽东和周恩来的口信说，如果我希望访问燕京大学，他们会欢迎我到北平的。""我只能把黄带来的口信看作是毛和周表面上邀请我访问燕京大学，实际上是与他们会谈。"司徒雷登显然是有意去北平的。他在这份电报中继续说："它将为美国官员提供一个绝无仅有的机会：同最高一级的中国共产党人非正式会谈。机不可失。"[1]但美国政府坚决反对这样做，在三天内就发出指示："在任何情况下都不得访问北平。"[2]司徒雷登随后离开南京，返回美国。这样，美国政府就把同新中国接触的这扇门紧紧地关上了。

当司徒雷登离开南京还没有到达华盛顿的时候，八月五日，美国国务院发表了《中美关系白皮书》。艾奇逊将《白皮书》送给杜鲁门时，写了一封信，对几年来美国给国民党政府的援助及其效果，作了总结性的回顾：

  自从对日战争胜利后，美国政府以赠予和借贷的方式给予国民党中国的援助总数约达二十亿美元，这个数字在价值上等于中国政府货币支出的百分之五十以上，与该国政府预算相较，在比例上超过战后美国对任何西欧国家的援助数量。除这些赠予和借贷外，美国政府还曾以大量军用与民用的战时剩余物资卖给中国政府，其采买原价总值在十亿美元以上，而通过协议美国政府所取偿的只有二亿三千二百万美元。然而自从对日胜利以来，美国供给中国军队的军需品的大部分，因为国民党领袖们在军事上的无能、他们的叛变投降和他们部队的丧失

---

[1]［美］《被遗忘的大使司徒雷登驻华报告》，第305、306页。
[2]《美国外交文件》1949年第8卷，转引自资中筠《美国对华政策的缘起和发展（1945—1950）》，第263页。

斗志,而落入中共之手。

不幸的但亦无法避免的事情,是中国内战的不幸结果为美国政府控制所不及。美国在其能力的合理限度之内所曾经做或能够做的,都不能改变这个结果。美国所未做的,对于这个结果也没有影响。这是中国内部势力的产物,这些势力美国也曾试图加以影响,但不能有效。中国国内已经达到了一种定局,纵令这是未尽职责的结果,但仍然已成定局。[1]

艾奇逊这些话说得比较坦率:虽然美国已在它力所能及的范围内做了它所能够做的一切,但中国的事情只能由中国内部状况所决定,"为美国政府控制所不及"。这封信把他们那种进退两难、一筹莫展的心态表达得淋漓尽致,难怪新华社社论要把这份白皮书称为"无可奈何的供状"。

已经没有任何力量,可以阻挡新中国的诞生了。

筹建新中国

筹建新中国的任务,已提到现实议事日程上来。

一九四九年一月,中共中央召开政治局会议。会议指出:我们已经完全有把握地在全国范围内战胜国民党,并且确定:"一九四九年必须召集没有反动派代表参加的以完成中国人民革命任务为目标的各民主党派各人民团体的政治协商会议,宣告中华人民民主共和国的成立,组成共和国的中央政府,并通过共同纲

---

[1]《中美关系资料汇编》第1册,世界知识出版社1967年12月版,第40、41页。

领。"[1]会议还决定在北平解放后召集七届二中全会。

中共七届二中全会,于三月五日至十三日在西柏坡举行。毛泽东在报告中提出了促进革命迅速在全国取得胜利的各项方针,并指出:"从一九二七年到现在,我们的工作重点是在乡村,在乡村聚集力量,用乡村包围城市,然后取得城市。""从现在起,开始了由城市到乡村并由城市领导乡村的时期。党的工作重心由乡村转移到了城市。""必须用极大的努力去学会管理城市和建设城市。"在城市中,一切工作"都是围绕生产建设这一个中心工作并为这个中心工作服务的"。如果不能使生产事业尽可能迅速地恢复和发展,就不能维持政权,就会失败。

他在报告中提出新中国在政治、经济、外交方面的基本政策,特别着重地分析了当时中国经济各种成分的状况和党必须采取的政策,指出中国由农业国转变为工业国、由新民主主义社会转变为社会主义社会的发展方向。

报告快结束时,他讲了一段语重心长的话:

> 可能有这样一些共产党人,他们是不曾被拿枪的敌人征服过的,他们在这些敌人面前不愧英雄的称号;但是经不起人们用糖衣裹着的炮弹的攻击,他们在糖弹面前要打败仗。我们必须预防这种情况。夺取全国胜利,这只是万里长征走完了第一步。如果这一步也值得骄傲,那是比较渺小的,更值得骄傲的还在后头。在过了几十年之后来看中国人民民主革命的胜利,就会使人们感觉那好像只是一出长剧的一个短小的序幕。剧是

---

[1]《毛泽东文集》第5卷,第234页。

必须从序幕开始的,但序幕还不是高潮。中国的革命是伟大的,但革命以后的路程更长,工作更伟大,更艰苦。这一点现在就必须向党内讲明白,务必使同志们继续地保持谦虚、谨慎、不骄、不躁的作风,务必使同志们继续地保持艰苦奋斗的作风。[1]

六月三十日,为了纪念中国共产党诞生二十八周年,毛泽东发表了《论人民民主专政》的文章。文章指出:"人民是什么?在中国,在现阶段,是工人阶级,农民阶级,城市小资产阶级和民族资产阶级。""对人民内部的民主方面和对反动派的专政方面,互相结合起来,就是人民民主专政。"[2]

毛泽东在七届二中全会上的报告和《论人民民主专政》,构成了在新中国成立初期曾起临时宪法作用的人民政协《共同纲领》的政策基础。

一九四九年的具体工作,除向南方继续进军、发展农业生产和工业生产、完成老解放区的土地改革以外,十分重要的是做好新解放区的接管工作,特别是一批大中城市的接管工作。

以前,中国共产党领导的各解放区主要在农村和一些中小城市,比较大的城市哈尔滨实际上也成为东北解放战争的后勤基地。随着解放战争的胜利发展,特别是在辽沈战役和平津战役中,很多重要的大城市相继解放。渡江南下后,解放军都是先占城市,后占乡村,一批更大的城市得到解放。许多新的工作相继提到解放军和人民政府面前,在城市接管工作中积累起许多新的经验。

其中一项极其重要的工作是没收官僚资本,归人民的国家所

---

[1]《毛泽东选集》第4卷,第1426、1427、1428、1438、1439页。
[2]《毛泽东选集》第4卷,第1475页。

有。"没收对象是由国民党中央政府、省政府、县政府经营的,即完全官办的工商业,和著名的国民党大官僚所经营的企业。小官僚和地主所办的工商业或官僚企业中的民族资本家的私人股份,均不在没收之列。"[1]

国民党政府的官僚资本是逐步形成的,抗日战争胜利以后达到了最高峰。它首先在金融领域内形成,最重要的是"四行二局"(中央银行、中国银行、交通银行、中国农民银行、中央信托局、邮政储金汇业局)。抗战胜利后,它已占全国金融业资本的百分之八十八点九。它在工业领域内的形成要晚一些,抗战胜利后又接收一大批日伪的工矿企业,从而占全国近代工业和交通运输业(包括铁路、公路、航运、民航、邮电等)资本的百分之六十四点一。[2]在恶性通货膨胀中,人们重物轻币,有"工不如商,商不如囤"的说法,舍正常经营而从事投机。投机资本极为猖獗,使市场秩序极端混乱,而投机活动的大本营又在官僚资本控制下,造成民怨沸腾。

没收官僚资本,首先在沈阳取得比较系统的经验。当时担任沈阳军管会主任及东北局全权代表的陈云在《接收沈阳的经验》中写道:"怎样才能接收得快而完整。军管会在出发前即确定了'各按系统,自上而下,原封不动,先接后分'的接收方法。""事实证明,这些做法,既能防止乱,又能保证快(两天都接上了头)。如果不按系统,不分上下,乱接一通,必然损失很大,影响很坏。"[3]天津、北平解放后,各官僚资本企业也完整地接收下来,半年内恢复正常生产。

---

[1] 苏星:《新中国经济史》,中共中央党校出版社1999年9月版,第70页。
[2] 许涤新、吴承明主编:《中国资本主义发展史》第3卷,第14页。
[3] 《陈云文选》第1卷,人民出版社1984年1月版,第374—375页。

上海是中国工商业和金融业最集中的地区，在全国处于举足轻重的地位。官僚资本在上海有着相当大的比重。因此，没收官僚资本对改变上海的经济性质关系重大。汪道涵在《解放初期的工业接管和改革》中写道：

> 上海的接管工作由军事管制委员会统一领导和指挥，下面由专门承担接收工作的机构负责。为了完整地把官僚资本主义企业接收过来，尽量减少接收过程中的损失和破坏，并能在接收之后迅速地恢复生产，不打碎企业原来的组织机构、技术组织和生产系统，不任意改变原有的各种制度，原来的厂长、工程师以及其他职员愿意继续服务的，只要不是破坏分子，就继续担任原职务。这些明确的原则和灵活的措施，促进了企业的迅速复工。
>
> 在接管工作中，我们全力贯彻了依靠工人阶级的方针……所以在移交、清点、接收过程中，虽然有时遇到一些困难，但在广大群众的配合支持下，仅用极短的时间，就顺利地将设备、物资、钱财、账册和档案等清点交接清楚，并迅速修复了被破坏的机器设备，使国家财产没有遭到多大损失。[1]

由于采取了上面所说的这些政策，没收官僚资本的工作进行得很顺利，不仅避免了新旧政权交替时可能造成的损失，而且迅速恢复了生产。

官僚资本在旧中国已控制了国民经济的命脉。顺利地、没有遭

---

[1]《上海解放四十周年纪念文集》，学林出版社1989年4月版，第107—108页。

受多大损失地完成没收官僚资本的工作，使它变为人民的国家所有，就使社会主义性质的国有经济在整个国民经济中居于主导地位。一九四九年底，国营工业拥有全国发电量的百分之五十八，原煤产量的百分之六十八，生铁产量的百分之九十二，钢产量的百分之九十七，棉纱产量的百分之五十三。国营经济掌握了全部铁路运输、航空运输、邮电业务，握有轮驳船货运量和公路汽车客运的一半左右，控制着金融市场，执行进出口管理。[1]毛泽东以后说过："反对官僚资本主义的斗争，包含着两重性：一方面，反官僚资本就是反买办资本，是民主革命的性质；另一方面，反官僚资本就是反对大资产阶级，又带有社会主义革命的性质。""我们在解放后没收了全部官僚资本，就把中国资本主义的主要部分消灭了。"[2]这对新中国社会的经济构成和开局有着极端重要的意义。

尽管如此，在整个中国工业中资本主义经济在数量上仍占着优势，是一个不可忽视的力量。这些私营企业过去长期在帝国主义和官僚资本的压迫下，已处于奄奄一息的地步。许多工厂停产或开工不足，市场商品严重匮乏，大批工人失业。而一些新解放城市的工人往往又对改善生活提出过高的要求。朱德在解放石家庄后（这是华北解放的第一个重要城市，共有私营工业七百多家，私营商业一千五百多家）写信给毛泽东和中共中央提出了这个问题。毛泽东完全同意朱德的意见，在转发这封信时写了批语："我党工商业政策的任务，是发展生产，繁荣经济，公私兼顾，劳资两利。如果我党不善于领导工人阶级执行这一任务，提出了过高的劳动条件，重复过去历史上犯过的错误，致使生产降低，经济衰落，公私不能兼

---

[1] 许涤新、吴承明主编：《中国资本主义发展史》第3卷，第716页。
[2] 《毛泽东文集》第8卷，第113、114页。

顾，劳资不能两利，就是极大的失败。"[1]以后，当上海等大城市解放后，对那些有利于国民经济的私营企业，更采取保护和扶植的政策，通过收购产品、加工订货、供应原料、提供资金信贷等办法，帮助他们克服困难，恢复生产。拿上海来说，当时工业生产产值中私营企业占百分之八十三点一。解放前夕，有一部分资本家抽调并转移资金逃往海外，但生产设备几乎都保留下来，绝大部分资本家都留待解放。"截至一九四九年年底，在全市六十八个主要工业行业一万零七百八十家工厂中，开工户已达百分之六十一点七，其中造船、碾米、医疗器材等行业全部开工，钢铁、机器制造、棉纺织等行业百分之八十以上开工。"[2]一九四九年，私人资本主义在工业领域内的总产值占全国工业总值（不包括手工业）的百分之六十三点三，私营商业销售额的比重更大。

根据实际情况，毛泽东提出了"四面八方"的重要经济政策。他在一九四九年五月初曾向当时担任太行区党委书记的陶鲁笳等解释道：

> 我们的经济政策可以概括为一句话，叫作"四面八方"。什么叫"四面八方"？"四面"即公私、劳资、城乡、内外。其中每一面都包括两方，所以合起来就是"四面八方"……我们的经济政策就是要处理好"四面八方"的关系，实行公私兼顾、劳资两利、城乡互助、内外交流的政策。
>
> 目前的侧重点，不在于限制而在于联合自由资产阶级。那种怕和资本家来往的思想是不对的。如果劳资双方不是两利而

---

[1]《毛泽东文集》第5卷，第46页。
[2]《上海解放四十周年纪念文集》，第109页。

是一利,那就是不利。为什么呢?只有劳利而资不利,工厂就要关门;如果只有资利而劳不利,就不能发展生产。公私兼顾也是如此,只能兼顾,不能偏顾,偏顾的结果就是不顾,不顾的结果就要垮台。四个方面的关系中,公私关系、劳资关系是最基本的。

当然,在实行"四面八方"的经济政策时,对投机商业不加限制是不对的。应当在政策上加以限制,但限制不是打击,而是要慢慢引导他们走上正当的途径。我们要团结资本家,许多同志都不敢讲这个话,要了解,现在没有资本家是不行的。[1]

七届二中全会提出把工作重心由乡村移到城市,并不等于可以放松农村的工作。当时,老解放区和新解放区的情况又有所不同。老解放区的东北和华北地区,在农村工作中,土地改革已经完成,着重要求提高农业生产。一九四九年一月四日,新华社发表短评《按照新的情况,制定今年的农业增产计划》,强调:"东北华北各大城市陆续解放,我们已经掌握相当多的近代化的工业生产力量,今后的农业生产,必须与这种工业生产相配合,增产工业所必需的各种原料,此外,农村还必须大量生产城市人民所必需的粮食和其他生活资料,并须增产各种重要的出口物资,用以换回各种建设器材。"[2] 在新解放区的华中、苏南等地区,情况有所不同:土地改革尚未进行,新的社会秩序尚未建立起来。因此,在基本完成城市接管工作后,经中共中央批准,提出今后一个时期的工作重心先放在乡村,加强农村工作,以创造发展城市的前提条件。七月十七日,

---

[1] 陶鲁笳:《一个省委书记回忆毛主席》,山西人民出版社1993年12月版,第3、4、5页。
[2] 《中国经济的改造》,(香港)新民主出版社1949年5月版,第39页。

《长江日报》发表《到农村去！到农民群众中去！》的社论，写道："华中全区工作重点今后必须先放在乡村，然后再直接发展城市生产，建设城市，而在这个时期则城乡兼顾，不能偏废。""如不是这样来规范，而是机械的只按照决议字面，不按实际情况来执行二中全会的路线，那就一定要犯重大的错误。""这个方针的总精神就是先创造发展城市的前提条件，然后直接发展城市，改造城市，并进而真正做到城市领导乡村，工人领导农民。因此执行这个方针一般说来，大体必须分下面三个步骤：第一步，接管城乡，特别是城市要接管好；同时集中大量干部深入农村，尤其是人口众多、交通要道地区，一面保证城市的军需民食，一面就展开肃清土匪及反革命残余势力的工作。第二步，就是用最大力量花三四年时间在乡村有系统地、有步骤地进行各种社会改革和民主改革，一直到实行土地改革，完成孙中山所说的'耕者有其田'的目的；在这个时期城市的工作，主要是恢复生产并力求发展部分可能和必须发展的生产。当着农村的政治经济面貌改变了，农民解放了，这时候就可以开始第三步工作，这就是用全力建设城市，发展城市，同时又必须兼顾农村。""先以农村为重，正是为了发展城市，真正实现以城市为重心的总方针。"[1]

在政权建设方面，接管城市的工作一开始由军事管制委员会负责，同时建立政府机构（接受大批旧政府中没有劣迹的人员参加工作）。由于还没有条件通过普选产生各级人民代表大会，在新接管城市和老解放区都先陆续召开各界人民代表会议，作为政府联系各界群众的桥梁和纽带。它在当时发挥了重要作用。黄炎培在一九四九

---

[1]《开展农村工作，创造发展城市的前提条件》，苏南新华书店1949年印，第2、3页。

年十二月二日的日记中写道:"我早知老解放区之好,而未知用何方法使之好。今知各界人民代表会议,就是最有效的方法。以此团结群众,训练群众,即以群众的力量,改革一切,创设一切。"[1]

在文化教育、民族关系、对外贸易、外交工作等方面,也根据实际情况,规定了明确的方针,取得良好的效果。

一年来工作实践中积累起来的丰富经验,将中国共产党对新中国的基本设想和方方面面的方针政策进一步具体化了。这些经过实践检验的成果,以后概括地体现在人民政协的《共同纲领》中。

创建新中国的任务,是由中国人民政治协商会议完成的。

从一九四八年八月起,响应中共中央"五一号召"的各民主党派负责人和无党派民主人士李济深、沈钧儒、郭沫若、马叙伦、黄炎培、茅盾等,先后从北平、上海、香港和海外进入解放区,集中居住在哈尔滨和西柏坡附近的李家庄。北平解放后,他们陆续到达北平。在这个过程中,中共中央同他们就筹建新中国的种种问题进行了广泛的协商。

从同一时间起,到一九四九年七月,许多全国性的人民团体相继恢复或建立起来,包括中华全国总工会、中华全国学生联合会、中华全国民主妇女联合会、中国新民主主义青年团、中华全国青年联合总会、中华全国文学艺术界联合会等。

一九四九年六月十一日至十九日,新政治协商会议在北平中南海举行。毛泽东在会上讲话,指出:这个筹备会的任务,就是完成各项必要的准备工作,迅速召开新的政治协商会议,成立民主联合政府。他以斩钉截铁的语言宣称:"中国必须独立,中国必须解放,

---

[1]《黄炎培日记》第10卷,第307页。

中国的事情必须由中国人民自己作主张,自己来处理,不容许任何帝国主义国家再有一丝一毫的干涉。"在讲话结束时,他充满自豪地宣称:"中国人民将会看见,中国的命运一经操在人民自己的手里,中国就将如太阳升起在东方那样,以自己的辉煌的光焰普照大地,迅速地荡涤反动政府留下来的污泥浊水,治好战争的创伤,建设起一个崭新的强盛的名副其实的人民共和国。"[1]筹备会设立六个小组,其中由周恩来任组长的小组负责起草《共同纲领》。

九月二十一日,中国人民政治协商会议第一届全体会议,在中南海怀仁堂隆重开幕。出席开幕式的有参加会议的代表六百三十四人,来宾三百人。毛泽东在开幕词中庄严地宣告:"我们团结起来,以人民解放战争和人民大革命打倒了内外压迫者,宣布中华人民共和国的成立了。""我们的民族将再也不是一个被人侮辱的民族了,我们已经站起来了。我们的革命已经获得全世界广大人民的同情和欢呼,我们的朋友遍于全世界。"[2]

周恩来在会上作了《关于中国人民政治协商会议共同纲领的起草经过和特点》的报告。他在报告中说:"在讨论中,曾有一种意见,以为我们既然承认新民主主义是一个过渡性质的阶段,一定要向更高级的社会主义和共产主义阶段发展,因此总纲中就应该明确地把这个前途规定出来。筹备会讨论中,大家认为这个前途是肯定的,毫无疑问的,但应该经过解释、宣传特别是实践来证明给全国人民看。只有全国人民在自己的实践中认识到这是唯一的最好的前途,才会真正承认它,并愿意全心全意为它而奋斗。所以现在暂时不写出来,不是否定它,而是更加郑重地看待它。而且这个《纲领》中

---

[1]《毛泽东选集》第4卷,第1465、1467页。
[2]《毛泽东文集》第5卷,第344页。

经济的部分里面，已经规定要在实际上保证向这个前途走去。"[1]

会议通过了《中国人民政治协商会议共同纲领》《中华人民共和国中央人民政府组织法》《中国人民政治协商会议组织法》三个历史性文件，通过了中华人民共和国的国都、纪年、国歌、国旗四个议案。国都定于北平，自即日起改名为北京。

九月三十日，中国人民政治协商会议第一届全体会议进入最后一天。会议选举毛泽东为中央人民政府主席，朱德、刘少奇、宋庆龄、李济深、张澜、高岗为副主席，陈毅等五十六人为委员，组成中央人民政府委员会，宣告中华人民共和国的成立。

人民政协会议为新中国的诞生准备了什么？最根本的是两条：一是经过各方面充分协商，形成一个《共同纲领》，对新中国方方面面的制度和方针政策都作出明确而切合实际的规定，使人们达成共识，有所遵循；二是建立起新的政权机构，确定适当的负责人选，各司其职。有了这两个基本条件，新中国的工作从一开始便能够有条不紊地开展起来了。

中国人在经历了那么多的屈辱和苦难以后，经过一百零九年前仆后继、艰苦卓绝的奋斗，流了多少血，终于在中国共产党领导下，战胜曾经不可一世的内外敌人，取得中国近代民族民主革命的胜利，实现了民族独立和人民解放。一个旧时代结束了，新的时代开始了。

中国人不但能够破坏一个旧世界，而且将用事实证明也能够建设一个新世界。美好的前景展现在人们面前。中国的历史，从此翻开了全新的一页。

---

[1]《周恩来选集》上卷，第368页。